Growth and Diversificati

Corporate Strategy and Ca

成长与裂变

企业战略与案例

文欢林◎著

经济管理出版社
ECONOMY & MANAGEMENT PUBLISHING HOUSE

图书在版编目（CIP）数据

成长与裂变：企业战略与案例/文欢林著．—北京：经济管理出版社，2023.7
ISBN 978-7-5096-9155-7

Ⅰ.①成… Ⅱ.①文… Ⅲ.①企业战略 Ⅳ.①F272.1

中国国家版本馆 CIP 数据核字(2023)第 135569 号

组稿编辑：郭丽娟
责任编辑：张 昕
责任印制：黄章平
责任校对：蔡晓臻

出版发行：经济管理出版社
（北京市海淀区北蜂窝 8 号中雅大厦 A 座 11 层 100038）
网 址：www.E-mp.com.cn
电 话：(010) 51915602
印 刷：唐山玺诚印务有限公司
经 销：新华书店
开 本：720mm×1000mm/16
印 张：26
字 数：496 千字
版 次：2023 年 8 月第 1 版 2023 年 8 月第 1 次印刷
书 号：ISBN 978-7-5096-9155-7
定 价：99.00 元

前 言

马克思说："全部社会生活在本质上是实践的。凡是把理论引向神秘主义的神秘东西，都能在人的实践中以及对这个实践的理解中得到合理的解决。""哲学家们只是用不同的方式解释世界，而问题在于改变世界。"[①] 这表明了一种通过实践来认识世界和改变世界的实践观。

纵观发达国家几百年的工业化进程，可以发现经济发展与一般管理、战略管理等理论经验是相辅相成、互为促进的。人们对经济社会的认识和影响是在经济社会实践的过程中不断发展和演变的。在产业不断升级和发展的过程中，无数的企业家、学者、管理者，基于实际的社会环境、经济环境、行业变化、企业发展等各种信息进行科学研究，不断总结实践经验，发展出经济理论，逐渐构筑起经济社会的理论体系，成为经济社会的宝贵财富。这些新的理论在传播和应用的过程中，又促进了产业的进一步升级和发展。

在工业时代的早期，随着机械、蒸汽动力的发展，社会的生产由作坊式的手工业逐渐转变为工厂式的规模化生产，不断细化的社会分工带来了经济的发展和社会效率的提升。在这样的背景下，也逐渐形成了以泰勒、法约尔、韦伯等众多先驱为代表的科学管理理论、一般管理原则、有效率的科层组织形式等理论。

在社会科学方面，著名的霍桑实验体现了心理学与管理学的交织发展，管理学家对员工心理诉求的研究积累了许多宝贵经验，如马斯洛的需求层次理论、赫茨伯格的双因素理论、弗罗姆的期望理论等。这些也逐步唤醒了工人阶级的人本需求，如安全、保障、归属等，人们开始主张构建充分尊重工人权利的工业民主。到了20世纪20年代的经济大萧条时期，美国社会的工人为了维护自身的利益发起了工人运动，这为后来的劳工组织，如美国劳工联合会、铁路工人兄弟会、产业工会等，确定劳资双方的合作和共赢关系奠定了重要的基础。

---

① 马克思恩格斯列宁斯大林著作中共中央编译局．马克思恩格斯选集［M］．北京：人民出版社，2012.

在战略理论方面，企业中的计划管理也渐渐从企业的经营规划中剥离出来，以哈佛大学为代表的一些大学逐渐开始开展规范的商业政策教育，这些都推动了企业计划系统的发展，逐渐形成了一般的战略管理理论的基础。安索夫、安德鲁斯、钱德勒等在战略管理方面的开创性成果，直到现在也依然有重要的影响。20世纪70年代的石油危机使得许多企业意识到，规范化的计划管理并不能保证良好的业绩，其中的典型反思是明茨伯格对战略规划提出的关切的批评；80年代，迈克尔·波特的竞争战略以及国家战略在世界范围内都产生了重要影响，然而其静态的战略观点也不断被学者们质疑并加以完善；90年代，普拉哈拉德和哈默尔通过对日本企业的研究提出的核心竞争力、梯思和比萨提出的动态能力的战略观等，都在国际上产生了广泛的影响力，但这些在操作上也还存在困难；哈默和钱皮等提出，随着社会分工越来越细，有些分工甚至只是一些缺乏意义的简单操作，这不再能够适应顾客、竞争、变化的新的形势，因此应该以流程为中心去安排工作。这被誉为自亚当·斯密的分工观点以来的第二次革命。

总体来看，现代的一般管理理论和战略理论，都是以产业实践为基础而形成的，并且随着产业的实践演变而不断发展。管理学家们通过对产业及其中的企业进行的各种研究，逐渐形成了繁杂的战略理论，分别对应了不同的时代背景（还存在一定滞后性）、行业背景、国情背景等，也反映了不同的理念认识和观点，有些观点具有管理上的一般的广泛意义，能揭示一些一般的产业规律，但是也有些观点之间存在分歧和矛盾。孔茨将这称为管理的丛林现象。

国内的现代工业化进程与国外相比滞后了许多。新中国成立以来，国内的经济以计划经济为主，直到1978年改革开放以后才出现了真正意义上的市场经济。在开放以后的短短几十年中，国内与国外的政治环境、文化环境、产业环境等都有所不同，市场经济的结构和发展水平也都明显不同。国内的市场经济早期，企业多以资源和劳动密集型为主，处于国际社会的价值链的低端环节，而同期的发达国家，则以技术密集型、资金密集型为主，占据了设计、研发、品牌、服务等价值链的中高端。

在这样的背景下，国内发展中的市场经济普遍存在强烈的学习意愿。无论是政府主管部门、社会科学研究人员，还是企业人员等，对经济理论方面的需求都是迫切的，几乎都处于嗷嗷待哺的状态。人们充满了行动上的动力和热情，积极通过各种途径学习国外的先进技术和理论。

通信行业的发展为这种学习提供了越来越便利的条件，许多西方经济发展历程中形成的大跨度、多种类、多观点的百花齐放的理论经验和观点不断被引入我国，不同程度、不同范围地影响着不同的经济主体，对国内的经济产生了各种各样的影响。

然而，不同的企业、不同的人员，对学习的重视程度不一样，对学习的关注点不同，学习信息来源不同，学习中还存在不同的理解等，都越来越使得不同企业对已有经济理论的理解各不相同，实践运用也同样存在差别。

例如，在一个世纪以前的科学管理时代，泰勒就已经开始通过工时研究确定如何以最有效率的方式完成每一项工作并以此来制定业绩标准；法约尔就提出了工业中的一般管理的计划、组织、指挥、协调、控制等基本职能和工作分工、统一指挥、团结精神等基本原则。而国内到现在仍然有许多企业不能掌握和运用好这样的经验，或者是并未了解到这些经验，企业仍然依赖于在实践中试错总结的学习方式。

同样地，在员工的心理诉求方面，近年来，许多地区频繁出现员工群体与企业之间关系紧张的案例，企业面临如何改善在制造业流水线中员工的心理健康问题，面临如何改善员工关系的问题。而西方在一个世纪前就已经面临过这样的问题了，经典影片《摩登时代》就反映了那个时期的一种反思。

战略方面也有类似的案例。经典的 SWOT 分析框架蕴含着丰富的战略规划思想，然而许多企业甚至都还不能了解这一框架的基本运用方式，也难以将其有效地运用于战略管理中。

也就是说，在国内几十年的发展里，要将西方的工业发展历程中形成的大量的理论经验和信息传播到国内，成为国内企业切实可用的经验，是存在巨大困难的。一方面，知识和信息本身的传播就需要时间，不可避免地以零散的、错落的方式分别覆盖不同的学者、企业家、从业者等群体，而且传播的过程中也必然存在信息失真。另一方面，学习和转化也需要时间，需要真正的理解和实践体会。而实际上，绝大多数的人员都来不及很好地学习、对比、研究、整合，来不及形成完整的、系统的认知和理解，因此，互相之间的认知结构差别巨大。人们对混合在一起的多个时代、不同领域的各种理论和经验，不可避免地存在碎片化的认识，甚至存在认知混乱，因此，难以快速地辨别其合理的应用背景并加以有效利用。这还可能导致一种感受，即管理的理论太多，而适合、贴近企业实际情况的理论太少。

在这样的学习背景下，市场经济呈现出日益多样化的局面。有的行业开始出现技术密集型、资金密集型的龙头企业，它们掌握了行业中的前沿技术，拥有强大的研发能力，在品牌、设计、基础科学等方面具有优势，有些甚至在国际市场上具备竞争优势，对世界经济具有举足轻重的影响；而更多的企业则仍然属于低端的劳动密集型企业，产品是低附加值的，企业缺乏竞争力，也很容易被替代。因此，也可以说，整体的市场经济是野蛮生长、发展失衡的。

在这种差别化的产业发展和引进学习与运用的过程中，人们逐渐发现，由于中国的国情与国外明显不同，许多基于欧美日等发达国家和地区的产业经验都是建立在其特有的产业背景上的。正如徐淑英、张志学等的研究表明[①]："从 1984 年到 1999 年发表在 20 种顶级英文学术杂志上的关于中国大陆组织与管理研究的 226 篇文章发现，绝大多数有影响的研究都具有本土化特征。"

也就是说，简单地采用国外过去不同时代背景下的经验和理论来解释当今国内的经济现象，甚至指导企业发展，是远远不能满足当前的实际需求的。我们应该发展基于本土情境的战略管理理论：一方面，要学习和借鉴西方国家在经济社会领域的宝贵经验和理论体系，但不是简单地照搬；另一方面，又应该以中国自身的国情背景、社会背景、产业背景等为基础，研究符合我们具体情境下的经济规律，更好地推动经济持续发展。我们更多的应该是借鉴而不是照搬。

这种基于本土化情境的战略观成为越来越多人的共识，促进了国内经济理论飞速发展。从 20 世纪 90 年代末期起，以谭劲松为代表的中国学者逐渐在国际顶级的学术期刊上发表了基于中国国情的一些管理研究成果，越来越多的科研人员、学者、企业人员逐渐掌握了世界通行的现代管理的科学研究方法，推动了管理研究的发展。以 2003 年发表在《管理世界》与《南开管理评论》中的战略类论文为例，许德音、周长辉认为国内的战略管理研究水平已达到了国外 20 世纪六七十年代的水平[②]；发展到 2009 年时，武常岐认为国内战略管理研究作为独立学科的态势已经逐渐形成[③]。近年来，众多高校和企业都陆续成立企业战略研究中心、举办经济论坛；管理学院和商学院的教育项目也逐渐被纳入世界权威体系的认证；大量中国企业陆续"走出去"，在管理和经营上更加注重全方位与国际接轨；中国的战略管理从早期的引进学习，到反思和研究，并渐渐参与到战略理论的检验、发展和创新中[④]。

笔者在企业的实践过程中也切身感受到，如何基于情境进行战略规划和战略管理是常见的问题。例如，战略的那些重要的影响因素是如何影响战略形成的？如何基于不同的情境背景，采用合适的战略理论和方法来形成战略决策？我们注意到，随着市场经济的持续发展，越来越多的企业都不同程度地探讨或开展企业的多元化战略，然而，实践中却存在诸多疑问。例如，在什么情境下开展多元化战略更加合适？多元化战略必然意味着业务越来越分散吗？如果业务过于分散是

---

① 徐淑英，张志学．管理问题与理论建立：开展中国本土管理研究的策略［J］．南大商学评论，2005（4）：1-18.

② 许德音，周长辉．中国战略管理学研究现状评估［J］．管理世界，2004（5）：76.

③ 武常岐．中国战略管理学研究的发展述评［J］．南开管理评论，2010，13（6）：25.

④ 徐二明，李维光．中国企业战略管理四十年（1978—2018）：回顾、总结与展望［J］．经济与管理研究，2018，39（9）：3.

否会影响企业的绩效？在过于分散时是否应该考虑归核化战略？如何判断开展归核化战略的时机？等等。

我们听到许多企业家提到类似“我们这个行业不一样”“我们企业的情况比较特殊”“我们的发展阶段是不一样的”的经验观点。另外，笔者也注意到，许多开展了多种业务的企业中，企业的创始人或高层决策者常常花费大量的时间和精力在公司的核心业务上，甚至深度参与到日常的运营管理中，即便他们声称非常重视各种新业务的开拓。

这些现象给我们带来了一些启发：企业的发展阶段指的是企业处于生命周期的不同阶段，企业的核心业务则直接影响着企业的基本盈利和生存问题，这些问题构成的不同情境，是否是开展战略管理应该考虑的重要情境因素呢？

带着这样的疑问，我们以中国经济研究中心与色诺芬信息服务公司推出的CCER 中国经济金融数据库为基础，综合考虑行业、年份、数据缺失等情况，并避开 2008 年金融危机的直接影响，剔除异常企业，共收集了国内 427 家制造业上市公司 2009~2018 年连续 10 年的平衡面板数据，主要采用 Stata15. 1，参考了 Wang 的面板分析方法①、Hansen 提出的门槛模型②等进行数据处理和后续分析。

研究结论表明，核心业务生命周期与多元化战略交互的模型能够较好地解释企业处于不同情境下的战略绩效差别。核心业务单元是企业多种业务组合中占比最大的业务，是影响公司战略的重要的经营单元。核心业务所处的生命周期状态和相关的状态指标对多元化战略的扩张或收缩有典型的指导作用。

为了更好地介绍这些研究结论，我们结合了一些经典的战略管理理论，采用的基本框架为：介绍一般战略管理经验—专业化经营的战略—多元化经营的战略—生态化经营的战略。行文主要从企业整体经营的视角来看待整个企业的战略管理，并考虑不同情境对战略的影响。例如，在企业生命周期的不同阶段，从不同的视角、不同的层次、不同的专业领域，考虑不同影响因素，分析不同因素的作用机制，综合考虑企业的战略管理。也正因如此，有一些观点可能会多次提到，它们的概念和内涵在不同情境下可能会存在一定程度的差别，需要灵活运用。例如，关于激励，在三个大的视角中都会提到：在人力资源管理中，我们从知识工作者的特点——大脑中的努力是无法被观察的这一视角来讨论，因此，需要激励才能有效激发人的主动性；在公司治理中的代理理论中，应对代理问题的

① Wang Q Y. Fixed-effect Panel Threshold Model Using Stata [J]. Stata Journal, 2015, 15 (1): 121-134.

② Hansen B E. Threshold Effects in Non-dynamic Panels: Estimation, Testing, and Inference [J]. Journal of Econometrics, 1999, 93 (2): 345-368.

基本方法就是激励，以消除自利的逆向选择和道德风险；在心理学方面，人们的工作动机受到预期回报的影响，因此也需要施加必要的激励。

此外，为了更好地反映基于情境的权变思想，本书的内容安排总体而言是偏向于列举的、分析的、推导的、解读的。对于一些经典的理论观点以概括介绍和衔接运用为主。我们倾向于在现有的理论经验中搭建起与实际工作情境相结合的桥梁，探讨一些可以与实际行动相衔接的实践方法。

本书适合企业的经营决策者、高层管理者、经营单元的经营管理者，也适合更多对企业战略管理感兴趣的读者，如组织中的中层管理者、有志于在管理方面发展的从业人员等。

由于笔者的水平有限，难免存在不妥之处，敬请指正。笔者希望本书能够为中国的企业管理实践提供一点有益的补充，能够帮助企业的经营管理者更全面、更系统地理解企业的运行规律，帮助企业在不同的情境背景下更为恰当地开展战略管理。

文欢林

2023 年 1 月 1 日

目录

contents

第三篇 多元化经营

第四篇 生态化经营

第一篇　绪论

“一花一世界，一木一浮生。一草一天堂，一叶一如来。”

——《华严经》

第一章

企业面临的问题

第一节　企业的目标

一、企业的目标概念

在企业的经营过程中，我们常常会碰到一个基本的问题就是企业经营的目标是什么。许多人对这一问题都有自己的理解，故会有不同的答案。

1. 股东的目标

从股东的视角看，由于企业是股东们共同出资建立起来的，股东之所以愿意投入资本，组织人员来开办企业，进行相应的经营活动，是因为他们想获得更多的经济回报。因此，企业的目标应该是获得更多的利润，为投资者提供最大化的回报。在20世纪80年代以前，这种观点是市场经济中的核心观点。

由于在经济制度中，企业是由股东们实际控制的，按照股东至上的观点，他们开展各种各样的经济活动，首先是为了让企业获得更多的净利润，其次是为了在净利润的分配方面获得更多的份额。为了让经济利益最大化，他们会想尽各种方法来进行经营管理。按照马克思的观点来说，如果没有外部监管或自我的道德约束，他们甚至会不惜代价追求那些投机或者违规的暴利。

2. 利益相关方的目标

由于股东利益至上的观点过于强调股东的资本要素，忽视了企业价值增值所需要的其他资源，因此在经济社会逐渐发展的过程中，也渐渐受到了不同观点的冲击。人们逐渐发现，还有许多其他的要素，如人力资源、技术资源、关系资源、社会资源等，在企业经营的过程中扮演着重要的角色，因此，那些资源的提供者也应该在企业经营的过程中获得相应的分配份额，实现他们自己的目标。这就是利益相关者（Stakeholder）① 至上的基本观点。

在这类观点中，以R. 爱德华·弗里曼（R. Edward Freeman）的观点最具代

① 有时也称为利益相关人、干系人。

表性，他在《战略管理——利益相关者方法》[1] 一书中提出：“利益相关者是能够影响一个组织目标的实现，或者受到一个组织实现其目标过程影响的所有个体和群体。因此，企业的目标应该是要让所有利益相关者的收益最大化。”

由于不同的利益相关者所拥有和提供的资源不同，对企业也会产生不同影响。因此，可以按照这种影响的差异，将利益相关者划分为三个类别：一是持有公司股票的一类人，如董事会成员、经理人员等，称为所有权利益相关者；二是与公司有经济往来的相关群体，如员工、债权人、内部服务机构、雇员、消费者、供应商、竞争者、地方社区、管理结构等，称为经济依赖性利益相关者；三是与公司在社会利益上有关系的利益相关者，如政府机关、媒体以及特殊群体，称为社会利益相关者[1]。每类利益相关者都对公司产生不同影响，他们的利益诉求也不一样。企业要让所有利益相关者的利益最大化，便应该尽可能地满足他们各自不同的需求。

人们认为，利益相关者之所以能对企业施加影响，是因为他们至少满足如下特征中的一项：合法性（Legitimacy），即某一群体是否被赋予法律和道义上的或者特定的对于企业的索取权；权力性（Power），即某一群体是否拥有影响企业决策的地位、能力和相应的手段；紧急性（Urgency），即某一群体的要求能否立即引起企业管理层的关注[2]。通俗地说，就是这些利益相关者为了实现他们各自的目标，都能够合法地对企业施加某种程度的影响。

例如，银行常常是企业的债权人。为了保障他们的债权权益，他们也会关心企业的经营状况。如果企业遇到了一定的资金困难，但是前景仍然看好的时候，银行会设法为他们提供更多的支持，如更优惠的资金使用成本、更灵活和宽松的偿还条件等；反之，如果银行认为企业未来的获利能力存在风险，他们则可能会要求企业尽早偿还债务。

政府与主管部门则通过制定和调整各种产业政策、相关公共政策来对不同的行业、不同的企业进行一种整体的调控，甚至有时也会对一些单个企业提供一些定向的扶持或补贴，从而能够让整体的经济部门得到良好的发展，从而创造更多的地方财政收益，改善社会的就业水平等。

企业内部雇员为了获得自身的工资收益和稳定的就业，也会努力设法完成企业中的各项工作内容。例如，销售人员寻找更多好的客户，研究人员开发更多的产品，生产人员则快速生产高品质的产品，交付给客户等。

通过各自采取的不同行动，不同的相关利益者都对企业施加了一定的影响，因而，得以获得一些自己需要的益处。

3. 企业的整体目标

由于各种利益相关者都是基于自身的目标来安排自己的行动，他们各自的目标并非完全一致，因此，他们的行动以及行动所带来的影响也并非总是一致的。例如，对于股东而言，他们坚守股东利益至上的观点，因此，他们会行使他们对于企业的控制权，开展一切有利于股东利益的经营决策。而对于相关利益者而言，他们要想获得更多的利益就相当于要求股东出让更多的利益。因此，这种观念上的冲突和行动上的冲突，几乎是长期存在的。实际上，不同的相关利益者之间也存在类似的目标及行动上的差别，从而可能产生利益的矛盾或冲突。

当不同的利益主体之间出现了利益冲突的时候，他们各自也具备一定程度的自我调节能力。这是因为，不同的利益相关者对企业能够施加的影响力差别，也可看成不同的影响力层次，各个层次之间的目标必须满足一定的兼容要求，下一层的目标不应对上一层目标形成整体上的削弱，否则就会被上一层的管理者干预调节。也就是说，具有更高层次即更强影响力的利益相关者的需求会优先得到满足。

例如，如果企业过分追求股东本身的利益而忽略了社会化的利益，在出现了偷税漏税行为的时候，经济检察部门或税务管理部门则会对他们进行处罚；客户对产品的高质量和低成本过于严苛的要求，使得企业必须出让过多的利润空间而难以实现的时候，企业可能会选择拒绝这样的交易；企业内部的某个成员或部门如果过分强调自己部门的工作业绩，占用了太多的公共资源或影响了其他部门的业绩的时候，公司的经营者则会出面去调节他们之间的业绩关系。

也就是说，股东利益至上和利益相关者至上这两种观点仍然具备共同的基础，各个利益相关者之间的利益仍然具备共同的联系。企业作为一个经济组织单元，其整体的利益是股东和各种利益相关者的共同利益。利益相关者之间既是利益的协作共同体，又是利益的博弈共同体。因此，企业的目标应该是先让企业自身的整体利益得到保证。

项保华认为，企业作为一个完整的整体，归根结底，其目标应该包括三个层次，分别反映了不同情况下的企业目标[3]。

企业的首要目标是“活得了”，也就是企业的生存问题。企业初创期面临着不确定的市场、不确定的客户、不确定的商业模式，能不能持续获得有效的销售收入，使企业得以正常延续，从而解决生存问题，这就是第一个阶段的“活得了”的问题。

当度过了生存期之后，企业的商业模式渐渐成型，企业的客户数量也逐渐形成了一定的规模，基础产品也逐渐走向成熟，企业也逐渐获得了较好的利润收益，总体而言企业不断地朝着良性的状态发展。这个阶段的企业开始关心怎样获得更好的市场份额、更好的用户满意度、更好的业绩、更好的资产回报率、更好的股东回报等，也就是“活得好”的目标。

然而，随着时间的推移，外部环境不断变化，包括宏观环境、行业环境等变化，企业的发展慢慢遇到一些瓶颈，公司增长也会遇到越来越多的困难，这个时候，企业可能会面临市场增长的停滞甚至下滑，面临产品升级换代而失去阶段性的机会，或者失去客户的持续支持，甚至面临持续获利困难。在更为严重的情况下，企业甚至重新面临存活的问题。例如，有研究的调查数据表明：中国企业的平均寿命只有 2.5~3.7 年①。

因此，在这个阶段，企业的目标进一步演变为，通过持续的经营改善，持续地在新的业务领域进行发掘，不断提升组织的柔性，在面对新的市场机会的时候能快速反应，以便获得更好、更久的生存空间。也就是"活得久"的目标。

彼得·德鲁克（Peter F. Drucker）曾指出：盈利并不是企业和企业活动的目的，而是对企业的一种限制因素[4]。这可认为与"活得了、活得好、活得久"的目标是一致的。也就是说，企业必须是要盈利的，如果不盈利，企业则不能很好地生存与发展。也可以认为，限制因素是一种不能逾越的因素，企业不能超出盈利的约束条件，不能忽略盈利的要求。因此，不应把盈利视为企业的目标，而应视为实现企业目标必须具备的条件之一，是企业存在价值中的必要条件之一。只有持续盈利，企业才可以持续生存。

二、经济社会对企业的要求

1937 年，科斯（Coase R. H.）在《企业的性质》中讨论了企业为什么会存在的基本问题[5]。

按照科斯的观点，每一种经济活动都存在发现、价格协商、签订合同等商业性的活动，如果通过市场来配置这些经济性的资源，那么这些围绕着交易的商业性活动都会产生一些成本，也就是交易成本。交易成本是一种综合的成本，而非仅仅体现为货币成本。人们获取商品需要花费的各种成本常常包括搜寻成本、等候成本、流通成本等。

由于交易成本普遍存在，并且，人们希望在交易上所花费的综合成本是尽可能低的。如果谁能够以更低的交易成本来提供这种商品，人们则会选择与他进行交易。例如，许多社区都有一些小型的便利商店，就商品价格而言，通常比大型超市贵，就商品品类而言，通常比大型超市少。然而，当居民需要在几分钟内购

---

① 2012 年《中国中小企业人力资源管理白皮书》公布的数据：中国中小企业的平均寿命仅为 2.5 年，集团企业的平均寿命仅为 7~8 年。2014 年《福州晚报》的文章《统计称中国小微企业寿命不到 3 年》中称：中国的中小企业平均寿命只有 3.7 年。2016 年《经济日报》的文章《中国企业平均寿命为什么短》：中国民营企业平均寿命仅 3.7 年，中小企业平均寿命更是只有 2.5 年；而在美国与日本，中小企业的平均寿命分别为 8.2 年与 12.5 年。

买到安抚儿童哭闹的零食、做饭所需的调料时，社区便利店通常是最佳选择。也就是说，虽然社区便利店的商品价格更高，但是它们能够在用户急需的时候，以最短的时间满足他们的需求，节省用户的等候成本。因此，用户将交易时间成本考虑在内的总的交易成本，仍然是更低的。

从市场经济的发展历程看，不同社会背景下的交易成本也是不同的。在工业社会的早期，人们获得的生活用品，主要是通过农业生产和手工家庭作坊生产出来的。那时候的劳动生产率比较低，生产成本高，产量小，商品流通也比较困难，传播距离很短，大部分社会成员都无法以快速、便捷、低成本的方式获得好的产品，综合交易成本很高。

工业化的进程推动了一些优秀的作坊式企业逐渐发展，并逐渐开展了更细的劳动分工，引入了科学管理。例如，1815~1825 年，美国的春田兵工厂的职业种类从 36 种增加到了 100 种[6]。这时候，现代意义上的企业就出现了。由于这些企业的分工越来越细，工作效率越来越高，生产产品的规模越来越大，产品成本也越来越低，从而使得人们的交易成本降低。

这是因为，有的企业通过生产的分工降低了产品的生产或制造成本，有些企业通过运输的分工降低了流通成本。在整个社会的交易中，企业与企业、企业与用户之间，分别形成了各种交易关系。与一个企业有密切联系的对象通常包含上游供应商、自身、营销渠道以及最终的客户，形成了一个交易的链条。每个企业都处在某个链条中的一个点，是一个单一的单位（Unit），所有的企业一起构成了整个社会的网状的链条。迈克尔·波特（Michael E. Porter）把这样一个有许多联系点相连接的、相互依赖的系统或者活动的网络，称为价值链[7]。价值链中的每个企业都专注于自身在价值链中的分工，不断地提升经营水平，持续地降低成本，从而使得整个社会的交易成本也越来越低。

随着市场经济的持续发展，社会分工越来越细，企业的数量越来越多，有些企业的规模越来越大，企业之间的竞争也越来越激烈。如果竞争对手能够持续降低交易成本而自己的企业无法做到，那么，客户则会选择更低的交易成本而转向竞争对手，企业就将面临被经济社会淘汰的局面。因此，为了实现企业“活得了、活得好、活得久”的目标，企业必须不断降低社会交易成本，无论是营销方面，还是研发、生产和管理等方面，都需要持续寻找降低成本的解决方案。

企业必须扮演好在社会价值链中的角色，作为价值链中的一个环节，以越来越低的交易成本满足社会的需求。只有这样，企业才有其存在的社会价值，才能活得更好、活得更久。

第二节　实现目标的战略

一、战略的定义

对企业和企业内部的从业人员来说，要实现企业的各种目标，就需要思考解决方案和如何执行的问题，包括通过什么方式来实现、通过什么路线来实现、投入多少资源来实现等，这些问题其实就是企业的战略问题。

然而，战略这一概念，常常乍一听似乎是清晰的，细究起来感觉却是模糊难辨的，在特定的场合又似乎是可辨认、可意会但却难以精确定义的。必须承认要回答“战略是什么”可不是一件简单的事，给出一个通用的定义并不现实[8]。为了方便后续的讨论，我们先讨论战略的定义。

普遍认为最早关于战略的文献是春秋时期的《孙子兵法》。其在纲领的计篇就指出，要打胜仗就应该详细考察五事七计，这相当于五大要素和七项检查类目。这五事是：道、天、地、将、法。分别指的是让人与上层同心的政治基础、天时、地利、将领、军法法规等。然后，通过对七计“主孰有道？将孰有能？天地孰得？法令孰行？兵众孰强？士卒孰练？赏罚孰明？”的审查，推断胜负的可能性。曹操解释“计”的内涵为：“计者，选将、量敌、度地、料卒、远近、险易，计于庙堂也。”[9] 也就是说，应该通过选择将领士兵、评估敌人、评估环境、评估路程和危险等活动来决定军事行动，因此，“计”是一种谋划活动。君臣于庙堂之上对军事进行谋划的战略活动越多，胜算就越多。《孙子兵法》表达了一种通过充分谋划来提高成功率的朴素思想。

1. 企业战略概念

在经济发展历史上，类似的谋划活动也是企业中的关键活动，并逐渐形成了以“战略”一词为中心的理论体系。

20 世纪初，亨利·法约尔（Henri Fayol）在其著作《工业管理与一般管理》中，革命性地提出了一般的管理原则，包含计划、组织、指挥、协调和控制五项基本职能[10]。其中的计划职能最早体现了企业战略的思想[6]。切斯特·巴纳德（Chester I. Barnard）在 1938 年发表的《经理人员的职能》中，将战略概念引入管理理论，提出经理人员在决策时要考虑战略因素[11]。通用汽车总裁阿尔弗雷德·斯隆（Alfred P. Sloan）、标准石油创始人约翰·洛克菲勒（John D. Rockefeller）和福特汽车总裁亨利·福特（Henry Ford）等企业家早在 20 世纪 60 年代就已经开始使用“战略”来形容公司的决策或行动了。

随着经济的不断发展，对战略的概念的思考也越来越多。例如：伊戈尔·安索夫（Igor Ansoff）认为，企业战略是贯穿于企业经营与产品及市场之间的一条共同经营主线；肯尼斯·安德鲁斯（Kenneth R. Andrews）认为，战略是目标、意图或目的，以及为达到这些目的而制定的主要方针和计划的一种模式，这种模式界定企业的业务范围与经营类型[12]；同一时期的艾尔弗雷德·钱德勒（Alfred D. Chandler）认为，战略是实现目标所必需的基本行动和资源分配的决策[13]。

还有一些战略的定义偏向于强调行动的特征。例如：麦格雷戈（McGregor）认为，战略就是用来发展核心竞争力，获得竞争优势的一系列综合的、协调性的约定和行动[14]；阿瑟·汤普森（Arthur A. Thompson）和玛格丽特·彼得罗夫（Margaret A. Peteraf）等认为，一个公司的战略是其管理者为了超越竞争对手并获得更高的盈利能力而采取的一系列行动[15]；查尔斯·希尔（Charles W. L. Hill）和加雷斯·琼斯（Gareth R. Jones）认为，战略是“管理者为提升企业绩效而采取的一系列相关的活动”[16]。

2. 战略的解决方案特征

虽然这些定义表现了对战略的不同理解和解释，但这些定义都体现了以企业为分析对象、以目标和（或）绩效为核心而展开行动的基本特征。

弗雷德·戴维（Fred R. David）认为，本质上，战略是一家企业的运营方案[17]，也就是实现企业的愿景和目标的解决方案。斯蒂芬·罗宾斯（Stephen P. Robbins）和玛丽·库尔特（Mary Coulter）等认为，组织战略是关于组织如何开展业务、如何在竞争中取胜、如何吸引和满足顾客，以实现组织目标的各种方案。这是管理者的一项重要工作，它需要用到几乎所有的基本管理职能，即计划、组织、领导、控制[18]。

从实践角度看，我们在谈论战略的时候，不仅讨论它“是什么”，还常常需要论其包含“哪些内容”“怎样才能更好地执行”“如何才能更好地支撑企业实现其目标”等，因此，“战略是解决方案”的描述，则更为符合实践中的需求。战略解决方案可能是系统性的、提前编制的，也可能是基于实践不断修正而形成的。该方案服务于愿景，且遵循过程中的价值判定、市场定位和决策的准则，久而久之，也可能会形成企业的惯例模式。

二、战略的内容层次

1. 战略分层模型

作为实现企业目标的综合的解决方案，战略的内容应该包括设定的总体目标、阶段性的实现策略、具体分解的工作计划、可执行的行动步骤及各种配套的资源和保障措施等。战略既包含了全局性的整体规划方案，又包含了局部的策略的计划。整体的解决方案通常是比较粗略的、概括的，而局部的方案则更为分散和具体。

安索夫认为，在公司的各种决策问题中，顶层的问题都是战略型的，主要关注企业的外部问题，尤其关注公司将要生产的产品组合以及将要行销的市场，决定公司现在做什么业务，将来准备涉足哪些业务[19]。乔治·斯坦纳（George A. Steiner）认为，顶层管理者从事的是战略管理，其他的则是经营管理[20]。经营层主要面对那些更详细的实现过程与途径。这些观点逐步演化出常见的战略的三层次结构：公司层战略、业务层战略和职能层战略[21]，如图 1-1 所示。

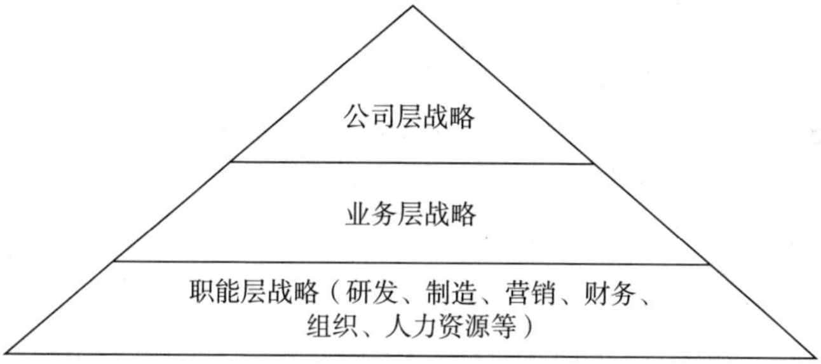

图 1-1　战略的层次

资料来源：全国管理咨询师考试教材编写委员会．企业管理咨询实务与案例分析［M］．北京：企业管理出版社，2012.

（1）公司层战略。

公司层战略（常被称为企业层战略）的重要意义在于它几乎涵盖了企业经营活动的各方利益相关者，将外部环境因素系统纳入企业整体战略规划，关注企业对外界新变化做出的反应，以及社会需求变化可能对企业当前战略带来的影响，强调外部环境中利益相关者参与的重要性[22]。

具体而言，有许多典型的主题，包括组织目标、企业边界、组织设计等，都是公司层战略所需要重点关注的。从愿景和目标的视角看，通常会存在这样一些问题：企业对未来的期望是怎样的？未来的企业发展目标是什么？长期目标是什么？短期目标是什么？公司想要通过什么样的价值理念来创造价值？在哪个业务领域为哪些客户创造怎样的价值？公司想要通过多长的时间、多久的周期、多少个阶段来实现这些目标？每一个阶段的目标是什么？这个阶段如果划分到三年或五年，那么定期的战略目标、周期性的战略目标是什么？

从实现目标的解决方案的视角看，通常需要回答这样的问题：为了实现企业的愿景和目标应如何开展经营活动？公司的经营范围是否需要以及如何调整？企业是否需要以及如何开展多元化的战略？企业若准备扩张则应如何扩张？公司要通过什么方式来获得增长？采用怎样的增长方法和计划？等等。

可以说，这些问题实际上都是为了回答如何对整个企业的资源进行配置，在不同的市场机会中投入合适的资源，以便让总体的资源结构能够实现公司最大化的投资回报。这些资源配置的决策常常伴随着大量未知的信息，而且很少重复，每一次决策都面临完全不同的情境。对这些问题进行的权衡和评估，往往影响公司的全局，通常需要由公司的最高层来决策。

（2）业务层战略。

罗伯特·格兰特（Robert M. Grant）指出，公司层战略是回答在哪里竞争的问题，而业务层战略是回答怎样竞争的问题，回答怎样竞争才能获得竞争优势的问题[23]。波特指出，竞争战略通常需要回答如何获得竞争优势，如何在业务领域内制胜、如何胜于我们的竞争对手[24]。所以，一般认为，业务层战略就是竞争战略。

相较于公司战略而言，竞争战略需要回答的问题通常更加具体，例如，我们所处的产品行业、所处的产品的细分市场是怎样的？细分市场的态势如何？在这个行业或者细分市场中，我们的竞争对手有哪些？我们如何与竞争对手进行较量？通过什么方式来获得比竞争对手更强的优势？等等。

（3）职能层战略。

职能层战略把业务问题按照功能领域进行划分，包括典型的销售领域的战略、生产领域的战略、人力资源领域的战略、研发领域战略或者财务领域的战略等。各个领域的职能战略分别从不同专业的角度来回答不同的问题。例如，对应于公司的目标和战略，在本领域中，应如何设定具体内容？应该如何设定相应的计划？不同周期的计划如何安排？采用怎样的具体措施和配套的资源安排？等等。

2. 战略层次中的策略

在实践中，对战略进行分层管理时，常常容易与“策略”这一概念混淆。在中文中，战略和策略在语义上的区分是比较模糊的，而在英文中，由于战略和策略都可用 Strategy 这个单词来表达，在实际使用的时候，也常常容易导致混淆。亨利·明茨伯格等（Henry Mintzberg）采用 Ploy 一词来表达策略的含义[25]，一定程度上缓解了这种概念上的模糊困境。

为了区分战略和策略，通常应考虑其上下文的潜在语境。这两者的区别在于，一个是宏观视角，另一个是微观视角，如图 1-2 所示。

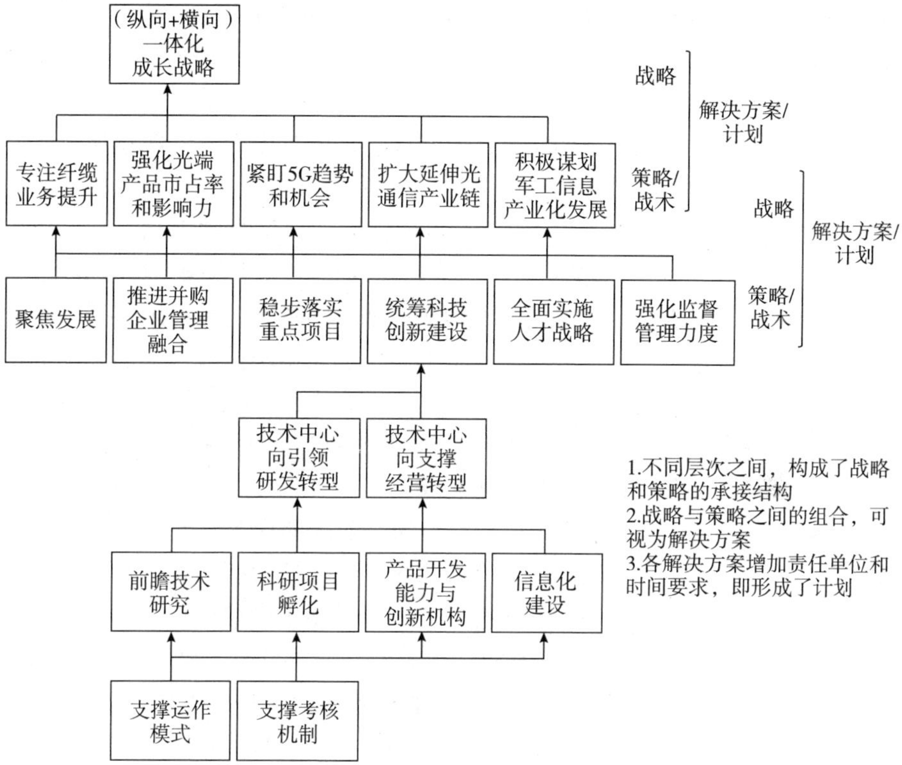

图 1-2 战略与策略

资料来源：笔者结合战略与策略等不同概念的语义与日常应用经验整理。

如果将一个靠上层的主题表达为战略，便可以把战略分解成靠下层的若干个局部主题，这些即可称为策略。由这若干个策略主题来支撑统一的战略主题。同样，一个策略还可以分成多个子策略，也就是说，对某个子策略而言，其上层的策略也可以认为是战略。这样，我们便能合理看待战略与策略的区别和联系。

例如，研发人员看待研发领域的最顶层的计划方案就是研发战略，销售人员看待销售领域内的最顶层的计划方案就是营销战略。反之，从公司层面看，它们就分别变成了研发策略和营销策略，它们都是用来支撑公司的整体战略的。

正如理查德·鲁梅尔特（Richard Rumelt）指出的那样，一个人眼中的战略，在另一个人看来却是战术，何谓战略性，取决于你的定位[25]。因此，作为一项解决方案来说，战略与策略实际上是这项方案在不同语境下的不同的说法而已。

三、好的战略解决方案

既然战略是实现目标的解决方案，那就意味着，面对同一组情境，可能会存在多种不同的解决方案，即多种不同的战略。每个战略都有自己的特点和优点，有自己所需要投入的资源，甚至方便的可行程度。那么，怎样的战略是好的战略呢?

鲁梅尔特认为，好战略在调查分析的基础上，应有指导方针即总体策略，还应有连贯性的活动，即落实方针而采取的一系列的措施[26]。

“连贯性的活动”说明，它们应该具备内在的一致性行动观念、一致的行动纲领。例如，“扩张战略”“收缩战略”等，就常常像行动纲领、指导方针一样，能够对业务层面、职能层面的各种工作形成一种总的指导。当采用积极扩张的策略时，在人力资源方面，通常会扩大人员编制、提高招聘投入、增加人员的薪酬水平、降低对候选人的约束条件等；在技术方面，不断地投入资源开发或引进新的技术或开设更多的项目；在资源方面，购置更多的资产，囤积更多的库存。当采用收缩战略时，则分别采用反向的各种举措。

“一系列的措施”是从系统性角度考虑的。前述的内容表明，战略可以分为纵向的多个层次，也可以分为横向的多个领域。不同层次的战略内容，需要相应的组织中不同层次上的人员来分别承担。要全部承担不同战略层级的任务通常都包括 3~4 个层级的管理人员[17]，如公司总经理、部门总监、部门经理或主管等。不同领域的战略内容也需要由不同的人员来承担，如财务、市场、研发、制造、人力资源等部门的经理；运营层面也包括工厂经理、销售经理、生产和部门经理等。这些方案集合，互相之间也应该保持内在的一致性和全面性，互相衔接，行动匹配，资源共享，这样就构成了一个完整的系统方案，组成了一个基于整体考虑的战略系统。

通俗地说，好的战略是：组织上的不同层次、不同部门的人员，他们分别承担自己相应的目标，他们各自的目标构成了整个公司的目标系统，他们也分别承担一些战略的解决方案，所有他们的战略方案的集合，都构成一个目标一致、行动一致、利益一致的整个公司完整的战略解决方案。

参考文献

[1] R. 爱德华·弗里曼. 战略管理：利益相关者方法［M］. 上海：上海译文出版社，2006.

[2] 蒋伏心，李家俊. 企业的利益相关者理论综述与启示［J］. 经济学动态，2004（12）：4.

[3] 项保华. 战略管理：艺术与实务［M］. 上海：复旦大学出版社，2007.

[4] 彼得·德鲁克. 管理实践［M］. 北京：工人出版社，1989.

[5] Coase R H. The Nature of the Firm［J］. Ecomemica，1937.

［6］丹尼尔·A. 雷恩，阿瑟·G. 贝德安. 管理思想史（第6版）［M］. 北京：中国人民大学出版社，2011.

［7］迈克尔·波特. 竞争优势［M］. 北京：华夏出版社，1997.

［8］鲍勃·德威特，罗恩·梅耶尔. 战略管理：解决战略矛盾，创造竞争优势［M］. 北京：中国人民大学出版社，2008.

［9］陈曦. 孙子兵法·三十六计［M］. 骈宇骞译注. 北京：中华书局，2016.

［10］H. 法约尔. 工业管理与一般管理［M］. 北京：中国社会科学出版社，1982.

［11］C·I巴纳德. 经理人员的职能［M］. 北京：中国社会科学出版社，1997.

［12］周三多，邹统钎. 战略管理思想史［M］. 上海：复旦大学出版社，2002.

［13］艾尔弗雷德·D. 钱德勒. 战略与结构［M］. 昆明：云南人民出版社，2002.

［14］迈克尔·A. 希特，R. 杜安·爱尔兰，罗伯特·E. 霍斯基森，等. 战略管理：概念与案例（第10版）［M］. 北京：中国人民大学出版社，2012.

［15］Thompson A A，Peteraf M A，Gamble J E，et al. Crafting & Executing Strategy：The Quest for Competitive Advantage：Concepts and Cases［M］. McGraw-Hill Education，2013.

［16］Hill C W，Jones G R，Schilling M A. Strategic Management：Theory & Cases：An Integrated Approach［M］. Cengage Learning，2014.

［17］弗雷德·R. 戴维. 战略管理：概念与案例（第13版·全球版）［M］. 北京：中国人民大学出版社，2012.

［18］斯蒂芬·罗宾斯，玛丽·库尔特. 管理学（第13版）［M］. 北京：中国人民大学出版社，2017.

［19］安索夫. 新公司战略［M］. 成都：西南财经大学出版社，2009.

［20］乔治·斯坦纳. 战略规划［M］. 北京：华夏出版社，2000.

［21］全国管理咨询师考试教材编写委员会. 企业管理咨询实务与案例分析［M］. 北京：企业管理出版社，2012.

［22］齐宝鑫，武亚军. 战略管理视角下利益相关者理论的回顾与发展前瞻［J］. 工业技术经济，2018，37（2）：10.

［23］罗伯特·M. 格兰特. 现代战略分析［M］. 北京：中国人民大学出版社，2016.

［24］迈克尔·波特. 竞争战略［M］. 北京：华夏出版社，2005.

［25］约瑟夫·兰佩尔，亨利·明茨伯格，詹姆斯·布莱恩·奎因，等. 战略过程：概念、情境与案例（原书第5版）［M］. 北京：机械工业出版社，2017.

［26］理查德·鲁梅尔特. 好战略，坏战略［M］. 北京：中信出版社，2012.

第二章

战略规划基础

第一节　战略过程管理

为了实现企业的目标，我们需要一个好的战略解决方案，一个具有内在一致性的连贯性的系统的解决方案。所以，真正的问题就是，如何才能获得好的战略解决方案呢?

在实际的经营中，大部分时间都是由企业的高层管理者、经验丰富的管理者拟定企业的战略。然而，并非所有的人都具备制定战略的丰富经验和敏锐的洞察力，未必都能够胜任制定战略过程中抽象的决策分析与制定的工作，也未必都能够产出系统的、有效的、好的解决方案。为此，管理学家们不断研究产业中的实践，不断总结实践中制定战略的经验和方法。

一、如何形成好的战略

在西方工业革命的早期进程中，随着企业不断发展壮大，解决企业实际问题的需求越来越多，渐渐催生了对管理理论的早期经验研究。法约尔认为，管理意味着展望未来，在制订计划时，要考虑到下级管理人员和一般工人的意见；一个好的计划应该具备统一性、连续性、灵活性、精确性四个特点，而要制订具有这些特点的计划，就要对每天、每周、每月、每年、五年甚至十年的情况进行预测，并且，随着时间的推移或情况的变化不断进行调整或修改[1]。

具有现代设计特征的正式的战略规划首次被引入商业公司是在 20 世纪 50 年代中期，当时主要是最大的公司才制定正式的战略规划体系——那时称之为长期计划体系[2]。随着这种方法的不断传播和发展，正式战略规划体系日趋完善。到 60 年代，就已经逐步形成了多种战略规划的方法，战略管理已经取得了显著的进展。世界上几乎所有的大公司都拥有某种形式的战略规划体系，越来越多的小公司也在模仿大公司的经验做法。

国内的战略管理研究则滞后得多，大体上是从改革开放以后才开始引入的，早期也以学习西方的历史经验为主。在学科分类方面，战略主题也主要是划分到企业经营计划的部分的。

因此，也可以说，战略作为解决方案，其形成的过程就是战略规划的过程，也是企业长期计划的制定过程。了解战略规划的形成过程便有助于我们了解战略是如何形成的。

作为现代公司战略的奠基人，安索夫在1965年出版了《战略管理》，提出了一套战略规划的制定模式[3]，如图2-1所示。

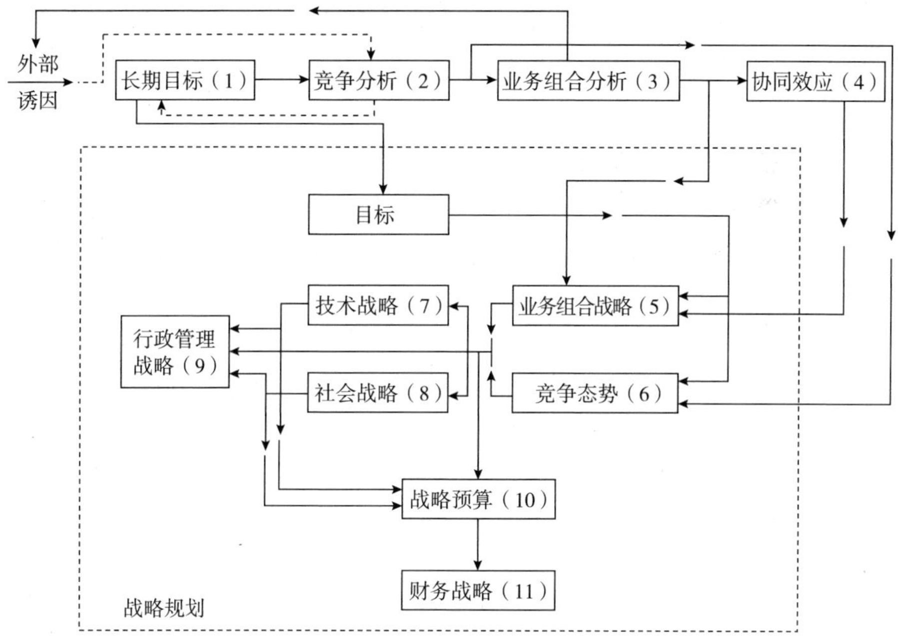

图2-1 安索夫的战略规划

资料来源：安索夫．新公司战略［M］．成都：西南财经大学出版社，2009. 本图是安索夫在其1965年出版的《公司战略》一书的基础上进行了修订而简化的图形，原图更加详细，有57个活动方框。

这个规划过程通过一系列的工作步骤来开展。各步骤的主要活动为：

首先开展步骤1，以确定明确的近期和长期的目标；其次开展步骤2，收集并分析外部行业中的竞争对手及竞争态势，这部分可能会存在一个基于竞争与目标的调整的循环探索和调整的情形；接下来开展步骤3，对业务进行组合分析，这需要考虑公司不同的投资结构（这已经体现了安索夫对于多元化企业经营的整体管理的内容）；在分析步骤4的协同效应时，应该分析不同业务单元之间是否能够达到1+1>2的放大的经营效果，协同效应是指“能够使公司资源的组合回报大于各部分效果的总和”；接下来，企业应该制定不同类型的战略内容，这些包括步骤 5 的匹配企业目标的业务组合发展战略、步骤 6 的基于竞争态势的竞争战略、步骤 7 中为满足竞争态势所需要构建的技术战略、步骤 8 对业务领域的社会文化和政治环境做出相应反应的社会战略，以及步骤 9 关于运营和行政管理的行政管理战略等；以这些各部分的战略为基础，企业则开始开展步骤 10，设定出完整的战略预算，并在步骤 11 中，将其转化为财务战略，从而形成最终完整的战略解决方案。

后来的斯坦纳的规划过程模型[2]，戴维归纳的战略过程[4] 等，以及现代的一些大公司采用的管理实践，几乎都是类似思路的不同版本。明茨伯格将这一类强调过程结构化的规划模式称为战略规划过程学派[5]。

二、控制论与过程方法

为了更好地理解战略规划过程的方法并灵活运用于实践中，我们试着结合控制论的一些基本观点如黑箱模型和系统科学的思想来进行对照解读。

1. 黑箱模型

诺伯特·维纳（Norbert Wiener）在控制论中讨论了一个从输入到输出的系统[6]，如果把输入看作原因，输出看作结果，那么这种从输入到输出的系统发生的作用其实就是一种因果关系。由于因果关系是多种多样的，有单一的因决定单一的果，也有多种因对应单一的果，也有多种因对应多种的果。在一些复杂的情况下，要弄清因对果的决定作用，会非常复杂，因为它们不是一一对应的，而是可能世界中的某种特定的关系。

维纳认为，可以用一种形象的黑箱模型来描述这种输入输出的因果关系的系统，这个黑箱就是具有明确的输入和输出的一个处理装置，并且，我们只能得到它的输入值和输出值，而不知道其内部结构。推而广之，只要是依据对其外部有限制的研究来对他进行判断的系统都可称之为黑箱。

维纳还讨论了控制的作用。凡是一种作用，总是有作用者与被作用者。就控制作用来说，作用者是控制装置，被作用者是受控装置，控制就是施控装置对受控装置（如某个黑箱）施加的一种作用。如果把施控装置看作原因，把受控装置看作结果，那么，施控装置对受控装置所起的控制作用，也是一种因果关系（另一个黑箱）。这便形成了在控制的情况下更为复杂的因果关系。

控制作用虽然以黑箱的因果为依据，但又不是简单的因果，关键在于它先要有预期的果，就是目的，在哲学史上也称为终极因。从某种估计能得到预期果的因，施加作用以便得到预期的果，这才是不同于因果作用的控制的作用[7]，但控制又是以因果作用为必要条件的。也就是说，控制的目的在于：我们想得到我们想要的结果，于是我们应该选择那些导致结果的原因并加以控制，以保证我们能够得到想要的结果。

对于我们想要了解其因果关系并加以控制的黑箱系统来说，如果对黑箱的任何内容都不做任何假定，我们对它是完全未知的，但我们可以从外部发现它，并能够对它进行一些行为或干预，如触碰它、挤压它，也能对它采取一些观察的手段，如用仪器测量、拍照等。通过这些行为，让箱子与这些记录仪器或行为产生反应，这样，人跟箱子耦合起来，就形成了一个有反馈的机器。黑箱方法就是研究这个耦合系统的。威廉·艾什比（William R. Ashby）认为，黑箱理论无非是研究观察者与其环境之间的关系的理论[7]。

对黑箱的研究是从广阔的范围内来开始探索的。从控制作用来说，控制的过程和行为、最开始也是无序的，通过逐步观察、研究、分析和不断发现，逐渐形成对黑箱的一些认识。

在对黑箱的探索有了一些认识以后，我们面对的是对其有部分了解的黑箱系统，也就是说它不是一个完全的黑箱了，这种系统可称之为“部分可查”的黑箱，也可称之为“灰箱”。

艾什比认为，在我们的认识中，如果对于某个系统已经有了局部的知识，而对于其他地方是未知的，或者说我们观察一个系统时只能看到它的某一部分，而其他部分是看不到的，这个确定的系统只能部分地被观察，从而变得不可预测，那么观察者只要考虑到该系统过去的历史，即假定该系统内部存在一种记忆性的性质，它就能使该系统又成为可预测的。

这个意思就是说，我们对待灰箱问题要相应地运用灰箱方法，要辨识这种灰箱系统就要充分利用已有的知识，这些知识可以使我们知道系统过去的历史，就好像系统内部存在一种“记忆”功能一样，只要了解了这种“记忆”，以及运用其他的一些方法，我们就可以掌握系统内部的状态及其内部的知识。对控制作用而言，则是基于历史的基础来研究，借助诸如推断、试验、统计的方法，或者说我们常说的归纳和演绎的过程，进行研究和应用。

与灰箱方法的应用相联系，人们又提出了“白箱”理论，这其实就是一种已知的黑箱。维纳把某些具有已知结构的物体叫作白箱，用它们表示所求展开式的各项。展开式的各项就是白箱的内部网络，是我们为了获得输入到输出之间的确定的关系。

所以，白箱方法就是，当我们通过诸如黑箱方法、灰箱方法等认识了系统的内部构造时，我们就可以把这种结构关系按照一定的关系式表达出来，这就是白箱的网络。制定白箱网络不是白箱方法的全部目的，更重要的是，通过白箱网络对系统的再认识，或者利用白箱网络去控制系统以后的过程或者预测系统的行为。这时的控制作用，就是按照全部已知关系建立了标准化的结构并运用以后，通过部署、实施，并基于预测进行维护和异常处理等。

总体来看，黑箱问题实际上是认识论的问题，所谓黑箱是相对于人这个认识主体而言的，在这个研究领域里，客观事物无所谓黑白之分，而人的认识却有一个知与不知、知之不多与知之较多的问题，对某个事物有了确定的知识，黑就转化为白。由于它是个认识论的问题，由人的认识的相对性也就推出黑箱问题的相对性。对每一个系统，我们都无法达到一种彻底的了解，因此我们对黑箱内部的了解是介于完全了解和完全不了解之间的，即都是灰箱情形[8]。因此，我们所采用的控制作用和方法，也是介于这些方法之间的不同的组合。

2. 系统方法

控制论的思想对各个学科都产生了深远的影响，管理上也是如此。例如，国际标准组织（International Standards Organization，ISO）在质量管理体系的基础与术语中，把通过使用资源和管理将输入转化为输出的一项或一组活动，可以视为一个“过程”（Process）①，这就是黑箱；把识别和管理过程的方法，特别是关心过程间的相互作用，叫作过程方法，也就是控制论中的黑箱方法。

在系统科学方面，钱学森等把极其复杂的研究对象称为“系统”（System），即由相互作用和相互依赖的若干组成部分结合成具有特定功能的有机整体，而且这个系统本身又是它们从属的更大系统的组成部分[9]。系统中各个组织部分的相互作用和整体的发展变化指的就是“过程”[7]。ISO 也把这些“过程”看作一个整体的“系统”，把建立、了解和管理这个系统叫作管理的“系统方法”。

三、战略规划与战略管理

1. 战略规划过程与改进

通过控制论和系统科学的观点，我们可以更为清晰地认识战略规划的过程。如果将战略规划视为一个过程、一个箱子模型，那么在箱子的外部，我们需要输入的信息则是企业的目标、各种信息和情景因素，这些因素包括外部的环境因素，也包括企业内部的自身因素等；处理这些信息，需要有处理的工具、环境、设备等；我们还需要指定处理的成员，这可能是企业的高层，也可能是一个规划的工作小组，大家有各自约定好的分工；同时，大家对这个规划过程还要建立一致的方法，如采用怎样的理论基础、怎样的工作程序、运用哪些数据和信息处理模型；还需要建立起对这些处理信息的判定条件，包括时间方面、预算方面、资源方面、可行性标准等方面的评价准则，甚至还可能包括价值观和行为准则，用

---

① 在不同的版本中采用了不同的措辞，例如，在 2015 年的版本中增加了“提供预期结果”的限定词，体现了控制论的目的，但其概念仍然是一致的。

于控制输出的有效性。借助这样的整个过程及相应的控制，输出的战略规划内容还应通过某种形式呈现，例如书面图表或者语言的清晰呈现和表达，这样就执行了一个完整的战略规划过程。

这种规划模型可以对应不同的时间跨度，当输出内容对应较长的时间跨度时，黑箱对应的是宏观战略规划过程，当输出内容对应为短期的时间跨度时（如年度业绩），黑箱则对应年度的战略规划过程，当输出内容对应为季度或更短周期时，黑箱则对应更短期的工作策略和计划过程。这种黑箱模型也可以对应不同的主题内容，可以是总体的企业战略主题规划，也可以是局部的职能战略主题规划，如人力资源战略、研发战略等。

由于没有绝对的白箱，战略规划的经验本质上是对"战略形成"这个黑箱的某些观察和部分结论的历史经验。也就是说，虽然我们对战略形成已经有了一些了解，但充其量也就是"灰箱"的程度，这也可以解释为何没有一种规划的方法能够制定出完美的战略。

为了不断提升战略规划的能力，我们需要不断学习和改进"战略规划"中的黑箱方法。20 世纪 30 年代，沃特·休哈特（Walter A. Shewhart）提出的 Plan-Do-Check-Act（PDCA）循环的一般流程改进的模型形象地描述了一种持续改进的循环过程。后来，爱德华兹·戴明（W. Edwards Deming）将这一循环引入了日本，有时也用 Plan-Do-Study-Act（PDSA）循环来表示，以强调从改进中学习的重要性[10]。在以戴明为代表的无数人的努力下，这一循环模式在世界范围内得到了广泛的传播，许多人将这个模式称为戴明环。PDCA 也是国际标准组织（ISO）推荐的基本方法之一。

通过不断的探究战略形成、战略管理的黑箱过程，不断采用 PDCA 的循环进行改进，我们就能不断产生更多的认识，使战略规划的黑箱朝着"灰箱""白箱"的方向发展，进而通过对其的控制，也就能更好地实现企业经营的目标。

2. 战略规划与战略管理

由于战略规划是如此的重要，以至于在一些场景下，战略规划与战略管理是同义词。但实际上，除了语言上的描述外，它们也存在一些含义上的偏差。大多数时候，战略规划侧重于战略的形成过程，其输入是企业的目标和各种情境信息，输出是企业的战略解决方案，是一种计划形式的输出。

而战略管理的内涵则更为宽广：它除了包括战略解决方案的形成过程外，还关注战略的执行情况，从如何找到适合的战略解决方案到执行战略解决方案，并且包括持续的改进。战略管理的内容，除了要管理好战略规划的黑箱，还要管理好战略执行的黑箱，战略管理的总体输出是企业执行战略方案的实际经营成果。因此，战略管理应包含战略规划和战略执行等相关内容以及持续的 PDCA 改进循环。

第二节　影响战略的关键因素

我们已经讨论了战略规划的黑箱过程，但对战略形成的了解仍然有限。例如，就因果关系来看，哪些是战略解决方案的主要影响因素呢？这些因素又是如何发生作用而形成战略解决方案的呢？

为了了解战略黑箱的内部机理、作用发生的规律，许多经济学家、管理学家不断寻找战略过程中的影响因素并取得了许多成果。人们认为，有许多因素都可能是影响战略的重要决定因素。这些观点——战略决定论，根据其对外部因素和内部因素的强调差别，可归为外部因素决定论、内部因素决定论和内外因素交互决定论三种类别，构成了战略决定论的基本结构。

一、外部因素决定论

1. 环境适应观

一方面，20 世纪 60 年代，安德鲁斯和安索夫等提出的战略管理的一般理论架构得到了传播，基于过程管理的方法和规范的战略规范也有了广泛的应用。但是，随着时间的推移，在规划过程应用的过程中，也有许多企业出现越来越多的疑问，认为战略规划或许并不能产生有用的战略。另一方面，以 70 年代的两次石油危机为代表，这一时期全球环境动荡，经济领域竞争加剧，企业兼并有增无减，多元化经营企业的业绩几乎都比专业化经营的企业要好。但过度不相关的多元化不但没有分散企业风险，反而加剧了经营风险[11]。

人们越发感到环境对企业的影响是巨大的。许多人主张企业应该以环境为基础来制定相应的战略，要适应环境的变化而进行快速调整。那些环境中对战略有影响的因素应该被重视起来。在安德鲁斯明确提出战略制定的环境要素之后，迈克尔·希特（Michael A. Hitt）和杜安·爱尔兰（R. Duane Ireland）等增加了一般环境分析的框架，即 PEST 模型[12]，其主要内容为：

P 即政治或者政策方面（Political）的影响。这方面包括了国际层面和国内层面的政治关系、外交关系、产业壁垒或保护等。典型的例子就是 2018 年 4 月 16 日晚，美国商务部发布公告称，美国政府在未来 7 年内禁止中兴通讯向美国企业购买敏感产品；2018 年以来，中美之间的贸易摩擦对我国企业的经营行为产生了较大影响。还有一些中观层面的政策也会对企业的经营有重大的影响。例如，2007 年家电下乡的扶持政策，极大地推动了家电企业的经营发展；2016 年，中央环境保护督察组成立，代表党中央、国务院对各省（自治区、直辖市）党委和政府及其有关部门开展环境保护督察，相对于 20 世纪 80 年代以来的以倡导为主的环保政策导向，新政对企业的经营行为有了更大的约束力，企业现在必须在环保方面投入更多的资源。

E 即经济方面（Economic）的影响。整体的经济发展水平对各个行业都产生了潜在的影响。国家统计局公布的国民经济和社会发展统计公报显示，2001 年，中国加入世界贸易组织时，国内生产总值为 9.6 万亿元；到 2010 年，中国超越日本成为世界第二大经济体，国内生产总值为 39.8 万亿元；到了 2018 年，国内生产总值达到了 90.03 万亿元。这期间，国内的城镇居民人均可支配收入从 2001 年的 6860 元，先后提升到 2010 年的 19109 元和 2018 年的 39251 元。人们的收入水平显著提升，对商品需求的数量和种类都有显著的变化，为各类企业提供了更多的发展机会。

S 即社会方面（Social）的影响。这些因素包括人们的价值观念、社会成员结构、生活方式、受教育水平等。例如，从改革开放初期的打工潮，人们纷纷前往沿海城市寻求宝贵的工作机会，到 2010 年左右，许多地方陆续出现用工荒现象，人们不再热衷于到沿海城市寻求机会，而宁愿选择到内地的中小型城市发展；消费者的需求和消费习惯也发生了变化，过去，人们习惯于线下购物，国内各大城市的步行街都人满为患，成为繁华都市的一道亮丽风景，然而，近年来，各个电商平台的销售额不断突破新高，许多城市的步行街则已变得冷冷清清，实体经济尤其是临街商铺的经营越发困难。这种消费者习惯的变化，给企业的营销模式和经营成果带来了不小的冲击，同时也带来了机遇。

T 即技术方面（Technological）的影响。特别是技术方面的重大革新会对企业带来重要的影响。例如，2016 年，谷歌公司开发的人工智能机器人 AlphaGo 击败世界排名第一的中国围棋选手柯洁，震惊了世界。人工智能技术从此进入广大人民群众的视野，取得了蓬勃的发展，许多基于人工智能算法的行业如语音识别、云计算、自动驾驶、机器人等逐渐催生了一些大型企业。

PEST 模型框架中的这些因素变化，有一些是我们能够意识到的，有一些则处于社会的变迁中，身处其中的人难以察觉。然而，如果我们没有观察到这些变化及其可能带来的影响，那么在企业制定战略的时候，则会遗漏很多决定性的因素。

作为对环境适应的一般性思考，PEST 更多地关注那些企业难以改变的宏观环境因素，体现了一种结构化的思考过程。这些要素项也在不断调整，如希特等在后来增加了人口、全球化等因素[13]。考虑环境因素最大的挑战在于，这些因素的概念较为广泛，对其进行定性评估和定量测量都存在不小的困难。

2. 产业组织学派

在环境学派中，产业组织环境常被认为是一种重要的中观环境。随着大规模机械化的出现，许多产业在持续发展中逐渐涌现出许多大型企业，它们逐渐占据了产业中的有利位置。此外，有些行业存在一些技术壁垒，新的企业难以进入，也有的产业存在政策的管控要求，不允许太多的企业自由进入。这些产业中的变化，使得产业中的企业数量增长放缓，甚至降低，整个行业结构的集中程度开始变高，有的行业甚至形成了一些寡头和托拉斯垄断组织。

一些占据集中优势的企业，基于自身的优势地位持续开展对自身有利的经济行为，包括控制广告宣传资源、开发专有技术的独家产品，甚至与不同企业之间形成价格的联盟等。还有的企业为了实现更高的集中度，甚至会通过收购兼并获得更高的市场话语权。这些企业在集中度高的产业环境中获得了丰厚的利润。人们还发现，对于不同集中程度的行业，它们的平均利润率也存在明显的不同。在这些高集中度的行业中，行业整体的利润往往高于那些低集中度的行业。

通过对这些经济现象的分析，逐渐形成了以爱德华·梅森（Edward Mason）、乔·贝恩（Joe Bain）、谢勒（F. M. Scherer）等①为代表的产业组织学派，确立了结构（Structure）—行为（Conduct）—绩效（Performance）的 SCP 分析框架[11]，如图 2-2 所示。这一学派的核心思想是：企业的竞争战略，必须将企业同它所处的环境相联系，而行业是企业经营最直接的环境，每个行业的结构又决定了企业竞争的范围，从而决定了企业潜在的利润水平。市场又是不完全竞争的，不同产业的竞争结构不一样，因此也可能会存在不同的利润结构、利润水平。企业应该去选择那些潜力巨大的行业，以获得更高的利润回报。

也就是说，从企业自身的观点看，企业要获得更好的收益率，可以选择提高行业的集中度，将其作为获得经营绩效目标的一种手段。因此，在一个成熟的行业中，如果企业的目标是朝着提高集中度的发展的，那么企业可以通过制定行业技术标准来形成某种技术壁垒，然后通过对产业链上下游的企业或同产业链环节的相关企业进行一体化整合，从而逐渐形成一些资源的垄断、市场的垄断，这样既能增加企业在行业中的话语权，也能间接促进行业的持续成长。企业也就有可能获得更好的利润，更好的投资回报。这也是许多企业逐渐走向集团化、多元化的原因之一。

① 1938 年，梅森创立了产业组织研究小组；1959 年，贝恩出版了《产业组织》；1970 年，谢勒出版了《产业市场结构与绩效》。

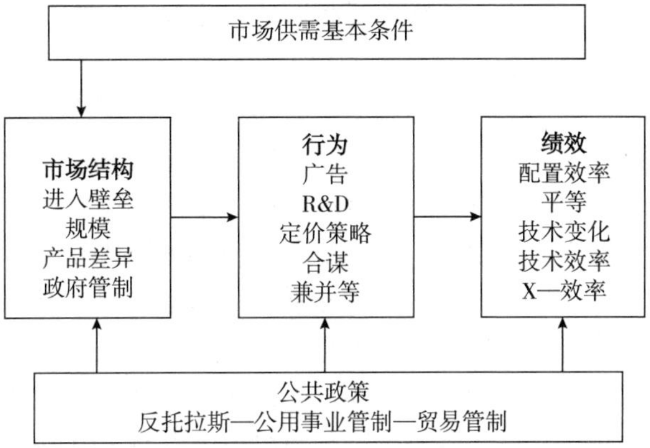

图 2-2 传统产业组织分析框架

资料来源：周三多，邹统钎．战略管理思想史［M］．上海：复旦大学出版社，2002.

但是，SCP 的观点在一定时期内受到了比较多的争议。其中的焦点之一是提高集成度在某种程度上会出现垄断组织。而各国政府对垄断的容忍度都非常低，因为，垄断意味着降低了整个社会的资源配置效率，它没有降低社会交易成本，反而提高了社会交易成本。因此，就像前文所说的不同的目标主体会对有利益矛盾的目标进行干预一样，许多国家陆续颁布各种政策，控制这些试图提高集中度的垄断倾向。

从启发角度看，在反垄断的框架内提高集成度仍然是可行的。当企业的数量持续发展、持续竞争的时候，有些企业会逐渐发展出自己的核心竞争力。它们可以在一些技术标准、产品设计、服务规范等方面都逐渐树立起一种高标准的标杆水平。通过一些对消费者有利、对企业有利、对行业有利的要素来提高新企业的进入门槛。各种企业之间可以通过形成良好的技术合作、互惠互利、协商制定让行业健康发展的行业技术标准等，提高行业的集中程度，淘汰低效的落后产能，共同促进产业的升级。

二、内部因素决定论

1. *资源基础观*

鲁梅尔特的实证发现，同一个产业内，不同企业的利润水平差距也很大，甚至大于不同行业之间的差距，这很难用产业组织理论来解释[14]。即便是在那些高利润水平、高集中度、高利润的行业，不同企业之间的业绩差距也非常大，必然有内部的重要原因。人们发现企业拥有的资源是非常重要的因素，这便逐渐形成了资源基础观（Resource-based View，RBV）。资源基础观把企业看作掌握着许多资源的结合体，那些企业独特的资源以及对这些资源的配置是企业获得成功与竞争优势的重要原因。

企业的资源包括有形的资源和无形的资源。例如，在传统制造业方面，那些掌握着自然资源的企业常常具有一些天然的优势，而一些现代的大型工厂，如果掌握着良好的土地资源，拥有优越的地理位置、交通便利，也有利于企业获得竞争优势。在无形资源方面，则可能包括技术专利、产品品牌等，这些资源可以用于交换、出租、进行一定程度的授权甚至转让。也有一些较为特殊的无形资源，完全不具备可交换的特征，例如，关于组织特定的知识、技能和经验，基于企业自身情况而专门开发的生产管控机制等。这种知识一旦离开了这个组织，本身则无法再发挥相应的作用，这类资源可以称为组织的资源、组织的能力。

人们发现，组织的这些有形的或无形的、可交换或不可交换的资源，都对企业的经营和获得竞争优势有重要的作用。但同时人们也发现，并非所有的资源都如此，只有那些稀缺的、难以模仿的，并且难以替代的资源才能发挥出关键性的作用。这是因为，在需求一定的情况下，供给越少，意味着其溢价能力越强，因此也就能够为企业带来越高的收益。然而，强劲的需求与高获利水平会吸引越来越多的竞争者进入，使得企业难以长期保持稀缺。因此，难以模仿和难以替代也是重要的特征。

例如，苹果公司基于自己的操作系统 IOS 所建立起来的生态系统，就已经成为苹果公司的一种独特资源。这一生态系统既是产品系统中的一部分，又是企业组织的一种经营模式。它几乎同时具备这几种特征：能够具备完整的生态环境的公司仅此一家；各行各业都在研究其特点，但没有谁能成功模仿或者代替；而苹果公司自身也一直在持续投入和维护，让这个系统不断增加新的功能，与时俱进，不断保持强有力的领先地位。

2. 核心竞争力

20 世纪 90 年代，人们对日本经济的研究显现了另一种独特的经验。普拉哈拉德（C. K. Prahalad）和加里·哈默尔（Gary Hamel）发现，日本的一个典型企业——佳能，很早就把精密电子与光学技术作为企业未来的发展重心。随着时间的推移，公司在这两方面的积累构成了一种非常强大的核心竞争力，许多产品例如相机、打印机等，都是建立在这两种技术的基础上的。这种技术与产品的整体架构，帮助佳能在国际范围建立了竞争优势，是它的一种核心竞争力[15]。

这种核心竞争力不但难以被替代，还难以被模仿。可以认为，核心竞争力是一种更加系统、更加全面的独特资源。它具有很强的隐匿性，很难简单地认为它是人与物或人与人相互关联而构成的复杂的结合体。核心竞争力是一种长期积累的产物，也很难一蹴而就。

普拉哈拉德等认为，要打造核心竞争力，需要在底层的技术方面为企业的未来做一个中长期的整体的技术结构规划，公司一切的产品应用和组织都围绕着这种核心技术来进行有序的搭建，并长期坚持积累和沉淀。

无论是从资源基础的角度看，还是从核心竞争力的角度看，建立起有竞争优势的、稀缺的、难以模仿的资源和能力，都需要长远的战略眼光和持续的投入。虽然很多企业都宣传它们有自己的核心竞争力，但是它们描述出来的诸如它们能开发某种类别的新产品、它们能攻下某些重要的客户、它们能够购买到某些关键零部件等方面的优势，大多只是局部范围内有限的优势，远未达到上述的资源评判标准。

资源基础观提供了一种重要的概念和分析视角，这种观点主张从企业内部寻找影响企业获利能力的根本原因。但是，由于在操作方面尚未形成公认的、可执行的分析工具，因此在应用方面还存在许多实际困难。例如，在对资源和能力的分类、度量、评价和创造的价值的衡量等方面，都缺乏简单易行的公认的操作手段。而且，长期保持在同一个方向上的投入也需要有非常强大的决心和信念。

三、内外因素交互决定论

除了上述的外部因素分析和内部因素分析的观点外，还有一些观点兼顾了外部和内部的不同部分，并且进行了一些关联或者整合，可以认为是一种基于内外因素交互和共同影响的观点。

1. 制度基础学派

20 世纪 70 年代以来，约翰·迈耶（John W. Meyer）和布莱恩·罗文（Brian Rowan）等认为，现代的正式组织都出现在高度制度化的环境中。正式组织可以被认为是嵌入社会网络的一个协调和控制各种实践活动的系统，为更好地理解需求以及合理地提供产品和服务，组织会发展出一些专门的知识、规则、流程等。组织的这些内部系统能够融入外部的制度环境，能够减少内部的协调和控制，从而提高其合法性和生存的前景[16]。通俗地说，企业作为正式的组织，要在外部的制度环境中很好地生存，便需要发展出相应匹配的内部系统，因此，这体现了一种内部与环境匹配的观点。

道格拉斯·诺斯（Douglass C. North）认为，所谓的制度就是社会的游戏规则（Rules of the Game）[17]，有时也译为博弈规则[18]，制度是人为制定的某些限制，是塑造人类的互动行为的一种人性化设计的约束。制度包括了塑造互动限制的任何形式，包括正式的和非正式的，既包括社会环境中的法律法规、道德约束，也包括企业内部的所有权、控制权、内部的过程管理、工作规范等。梅尔·斯科特（Mel Scott）和理查德·布鲁斯（Richard Bruce）等认为，制度环境中的公众舆论、教育制度、法律、法院、职业、意识形态等，构成了制度化的信仰体系、规则和角色，是个体和组织赖以生存和发展的基础[19]。

通过对不同制度环境下运营的组织之间的多样化的研究，迈克·彭（Mike W. Peng）和佩吉·希斯（Peggy Sue Heath）等提出了东欧、苏联等计划经济转型期企业增长战略的模型，认为在转型期的计划经济中，制度环境对增长战略有重要影响。在一组独特的正式和非正式制度力量的约束下，不同的公司会选择合适的基于网络的独特的增长战略，通过在网络成员之间集中资源和协调活动而实现增长[20]。彭还将这种面向制度来分析不同商业战略的差异的视角，称为制度基础观（Institution-based View，IBV）[21]。制度基础观的核心理念是，无论是环境中的制度因素，还是企业内部的制度因素，都是企业制定战略的重要因素，甚至是决定企业的绩效的关键因素。因此，内部制度与外部制度应进行必要的匹配。

2. 竞争战略

波特的竞争战略也是基于产业组织环境的分析而展开的，但是他更加关注微观层面的经济组织单元的企业信息，关注这些不同的经济单元之间的关系，以及在企业内部的能力因素。他认为，产业组织环境中的企业及自身都是重要的战略要素，并且，应该考虑这些战略要素之间的交互影响，形成一种平衡关系。波特通过一个相互关联的五种竞争力量（Competitive Force）模型把这些要素整合到同一个框架中[22]，如图 2-3 所示。

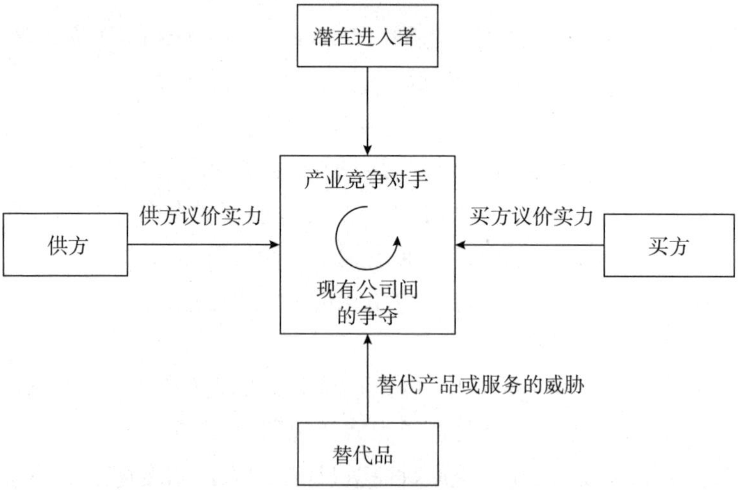

图 2-3　迈克尔·波特的五力模型

资料来源：迈克尔·波特．竞争战略［M］．北京：华夏出版社，2005.

在五种竞争力量中，企业与自己的客户（也就是买方），以及与自己的供应商（也就是卖方），分别都形成买卖关系。这些不同的买卖关系中，买方和卖方之间可能会因为不同的供需关系，形成不同的谈判能力，并且影响双方自身的一些行动策略。

大多数时候，买方都会占有谈判的优势，他们更为强势，可以决定交易双方合作过程中的一些主要的交易条件。特别是在一些充分竞争的市场，如大众消费品市场，消费者有充分的选择权，对产品和交易体验都有较高的要求，甚至还能随时要求取消订单或退货。

也有些行业是相反的情形。例如，在高科技行业中，芯片公司的议价能力就比较高。由于它们通常具有比较明显的技术优势，因此，在许多客户——特别是一些下游的中小型企业面前，作为卖方的芯片公司仍然常常占主导地位。这种关系在国际上也同样存在。例如，以美国为代表的芯片领域的厂商在产业链中大多具有压倒性的优势。

在产业竞争对手方面，则显示了企业之间在获得竞争优势地位时的直接的竞争关系。与竞争对手相比，企业自身的资源、能力、核心竞争力，都对双方的竞争态势产生重要的影响，影响各自的绩效水平。因而竞争战略的制定也应关注产业竞争对手的因素。

有时候，企业的竞争者并非已知的同行，而常常是一些潜在的进入者。虽然它们尚未进入企业所在的市场，但一旦它们进入，便可能产生深远的影响。近年来，互联网行业流行的一种跨界营销的说法，就是一种典型的潜在竞争者参与竞争的现象。例如，自行车行业是一百多年的行业，但在共享出行的概念冲击下，互联网企业运用互联网时代的营销和资源整合能力参与进来后，对传统的自行车制造企业造成了前所未有的冲击。

潜在的替代产品也常常出人意料地对现有产品形成冲击。对用户而言，用户购买的是产品的使用价值而非产品本身。当出现了新类型的产品能够更好地替代原有产品时，用户就会转而投入新类型产品的怀抱。例如，数码相机取代了传统的胶卷相机，而随着手机性能的不断发展，手机又占据了数码相机的绝大部分市场份额。

五种竞争力量表明，企业在经营活动的过程中应充分考虑市场中的现存及潜在的多种要素，企业的竞争战略应围绕这些要素进行策略安排与资源配置，并保持高度的敏感性和快速响应。

为了让企业在复杂的行业竞争环境中获得竞争优势，波特认为，企业自身的竞争战略是关键，企业的竞争战略可以分为三种类型：总成本领先、差异化和目标集中战略[22]，如图 2-4 所示。

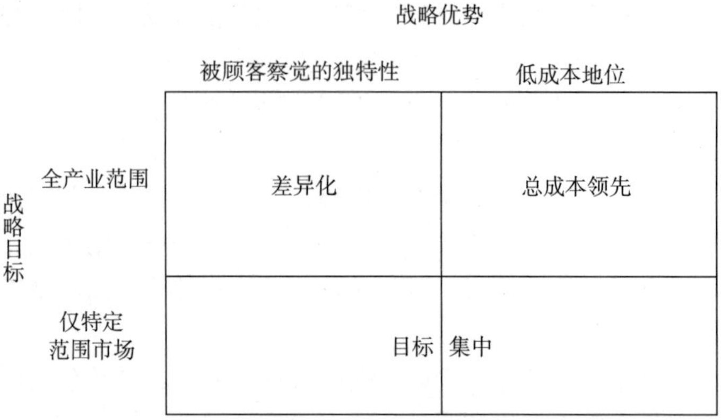

图 2-4　企业的竞争战略

资料来源：迈克尔·波特．竞争战略［M］．北京：华夏出版社，2005.

总成本领先战略指的是，相比竞争对手而言有更大的成本优势，这种成本优势首先会体现在价格上，即产品或者服务的价格都优于竞争对手。最常见的误区在于，竞争战略的低成本并不意味着仅仅是产品的低价，而应该是全公司各个职能、各个领域、各个流程链条都能够支撑到的低成本。为了实现产品价格的更低，需要在产品的设计环节、生产环节、物流环节、销售环节等环节都做到更低的摊销成本。同样地，我们还需要在人员管理、财务管理、制度设计、经营管理等方面持续改进，不断提升总体效率来换取更低的摊销成本。

差异化战略是另一种思考方向，企业以区别于竞争对手的产品或服务来寻求更多的附加值。通过更好的产品属性设计、更好的产品使用体验、更加优良的服务等，获取更高的产品的溢价，从而获得丰厚的利润。在这种战略下，大多行动都不会以最低成本为首要目标，而是以提升产品的使用体验、客户的满意度为主要目标。这种战略可能会导致对价格敏感的客户有一定程度的抵触，但是，一旦成功地培养出了忠诚的客户或者消费者群体，这种差异化带来的附加值足以让企业获得高额的回报。典型的例子就是苹果公司的产品。2007 年，当手机市场都是采用按键式的产品时，苹果公司推出了与现有产品完全不同的触摸屏的智能手机，一经推出便受到市场的追捧，引领世界进入了智能手机的时代。到 2012 年，苹果公司以 6235 亿美元的市值，成为全球有史以来市值最高的企业。

目标集中战略是相对于前两种战略而言的，是在局部范围内的聚焦战略。由于公司不可能在所有方面都做到极致，公司可以在自身擅长的或者对自身有利的某些方面进行聚焦，这种聚焦也同样可以是总成本领先和差异化这两种方向中的一种。例如，某些企业专注于在生产领域朝着低成本努力，这就是集中于总成本领先的战略。还有些企业则集中精力在某些方面的差异化价值上，通过对价值链上的活动、产品设计、质量管控、商业模式的重组或重构等，打造差异化的优势。

3. 内外因素交互分析的 SWOT 框架

在对外部因素和内部因素的综合分析方面，一个广为人知的分析框架是由来自哈佛大学商学院的埃德蒙·勒恩德（Edmund P. Learned）、克里斯滕森（C. R. Christensen）和安德鲁斯等在 20 世纪六七十年代发展出来的内部和外部匹配的 SWOT 分析框架。这也被认为是他们对企业政策（Business Policy）方面贡献的精髓[23]。直到现在，这种方法也仍然在广泛的范围中得到不同程度的应用。

SWOT 模型是优势（Strengths）、劣势（Weakness）、机会（Opportunity）、威胁（Threat）四个要素的缩写。其使用过程一般包括如下的基本步骤：首先，通过对外部的环境因素进行分析，识别出环境中存在的商业机会 O 和威胁 T 的列表；其次，对企业内部的资源、能力等因素进行分析，识别出自身的优势 S 和劣势 W 的列表；最后，通过两两之间的匹配关系，探索出可能的战略行动列表，如图 2-5 所示。

对优势 S 与机会 O 部分的匹配分析，能帮助识别一些积极的扩张战略行动列表 SO；对劣势 W 与机会 O 的匹配分析，需要企业开展一些前置性的战略准备工作列表 WO，以弥补现有条件的不足，从而使企业能够得以利用到环境中的商业机会；对优势 S 与环境中的威胁 T 的匹配分析，则可以形成利用自身的优势能力去影响和改造威胁的战略行动列表 ST，这方面也体现了对环境的改造的主观能动性的思想；对劣势 W 与威胁 T 的匹配分析，则通常应该考虑一些防御、回避、转移等类型的战略行动列表 WT，以规避风险，减少损失。

通俗地看，可以认为 SWOT 的核心思想就是扬长避短，利用自身的长处去把握机会，机会不足时也要设法创造机会；而面对自身的短处时，既要优先考虑在能动范围内，积极努力地发扬人定胜天的主观能动性，又要在形势内外皆为不利时，能够审时度势，适可而止。

就战略规划的形成过程而言，SWOT 模型通常处在这个形成过程较为靠后的环节。使用者需要提前处理各种外部和内部的信息，然后再进行交叉的影响和策略分析，因此，这是一个典型的注重内外交互的模型。SWOT 模型可以充分利用前面讨论过的外部因素和内部因素，也能兼顾制度基础观中的内外部制度的交互影响、竞争战略中的内外部因素等，因此是一个概念较为宽广的整体框架。一般认为，SWOT 奠定了现代战略规划的框架基础。后续许多关于战略规划的规范方法几乎都是在这个框架中补充具体内容和具体情境的。可以说，大多基于过程的分析模型，都是基于这种内外匹配的同一套“设计学派”的理念[24]。

	优势—S	劣势—W
	1.库存周转率从5.8提高到6.7 2.顾客的平均购买从97美元提高到128美元 3.员工士气高涨 4.店内促销带来了销售额20%的增长 5.报纸广告费用下降了10% 6.维修/服务的收入增加了16% 7.店面技术支持人员拥有管理信息系统学位 8.商店的债务占总资产的比例下降了34%	1.店里的软件收入减少了12% 2.店址受到新高速公路34号的影响 3.店里的地毯和油漆失修 4.店里的卫生间需要重新装修 5.店铺的收入下降了8% 6.店铺没有网站 7.供应商需要2.4天才能交货 8.顾客结账过程太慢 9.员工人均收入提高了19%
机会—O	SO战略	WO战略
1.城市人口增加了10% 2.竞争对手的店铺开在一英里之外 3.经过店铺的车流量增加了12% 4.供应商每年平均发布6款新产品 5.使用电脑的老年市民人数增加了8% 6.当地中小企业增加了10% 7.房地产经纪人对网站的需求上涨了18% 8.中小企业对网站的需求上涨了12%	1.每个月增加4项新的店面促销活动（S4，O3） 2.增加两个新的维修服务人员（S6，O5） 3.向所有53岁以上的老年人发放宣传单（S5，Z5）	1.买地建新店（W2，O2） 2.配置新的地毯/油漆/卫生间（W3，W4，O1） 3.提高50%的网站服务（W6，O7，O8） 4.给室内所有供应商发放广告（W5，O7）
威胁—T	ST战略	WT战略
1.百思买一年内将在附近开新店 2.当地大学提供电脑维修 3.新高速公路34号的支线会分散交通流量 4.附近在建新的购物中心 5.石油价格上涨了14% 6.供应商的价格提高了8%	1.多雇用两个维修工，并对这些新的服务进行营销（S6，S7，T1） 2.买地建新商店（S8，T3） 3.将店外服务电话的费用从60美元提高到80美元（S6，T5）	1.雇用两个新的收银员（W8，T1，T4） 2.配置新的地毯/油漆/卫生间（W4，T1）

图 2-5　SWOT 分析样例

资料来源：弗雷德·R. 戴维. 战略管理：概念与案例（第 13 版·全球版）[M]. 北京：中国人民大学出版社，2012.

然而，即便是现在，要想使用 SWOT 模型进行直接的、简单的分析，仍然面临不小的困难。这是因为，每个人对信息的判断都存在个体的偏差。对同一信息或事件而言，不同的观察者或从不同的观察角度看，其判断既可能是优势，又可能是劣势。塞翁失马，焉知非福，讲的也是这个道理。所以，SWOT 的使用很容易受到不同使用者的思考方式和评价准则的影响。

四、定量辅助分析

以 SWOT 为代表的对外部因素和内部因素进行分析的方法，主要都是定性的分析，很容易受到主观判断的影响。为了减少这种方法产生的偏差，人们还逐渐发展出一些定量的方法来改善应用的效果。戴维介绍了这样一种基本过程[4]：首先针对外部的各种影响因素进行综合评比，形成一个外部因素评价表（The External Factor Evaluation Matrix，EFE），同时，也对组织内部的各种因素进行综合评比，形成内部因素评估表（The Internal Factor Evaluation Matrix，IFE）。然后，将 EFE 和 IFE 进行匹配定位，形成一个内外部匹配矩阵（The Internal-External Matrix，IE），然后针对匹配矩阵中的不同区间，获得基于定位的典型战略。

整个分析过程，可以认为就是 SWOT 模型的定量分析版本。这种定量方法中的基本操作，是识别重要的因素，为每个因素设计出适合的评分标准，并且对这些因素进行加权的评分。由于评分的过程的各种定量依据大多是基于前述的各种定性信息构建出来的，因此，评分的最终结果也不可避免地存在偏差。实际使用时，仍然应结合定性的分析进行综合评判。限于篇幅，此处不再详解介绍，感兴趣的读者可查阅引用的相关文献。

此外，通过 SWOT 或上述的 EFE-IFE 内外部因素分析后，企业可能会形成多个不同的整体战略解决方案，例如，有些战略方案侧重于短期的营销改进，有些战略方案侧重于长期的核心竞争力构建，有些战略方案侧重于外部的客户满意，有些战略方案侧重于企业内部的股东满意。每个战略解决方案都是完整的，都可以分解成一系列的措施，并策划了详细的资源配置和行动计划。每一个战略解决方案都是一个候选方案，因此，为了在多个备选战略方案中寻找更优的选项，仍然需要做出进一步的判断。

人们同样可以采用定量分析方法，构建面向不同战略方案的评价模型，辅助进行筛选。戴维也介绍了一种被称为定量战略规划矩阵（Quantitative Strategic Planning Matrix，QSPM）的典型评估框架[4]。其推荐的评价要素包括经济、政策法规、社会文化、技术能力、竞争等外部因素，以及管理、营销、财务会计、生产运营、研发、管理系统等企业内部因素。在这些要素上，以同样标准来评价不同的战略方案的优劣情况，便可得出每个备选战略方案的综合评分，得分更高的备选战略表示是更优的选项。

第三节　战略规划中的决策

一、决策中的有限理性

1. 交互分析中的决策依据

通过结构化的战略规划过程，以及对各种外部因素和内部因素，以及它们之间交互影响的分析，包括定性的分析和定量的分析，人们希望能够得到期望中的战略解决方案。然而，人们发现，即便是经过了同样的过程，不同的战略决策者可能也会产生不一样的战略决策。这是因为，最终形成决策时，每个人都会采用自身的决策标准或决策依据，来处理分析得到的已知信息，并且通过个人的直觉或洞察力处理那些模糊的信息。

安德鲁斯认为，战略是由四种要素最终的契合（Fit）[25] 而形成的。它们分别是：

可以做什么（Might do）。这是指在环境中存在怎样的机会，当然也包括了必要风险的评估。

能做的是什么（Can do）。也就是对我们自身的资源、能力、核心竞争力等方面的优势和劣势进行综合评估后得出的可能的行动选择。

想做什么（Want to do）。主要表达了企业家的价值观与个人的渴望[12]，体现了企业家的个人激情[11]，是他们的一种倾向和个人选择的偏好[23]，也可以体现为组织正式领导者的信仰[24]。

应该做什么（Should do）。这反映了企业所应承担的责任是什么，特别是社会（包括了各种利益相关者）对企业的要求。这种社会责任的体现，尤其是在组织中产生影响力的社会道德，至少是经理们想象的社会道德[5]。

四种要素之间也有一定的内在关系。其中，把战略定义为公司可以做的（Might do）与公司能做的（Can do）之间的匹配（Match），这就是 SWOT 的基本逻辑；同时，不可避免地需要兼顾管理决策者个人偏好（决定企业想干什么即 Want to do），以及企业的社会责任与预期（决定企业应该干什么即 Should do）[11]。因此，社会责任与道德、管理者的价值观，可以认为是对 SWOT 战略的一种修订调整，正如明茨伯格归纳的设计学派的基本过程包含了必要的修正一样[24]。

也就是说，战略的实际决策过程是，在综合考察外部因素之后，先识别出可能的战略有哪些，然后在考察内部的因素中自身的实力、资源、优劣势等，衡量哪些战略选项更优，并且，这些选项还应遵循决策者的价值取向、道德准则，具有符合社会所需的价值。这一系列的契合完成后，战略的决策便形成了。

这种契合的决策过程，也许是在一瞬间就可以完成的，但绝大多数时候都并非如此。人们在得到这一结论之前，需要处理大量的信息，既包括规范的规划过程中分析的已知信息，也包括那些模糊的信息，并对这些做出大量的判断。

悉尼·芬克尔斯坦（Sydney Finkelstein）和唐纳德·汉布里克（Donald C. Hambrick）等认为，战略决策者通过有限的视野（决策者会看什么和听什么）—选择性感知（实际上看到和听到了什么）—解释（对所听到的和所看到的赋予什么意义）这个信息过滤过程对现实进行解释和理解，而这个过滤过程又受决策者的“倾向”（Orientation）所影响。决策者的“倾向”是他们解释战略情境和决定行为方式的基础，由个体的心理学特征和能够观察到的经历组成。个体的心理学特征包括价值观、认知模型和个性特征等[26]。实际上，每一个环节的处理都是一个机会的筛选和判断的过程，每一次筛选和判断都是一个决策的行为。

在整个战略规划的过程中，对每一项信息的响应和处理都是一个决策行为：识别和处理外部信息，形成可行动的多种备选选项，是一种决策行为；在多个选项中选择优选项，是一种决策行为；基于选定项而去设定不同的行动方案，也是一种在多种行动选项上的择优决策行为。并且，这些环节中的各种各样的决策行为还会因个体的差异而产生区别。如此看来，战略形成的核心是分析过程中的一系列的决策。

2. 有限理性

我们采用结构化的战略规划过程，初始的目标常常希望能够通过对规划过程的控制来获得可靠的规划结论。可是，既然规划过程是由一系列不同的信息处理、分析和决策所形成的，那么，要想保证这一过程能够产生可靠的结论，就意味着整个过程中的每个决策点都应得到精确的控制和输出，要求每个环节处理信息的方法和决策判断都是高度一致的。不管是由一个个体来处理这些有序的信息，还是由一个小组来分工协同处理这些信息，都应如此。

这种期望的一致性，实际上建立在几个假设的前提下：第一，人们可以充分表达自己的想法，能够充分地沟通，无失真地传递信息；第二，每个人所掌握的知识结构都是完整的、一致的；第三，每一个人在每一个节点上所执行的处理动作和输出结果都应该是一样的，都像机械的机器一样稳定可靠，产生同样的结论。所有的人一起构成一个整体，就像一个更大的机器一样。每个人在这个大机器中，互相承担一部分工作，共同衔接，协作完成目标。这就是经济学上的理性人假设。

从直觉的经验看，在实际的工作中，这种像机器一样工作的理性人假设是很难成立的。如某项对行业出口进行补贴的政策，既可以解读为将政府的大力扶持看作一种积极的信号；也可以解读为扶持会导致大量的潜在竞争者出于补贴目标而进入本行业，最终导致竞争加剧，使得行业整体的技术水平和竞争力都下降，因此将其看作一种消极的信号。在整个分析过程中，每个人都无法保持同样的分析结构，无法产生像机器加工般一致的分析结论。

赫伯特·西蒙（Herbert A. Simon）认为[27]，如果人是理性的，那么理性人在决策之前，需要全面地去寻找那些备选的行为，要去考察每一个可能的抉择所导致的全部复杂的后果，还需要具备一套完整的价值体系，以便能够从全部的备选项中选定最优的那个选项。然而，至少有三种原因导致这种假设难以成立。首先，人的知识是不完备的，一个人对自己行动条件的了解，从来都只能是零碎的、局部的，他无法对当前的状况有充分了解，也无法掌握那些对未来后果有重要影响的所有的规律和法则。其次，在关于困难的预见方面，人们很难预见清晰的后果，即便能够把后果描述完整，这种后果的预见也很难与实际的感受一样。最后，由于受到物理和生理条件限制，一个人能够想到来当作备选行为的，永远只能是非常少的几种动作。所以，西蒙指出，社会中的人的理性其实是有限的。

由于人是有限理性的，战略规划的黑箱的内部对我们来说仍然有许多因素是未知的，那些影响战略的重要因素躲藏在黑箱的内部，它们可能是随机的，也可能是以某种我们所不知道的规律、以某种我们未能观察到的机制在发生作用。因此，这种不同的因素综合影响就可能会导致这个黑箱输出的结论超出我们预期的结果。这样我们就得到了一种结论，战略黑箱的输出其实是具有不确定性的，战略规划的程序虽然是一致的，但却并不能保证战略规划的结论的稳定性和可靠性。

因此，人们只能在有限的理性中去寻找那些有限的备选项，在有限的备选项中选择那些令人相对满意的选项。这也是提升战略规划过程的规范性的主要意义所在。通过不断地剖析战略规划这个黑箱，了解其内部的重要因素及因果发生机制，提高对黑箱的认识，以便在规划过程中的每一个环节上，包括信息收集、方案评估、方案选择等，都能寻求到一种相对满意的战略规划结论。

二、战略决策黑箱模型

1. 战略决策黑箱模型框图

在实际的战略规划和战略形成的过程中，前面讨论过各种关于外部的、内部的、内外交互的以及如何决策的一些已知的经验，很少是单独产生影响，它们通常是交织在一起，同时产生影响，因此，笔者试着把这些已知的有了一定认识的经验归纳在同一个更大的黑箱过程中，如图 2-6 所示。

在外部决定论中，环境适应观强调环境因素的影响，产业组织理论强调产业中的因素影响；内部决定论中，资源基础观强调资源因素，核心竞争力和动态能力等强调能力的影响；交互因素观中，竞争/竞合战略强调不同因素之间的竞争关系和合作关系，共演战略强调多种因素之间的共生演化，制度基础观强调环境制度因素和企业内部制度因素之间的交互，等等。因此，这些因素都是战略规划所需要考察的重要因素。图 2-6 中左下还存在一些未知的影响因素，我们既不了解它们，也不知道它们发生作用的机理。战略规划就是对这些已知和未知的因素进行综合分析，再通过右边的有限理性、决策者的洞察力以及管理者自身的价值观和社会责任与道德的约束共同契合而形成决策的。

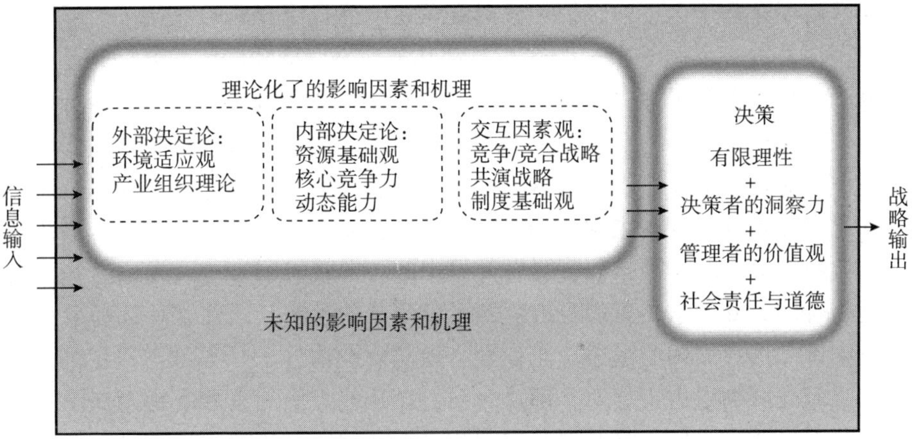

图 2-6　战略因素和机理的处理、决策过程箱模型

资料来源：笔者结合典型的战略理论经验和黑箱模型整理。

2. 箱子模型中的多种可能决策

从这个模型中我们可以看到，即便对于同样的一组输入信息，由于在整个箱子的内部可能会存在不同的作用机制，因此最终的输出会存在多种不同的战略解决方案。

从左上区域看，当侧重于以外部的环境适应观或者是产业组织理论为主要决定论来分析时，战略方案更倾向于采用调整自身的各种行动与策略以适应外部环境的解决方案；当侧重于以内部的决定因素如关键资源、核心竞争力或动态能力为主要的决定论来分析时，战略方案则更倾向于充分发挥企业自身的主观能动性；当强调交互决定论时，战略方案就会倾向于在对外部环境适应的同时也要尽量发挥企业自身的主观能动性，这时的战略方案也可以说是一种折中的均衡方案。

从右边区域看，当倾向于采用更为理性的假设时，分析人员则需要尽可能多地收集外部的客观数据，尽可能对这些数据进行充分的加工和评估，借助更多的定性和定量的评估方法与工具，借助更加规范的结构化过程来进行理性的分析和对比，从而形成更为严谨和细致的决策依据；当倾向于采用有限理性的假设时，他们则愿意采用更为模糊的处理方式，主要通过那些富有经验的高层管理者，基于他们的洞察力和判断力，对市场的重要的信息或者事件做出反应，并且快速而概括地形成战略方案；当倾向于以价值观和社会道德约束作为重要的决策因素时，组织可能会将其提炼为明文的组织文化和行动纲领，并强调其在战略分析过程中的正式的指导地位，如果这些内容在企业范围内是缺乏共识的，分析决策人员则通常需要在若干个不同价值观倾向的版本中进行博弈式的选择。

我们试着以一个例子来表明这一过程中存在的多种可能。2018 年开始的中美贸易摩擦显著改变了过去几十年来的中美贸易关系。这一转变一方面给中国的经济带来了消极影响，另一方面也刺激了中国人的自尊心与进步的自我要求，因此，如何面对这一变化，以及采取何种行动，取决于我们看待的视角。

如果强调外部因素占主导，如经贸关系是企业经营的关键性因素，那么企业在制定战略时，倾向于严格执行经贸关系中的各种政策因素——无论这些政策看起来是否合理，并力求尽可能少地受到经贸政策的影响。即便这种选择会一定程度地影响许多用户的内心情感，企业也必须坚定地执行。

当强调内部因素占主导时，即认为我们在某些方面的资源或能力在国际社会中已经具有足够的竞争优势时，我们则有可能针对贸易政策中的一些不合理要求进行抵制甚至反制，基于资源或产品方面的核心竞争力，重新调整双方交易中的业务内容、营销策略，使得那些政策要求难以对我们自身产生实质性的影响。

还有的企业可能会认为价值观与伦理道德方面出现的分歧是双方交易关系中的核心基础，因此，在经贸关系变化的过程中，也会开始思考和调整与中美业务伙伴之间的长期产业布局。

所以说，战略分析的视角的差别，将直接影响我们的战略思考方式和战略行动。然而，具体应如何评估哪些因素更重要？哪些因素的影响机制更为重要？这便需考虑我们常说的“这要看情况而定”，也就是还需要更多的情境背景。例如，在中美建交以来的几十年中，也出现过许多不同的贸易摩擦事件，然而，人们普遍认为这次与往常不一样。一个重要的背景是，当前的中国与过去相比，发生了许多变化，国家的发展阶段和情境背景不一样了。我们将从下一章开始讨论基于情境的战略思考。

3. 决策过程中的理性与直觉

在整个黑箱其他区域还存在大量未知的阴影部分，包含了许多因素是我们尚未了解的、尚未认识到的，我们并不知道它如何产生作用、如何发挥影响。但是，在特定的情境下，我们或许能感受到它可能会产生某种影响，我们能意识到某些因素的存在，也能够感受到它们将产生影响，但我们却不知道它产生影响的概率多大、发生作用的机制是怎样的。因此，也常常需要采用模糊的直觉分析和判断。

实际上，即便是对于前述的外部因素和内部因素，对那些理论化了的因素和机理，我们对其的认识仍远未达到白箱的状态。我们在分析其影响、作用机理、影响程度等方面时，同样采用了一定程度的模糊判断，是通过直觉和洞察力来进行的。不管是企业家还是战略规划的分析人员，其内在的分析决策过程都是包含了直觉与洞察力的模糊处理过程。

也就是说，从整个黑箱模型视角看，对整个箱子各部分的处理过程，是在一种灰箱状态下的处理过程。一方面，分析的内容不可能是完全理性的，这既包括信息本身的不完整性，也包括对信息处理的不完全理性。另一方面，这个处理过程也不可能完全是模糊的，因为如果我们完全不考虑输入的信息和数据，全部采用直觉的分析和判断，这相当于删除或者简化了全部的信息，是一种完整意义的黑箱，这时，虽然我们仍可称之为一种极端的模糊处理，但是我们不如说它是一种随机的处理方式，已经完全失去了目标导向、面对环境问题和积极思考应对方案等关键要素。

所以，对整个黑箱的处理过程，就必然是一定程度的理性处理和一定程度的感性或直觉的处理。

人们常常发现，有些人在处理同样的环境信息时，似乎展现出与常人不一样的能力，人们常将这种处理综合信息的能力称为洞察力。例如，画家在欣赏别人的画作时，能比常人捕捉到更多的作者想表现的信息；职业侦探在同一个犯罪的现场，能够比常人发现更多有价值的案件线索。实际上，画家的洞察力也包含了他们对画作的理性分析的部分和直觉感知的部分，同样，侦探的洞察力也包含了他们对现场的理性分析和直觉感知。

也就是说，人们常说的洞察力，也可以看作理性与直觉的结合，只是，由于决策者在脑海里进行处理的过程难以直接观察到，似乎没有明显的规律，这种能力便似乎只是一种模糊的处理过程罢了。并且，因为每个人运用的理性和直觉都可能存在差别，因此，人与人之间的洞察力便也呈现出差别，并导致了决策质量的差别。

在商业中也是如此，企业家与普通的战略分析人员在进行分析与决策时，企业家们展现出来的商业洞察力通常比普通的战略分析人员的水平更高，更加符合商业中的实际情况。这种差别的原因很可能在于，企业家们在实际的经营过程中，积累了丰富的阅历和商业经验，他们洞察力中的理性部分，逐渐形成了宏观的、全局的、系统的思考模式。

4. *在理性中培养战略洞察力*

随着市场竞争越来越激烈，战略管理与战略规划变得越来越重要。战略规划的能力尤其是其中不可或缺的洞察力也变得至关重要。在大多数时候，这种洞察力似乎与每个人的先天禀赋有关，特别是其中直觉部分的能力难以获得，是一种稀缺的能力。

御立尚资在分析战略的制定过程时认为，洞察力也是可以通过训练而获得提升的[28]。他认为，过往的一些经典的战略精髓、战略理论是对战略经验的一种结构化、模型化、可视化的浓缩，就像围棋中的定式一样。定式有助于快速识别和记忆，也有利于借鉴应用。人们熟知的定式越多，就越能快速地将定式对应到具体的情况中，然后再从更宽的广角视角、更深的聚焦研究、反转的逆向思考等不同角度深入，就有机会快速地洞察到那些适合企业情况的企业战略。在学习和积累定式方面的训练越多，这种洞察能力就越强。

这种观点也表明，洞察力的内在结构中，存在一些可以通过理性进行学习、训练的部分。理性在学习的过程中不断积累和完善，变得更为理性，而不断增强的理性又可以继续通过学习和训练得到进一步的加强。

其实，中国的传统哲学早已阐述了对学习的认识。新儒家学派强调渐修和顿悟的学习观。朱熹说："盖说穷理，则似悬空无捉摸处。只说格物，则只就那形而下之器上，便寻那形而上之道"，"在格物的时候，我们必须心中记着，我们正在做的，是为了见性，是为了擦净珍珠，重放光彩。只有经常想着要悟，才能一朝大悟。"[29]

从企业战略的角度看，渐修其实就是我们对过往战略经验的反复训练，是一个理性分析的重复学习的过程，顿悟则是来自我们对企业的运营过程中的直觉和创造。

5. 促进战略决策

虽然战略规划对洞察力的需求如此强烈，并可能导致一种对于结构化的战略规划的价值的否定而让人沮丧，然而，洞察力应包含理性和直觉的这种观点表明，洞察力的训练本身也有赖于对结构化的理性的战略规划的理解和积累，因此，我们仍可理性地看待战略规划这一过程如何帮助我们获得更好的战略决策。

从训练角度看，每个进行战略分析的决策者，都在通过理性的方式学习、解读、处理信息，产生不同的战略思考和行动的反应，这样就提升了战略规划的理性能力。这也能够帮助企业不断地训练出更多具有战略管理能力的人才队伍。

从输出的角度看，结构化的规划过程和那些参与规划活动的规划人员也促进了整个规划团队的意见分析和收敛的过程。特别是那些专职的规划人员、那些不作为决策者的规划人员，他们通过这种结构化的工作，包括尽可能周全的思考框架、信息处理、工作安排、过程组织等，事实上扮演了一种战略形成的催化剂的角色[24]。

大前研一认为[30]，成功的经营战略并不是通过精确的分析产生的，而是从思维意识的一种特别状态中得出的，他称之为战略家、卓越见识和成功驱动器的意识，通常表现为对使命的一种感觉，基本上是创造性和直觉的思维过程的一种刺激。战略家并不反对进行分析。实际上，如果没有进行分析，他们几乎什么事情也做不了。但是他们仅仅用它来激发富有创造性的过程，检验已出现的想法，得出其战略的含义，或者确保那些可能从来没有被正确执行过但具有很高潜力的“奇怪”想法能够成功实施。戴维也认为，某种程度上，战略管理就是直觉洞察加理性分析。这两者结合起来以后，战略规划的效果反而更好，效率更高。

参考文献

［1］法约尔．工业管理与一般管理［M］．北京：中国社会科学出版社，1982.

［2］乔治·斯坦纳．战略规划［M］．北京：华夏出版社，2000.

［3］安索夫．新公司战略［M］．成都：西南财经大学出版社，2009.

［4］弗雷德·R. 戴维．战略管理：概念与案例（第13版·全球版）［M］．北京：中国人民大学出版社，2012.

［5］亨利·明茨伯格，布鲁斯·阿尔斯特兰德，约瑟夫·兰佩尔．战略历程：纵览战略管理学派［M］．北京：机械工业出版社，2002.

［6］诺伯特·维纳．控制论：或关于在动物与机器中控制和通信的科学［M］．北京：商务印书馆，2020.

［7］王雨田．控制论、信息论、系统科学与哲学［M］．北京：中国人民大学出版社，1986.

［8］白世贞．论质量管理的过程方法［J］．商业研究，2002（12）：3.

［9］钱学森，许国志，王寿云．组织管理的技术——系统工程［J］．上海理工大学学报，2011，33（6）：6.

［10］Westcott R T. The Certified Manager of Quality/Organizational Excellence Handbook［M］. Quality Press，2013.

［11］周三多，邹统钎．战略管理思想史［M］．上海：复旦大学出版社，2002.

［12］项保华，罗青军．安德鲁斯战略思想及其扩展［J］．科研管理，2002，23（6）：1.

［13］迈克尔·A. 希特，R. 杜安·爱尔兰，罗伯特·E. 霍斯基森．战略管理：概念与案例（第8版）［M］．北京：中国人民大学出版社，2009.

［14］曾萍，张筱，邓腾智．中国民营企业成长：制度情境的引入与研究展望［J］．华南理工大学学报（社会科学版），2014，16（3）：25.

［15］Prahalad C K，Hamel G. The Core Competence of the Corporation［M］．Berlin，Heidelberg：Springer，2006.

［16］Meyer J W，Rowan B. Institutionalized Organizations：Formal Structure as Myth and Ceremony［J］．American Journal of Sociology，1977，83（2）：340-363.

［17］North D C. Institutions，Institutional Change and Economic Performance［M］．Cambridge University Press，1990.

［18］道格拉斯·C. 诺思．制度、制度变迁与经济绩效［M］．杭行译．上海：格致出版社，2014.

［19］Scott W R. The Adolescence of Institutional Theory［J］. Administrative Science Quarterly, 1987, 32 (4): 493.

［20］Peng M W, Heath P S. The Growth of the Firm in Planned Economies in Transition: Institutions, Organizations, and Strategic Choice［J］. Academy of Management Review, 1996, 21 (2): 492-528.

［21］Peng M W. Towards an Institution-based View of Business Strategy［J］. Asia Pacific Journal of Management, 2002, 19 (2-3): 251-267.

［22］迈克尔·波特. 竞争战略［M］. 北京：华夏出版社，2005.

［23］马浩. 战略管理学 50 年：发展脉络与主导范式［J］. 外国经济与管理，2017，39 (7): 15.

［24］明茨伯格. 战略规划的兴衰［M］. 北京：中国市场出版社，2010.

［25］Mckiernan P E. Historical Evolution of Strategic Management, Volumes Ⅰ and Ⅱ［M］. Routledge, 1996.

［26］Finkelstein S, Hambrick D C, Cannella A A. Strategic Leadership: Theory and Research on Executives, Top Management Teams, and Boards［M］. Strategic Management, 2009.

［27］赫伯特·西蒙. 管理行为：管理组织决策过程的研究［M］. 北京：北京经济学院出版社，1988.

［28］御立尚资. BCG 视野：战略思维的艺术［M］. 北京：电子工业出版社，2008.

［29］冯友兰. 中国哲学简史［M］. 北京：北京大学出版社，2010.

［30］大前研一. 巨人的观点：像战略家一样思考［M］. 北京：机械工业出版社，2004.

第三章

生命周期情境战略

第一节　生命周期情境战略概述

情境（Context）意指某种特定的综合环境，可能包括外部环境、内部环境、人、事、物、时间。在日常生活中，我们每个人都有这种经验，不同的时间、不同的地点、不同的人物以及不同的关系，我们都会感知到不同的情景、不同的体验。我们常说，中国地大物博，幅员辽阔，不同的风土人情、地域文化，塑造了不同的生活方式。这都表明，不同的情境对我们有不同的影响。

企业家们常常说，我们的企业与别的企业不一样。这个语境也是情境上的差别。企业的规模方面、行业方面、技术方面、业务形态方面、目标销售客户方面、地理位置方面、人才结构方面等各有不同。每个企业都有其特殊性，而同一个企业中的不同部门、不同个体也有其特殊性。例如：在企业的人员规模上，最大的企业规模有多达百万人，而最小的企业，个体注册创业的小微型企业不计其数，各不相同。任意一个企业都是无数的因素组合中的其中一组，所以这个企业确实是独一无二的，就像没有两片相同的树叶一样。这些差异化的各种因素组合，都可能会对企业的战略产生影响。

一、情境战略观

在20世纪70年代，现代管理理论中产生了一种系统的权变管理理论。以弗雷德·卢桑斯（Fred Luthans）为代表的权变理论（Contingency Theory）的核心内容是，每个组织的内在要素和外部环境条件都各不相同，不存在一成不变、普遍适用的“最好的”管理理论和方法[1]，应该根据组织所处的环境内外条件的变化而随机应变。

这种权变的观点也可称为情境观。“情境”一词，语义上侧重于特定的情况，“权变”一词，语义上侧重于针对特定情况下的权衡的应对。就战略观而言，两者的关系是“基于情境进行权变的应对”，因此，这两个词可视为一个同义概念。

其实权变的思想由来已久，在中国传统的文化中有许多类似的典故。在《孙子兵法》中，“道、天、地、将、法”的天、地都是一些环境情境要素。《孙膑兵法·月战》：“天时、地利、人和，三者不得，虽胜有殃。”《文子·道德》：“圣人者应时权变，见形施宜。”毛泽东在《矛盾论》中说：“马克思主义最本质的东西，马克思主义的活的灵魂，就在于具体地分析具体的情况。”这些讲的都是要考虑实际的情境来提供对策的典型的权变思想。

情境战略观的典型结构是“如果……，那么……”或者是“如果……，且……，那么……”。用情境战略观来看待我们现有的战略管理的经验成果，可以说，前面所谈到的外部因素、内部因素以及内外因素匹配等，都可以认为是一种特定的情境因素组合。根据战略规划的理论经验，其实质都是试图在各种情境的变量中，找到权变的对应解决方案，也就是权变战略。

例如，外部情境观中，环境适应学派指的都是外部环境中一些特定的情境，在内部情境观方面也是如此。资源基础观则立足于企业所掌握的那些资源的情境，包括资源的多寡、资源的特殊性、资源的可利用性等，以此为基础来考虑战略的安排。核心竞争力战略则关注企业是否已经构建起了那些难以复制、具备领先优势、能够产生重要竞争优势的那些核心能力。在具备核心竞争力的情境下，企业应如何基于核心竞争力来规划未来的战略，在尚未形成核心竞争力的情境下，企业应如何打造这种核心竞争力，需要怎样的战略解决方案，等等。

如果说情境是一种客观的综合背景，那么，提出战略就是对这种客观环境提出的一种响应和改造的规划。所以，情境是客观的存在，是不以人的意志为转移的当下的外部客观，而基于情境的战略则是主观的想法、主观的计划、主观的准备和行动安排。由于客观是独立于主观的存在，但是主观却可以有不同的态度和行动，我们可以选择改变自身来适应客观，这是一种适应世界的态度，我们也可以改变客观来适应主观，这是一种改造世界的态度。

就实际的改造能力来说，对于外部的宏观的那些客观情境而言，我们的改造能力相当有限，那么对这一部分的情境所采用的态度可以是以适应为主的，而对于那些中观和微观的客观情境而言，我们的主观能动性所能产生影响的可能性会更大，因此，可以是以影响和改造为主的。

从世界观的角度来说，人类种群的生存可以分为栖居模式和筑造模式[2]。前者偏向于适应环境，后者则偏向于有意识地改造环境，这体现了不同的世界观。适应是组织的柔性，改造则需要主动的有意识的规划行为，而其中的共性是，都需要我们对客观世界不断增加认识和加深理解。

二、生命周期的仿生应用

生物学的观点认为，生命体的基本特征[3] 就是能够进行新陈代谢、自我调节和自我增值的系统。生命体的这几种特征，都是随着自身的生命周期过程，从出生、生长、发育、繁殖到衰亡而存在的。在生命周期的不同阶段，生命体的这些特征会有所区别，也会表现出不同的重要性。

仿生学认为，有许多事物也像生命体一样，具有类似的生命周期的过程。其中的每一个不同的阶段都具有不同的重要特征，需要采取的应对措施和调节管理也是不同的。一个典型的例子就是关于学生的教育问题，由于小学的学生与大学的学生处于不同的生命周期阶段，有不同的特征，因此，小学阶段所采用的教学方案与中学或者大学的培养教学方案是不能一样的。

企业作为由人组成的一个组织，也具备生命体的发展阶段的特征。我们也可以把企业看作一个生命体，通过分析企业生命周期中的各个阶段的特征，进行有针对性的战略管理。不过，把企业作为生命体来看时，我们不能孤立地去研究它自身的阶段情境，还必须将企业放入它赖以存在的环境去考虑。企业外部的客观环境所处的态势，如全球的发展阶段、国家的发展阶段、行业的阶段、市场等，都是企业存在的环境。在这种复杂的环境中，企业一方面受到外部环境的影响，另一方面又与环境发生交互作用，对环境产生一定的影响，甚至这些影响又相应地成为重要的情境。通过对这些情境进行综合的考察，识别情境中的重要影响因素及其发生作用的机制，并提出相应的战略对策，便可逐渐发展出基于企业生命周期的情境战略。

仿生学看待生命周期的经验给我们提供了一个很好的情境分析的视角。研究生命周期及其不同的阶段特征，并有针对性地进行情境分析和应对，有一定的普遍意义。越来越多的研究和分析都开始把生命周期作为一个典型的研究视角。例如，截至 2021 年末，在中国知网查询文献，设置查询条件为：主题包含“生命周期”关键词，来源包括“核心期刊”和“CSSCI”，查询的结果超过 18000 篇文献。这些文献包括“企业的生命周期”“产品生命周期”“技术生命周期”“客户生命周期”“软件生命周期”“文件生命周期”等多种不同的应用领域。

三、行业的生命周期

1. 产品发展阶段的全球进出口变迁

生命周期理论在经济领域较早出现的应用研究是雷蒙德·弗农（Raymond Vernon）的产品生命周期。1966 年，弗农为研究国际投资、国际贸易和国际竞争，基于迈克尔·波斯纳（Michael V. Posner）的“技术变革”理论，提出了“生产—出口—进口”的全球产业发展模式[4]。在国际供需平衡的前提假设下，依据产业从发达国家到其他发达国家，再到发展中国家的顺次转移现象，将产品生产划分为导入期、成熟期和标准化期三个阶段。

在产品的导入期，工业发达国家率先进行新产品的开发与生产，国内市场顺利开拓，并开始向后发工业国家出口，逐渐扩大国际市场份额。在成熟期，随着技术在全球范围内的普及，这时亦存在大量的跨国投资和技术输出，原进口国亦能生产同类产品了，原进口国的进口数量逐步减少。标准化期，国外生产成本大大降低，产品出现逆流现象，产品由国外进口到国内，发达国则逐渐放弃该产品，转向开发更新的产品，从而开始新一轮产品生命周期的循环。波特进一步指出，这三个阶段分别代表了国际产业竞争中创新驱动型、投资驱动型和要素驱动型这三种基本形式[5]。

弗农的模型比较贴切地描述了各个国家之间的技术型产品的生产、分工和贸易的情况，尤其是那些大规模制造的产品所构成的产业。中国的市场逐步放开以后，许多高新技术行业都经历了同样的历程。例如，电视机产业、家电产业、数码相机行业、电子制造业等，几乎都是遵循了同样的规律。早期，中国是以进口为主，向先发展起来的国家购买产品。随着行业技术逐步成熟，发达国家将一些技术出口到中国，转由中国进行生产规模的扩大。而到了产业的成熟期和标准化期，中国的生产成本渐渐降低，慢慢发展成为主要的出口国，占据了主要的国际市场份额。发达国家则继续在新的技术水平上开发新产品，进而准备进入下一轮的产品生命周期。

科斯的交易成本理论[6] 也能够解释这种产业中的变迁现象。在产业的早期以创新型驱动为主的时候，产品的附加值比较高，但是生产的效率较低、生产成本偏高，并且，产品的市场受众少，还没有得到大范围传播，产品的销量也很有限，所以，为了获得利润并弥补早期的研发投入，产品的销售价格都会偏高。从中国的购买方的角度看，即便是较高的购买价格，也比自己从头进行高额的研发投入来获得这种产品的综合代价更低，也就是说，为了满足人们的需求，这种交易成本反而是偏低的。

到了产品逐渐走向成熟的时候，中国的购买量越来越大。从投入看，购买总额太高，因此，不如减少购买量，将原本的购买资金的一部分转为投资，从而实现一部分产品的自给自足。这个时候，投资资产加上部分产品的购买，综合来看也是交易成本最低的一种方式。到了产品标准化的阶段，行业逐渐转化为以生产要素型的驱动为主，如劳动力价格、电力价格、工业材料等。中国的许多生产要素都占了明显的成本优势，因而中国制造的产品的综合成本更低，原来的发达国家制造产品的成本反而没有中国有优势，因此，中国在国际上的市场份额越来越高，逐渐演变成为以出口为主的制造型国家。

按照这种规律，我们可以推测，随着中国的经济水平、技术发展不断积累和进步，当中国的某些产品领域能够逐渐达到甚至引领世界的技术水平的时候，那么在这个行业，我们也可能会面临早期以出口为主，然后逐渐由其他国家（特别是具有综合成本优势的发展中国家）在其本土投资生产，并且形成低成本要素的大规模制造，转而由中国进行进口的一种产业变迁。

2. *产品生命周期*

菲利普·科特勒（Philip Kotler）很早就总结了一般的产品生命周期模型，将产品生命周期模型概括为四个阶段：导入期（或萌芽期）、成长期、成熟期和衰退期[7]，如图 3-1 所示。在一个行业的不同阶段，企业可以考虑不同的竞争战略。

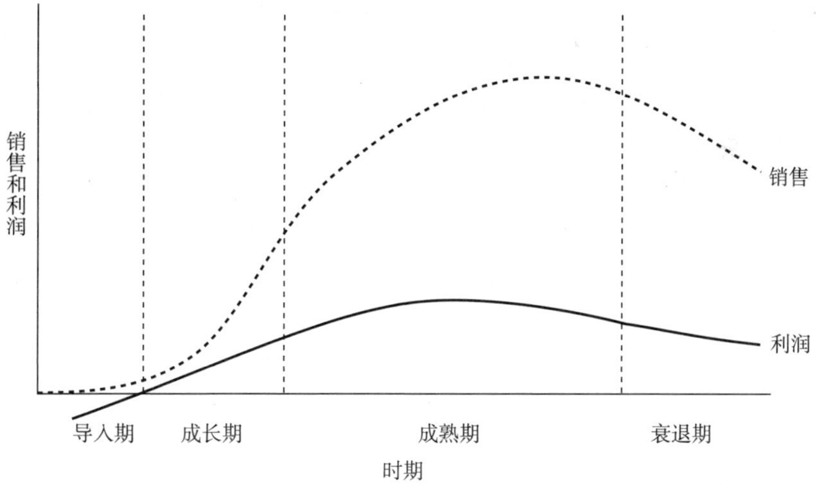

图 3-1 科特勒的产品生命周期模型

资料来源：科特勒. 营销管理（第 11 版）［M］. 上海：上海人民出版社，2003.

在导入期，企业应考察和评估这种早期呈现出零星销量形态的产业，对产业结构和内在的经济基础进行评估，评估其是否能够发展成为有足够吸引力的产业。

在成长期，企业可以参与成为行业规则的制定者，通过早期的进入，可以塑造良好的企业形象并提升顾客的忠诚度，及早与供应商形成紧密的联盟。但是，过早地进入也可能存在一定的风险，如早期的市场培育方面的投入负担较大可能会导致损失、技术路线的选择错误可能会导致投资失败等。

在成熟期，由于市场竞争环境变得越来越激烈，企业在战略上应培养企业应对变化的响应能力，这可能包括在供应商管理、产品设计、产品生产、成本控制等方面的变化与响应。如何建立起足够长久的竞争优势，如何应对团队可能出现的自我膨胀或安逸消沉等，都是这个阶段可能出现的问题。

在衰退期，企业可能会有不同的战略选项。例如：按一定的时间计划分步骤不同程度地清算退出；适当缩减并在局部的细分市场中增加投入以实现局部的优势；也可以用更为激进的方式争取在市场份额的主导地位，做行业的最终整合者。

产品生命周期模型流传很广，许多企业在产品管理时都采用这一模型。新产品研发成功后，产品销售量逐渐增长，发展到一定时期后，增长放缓，渐渐步入成熟期，随后销量可能逐渐回落，慢慢走向衰退，结束其生命周期。

如果产品具有这样的生命周期，那么主要生产这些产品的企业所构成的行业，也会遵循这样的生命周期过程。行业会继续生产更新换代的产品，行业生命周期可能比单一产品的生命周期长。产品可以指一个产品种类（酒）、一种产品形式（白酒）、一个产品（伏特加）或一个品牌（皇冠），产品所表示的行业，与生产这类产品的所有厂商所构成的行业，就是同一个行业。从这个意义上来说，产品生命周期也就是行业生命周期了。

3. 产业发展的五阶段模型

除了用一种产品的生命周期来描述一个行业的生命周期外，人们也发现，很少有产品是由一个单一的企业生产的，也很少有一个行业的所有厂商都是只生产同一种产品的。一个行业是否越来越成熟，应该反映在生产这一类产品的厂商数量上，如果这些厂商数量非常多、成长非常快，那么意味着这个产业的规模也越大，产业的成长速度也更快[8]。迈克尔·戈特（Michael Gort）、史蒂文·克莱珀（Steven Klepper）等逐渐将研究重心转向市场中厂商数目的变化，他们分析了长达 73 年的 46 种品类产品，按产业中的厂商数目（净进入数）对行业的生命周期进行划分，形成了新产品产业发展的五阶段模型（The Five Stages of New Product Industries）[8]，如图 3-2 所示，后被人称为 G-K 产业生命周期理论模型（以下简称 G-K 模型）[5]。

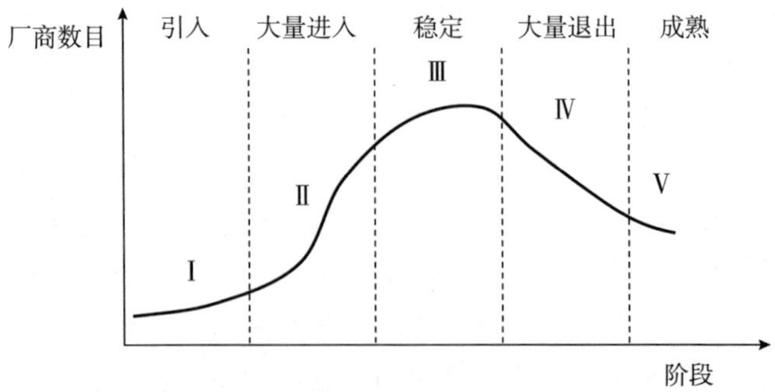

图 3-2　G-K 产业生命周期理论模型

资料来源：Gort M, Klepper S. Time Paths in the Diffusion of Product Innovations [J]. The Economic Journal, 1982, 92 (367): 630-653.

虽然这与产品的生命周期模型有所不同，没有考虑整个行业的衰退过程，但是，基于一般的经验，我们仍然可以推断，在行业真正步入衰退时，行业中的企业几乎都会逐步退出，或寻求转型。这时，厂商数目又会进入一种负增长的局面。所以，从市场竞争的角度看，这种基于厂商数目变化过程的阶段发展模型，对企业分析行业中的竞争对手以及潜在的竞争对手有极其重要的参考意义。

G-K 模型可认为是产业经济学意义上第一个产业生命周期模型[5]。因为该模型强调了对产业中厂商的研究，关注由厂商组成的产业的生命周期阶段的重要影响，以及对创新的特征、重要性和来源的重大影响。该模型首次指出厂商数目存在“淘汰”（Shake-out）现象，建立了创新方式与进入率的正式联系。这对后续的许多基于实证的行业研究产生了很大的影响。后来对产业的不少研究都借鉴了这种分析的思想。

四、企业生命周期情境战略

虽然行业生命周期情境对企业的战略有重要影响，但其揭示的是行业的整体规律，并不能直接用于指引单个企业的经营。企业的战略规划涉及许多战略决策，例如，什么时候应该进行一项业务到多项业务的裂变？什么时候要去调整各种业务的组合结构？什么时候应该对某项业务进行适度的收缩或清算退出？这些都需要有更多的情境因素作为参考。因此，我们还需要在企业的层次上进行生命周期的探讨。

1. 爱迪思的企业生命周期

伊查克·爱迪思（Ichak Adizes）将企业的生命周期分为成长阶段和老化阶段的连续过程，中间以盛年时期为转折期，不同阶段呈现出不同的组织特征或风格[9]，如图 3-3 所示。

成长阶段包括了更小跨度的孕育期、婴儿期、学步期等时期。这些时期的特点是探索性的、学习性的，但是还未成熟稳定，因此，成长阶段的企业的风格特点是可控性弱一些，但是灵活性更佳。

盛年期开始于成长阶段的中后期，通常以企业脱离创立者而正常运转为标志，这个时候企业获得了运作上的再生并走向成熟，风格特点达到了灵活性与可控性的理想平衡。

从盛年开始，企业逐渐进入了老化阶段。从小跨度的稳定期开始，逐步走向贵族期、官僚期、死亡期。老化阶段的风格特点是成熟度和可控性比较好，但是活力较为欠缺，灵活性不足。

由于企业在不同的发展阶段会呈现出不同的组织氛围、组织文化，企业战略也应该根据实际情境而有针对性地制定。爱迪思认为，有如下四个主要的角色

(PAEI) 贯穿于企业的生命周期中，但每个角色在各阶段的显著程度各有不同，有时角色的特征非常显著（用大写字母表示），有时角色的特征则不明显（用小写字母表示）。通过测量企业组织中的这四种特征的强度，即可评估和描述出组织当前的主要特征，如图 3-4 所示。基于这些特征便能够提出适用的策略措施，拟定出相应的组织战略和组织发展计划。

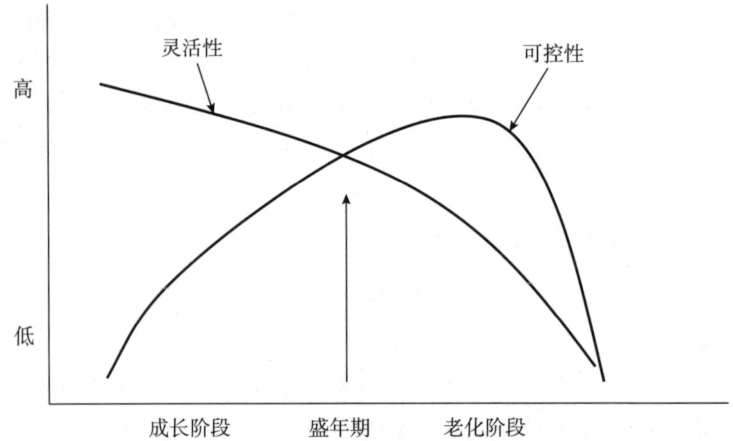

图 3-3　爱迪思的企业生命周期

资料来源：伊查克·爱迪思．企业生命周期［M］．北京：中国社会科学出版社，1997.

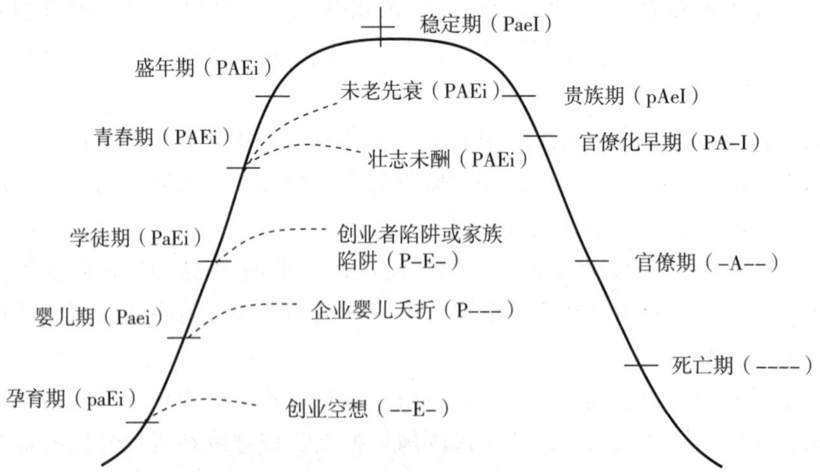

图 3-4　企业生命周期曲线及风格

资料来源：韩福荣，徐艳梅．企业仿生学［M］．北京：企业管理出版社，2001.

组织实现目标的能力（Perform the Purpose of the Organization，P）。这既包括组织在共同的目标设定、目标的实现计划、目标的分解等方面的能力，也包括相应的计划、组织、激励和控制等能力，以保证目标得以实现。从发展阶段看，在企业步入婴儿期后，直到企业进入盛年的稳定期，这种特征都比较明显，但在贵族和官僚期则会变弱。

组织规范化的程度（Administer，A）。这是反映组织内部的系统化、常规化的特征，通常包括组织结构、工作流程等方面的成熟程度。这种特征早期不明显，青春期开始出现，并一直延续到企业的官僚化晚期。

组织创新精神的强烈程度（Entrepreneuring，E）。这种特征可能会出现在企业的成长过程中的不同阶段。早期创业的时候有较好的创新氛围，这种创新氛围多数是由创始人、企业家所引领的。到了成熟阶段，如果能够显现出明显的创新精神，则可能是由企业家带领着一些新生代的、具有企业家视野和才能的忠实骨干，他们的创新精神能够帮助企业持续发展，形成更好的上升空间和规模的持续成长。但是，到了官僚期、衰退期，这种创新精神则消失了。

组织整合资源的能力（Integrating，I）。这种能力能够把企业内的各种资源通过价值观、人生、哲学、仪式、行为方式和信念等各种方式进行有效的整合，但这种整合过程很难由一个个体来实现，也很少能够立即奏效。这种特点大多出现在企业的成熟期、稳定期，因为这些时期企业在管理经验和管理机制上也比较完备。

爱迪思认为，企业在生命周期中的某一特定阶段常常会遇到复杂型（Complexity）问题，或者是病态型（Pathology）问题，这些问题会降低企业的发展能力。由于组织的问题会反映在不同的角色特征上，因此，通过对组织中的四种角色特征强弱的诊断，应对企业进行对症下药，以克服成长和老化阶段出现的各种复杂型问题和病态型问题，开发企业自身永葆盛年的能力。

对症下药便要提高企业的管理水平，而管理的核心是决策与执行。在决策质量方面，可以通过 PAEI 的角色进行互补，并兼顾短期和长期的需求。在有效实施方面，则需要包括职权、权力、影响等合理的安排。此外，为了改变企业的组织文化，应从三方面着手进行系统性的安排。它们分别是包含七个子系统的权威方面（Anthorance），包含四个子系统的目的方面（Teleological Subsystem），包含两个子系统的回报方面（Reward）。

2. 企业的集团化发展历程：一元到多元的三个阶段

根据丹尼尔·雷恩（Daniel A. Wren）和阿瑟·贝德安（Arthur G. Bedeian）等的观察[10]，工业化革命以后的几百年来，企业的组织规模发展得越来越大，早期的几百人的企业就已经是大型企业了。如 1832 年，美国的春田兵工厂雇用了 246 名工人，已经是当时的大型工厂了，因为同期的一项对美国 10 个州的调查表明，只有 36 家企业雇用了超过 250 名的员工。

而现在，有的巨型企业的人员规模已经超过百万人，几千到几万人的企业不计其数。这些大型组织通常拥有复杂的业务结构和组织结构，所有权结构复杂，相关利益者众多，常常以集团化的方式运转。

在回顾了现代战略管理的发展历程以后，周三多和邹统钎认为，现代的大型企业的发展过程一般可以分为三种阶段：专业化（Specialization）—多元化（Diversification）—归核化（Refocusing）[11]。

专业化指的是企业主要聚焦于一种业务内容，其经营范围是比较专注的、集中的。大多数企业在其生命周期的早期通常都是在一种单一的业务领域中经营的，因此，一般把这个阶段称为专业化经营阶段。专业化阶段的企业，也就是一元型的企业，包含一个单一的业务单元（Business Unit，BU）或经营单元①。一直保持专业化经营的企业，其生命周期就是典型的爱迪思的生命周期。

多元化指的是包含多种的业务内容。随着企业的持续发展，企业为了获得更多的盈利，会进入更宽广的经营范围，培育出更多的业务单元，形成一种分散化的经营模式。美国战略管理协会（Strategic Management Society，SMS）采用 Diversification 一词来表示多元化[12]，意指业务的多样化，例如多样化的产品、多样化的市场、多样化的客户、多样化的区域等。有时也可以采用 Multi-business 一词来表示其具有多种业务（单元）的基本特征[13]。

为了对多个经营单元进行有序的管理，企业通常还需要一个总的管理部门，即总部，或者分出多个领域的管理分支或不同层次的管理机构。多元化企业就是同时包含多个业务单元或经营单元，并对它们进行有序管理的企业。有的企业通过设立许多新的分公司或子公司来开展新的业务，这时，人们也常将这些公司的集合称为集团。由于多元化经营不是必然的，有些企业可能一直保持专业化经营，因此，多元化阶段一般指处于多元经营状态的时期。在日常的语境中，多元化这个词语有时表达“增加”多元化数量的扩张的含义，即增加多元化的程度；有时也会表示包含多种业务的一种经营状态。

随着企业的进一步发展，企业经营的业务范围越来越广，然而，多元化经营并不总是能为企业带来更多的回报。康斯坦丁诺斯·马凯斯（Constantinos C. Markides）认为，每个企业都存在多元化程度的界限，超出该界限后企业的利润会降低。因此，企业有动力降低经营的活动范围、降低多元化水平，以更好地集中于它的核心业务，从而帮助企业提高盈利能力[14]。他采用 Refocusing 一词来描

① 本书中的“业务单元”和“经营单元”大多时候泛指同一含义，但在强调业务领域范围时多采用前者，在强调业务的经营责任主体时多采用后者。

述这种降低多元化水平的企业战略或动态过程，国内也常常翻译为“归核化”。为了更通俗地进行讨论，本书主要采用直译“重新聚焦”。

重新聚焦一般都是聚焦到某个主要的业务或业务群组，其实质是降低多元化的程度，与“增加”多元化呈反向的战略行为，是对过度多元化的修正。降低多元化程度有两种可能：一种可能是回到一元的结构，也就是回到专业化的阶段；另一种可能就是降低以后仍然是多个经营单元的结构[15]，但其重点是回归核心业务[16]。在一些专业化较强的企业中，实施归核化也能增加企业的价值[17]。

严格来说，对业务重新聚焦的归核化阶段并不能被称为一个独立的阶段。从实质含义看，多元化与重新聚焦其实是多元化程度在扩张与收缩两种方向的战略调整，既可以双向调整也可以循环调整，它们是一种动态的状态变化而不是绝对的先后的两个阶段。我们在第四篇再进一步讨论重新聚焦。

并非每个企业都会经历一元化经营到多元化经营的过程。有的企业从创立到消亡，都一直从事单一的业务单元的经营，即专业化经营，有些企业则逐渐发展到多元的结构。因此，专业化企业的经营管理与多元化企业的经营管理既存在一定的共性又存在很多差别。

由于业务范围更宽了，多元化企业比专业化企业通常需要额外考虑如何进入和推出新业务、多种业务之间的战略协同与安排、多种业务之间的资源调配与资源共享以及其他各种相关的问题。在现代的管理经验中，大多把这些内容归入公司层面的战略管理。

第二节　新发现：核心业务生命周期情境战略模型

许多企业在其早期的业务获得成功后，都不同程度地开展过多元化的尝试，有的企业获得了成功，也有的企业经过长时间的尝试，最终选择了回归主业①。从经验总结看，并不能简单地认为多元化战略本身的问题，而实际可能是开展多元化战略的情境背景以及时机安排的问题。也就是说，多元化战略的实施中仍然存在许多操作性的困难。例如，企业什么时候、什么情况下应该开展多元化战略？多元化是否存在最优的边界呢？有什么指示性的指标吗？什么样的多元化战略能够帮助企业实现更长远的目标？等等。

一、面向核心业务的推断

企业的整体目标是利益相关者目标的基础，企业盈利又是通过各项业务来实现

---

① 请参考扩展案例3-1、4-1和4-2。

的。企业在经营过程中，为了完成经营目标而从事的日常经营活动，一般称为主营业务。企业中的主营业务收益属于永久收益的类型，是企业盈利的核心[18]。而在多样化的业务范围中，总会有一些业务处于主导地位，成为企业的核心业务[19]。对于专业化企业而言，核心业务就是企业的主营业务；而对于多元化企业而言，核心业务就是经营比重最高、对企业的总体经营举足轻重的那部分业务。

按照企业生命周期的观点看，对于那些一直从事单一业务的企业而言，企业的生命周期通常可以分为导入期、成长期、成熟期和衰退期，在不同的阶段，企业的盈利能力是不同的。对于开展多元化业务企业而言，由于不同业务在不同的市场中与不同的竞争对手竞争，每种业务都可能会存在自身的导入期、成长期、成熟期和衰退期。每项业务自身的生命周期曲线及所处的阶段也是不一样的，各自的获利能力也不同。

如果某种业务处于高速成长期，为了获得更高的收益，企业可能需要将有限的资源投入这个业务，从而变成一种核心业务。当核心业务逐渐步入衰退期时，企业可能需要逐步退出该业务，同时，需要通过多元化战略，发掘新的业务机会并发展成核心业务。于是，整个企业的生命周期，不再是简单的导入、成长、成熟和衰退的发展阶段，而是由多个业务单元的各自的生命周期不同阶段交织在一起的综合状态。其中，由于核心业务的比重最高，其生命周期阶段对这种综合状态的影响也可能最大。

也就是说，企业的多元化战略、生命周期与核心业务等之间存在交互的影响，也可能存在一定的匹配关系，其中核心业务可能处在接近中心的重要位置上。

从企业收益的视角看，核心业务收益水平高时，所创造的收益总额也大，从而给企业整体带来的收益也较大；核心业务收益水平低时，所创造的收益总额也小，给企业带来的负面影响也大。在专业化经营的企业里，核心业务就是企业的主营业务，因此，是影响企业绩效的决定性因素。在多元化经营的企业里，由于核心业务所占的经营份额最大，当其收益水平较高或较低时，也可能会对企业的整体绩效产生决定性的积极或消极影响。由于核心业务分别处于导入期、成长期、成熟期或衰退期时，核心业务的收益水平可能存在明显的区别，因此，核心业务处于生命周期不同阶段时，其收入水平对企业的总体绩效有重要影响，相应地，企业不同的战略选择，特别是针对核心业务本身的战略选择，也就对企业的整体绩效有重要的影响。

二、以核心业务为基础的研究结论

按照上述推测，我们收集了国内 472 家制造业上市公司从 2009 年到 2018 年连续 10 年的经营数据进行实证分析，通过对核心业务的生命周期阶段、业务利润情况、与企业整体业绩的关系等的分析，得到两项结论，证实了上述推测是成立的。

1. 企业绩效、核心业务收益水平与多元化战略存在匹配关系

企业绩效与核心业务的收益水平，以及多元化战略之间，存在一定的匹配关系，具体如下：

（1）核心业务在企业的经营过程中处于非常重要的位置，核心业务的收益水平对企业绩效有重要的影响。不管是专业化经营企业还是多元化经营企业，其核心业务的收益水平都与企业的绩效正相关。

（2）核心业务的收益水平与多元化程度之间存在双门槛效应。高、低两个门槛点将核心业务的收益水平划分为三个区间：高收益水平区间、中等收益水平区间和低收益水平区间。当核心业务处于高收益水平区间时，降低多元化水平的重新聚焦战略能够充分发挥核心业务的优势，提升企业盈利能力；当核心业务处于低收益水平时，多元化战略能够改善企业绩效。

（3）无论在哪个区间，提升核心业务的收益水平的战略都有助于企业绩效提升。

通俗地说就是，核心业务盈利能力很高的时候，将资源聚焦在核心业务上加以充分利用，能够带来更好的综合收益；核心业务收益水平很低的时候，寻找新业务的多元化战略能够改善企业的综合业绩；而且，任何时候设法提升核心业务的收益都是有意义的，这与前面的一些研究结论是一致的。但是，这种多元化调整的战略存在一定的滞后性，它对综合业绩的影响需要一定的时间才能反映出来。

2. 核心业务生命周期与多元化方向存在匹配关系

核心业务作为企业经营中的最重要部分，综合反映了外部行业环境的影响和企业内部资源配置和战略执行的状况。核心业务的生命周期也与企业的多元化战略存在匹配关系，在不同的匹配关系下，它们对企业的业绩会有不同的影响，有时甚至会产生显著的区别，如表 3-1 所示。

表 3-1 核心业务生命周期与企业战略方向的企业绩效对比

战略方向	核心业务成长期	核心业务成熟期	核心业务衰退期
多元化战略	次优	差	中
保持战略	优	优	差
重新聚焦战略	差	次优	中

资料来源：笔者基于对国内 472 家制造业上市公司的核心业务生命周期与企业战略方向的企业绩效对比的研究整理。

其中：

（1）在核心业务处于成长期时，保持战略是最优匹配，维持现有的多元化水平的战略是最佳的选择，多元化扩张的战略次之。

（2）在核心业务处于成熟期时，保持战略的绩效最优，重新聚焦战略次优，而采用多元化扩张的战略则较差。也就是说，核心业务处在快速发展和成熟期的时候，它的收益率都处于较高的水平，此时，维持现有的资源分配或者适当地在核心业务上聚焦投入更多的资源，都是不错的战略。因为核心业务的获利水平是与它自身的生命周期的发展密切相关的，高收益主要存在于成长期与成熟期，这与上述的双门槛效应的结论也是基本吻合的。

（3）在核心业务处于衰退期时，重新聚焦战略及多元化战略互相区别不太明显，但都优于保持战略，也就是说，到了这个阶段，保持不变就是最糟糕的选择，要么通过多元化寻找更多的商机，要么进一步地聚焦去追求更多的管理效应。

三、核心业务生命周期情境多元化战略模型

综合来看，上述研究结论虽然源于制造业单个行业的数据分析，但是，关于核心业务的收益水平的门槛效应以及核心业务在不同生命周期下的扩张与收缩的绩效有差别的观点也符合一般的经验推断，因此，我们把这些结论整合在一起，绘制了核心业务生命周期情境多元化战略模型，如图 3–5 所示。

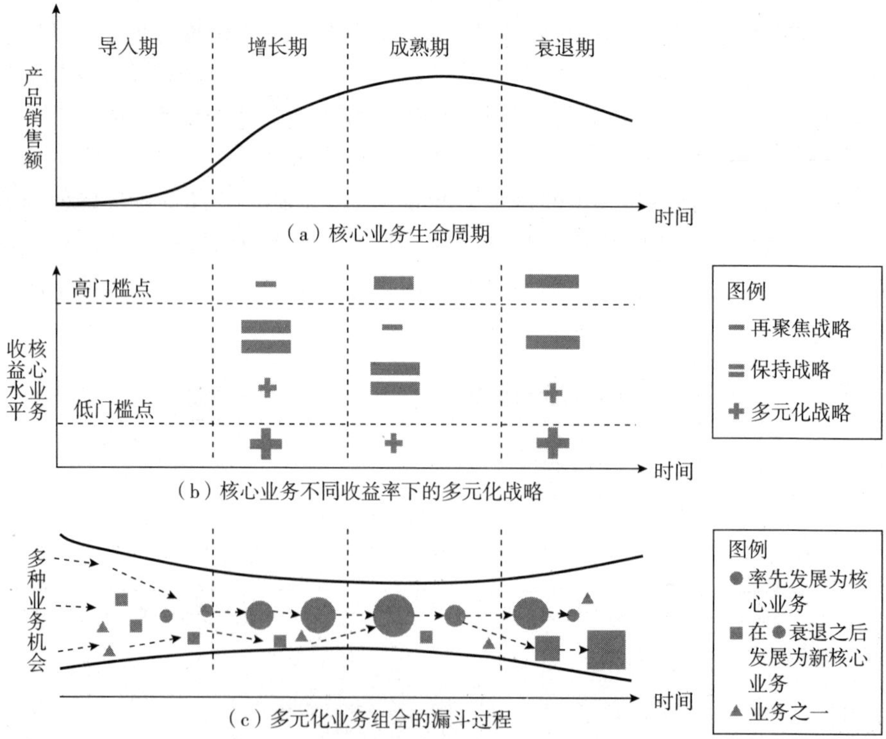

图 3–5 核心业务生命周期情境多元化战略模型

资料来源：笔者基于对企业绩效、核心业务收益水平与多元化战略之间的匹配关系的研究整理。

图中（a）部分是核心业务的生命周期。图中采用的生命周期曲线，包括导入期、成长期、成熟期与衰退期四个阶段。这里的核心业务表示企业中最重要的业务单元，当企业在经营过程中出现了核心业务的交替时，这里也同样表示那些交替以后的新的核心业务。

图中（b）部分主要反映了我们的研究结论。其中，纵坐标表示核心业务的收益水平，主要是通过毛利率水平来体现的。实际应用中，也可以考虑换用净利率水平、资产收益率等指标来替代。收益率指标存在两个门槛水平，把收益率划分为高、中、低三个区间。

当核心业务处于高收益率区间（高门槛点之上）时，不论核心业务处在哪个生命周期的阶段，对核心业务进一步的扩张战略都能够使企业获得高利润率、高收益率带来的收益规模，获得更大的综合回报。也可以说，要么是企业的外部环境非常好，要么是企业自身的竞争力非常强，充分发挥现有优势业务都能获得更高的经济效益。

当核心业务处于低收益率区间（低门槛点之下）时，不论核心业务处在哪个生命周期的阶段，采取多元化战略都能不同程度地改善企业的总体绩效。这是因为，即便是核心业务处于成长期或成熟期，但因为其收益率很低，说明要么就是行业并没有真正地发展起来或已经陷入衰退，要么是企业相对于竞争对手而言，缺乏基本的竞争优势，因此，在现有业务领域的经营不景气也难以改变的情境下，多元化战略有助于帮助企业进行转型，从而改善总的绩效。

当核心业务处于中收益区间（高、低门槛点之间）时，情况较为复杂，我们分阶段进行概述。其中：

成长期的核心业务，一般都具有较高的收益水平，因此最佳策略是保持当前的多元化水平，其原因可能在于企业需要在这个阶段集中精力维持对现有客户的持续耕耘、攻克客户、捕获市场机会，而如果对战略进行调整，可能会存在不确定性，并且，调整本身还存在相应的调整成本。但如果成长期的获利水平仍然偏低，则可能是因为前期建立的商业模式或经营能力还存在一定的不确定性，还没有形成足够的经济收益规模，因此，此时适当地进行一些多元化的业务尝试，以分散可能的误判带来的风险，仍然是有益处的。

到了成熟期，企业的收益水平会有一定程度的下降，此时，保持现有战略依然是优先选项，因为这能最大可能地规避调整的成本，尽可能多地获得确定的稳定收益。但有的企业在成熟期也能维持较高的收益水平，这时，采用聚焦战略，能够进一步挖掘核心业务的收益潜力，提升内部资源的利用率。而且，聚焦战略还能够通过内部管理水平的提升，减缓由核心业务的增速降低带来的消极影响。

到了衰退期，大多数情况下，企业的收益水平都较低。此时，保持不变的战略反而是最差的战略，因为当衰退进一步恶化时，企业将面临生存的危机。如果收益率还处于相对的高位，说明在行业中还是具备一定的竞争力，此时聚焦战略有可能让企业成为该领域的整合者而获得份额占比扩大的收益；如果收益处于相对的低位，尽快开展多元化战略则有助于寻找新的商机。

图中（c）部分对照描述了一种商业机会的筛选和聚焦的过程。在核心业务生命周期的发展过程中，整个企业的多元化发展过程本质上就像一个漏斗一样，是一个对投资机会的漏斗筛选的过程。其中：

在导入期，因为各种业务机会的不确定性，需要适当地采用资源分散和风险分散的策略，这时，多元化战略有助于通过更宽的业务接触面，捕捉那些潜在的商业机会。

当某个业务逐渐度过了导入期，发展到成长期和成熟期的时候，由于其展现出了强劲的收益水平，变成了企业的核心业务，这时，将资源集中到这个核心业务中（如图中的圆形图标的发展路线），有助于实现企业经营收益的最大化。这也相当于完成了一次漏斗的筛选并成功选定。

随着核心业务逐渐走向衰退，企业则不应再继续采用保持战略，而应该考虑两手准备：一方面，要在现有核心业务上进一步地进行聚焦、整合，以尽可能地延缓企业的衰退（如圆形图标的发展路线）；另一方面，要寻找新的业务形态（如图中的矩形图标的发展路线），重新进行一次漏斗的筛选过程。

如此，周而复始，形成不同的新老业务的交替。

参考文献

[1] 陈寒松，张文玺．权变管理在管理理论中的地位及演进［J］．山东社会科学，2010，181（9）：105.

[2] 肖建强，孙黎，罗肖依．“战略即实践”学派述评——兼与“知行合一”观对话［J］．外国经济与管理，2018，40（3）：17.

[3] 韩福荣，徐艳梅．企业仿生学［M］．北京：企业管理出版社，2001.

[4] Vernon R. International Investment and International Trade in the Product Cycle［J］. Quarterly Journal of Economics，1966，80（2）：190.

[5] 李靖华，郭耀煌．国外产业生命周期理论的演变［J］．人文杂志，2001（6）：162.

[6] Coase R H. The Nature of the Firm［J］. Ecomemica，1937，4（16）：386.

[7] 科特勒．营销管理（第 11 版）［M］．上海：上海人民出版社，2003.

[8] Gort M，Klepper S. Time Paths in the Diffusion of Product Innovations［J］. The Economic Journal，1982，92（367）：630.

[9] 爱迪思．企业生命周期［M］．北京：中国社会科学出版社，1997.

[10] 丹尼尔·A. 雷恩，阿瑟·G. 贝德安．管理思想史（第 6 版）［M］．北京：中国人

民大学出版社，2011.

［11］周三多，邹统钎．战略管理思想史［M］．上海：复旦大学出版社，2002.

［12］Strategic Management Society. SMS | Strategic Management Society［EB/OL］. https：//www. strategicmanagement. net/.

［13］希尔，琼斯，周长辉．战略管理［M］．北京：中国市场出版社，2005.

［14］Markides C C. Consequences of Corporate Refocusing：Exante Evidence［J］. Academy of Management Journal，1992，35（2）：398.

［15］崔世娟，孙利，蓝海林．中国企业归核化战略绩效研究［J］．科学学与科学技术管理，2009，30（7）：9.

［16］冯灿仪．论归核化战略的扩张途径——兼谈对我国企业战略重组的启示［J］．南方经济，2008，224（5）：7.

［17］付彦，徐二明，彭诚．企业归核化战略的市场价值效应和启示——基于中国上市公司的实证分析［J］．经济与管理研究，2015，36（6）：8.

［18］Ramakrishnan R T S，Thomas J K. Valuation of Permanent，Transitory，and Price-Irrelevant Components of Reported Earnings［J］. Journal of Accounting，Auditing & Finance，1998，13（3）：301.

［19］鲁开垠，汪大海．核心竞争力［M］．北京：经济日报出版社，2001.

第二篇　专业化经营

劳动生产力上最大的增进，以及运用劳动时所表现的更大的熟练、技巧和判断力，似乎都是分工的结果……在一个政治修明的社会里，造成普及到最下层人民的那种普遍富裕情况的，是各行各业的产量由于分工而大增。

——亚当·斯密《国富论》

第四章

专业化企业的生命周期情境战略

第一节　专业化企业的战略背景

虽然专业化企业指的是只包含一个经营单元的企业，但是在具体识别的时候，似乎并不能简单地通过企业成立的时间长短、企业的规模大小等标准来进行判断。此外，很少有企业是销售唯一一种产品的，很难直接用产品的丰富程度来进行分类。因此，单一的经营单元的定义仍然存在一定的模糊性。为了在实践中应用生命周期情境的相关经验，有必要采用进一步的方法来识别专业化企业的一般情境。这至少包括区分不同的行业、明确企业所处的行业、明确企业是否处于专业化经营的状态，以及其面临的基本战略问题等。

一、明确所属行业

早在 1937 年，美国政府就为经营活动分类，定义了“标准产业分类 - SIC CODE”四位数代码。到了 1997 年，美国推出的北美产业分类体系（NAICS）的六位数代码，对 SIC 代码进行了大多数的替换。

全球行业分类系统（GICS）是由标准普尔（S&P）与摩根士丹利公司（MSCI）于 1999 年 8 月联手推出的行业分类系统。该标准为全球金融业提供了一个全面的、全球统一的经济板块和行业定义。作为一个行业分类模型，GICS 已经在世界范围内得到广泛的认可，它的意义在于不仅为创造易复制的、量体裁衣的投资组合提供了坚实基础，更使得对全球范围经济板块和行业的研究更具可比性。标准普尔全球指数家族包含的所有公司都已根据 GICS 进行行业分类，每一家公司都会被划分到一个子行业内，同时自动归属于相应的行业、行业组和行业板块。GICS 为四级分类，包括 10 个经济部门（Economic Sector）、24 个行业组（Industry Group）、68 个行业（Industry）和 154 个子行业（Sub-Industry）。

同样，中国的国家产业目录也有一套自有的分法。我国《国民经济行业分类》（国家标准 GBT/T4754-2002）和 2001 年中国证券监督管理委员会公布的《上市公司行业分类指引》两个标准，对国民经济行业进行了分类。2012 年修订的《上市公司行业分类指引》将上市公司的经济活动分为门类、大类两级。与此对应，门类代码用一位英文字母表示，即用字母 A、B、C……依次代表不同门类；大类代码用两位阿拉伯数字表示，从 01 开始按顺序依次编码。这个分法将行业划分为了 19 个门类，90 个大类。

在日常应用方面，也有一些具体的应用可供参考。例如，证券信息平台常用的通达信数据①，也基于行业分类指引划分为了一级行业、二级行业和三级行业的类别。此外，有时还会对不同企业进行概念性的分类，把一些产品、市场、技术、应用等某些方面接近的公司，或受政府扶持、受投资者关注的某些代表型企业，划分到同一个板块行业。有些企业同时处于不同的概念板块中。但是，这种划分可能存在较为频繁的变动，而且不同的机构可能也存在不一致的观点。因此，在参考使用这些分类时，需要结合企业自身的分析进行必要的调整。

二、明确专业化经营状态

1. 经营数据评估法

在上述行业分类的基础上，我们可以收集企业的必要数据或信息，对企业是处于专业化经营还是多元化经营进行基本的判断。一般而言，如果企业实际开展的业务经营范围是包含了多个行业的，可以认为是多元化经营企业，而只参与了一个行业经营的就是专业化企业。

这种分析思路可用于分析企业自身，也可分析企业的竞争对手、分析行业中的不同的企业，甚至不同行业中的各种企业。但是，由于我们无法深入获得每一个企业的全部数据，因此，常常只能从外部视角借助于各种有限的信息进行判断。这些信息可以简单地分为定量的经营数据和定性的组织特征等。具体可根据信息获得的丰富程度进行灵活的运用。

当我们的分析对象是上市公司时，最简单和直观的方法是直接采用上市公司披露的公开数据。在中国证券监督管理委员会编制的《公开发行证券的公司信息披露内容与格式准则第 2 号——年度报告的内容与格式（2017 年修订）》中，第二十七条提出，“公司应当结合行业特征和自身实际情况，分别按行业、产品及地区说明报告期内公司营业收入构成情况。对于占公司营业收入或营业利润10%以上的行业、产品或地区，应当分项列示其营业收入、营业成本、毛利率，并分析其变动情况”。这为上市企业根据自身的不同的经营范围进行分别报告提供了指引。上市公司依次区分的行业划分，可以认为是企业对自身的多元化的判定。但是，由于行业划分或产品品类划分都可能存在多重标准，因此，这种报告

---

① 深圳财富趋势科技股份有限公司推出的一款证券数据软件。

的指引是指导性的，上市公司仍然是以自身的判定为主。

在进行行业性的分析研究时，这种方法有较好的便利性。例如，按照我们通过 CCER 经济数据库收录的数据，统计了上市公司发布的分行业经营数据，发现2015 年时，中国的 A 股市场上，单一业务型企业的数量比例为 43. 3%；超过一半的企业报表分出了 2 个以上的行业，其中，报告 2 个和 3 个多元化单元的企业的合计占比达到了 39. 6%，如表 4-1 所示。

表 4-1　2015 年 A 股上市企业的经营行业数量

企业经营行业数量（个）	企业数（家）	企业占比（%）
1	1090	43. 3
2	601	23. 8
3	397	15. 8
4	212	8. 4
5	118	4. 7
6	62	2. 5
7	21	0. 8
8	8	0. 3
9	9	0. 4
10	2	0. 1
总计	2520	100. 0

资料来源：笔者基于 CCER 经济数据库收录的 2015 年 A 股上市公司披露的分行业经营信息整理。

不过，也有许多上市公司并未明确定义自身的多元化状态，也未分别披露各行业的经营数据，仅仅披露了部分主要产品的相关数据，因此，上述的方法无法直接采用。这时也可采用利格列（L. Wrigley）的方法，以单一的产品在所有销售中所占的比例——专业化比率（the Specialization Ratio，SR）作为考察指标[1]，如表 4-2 所示。

表 4-2　利格列关于企业多元化的分类

多元化类型	专业化比例（SR）	企业增长特点
单一产品型 Single Product	0. 95<SR<1	企业只是通过扩大原有产品的规模来实现增长
主导产品型 Dominant Product	0. 7<SR<0. 95	企业实行很小程度的多元化，但仍然依赖且专注于其主导产业

续表

多元化类型	专业化比例（SR）	企业增长特点
相关产品型 Related Product	SR<0.7	企业增加的新的活动与组织原有的技术和能力有明显的关联
不相关产品型 Unrelated Product		企业在实施多元化经营时（通常是通过收购），除了财务上，与企业原有的技术和能力不相关

资料来源：李敬．多元化战略［M］．上海：复旦大学出版社，2002.

如果这种单一产品占比 SR 特别高，超过 95%，则意味着整个公司所有的资源都投资在这一种产品之上，那么很显然它应该可以称为是专业化的企业。如果单一产品的占比 SR 介于 70%~95%，也仍然可以称为主导产品型的企业，只是，这时的企业已经开始一定程度的多元化尝试了。这种指标的好处是显而易见的，它非常容易测算，鲁梅尔特后来还在此基础上做了一些扩展和完善。

如果想要分析的企业对象非常重要，但又没有公开上市，且缺乏公开的信息时，我们也可以组织市场调研，或者借助第三方平台，购买一些相关的行业调研报告或调研服务，或自行组织市场调研，征询有丰富经验的专家进行辅助判定。

2. 组织特征评估法

如果我们具备一定的条件，能够获得组织内部更加充分、更加完整的信息，那么，对判断企业是否处于专业化则有更多的帮助。例如，身处企业内部、与企业有良好的合作关系可以通过第三方对企业进行深入的访谈交流等。在信息丰富的基础上，一方面，我们可以沿用前述的评估方法；另一方面，也可以结合更多的组织特征进行辅助判断。

例如，从经营范围看，专业化企业的几乎所有客户都属于同一个市场，他们有相似的用户需求，需要同样的产品或服务。虽然企业可能也会经营多种产品，但是除主要产品之外，其他的产品多是试探性的、微创新的，还没有形成本质上的新产品。虽然有些客户会对产品提出一些差别化的要求，但这种差别是轻微的，仍然几乎保持一致的材料构成、技术特性、质量特性等。企业与客户之间的商业模式也是一致的，相关的技术资源、团队资源、生产资源等都是同样的。

从计划方面看，专业化企业通常具有一个统一的计划系统或战略管理系统。无论是短期经营计划还是长期经营规划，无论是组织的哪个层次，如公司层、业务层、职能层，都基于同一套计划系统而开展工作。

相应地，整个组织的结构也是统一的，具有统一的领导机构和决策中心，承担不同分工的组织成员，共同完成与客户交易所需要的一整套价值链活动。有些公司在扩展的过程中，成立了一些特定职能的分子公司或事业部，如销售公司、生产事业部等，但这些机构实际上并不具备面向市场独立经营的能力，它们仍然是整个公司的一个职能部门，自身并不能完成与客户交易的全部价值链活动。甚至有时候它们互相之间的结算关系都还没有建立起来。这种组织结构下的企业也仍然归为专业化经营企业。

三、专业化经营的战略焦点

在第一章讨论战略的层次时讨论到，业务层战略的核心是竞争战略。对专业化企业而言，公司战略与业务战略是同一个层次的，因此，围绕着企业的目标，其战略的焦点就是竞争战略问题。

1. 竞争战略的应用误区

波特关于竞争战略的五力模型和成本领先、差异化、目标集中等战略，其模型简单、辨识度高，战略理论也能符合当时的整体要求，因此，在世界范围内都得到了极大的传播，被许多人认可。例如，在学术界，波特的文献在具备较高中介中心度的文献排名中的前十位[2]，对于联结整个文献网络具有重要作用。这种广泛传播所形成的效果，就是他所谈到的成本领先和差异化战略在许多场合几乎成了战略的代名词，人们谈到战略几乎就是低成本或者差异化这两个选项。但是，人们往往关注到的是产品层面的低成本和差异化的表层含义，却常常忽略一些内在的深层的要求。

例如，对于低成本战略来说，许多企业考虑低成本通常都对应了那些直接发生的成本科目，例如材料、加工费、设备、执行团队等，因为这些成本和费用项目都可方便地用货币进行统计。但是，对于那些隐性的成本，特别是效率不足带来的时间成本、延误商机导致的机会成本等，很容易被忽略。对这些成本的改善，又需要更多的管理的资源投入，但是，管理投入能够产生多大的经济效益，又因为其不易测量而容易再次被忽略。换言之，许多声称开展成本领先战略的企业，实际上在许多方面都未真正按照成本领先的要求开展工作。

差异化战略也是如此。人们之所以追求差异化的战略，其核心目的在于，避开同类产品的直接竞争，从而在供求关系中成为紧缺的供应方，这能提升企业作为卖方的市场地位，提高定价权，从而获得更加可观的利润空间。为了实现这种目的，企业需要为客户提供一些额外的价值。这些价值首先应有足够的需求量，也能让客户有足够的感知量，无论这种感知是出自产品还是出自服务，都需要达到让客户感到足够满意的程度，并且，这种满意感在行业中是没有直接的参照对象或者是优于参照对象的。也就是说，这种额外的增量价值，对于客户来说，它仍然是以最低的交易成本获得的。只有这种额外增加的价值能够转变为收入增加时，我们的差异化的战略才是真正发挥作用的。

但是，许多时候，企业一味求独特、求差异，希望通过这种差异化获得高的销售价格和丰厚的利润水平，而实际上，这些差异化的产品或服务仅仅是表面上与其他的竞争对手不一样，并没有真实的、对应的市场需求，也没有投入必要的资源去研究用户的独特需求，因此，很少有客户愿意购买，因此，这种差异化战略并不能算是真正的差异化战略。

2. 竞争战略的转变

应用波特的竞争战略时，有一个常常让人感到困惑的地方，即差异化战略通常很难长时间发挥作用。许多企业采用差异化战略一段时间以后，总是发现自己不可避免地陷入一种低价竞争的行业环境，真正由差异化战略带来的高附加值非常有限。特别是当行业进入了快速成长期时，行业内的许多企业都不得不参与到激烈的价格对抗中，转而在多种场合宣称自己是低成本战略。

其实，这恰恰是弗农的产品生命周期描述的现象，也是社会寻求交易成本降低的真实体现。按照弗农的产业理论来说，在最初的创新型驱动阶段，发达国家通过各种技术革新，提出新产品，此时，企业的总体导向是以创新驱动为主的差异化战略；随着行业和技术越来越成熟，竞争对手越来越多，人们购买同种商品的选择机会比原来更多，交易成本需要进一步下降，才能维系客户的选择。企业要追求极致的效率，必然需要在生产要素层面进行更多的管理改进。因此，企业则必然会转入低成本战略进程中。

在改革开放的几十年里，我国大多数的企业主要都是以发达国家的技术为基础进行微创新的，也就意味着，这些企业大多数都处在弗农的产业变迁阶段的成熟期，并逐渐过渡到标准期。所以，很快步入了要素驱动阶段，必须做到低成本才能获得竞争优势。

这就表明，波特的竞争战略也不应是一成不变的战略选项。战略的选择也受到外部环境、外部产业的影响，并且这种影响在不同的环境情境、生命周期情境下也会不同，这都要求战略规划和战略管理都具备相应的调整能力。

另一种差异化的例子也让人心存疑惑，为什么对于奢侈品这样的产品，依然能保持超高的价格和利润呢？人们去分析那些奢侈品类中的服装、箱包、皮具等产品时，常常会发现一种令人沮丧的现象，在产品层面而言，它们之间的差异化似乎并没有那么显著，无论是在产品的功能上还是在产品的技术特性上，似乎都难以支撑它们之间天壤之别的价格和利润空间。于是，也有许多企业人为地去抬高产品售价，以为一种高高在上的价格就能让自身摇身一变而成为奢侈品，这是对客户的“需求”的理解错觉。

仔细分析可以观察到，许多奢侈品还具有一定的彰显社会地位和声望的附加属性。在那些奢侈品牌的长期发展过程中，它们渐渐为自己塑造了一种品牌的形象，培养了一批忠实的消费者，他们逐渐构成了具有某种社会特征的用户阶层。这种阶层中的用户，需要维持自身的社会地位和声望，还有些人则想要进入这种有更高社会地位和声望的阶层，都需要付出相应的代价才能获得。虽然可以借由不同的途径，如在政治、商业、学术、艺术等方面，通过个人持续的努力来获得成功，从而相应地获得这种社会地位和个人声望。但是，这些途径的成功并非轻而易举，也意味着巨大的代价。

交易成本理论认为，当人们购买企业的一件商品时，如果比自己通过别的途径来获得这种商品的成本更低，人们就愿意做出这个购买决策。当某种奢侈商品能够为消费者增加社会声望时，这种购买的金钱支出也许比他们通过别的方式所需要付出的综合成本低得多，所以，对他们而言，购买奢侈品依然是满足其综合需求的一种交易成本更低的选项。

从企业的价值链来看，这些奢侈品在品牌塑造、情感倾诉、文化营销等方面，不但应该具备自身的差异化能力，也需要持续地在这些价值链环节投入可观的资源。而那些单纯的高价或者新奇的产品却又无法提供类似的附加属性价值的产品，也就难以成功地模仿奢侈品而获得高额的利润。这也表明，企业在考虑自身的价值链设计的时候，确实要基于市场上真实的需求，而自身又能围绕着这种需求来提供独特的价值，并以更低的社会交易成本来实现。这样，这家企业就具备了获得利润的有效竞争战略基础。从这个意义上看，产品或服务本身的差异化，对于那些有各种综合需求的顾客而言，也可以说是另一种形式的成本领先。

也就是说，竞争战略中的差异化战略和成本领先战略之间并不是对立的，而是存在一些内在的联系。在某些情境下，差异化战略也应转变为低成本战略，另一些情境下，对不同顾客采用的差异化战略，对他们而言也是低成本战略。这些都表明，竞争战略也需要随具体的情境进行适当的调整。

第二节　识别所处的生命周期情境

一、生命周期阶段判断方法

由于生命周期模型反映的是具有人格特征的生命体从出生到衰亡的过程，行业都是由企业所构成的，把行业作为分析对象与把企业作为分析对象时，两种对象既有一定的共性又存在相应的差别，因此，对它们分别进行生命周期阶段分析时，有些方法和数据可能是相近的，既可以适用于行业的层次也可以适用于企业的层次，而有些方法和数据，由于涉及具体的特征，并因宏观程度不同而存在应用上的差异，因此，又不能完全通用。

一般来说，分析生命周期存在两类基本思路：一类是绝对的方法，这里的绝对指的是，以分析对象自身的数据特征为依据，结合生命周期模型的主要特征来判断。例如，所有的山的高度都采用海拔高度，就是统一采用海平面为标准。另一类是相对的方法，分析目标时需要有一个参照对象，通过与参照对象的比较来进行判断。例如，在描述建筑物的高度时，通常都是采用相对于地面的高度。我们对这两类方法略做说明。

1. 绝对评估法

按照生命周期模型的定义，行业和企业都存在的典型指标就是销售增长率。对于一个行业来说，其之所以存在，是因为它有足够的市场需要，而销售额正是反映这种市场需要的关键指标。一方面，销售额反映了市场上真实的需求数量；另一方面，销售额反映了企业的产品和服务在市场上实现的价值。销售额的增加必须以企业生产经营规模的扩大和竞争力的增强为支持，它基本上能反映企业成长的状况。所以，按照生命周期模型看，无论是对行业的生命周期的判断，还是对企业的生命周期的判断，销售额都可以作为一种代表性的重要指标。因此，可以优先采用销售收入与行业的生命周期进行匹配，用与模型匹配的销售收入值来判断当前所处的生命周期阶段。这种方法也是国际上的做法[3]，例如，美国《财富》杂志每年评选全球最大的500家企业，其最主要的指标就是销售额。

就一般的经验来看，判断行业时，可认为销售增长率低于10%时为导入期；增长率超过10%时为成长期；增长率又降低到10%以下时为成熟期；增长率降到0%以下时为衰退期[4]。判断企业的生命周期阶段也可以采用这种方法，但是，要寻找更适合的销售收入增长率的门槛值。这种方法简便易行，可借助一般的经验做出初步的判断，适合于对精度要求不高且需要快速做出判断时的场合。但这种经验并非适合所有产品和行业，具体使用时还需要结合产品和行业的其他特征来判断。

销售增长率法还可以进行适当的变化，将增长率绘制为趋势线，并在曲线中结合曲线斜率变化来判断[3,5,6]。此外，也可以结合前述的G-K模型，将销售增长率更换为行业中的企业数量的净增长比率来判断。

针对单个企业时，爱迪思对组织风格中PAEI角色强弱的诊断方法也是一个可用的定性分析方法。有些财务特征，如企业经营现金流、投资现金流和融资现金流的特征，也能反映企业的发展阶段，这时也可采用维多利亚·迪金森（Victoria Dickinson）的现金流分类组合法[7]，选择多种指标，进行指标评分后赋值判定到对应的生命周期阶段[8]。

2. 相对评估法

在相对分析方法中，面向单个企业的生命周期时，通常需要与其他企业或行业的平均水平进行比较，或互相之间进行排序比较。面向行业的生命周期时，则可以考虑用其他行业或以 GDP 为比较的基准对象，如果整个行业的成长率明显高于基准行业，则可以认为，目标行业的成长速度是快于基准行业的。

以销售收入的增长指标进行排序比较为例，可以在某一个连续的时间区间内，把同一个行业中的各个企业的销售增长率从高到低进行排序。然后，按照区间分段的方式，把所有企业划分为三种类型：把增长率最高的那些企业定义为快速成长期的企业；把那些发展最慢、增长率最低的企业定义为衰退期的企业；居中的部分定义为成熟期的企业。

如果单一的销售收入指标不够充分，我们也可以采用多重指标。例如，额外考虑企业的现金流情况、企业的年龄等，对各个企业进行综合的加权评分。然后，对各企业总评分进行综合排序，并针对排序的情况划分区间。那些处于不同区间的企业，也就处于不同的生命周期的阶段。

二、生命周期的形态变化

由于生命周期模型只是对现实世界的一种抽象化的描述，并不能完全体现真实世界的运转。因此，实践中判定生命周期阶段时可能会发现，生命周期并不一定是简单的四个阶段循环，也有可能会出现多种不同的阶段组合[3]，如图 4-1 所示。

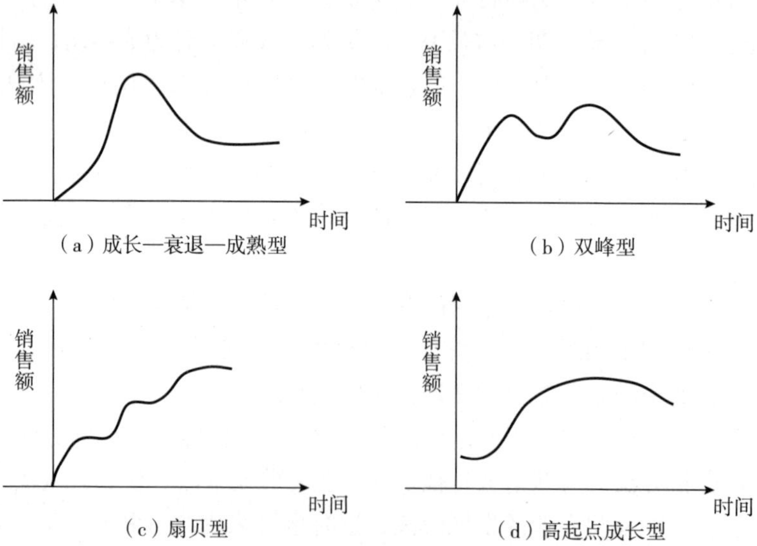

图 4-1　产业生命周期的形态变化

资料来源：李业．企业生命周期的修正模型及思考［J］．南方经济，2000（2）：47-50.

有的行业可能会出现图中（a）的形态，即在快速成长以后，先经历一波明显的衰退才进入成熟期。这种情况一般出现在那些被投资者热捧的行业，或者是由于行业门槛较低，短时间内有太多的企业进入其中，直到行业过度发展并淘汰了许多投机型企业以后，行业才真正进入成熟阶段。这与 G-K 模型中的阶段模型几乎是一致的。单一的企业也可能会由于急剧扩张而出现这种形态。

有的行业可能会出现两次甚至多次的成长，如图中（b）的双峰结构。有可能是因为某些宏观环境的影响，或者某些技术性的路线错误，或者其他一些影响足够大的因素导致了一种虚假的、间歇性的衰退，然后重新进入成长期，迎来第二波成熟期。这种情况较容易出现在一些狭窄的细分行业，因为体量较小，行业的整体水平容易受到波动。

图中（c）的扇贝型结构反映了一种具有长久生命力的产业，在这种情形下，每一次出现某些重要的技术或其他因素的革新，都使得其再次焕发生机。出现这种形态的行业规模通常都比较大。例如，围绕着人们衣食住行的行业几乎总是不断地在阶梯式上升，因为人们衣食住行的需要一直都存在。这种行业很难走向真正的衰亡，每一次的波动和阶梯的停滞都意味着产品或者服务的一次更新和换代，但需求并不会真正消失。有些大企业也可能会在一定时期内出现这种波动上升的情形。

图中（d）的高起点成长型，往往反映了一种规模相对较小的行业，也可能是某些行业所衍生出来的一些派生行业，当其突然出现的时候，可能就会迅速进入快速增长阶段。例如，在互联网时代，共享单车行业兴起的时候，其起点就比较高，一开始就有比较高的销量基础。但是，可能是因为行业过于野蛮的生长，行业的商业模式、市场需求、产业链条等都没有来得及稳固，却因为公众的乱停乱放、堵塞交通等负面影响受到宏观政策的调控，产业很快就面临发展的瓶颈，甚至受到约束，从而很快就进入衰退。

从这几种形态看，对于高的成长速度而言，无论它是哪种图形形态，只要它是真正在快速成长，意味着有足够的客户、足够的销量、足够的利润，那么，都可以认为是处于成长期，并可采用对应的战略方案。当分析显示出衰退的迹象时，我们则有必要确认这种衰退是阶段性的回退还是真正的衰退。如果在这里做出了错误的判断，那么意味着我们可能会错过接下来的一波快速增长的机会。

相应地，企业的生命周期也会有类似的多种可能的形态，并且，企业的个体特征差异可能会更明显，因而在生命周期阶段评估时，需要结合实际的企业情境，灵活运用不同的方法，互相对照，相互求证。

第三节　生命周期情境战略

行业是由企业构成的，行业的发展影响着企业的发展，每个企业的发展又共同影响着行业的变化。行业的生命周期与企业的生命周期也会存在互相的影响关系。例如，刘焰将行业生命周期与企业生命周期的各阶段进行组合，发现二者同处于衰退期时，混合并购后的绩效能够得到显著的改善，而企业处于成长期时，则不宜实施混合并购[9]。因此，对行业和企业的情境及其匹配关系同时进行分析非常重要。

一、行业与企业的生命周期组合情境

实践中，在识别企业所处的行业时，可能存在不同的行业类别的判定，有时认为企业处于属于某个大行业，或者属于行业中的某个小行业，这种不同的颗粒大小程度上的判断，可能会得到完全不同的生命周期阶段的判断结论。

由于企业并非完全与行业的发展周期同步，因此，按照相关的数据或特征来评估时，企业从导入时期开始，并非正好对应到行业的导入期，而是可能存在时间先后的节拍差异。一种是企业先开始探索，但行业尚未形成；一种是同时进入；一种是企业进入时，产业早已发展到成长期甚至成熟期，企业属于后知后觉。按照这几种条件差异，行业与企业的生命周期可能会存在一些典型的组合情境，如图 4-2 所示。

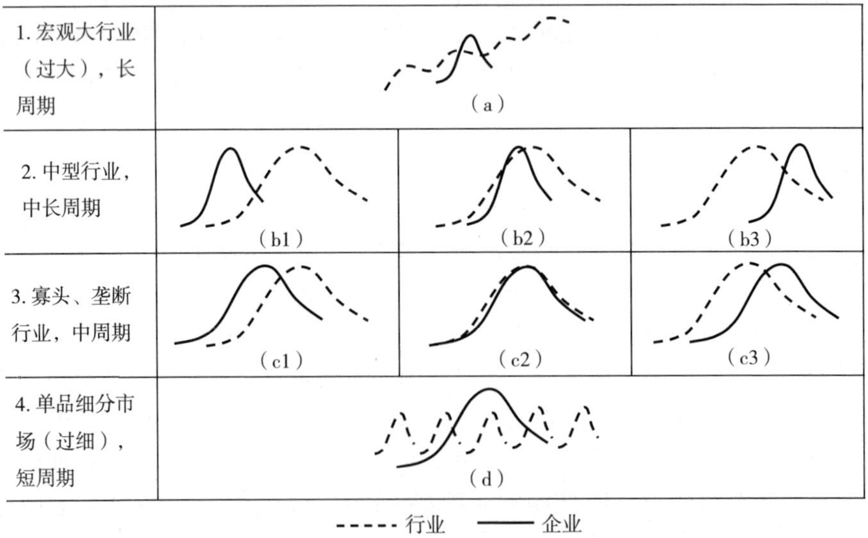

图 4-2　行业与企业的生命周期组合情境

资料来源：笔者结合行业生命周期情境与企业生命周期情境的多种组合整理。

图中（a）指的通常是较大的分析颗粒度的情形，它包含的产品种类繁多，基于共同的通用技术或者接近的技术。能纳入该行业的企业可能也有成千上万。所以，这个形态的组合其实已经不适合与企业的生命周期进行直接的比较。我们往往只能把它作为宏观经济的一部分，把宏观的经济景气指数作为宏观环境变量来参考分析。这种情况下，一个宏观行业走到成熟期以后，并非一定意味着衰退。当出现了某种重要革新时，可能会出现阶梯式的跳跃。所以企业也应时刻做好准备，把握住这种阶梯式的成长机会。

图中（d）则表达了另一种极端。这个图形中，一个企业已经跨越了多种类型的细分市场的行业生命周期，所以这种生命周期更多时候指的是某一个小类的产品甚至单一的产品，属于一些短期的市场波动机会。虽然其也有内在的生命周期，但这种周期性特征多表现为随机性强、周期短、变化快、指标差异大、受随机的因素影响明显等。所以，在这个颗粒度上的行业分析对于企业的生命周期来说也已不合适了，一般将其看成一种正常的波动变化。

图中（b1）到（b3）描述的行业颗粒中等，通常对应到各种行业分类目录的中小层次。这种行业的覆盖度适中，生命周期的跨度短则 5 到 10 年，长则 10 到 20 年。在这种跨度的周期中，企业作为一个个体，大多数时候，其生命周期都是明显小于行业的生命周期的。当某个企业以明显早于行业的节拍进行市场培育和开拓时，如图中（b1）所示，企业所面临的行业风险是比较大的，往往还没等到行业进入快速成长期，企业就可能因为技术探索方向的失误或者是因为资金链的断裂等各种原因难以为继，对大多数企业来说，这都不是一种理想的情形。图中（b2）则反映了一种更为合理的节奏。当行业进入快速成长期或处于成熟期的时候，企业刚好也能够赶上这一波快速发展的过程，实现销售的快速增长、规模的扩张和资本的有效积累。还有一些企业可能走出图中（b3）的情形，虽然比市场晚了一拍，但由于其具备某些强大的优势，即便在行业逐渐进入衰退期的时候，这些企业也能在别的企业陆续退出市场的时候承接这些市场份额，成为后发制人、行业整合的一种典范。

图中（c1）到（c3）的行业颗粒度比图中（b1）到（b3）的情形相对更小一些，也是一种较为特殊的情形。这种行业的生命周期与行业里的某几个典型的企业比较接近。这种情况下，行业往往由少数几个企业构成，或者某个企业已经处于行业的主导地位，较极端的情况甚至是某个企业处于垄断地位。在这个规模上，设法让企业自己的走势变成行业的走势，即成为行业的主导者，是一种重要的策略。图中（c2）则反映了某个企业成功地塑造市场并且成为了行业领导者的情形。即便没有完全做到主导地位，能先发展成排名靠前的重要追随者，也有可能形成图中（c3）的情形，企业也是整个行业最后的赢家，往往发展为这个行业最终的市场集大成者。超高的市场份额，让其能够在市场衰退的过程中一统江山，逐渐发展为行业的垄断者。图中（c1）则表示，如果企业未能发展成为行业中的重要厂商，即便其是市场的引领者、培育者，也可能在行业发展中错失机遇，面临图中（b1）的情形。而且由于这种情况相比图中（b1）的行业规模更小，错过而导致经营失败的概率可能会更大。

综合来看，在图中（b1）到（b3）和图中（c1）到（c3）的颗粒度上进行行业的分析比较是较为合适的。企业与那些构成了主要竞争关系的企业一起形成了一个整体的行业。在这两个颗粒程度上，企业的生命周期相对于行业生命周期而言，主要存在着超前、同步、滞后等情境，其中，对于超前或滞后更要引起特别的关注。

二、导入期的战略

1. 导入期的特点和挑战

从企业自身的生命周期视角看，处于导入期的企业大多数是创立不久的企业。它们的市场、客户、产品、技术等诸多方面都还未达到令人满意的状态，业绩非常有限。也有一些企业已经创立了多年，但是由于各种原因，还没有精准地找到匹配的客户和盈利模式，在财务绩效方面和市场绩效方面都存在明显的不足。这个阶段的企业有一些比较典型的特征。

例如，企业的商业模式可能还不是有效的，还没有通过实践的检验。企业在识别客户的需求、与客户联络并建立起合作、为客户提供他们所需要的价值等方面都还未形式有效的运转。实际上，相当多的企业在创立的早期都没有进行过系统的、完整的商业模式设计。企业的运转主要是基于创始人或创始人团队原有的资源和经验的积累，基于他们对未来市场的自我理解，并由他们内心的目标和愿景所驱动的。商业模式还需要在实践中不断地尝试和改进。

商业模式中的核心要素之一即企业提供的产品或者服务，可能也还没有形成足够的竞争能力。企业还没有出色的产品或服务，其功能和性能还没有完全匹配客户所需要的使用价值，或者是在技术方面还存在某些未被攻克的难题。无论是在产品的设计方面还是在产品的开发方面，或者是交付方面、成本方面等，都存在各种问题。

企业对行业环境的了解也很有限。例如，行业的成功因素是什么？行业的竞争对手有哪些？竞争态势是怎样的？企业与行业相比差距是什么？许多信息都可能是模糊不清的，企业也没有太充足的时间、精力或资源对这些信息进行充分的调查分析。经营中的各种行业评估和经营决策，主要还是基于企业自身的认知和有限的信息进行的，而且还常常可能是过度乐观的。

这些特征反映到企业的经营绩效就是客户数量少、订单不足、收支状况不理想、盈利能力薄弱甚至可能还在亏损。因此，这一阶段情境下，企业需要有足够的早期资金储备。

如何使处于导入期的企业快速把握环境中的机遇，找准自己的市场定位，更好地把握客户、提供客户所需的产品和服务，并不断地打磨适合自身的商业模式，尽快进入成长期，是这个阶段的企业所面临的核心战略问题。

2. 导入期情境战略

对于导入期的企业而言，总体来说，其资源数量是有限的，因此，企业通常很难构建出全面的竞争优势，它们必须将有限的资源进行聚焦利用。这种资源聚焦可大致分为两类：有的企业认为它们应该将更多的资源用于对外部的客户的服务，对外部的市场关系，提升市场营销的能力，这可以称为市场驱动型的企业。也有的企业认为它们应该将资源投入在产品的设计、开发、生产等与技术相关的领域，通过一定程度的技术门槛来寻求客户的合作，这可称为技术驱动型的企业。

（1）企业提前进入。

当企业的生命周期超前于行业的生命周期的时候，意味着行业还没有形成，市场和消费者都还没有产生需求。这时的企业是一种探索者、先驱者。一方面，等待行业成长可能需要很长时间；另一方面，也有可能抢占先机，奠定未来发展的良好基础。

对于市场驱动型的企业来说，企业在市场营销方面、在前瞻性的预测判断方面、在客户的关系处理方面等都有明显的优势。因此，企业可以去描绘和营造行业的前景，培育行业的潜在客户，设法提升消费者对这个行业的预期，也可以在这个过程中塑造企业作为行业先驱、行业领导者的企业形象，让市场、客户和行业在逐渐发展的过程中，建立起对企业的形象认知，建立起业务关联的纽带。有的企业实力非常强劲，甚至会在行业的导入期花费巨额的资本培育潜在的市场、唤醒消费者的需求。例如，近年来兴起的共享单车就经历了这样一波由行业巨头投入资金培育市场的过程。

在培育市场的过程中，掌握好节奏是重要的。并非所有的市场都可以被培育。如果没有足够的资金，没有准确商业把握，企业可能难以成功：要么发现这种市场是不可培育的，要么由于投入资金的不可延续而导致整个培育过程的失败，甚至导致企业资金链的断裂。

考虑到这种长时间等待中的经营风险，如果能够同时适当地发展出某些其他业务，形成一定规模的业务收入，既能缓解企业的资金压力，也能够作为修正商业模式的有价值的试错来源，因此，也是这个阶段的一种有益的尝试。

对于技术驱动型的企业来说，可能还会面临一些不一样的问题。如果企业在市场营销方面比较薄弱，那么企业早期的市场局面突破可能面临一种明显的困难，这导致资金方面的压力更大。因此，借助技术成果进行融资游说也是一个非常重要的选项。技术方面的实力也在一定程度上影响着融资的成功率。例如，通过技术方面的一些革新成果来吸引投资者的注意，设法让他们对企业、对产品未来的成功产生充分的信心。

需要说明的是，有许多革新的成果都不一定能够及时产生商业价值。除了外部因素外，也可能包括技术路线本身选择错误的原因。因此，对于技术驱动的企业而言，更充分地了解所在的领域的产业结构，进行更多的行业发展趋势的研究和判断，更好地把握技术发展方向等，则变得尤为重要。

（2）企业滞后进入。

当企业进入时，行业在某种程度上已经显现出了快速成长的特征，行业的销售增长率都比较高，说明企业是滞后于行业的导入期的。从外部环境看，老客户的需求强劲，还不断涌现出许多新的客户，这种情形会显得较为乐观。但是，对于刚进入的企业而言，企业自身还没有比较清楚的定位、价值链设计还不成熟、产品还没有成型、交付系统也还没有良好运作，客户的需求通常都难以满足。因此，成长的行业环境并非一定能够直接促成新进企业的经济收益。这时，滞后进入的企业通常都会产生错过机会、在行业中掉队的担忧。例如，那些存量的客户，也许已经与一些先驱者企业建立起合作关系，因而在接受新的合作对象方面，会存在认知和接受的代价，更换合作对象也存在切换成本。此外，先进入的企业已经进入了一种良性的盈利循环，它们有更多资源改善自己的产品和服务。这些情境都使得新进入的企业面临不小的经营困难。

在这种背景下，市场驱动型的企业往往可以考虑多进行关系型的营销，特别是应将重心放在那些先进入企业所忽略或来不及服务的第二梯队的客户。技术驱动型的企业可充分利用资源聚焦的策略，争取自己可能的份额机会。例如，从技术视角看，这一时期大多数企业在产品交付、产品的使用体验、生产良率等方面的各类问题都非常多，大多无法在短时间内全部解决，如果企业能够识别出客户特别关心的焦点问题并快速提供有效的解决方案，能够在诸如产品的功能设计、产品的感知卖点、产品的缺陷修复等方面进行改良，将有助于获得更多的客户认可。此外，与不同的企业或组织之间形成战略联盟，或者引进或发掘高水平人才，如扎实肯干的技术专家、有冲劲有闯劲的营销人员、经验丰富有责任心的管理人员等，都是一些值得考虑的选项。

三、成长期的战略

1. 成长期的特点和挑战

企业进入了成长期是非常振奋人心的。这个时期，客户逐渐稳定下来的同时还不断出现新客户，订单源源不断还能有比较满意的利润率水平，团队的交付能力能够满足客户的大部分需求。公司前期探索的商业模式已经逐渐得到了确认。获得客户、创造价值、收获利润的模式已经在执行层面有效地运转起来。财富的增长水平很高，是许多其他公司艳羡的对象。

组织也进入了一种良性的、快速发展的通道。规模越来越大，员工越来越多。组织的气氛总体来说是积极乐观的，公司决策层、管理层、员工都表现出一种激昂的工作热情和斗志，大家对未来的前景一致看好。公司逐渐形成了自己的骨干队伍。商业上的成功也逐渐让公司的决策团队和执行骨干越发自信起来。这个时期的经验很容易被总结为成功的经验，大家的自我评价也都比较高。这种状态持续发展，有可能会滋生成一种过度的乐观主义，甚至一定程度的自我膨胀。

这个时期的现金流也达到了比较满意的水平，公司的财富获得的速度比较快，在短时间内也会积累可观的资本财富。决策层常常会不自觉地思考，如何在现有的成功经验的基础上进行再投资，以获得财富的加速增长。因此，这个阶段的企业很容易产生扩大投资的动机，并且基于前期的经验和推断快速做出决策。例如，为更多的新客户服务、响应客户更为个性化的差异化需求、增加新的固定资产投资、储备更多的原材料库存等。

然而，并非所有的乐观情绪和持续的扩张都能保证持续的成功。例如，有些客户的需求越来越多样化，而单一品种的需求数量也许并不高。大量类似的新产品需要投入大量的企业资源，包括研发投入、生产投入、仓储物流及资金积压等，却难以保证全部正常交付，也很难全部带来满意的订单。那些个性化需求的产品通常意味着难以转售给其他的客户，甚至造成呆滞，这都会侵蚀公司的利润空间。

实际上，非实物的行业也有类似的问题。例如，软件行业在以软件项目为单位进行交付的时候，每一个软件项目都是独一无二的，快速增长的业务量可能会让开发团队难以应付，并且不可避免地降低质量水平；新引入人员不熟悉企业情况，人才培养需要不短的周期，能力提升后的技术人才也面临管理的困难。

进一步看，由于企业的快速扩张，企业一方面要处理客户的交付问题，另一方面要处理内部的运转问题，以及团队的问题，企业内部常常缺乏足够的能够妥善处理复杂问题的有丰富经验的管理者。寻找或训练新的管理者也需要一个等待的过程。管理者逐渐做好团队的整合管理也需要逐步试错、细化和完善。为了追求更高的投入产出效率则需要进行理性决策，把最好的资源用到最值得投入、能够带来最高回报的项目和客户上，这又要求有丰富的经营分析、潜力分析、价值评估的技能。如此种种，许多能力互相制约、相互影响，难以全部在短时间内建立起来，因而，就对企业的快速扩展形成了难以突破的制约。

此外，在外部环境中，如果一个行业已经进入了快速的成长阶段，或者行业中有一些企业发展良好，这种财富效应会吸引大批的潜在进入者。例如，有的企业是在某些领域经营多年的成功企业，它们也有扩张需求，是有强大经济实力的潜在的进入者；也有一些是掌握着同类行业或同类产品的一些重要资源的潜在进入者，它们也具备某种自身的优势。这些竞争者的陆续加入会快速影响行业内的竞争态势，加剧竞争压力，稀释行业中的赚钱效应。

综合来看，成长期的企业，由于财富积累而逐渐形成投资扩张意愿，扩张又会存在内部的能力瓶颈，更多的竞争者进入又会使行业竞争加剧，这些逐渐形成这一阶段新的矛盾。这一时期的战略则需要面对这些矛盾，帮助企业突破发展的困境。

2. 成长期情境战略

由于每个企业在自身的导入期时面临的情境有差别，战略的规划与执行也存在差异，因此，不同程度地影响了各企业进入成长期的时间；各企业面对成长期的瓶颈问题、团队问题、管理问题等的处理能力也有所差异，这导致了各企业在成长阶段的发展速度和节奏也不相同。有的企业发展得越来越快，成为行业的领先者，有的企业则滞后于行业，面临日益变大的竞争压力。

（1）企业超前进入快速发展。

如果企业超前于行业进入成长期，说明企业在前期的探索摸索过程中已经建立了明显的优势，企业在这时实际上变成了一个行业的领导者之一，也常常因此而成为行业的标杆，被其他企业模仿跟随。

但这种先发优势同样也可能伴随着困难。一方面，超前意味着更早面临前述的扩张困境；另一方面，先行者则意味着缺乏学习和参照的对象，很多问题都需要自己摸着石头过河，承担更多的试错成本。因此，要保持持续的领先，需要企业高层人员的远大目标、趋势洞察和持续投入的坚定决心。例如，将企业的发展目标定位于实现个人的财务自由，还是发展为行业中的大公司，还是成为世界级的 500 强企业，这些不同的目标定位都将指引企业走出不同的发展路径。

致力于打造不同的竞争优势的企业，其典型的策略也可能存在差别。例如，对于市场驱动的企业来说，它们更可能倾向于塑造强大的营销能力和品牌形象，通过营销努力，获得洞察市场需求的能力、洞察市场趋势变化的能力，甚至能够引领市场走势的能力。通过品牌塑造，增强品牌对客户的影响力，提升客户对品牌的满意度、忠诚度。

对于技术驱动型的企业来说，它们也许优先考虑在技术领域建立起持久的优势。通过在新产品、新技术方面的持续投入，不断提升客户的满意水平；通过在行业的标准技术、行业规范等方面的投入，构筑起技术壁垒或者标准门槛，并逐渐成为行业的领先者，引领行业的技术发展趋势。

对于那些抱有远大目标的企业来说，企业也可能会考虑通过长期的投入来构建核心竞争力，将企业的商业模式、业务结构、产品设计等都围绕着这种核心竞争力进行不断的重构和优化。即便在相当长的时期内，这些投入都无法产生有效的财务回报，企业也需要持续坚持下去。这种坚持将变成企业的一种基因、一种性格，最终逐渐培育出一种难以复制的、能够产生价值增量的独特优势。

（2）企业滞后进入成长期。

有的企业发展速度比较慢，当终于进入了快速成长阶段时，却发现几乎整个行业中的主要企业都早已进入快速成长阶段，自身发展明显滞后于行业的发展。

由于滞后的发展也同样包含了不错的业绩，发展本身可能会掩盖滞后背后的问题，如果意识不到风险存在，也没有相应的面向问题的解决方案，则可能会让企业与行业的差距越来越大，并最终在后续的竞争中落败。因此，企业在庆幸自身的快速成长的业绩表现的同时也应思考企业相较于行业发展更慢的原因，并致力于快速改进。

有些问题原因可能来自外部的客观因素。例如，某些宏观政策的发展可能不容易被提前观察到，也难以进行有效的应对。但是，如果采用自省的思考习惯，也可以认为是企业自身对环境的洞察能力欠缺，对环境变化的快速响应能力欠缺，对客户需求的交付过程，包括从客户的需求开始到产品的开发、生产、交付、服务等整个过程的控制能力薄弱等。无论是市场驱动型的企业还是技术驱动型的企业，这种自省的思考习惯都有助于在企业内部的不断改善和提升。

正视发现的问题，更需要端正的心态。企业内部的员工很容易存在轻视问题的思想。例如，每个企业都是存在问题的，既然企业能够获得快速的发展，说明企业自身的能力是没有问题的，至于那些问题虽然确实存在，但它们的消极影响可能是微不足道的。如果这种思想贯彻在企业内部的各个层次，甚至是高层决策者心中，那么企业很容易忽略组织内部能力的改造需求，从而形成企业后续发展的瓶颈。

例如，对市场驱动型的企业来说，有关市场洞察、市场分析和产品规划等方面的能力，一直都是企业自诩为长处的一种能力。伴随着行业的成功，这种能力会更容易与企业的业绩增长形成认知上的关联，而把企业落后于行业发展的事实更多地归咎于一些偶然的因素。或许在短期内，企业的这种成长势头还会继续延续一段时间，但随着行业中竞争对手们不断地在前面快速成长，竞争对手在洞察市场变化、响应市场变化方面的能力也会越来越强，从而导致互相之间的差距越来越大。

技术驱动型的企业也是如此，领先于行业的企业逐渐形成了丰富的技术积累，滞后型的企业由于时间差的存在，总利润的丰厚程度与领先型的企业有一定的差距，这种差距会影响企业在发展技术方面投入资源的意愿。此外，当前良好的收入水平也可能会让企业产生一种错觉，即那些持续的技术投入特别是基础型的投入并不能产生真正的市场价值，可能反而更是一种资源的浪费。缺少了投入意愿的企业，在后续的竞争中可能越来越无法与其他竞争对手的技术实力抗衡，从而渐渐只能跟着行业一起沉浮，随波逐流。

积极地看，滞后于行业发展的企业虽然失去了先发优势，但如果它们想塑造出优势地位仍然是有机会的，只是，这需要企业有清晰的长期目标或宏大愿景的指引。例如，即便处在一些狭小的市场，有的企业也会把自己定义成未来的隐形冠军，能够在这个细分的领域中不断提高市场的份额，扮演行业的整合者角色。

除了目标的指引，企业还应该有坚定的决心和行动力，即便是当前处于第二梯队、第三梯队甚至更加靠后的竞争现状中，也要分离出足够的资金份额来与领先者争抢行业的先行者地位，积累行业的基础技术和话语权，进行内部高效的、精细化的管理提升。

四、成熟期的战略

1. 成熟期的特点和挑战

企业进入成熟期，通常表明企业的成长明显放缓，客户的数量和收入都遇到了明显的瓶颈。例如，那些有需要购买同类产品的用户几乎都购买过了。对于耐用品来说，已购买的产品都还在可正常使用的生命产品寿命周期以内；而对于那些快速消费品来说，用户的消费习惯、购买频次也都相对稳定，难以产生总购买量的提升。那些还没有购买同类产品的人，要么是对这类产品没有需要，要么是已经购买了其他一些替代性的产品，或者是已经对那些熟知的品牌形成了一定的消费惯性和品牌依赖，对本企业的产品或服务并不满意，或者没有接触到本企业的产品，而企业也难以通过主观的努力实现与这些潜在客户达成交易。总而言之，他们的需求对本企业而言，并不是能够产生交易的有效需求，也相当于没有需求了。因此，企业的市场占有率也难以再提升，甚至可能会下降，从而给企业带来经营的压力。

例如，在移动社交领域，腾讯公司的公开年报数据显示，2013~2021 年，其社交应用微信及国际版 WeChat 合并的月活跃用户从 3.5 亿人发展到 12.1 亿人，其中国内用户超过 10 亿人。这期间的同比增长率则从 120.8%降落到 3.5%，如图 4-3 所示。由于一个微信用户需要对应一个移动电话号码，即便有一些用户同时使用两个手机号码，但他们也难以在日常生活中保持两个账户都处于高的活跃水平。考虑到第 7 次（2020 年）全国人口普查结果报告中，全国共约 14.1 亿人，其中 65 岁以上与 14 岁以下的人口合计约占了 31%。这样我们就可以得到一种大致的判断，几乎每个日常使用手机的用户都已经有微信账户了。所以，想要再次快速增加新的微信用户数，在国内已经几乎没有可能了。腾讯公司也表示，如何发展新用户，保持甚至扩大市场的占有率是该公司的一大挑战。

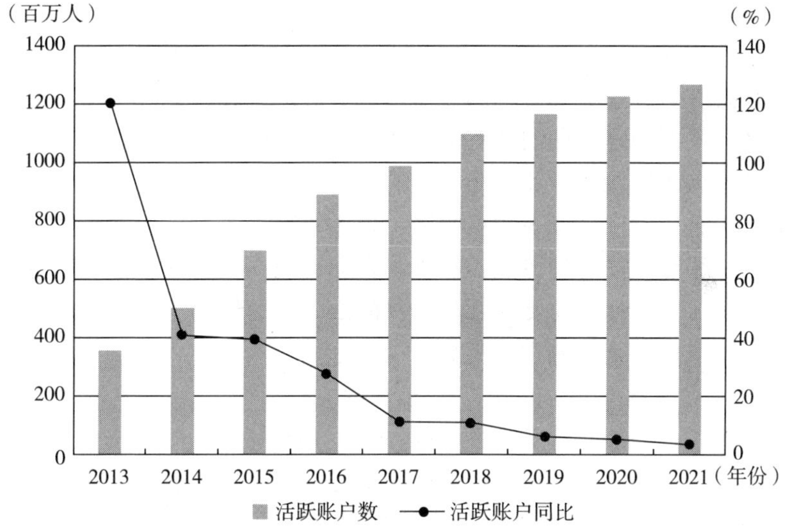

图 4-3　腾讯公司的微信及 WeChat 合并月活跃账户和收费增值服务账户情况

资料来源：笔者基于腾讯公司 2013~2021 年的公开年报数据整理。

从企业内部看，组织的运营能力也遇到了难以突破的瓶颈。例如，营销团队能够服务的客户无法再出现明显的增长，老客户不断流失，客户满意度常常成为焦点的话题；企业的技术研究和积累难以获得突破性的进展，微小程度的创新在行业中也难以形成竞争优势；供应链的资源整合难以再形成资源优势，供应链的计划能力、交付能力、质量保证等都难以满足客户越来越高的要求。

管理方面也面临越来越多的挑战。随着组织的人员越来越多，由于管理的幅宽效应，团队管理的难度越来越大。组织中可能有许多不增值岗位，也有不少滥竽充数的人员。无论是发展过快导致的，还是管理水平跟不上所导致的，组织里面都可能会存在过于臃肿的问题，人均效能、人均产值等指标表现都不太理想。

“向管理要效益”成为这个时期很多企业的口头禅。然而，经过前两个阶段，企业已经产生了很多元老级的、核心骨干人员。人们很容易沉浸在过去的成功经验中，怀念组织过去的光辉岁月。他们认为，眼下的这种不景气，主要可能是运气不佳或者是客观因素导致的一些随机波动，自己很快就能够再度发挥重现往日辉煌。人们渐渐形成居功自傲的氛围，他们守着过往的成功经验和开疆扩土的功劳，却开始变得墨守成规。他们既看不到自己身上的问题，又没有自我修复的意愿，更不会有一种积极的行为改变，于是，整个组织就陷入了一种越来越僵化的局面。人们开始讲资历、讲流程、讲规定，凡事都要求照章办事，要求必须基于规范化的程序来开展工作，官僚主义开始滋生。

也就是说，进入成熟期的企业，面临的问题开始越来越多，问题之间互相关联、错综复杂，是一种系统性的问题集合。概括地看，从价值链的前端的需求、需求的识别处理和传递，到后端的价值创造、价值实现与交付等环节都可能存在不同的问题；妥善处理这些问题有赖于团队的综合能力与工作的积极性；综合能力需要在选拔人才阶段就开始付出相应的努力，并持续发掘人才和赋能，还需设法让团队在一种良好的状态下积极开展工作；要整合前述各类工作需要相应的综合管理机制、系统性的管理体系；等等。整个组织不再依赖于单一的客户，不再依赖于单一的一个产品，也无法依赖单一的个人。如何搭建这种综合体系并持续改进则会成为成熟期企业的重要挑战。

2. 成熟期情境战略

正如人们都希望能够永葆青春一样，每个企业都希望自身长期停留在高速发展的路线上，因为这意味着企业能够获得最好的投资回报水平。成熟期则意味着这种发展停滞了，达到了某种上限，受到了某种无形的约束而难以突破。要让一个高速成长的企业面对这种增长停滞的转变，心理上常常是难以接受的。企业更希望能维持更久的高速成长，更晚地触碰到发展瓶颈。因此，与行业的发展相比，企业是超前还是滞后步入到成熟阶段的不同情境，也会影响后续的战略安排。

（1）超前进入成熟。

对于超前于行业而进入成熟期的企业来说，行业明明还在不断增长，而企业却已经出现增长缓慢甚至停止增长的局面，说明企业在营造自身的优势方面，相比于竞争对手而言存在典型的能力欠缺，企业内存在成熟期的消极特征的可能性比别的企业更加严重。

例如，对于市场驱动型的企业来说，提前进入增速下降的通道则意味着企业对原有客户的服务水平已经不能适应当前的需求，企业在洞察客户需求、与客户进行交易、营造客户体验等方面的表现，都越来越让客户不满，有的企业甚至对客户仍然强烈的增长需求视而不见，这些都是对商业机会的浪费，相当于拱手把客户推向竞争对手，这是非常可惜的。

同样，对于技术驱动型的企业来说，这种提前步入成熟也意味着企业的技术优势在逐渐丧失。从需求来看，在依然增长的市场中，对产品的功能、特性、体验等方面的要求依然强劲；交付过程、交付质量和良好的售后服务能力依然是重要的竞争能力。进一步看，整个行业都有降低社会交易成本的内在需求。也就是说，如果企业能在为客户提供的综合价值方面不断进步，他们是有很大的机会保持原有的发展速度，从而与整个行业同步发展，毕竟市场仍然维持高成长的水平。

要改善这种局面，首先可以从价值链的分析改进入手。企业要完成与客户的交易，必然要求完整连贯的价值链活动。任何影响价值链高效平稳运行的能力瓶颈，都可能会导致企业与客户之间的交易关系受到影响。例如，市场驱动型的企业过去或许不太重视在研发、生产、质量管控等方面的能力建设，反之，技术驱动型的企业也可能容易忽略市场洞察、市场趋势、销售服务、客户体验等方面的能力。在这些方面的改进，都有助于改善企业的增长水平。

然而，由于资源的有限性特征，任何企业都无法真正成为全能型组织，不可能把所有的价值链环节都做到行业领先的水平。这时，可以考虑对整个价值链进行重构，对自身掌握能力不足的环节适当的向外转移，优化企业内部的价值链活动。例如，市场驱动型的企业，为了强化在市场洞察、市场规划方面的能力，可以将产品的开发活动、生产活动等外包给第三方专门提供此类服务的厂商，同时保留与他们进行交易和验收评价的功能环节。在技术驱动型的企业中，由于产品的开发、生产、质量管控等领域涉及大量不同行业、不同类型的多种技术，企业可以适当地将一些自身薄弱的环节转变成外购，而将企业的资源集中起来聚焦在企业想要打造的核心能力要素上。

对于有些不适合外包的价值链环节，如销售订单处理、内部管理等，企业则可以借助第三方的专业资源，如口碑良好的营销方案策划公司、IT 解决方案供应商、管理咨询公司等，通过引入外部的成熟经验，快速补充或提升自己的能力。

除了在价值链活动上的重构外，企业的决策层也需要重新审视企业的未来目标与执行计划方面的差距。与成长期时的天马行空的企业目标相比，提前步入成熟期的企业或许会感慨，期望太多，实现得太少，因此其目标也开始体现出更多的现实主义色彩。例如：外部环境竞争压力越来越大，内部组织能力不足又难以解决实际困难；原本成为一流企业的目标现在或许仍然没有实现，可是发展却已开始面临停滞；原本想要扮演细分行业的隐形冠军角色，而现在，细分领域的竞争对手们仍然在快速发展，自己却已经落后了。此外，企业当前处于成熟期，虽然增速放缓，但实际的营收还在一个尚可的水平，因此，企业对于再次进行改变的紧迫性也不强。这种内外交困的局面，很容易使企业家们在内心煎熬的过程中逐步接受现实，接受企业无法进一步创造辉煌的现实。这时，无论是通过企业家们的自我驱动，还是通过那些企业内外有志之士的分析和谋划，都需要突破这层潜意识中的阻碍。

一种典型的策略，是重新描绘梦想中的成功企业的景象，特别是搜寻和参考经历过成熟期再次取得突破的标杆企业的案例经验。例如，虽然行业开始增长放缓，但是标杆企业还在加速成长；在存量市场的争夺中，标杆企业成为了最大的赢家，别的企业出让的市场份额都被其吞并；他们的团队斗志昂扬、服务能力越发强大、他们的产品成本越来越低、产品的增值卖点越来越多、他们的交付水平持续提升、组织的人均产值越来越高、新增加人员的贡献的经济利润依然明显等。

在重新唤醒发展的目标和树立起必胜的信心后，企业还需要设定清晰的、可执行的、有挑战的继续成长的路线。这应该包括翔实的中期计划和短期的滚动计划。正如本书中讨论的战略规划一样，朝着愿景和目标，通过外部和内部的分析与匹配，设定出系统性的战略解决方案。如此不断循环和修正，在阶段性的成果中获得新的持续的激励力量。

此外，开展新的战略变革还需要克服组织内部的阻力。例如，从资源投入看，无论哪一种战略解决方案都需要投入新的资源，而且，战略解决方案的实施还存在失败的可能性，这也可能导致经营受到重要的影响，让企业蒙受更大的损失。然而，不做任何改变，则意味着温水煮青蛙，企业可能会在成熟阶段的尚为可观的经济收益中逐渐迷失自己，丧失未来成长的可能性。

从组织团队看，组织过去的成功所形成的心理惯性、组织中的元老级的骨干的影响力，以及这些由于资历而发展起来的官僚阶层等，都可能导致组织团队越来越僵化，并对这种重要的变革产生抵触。他们的抵触可能是因为难以接受工作习惯的改变，也可能是因为无法接受切身利益的改变。

要克服这些困难，仅仅靠宣传性质的口号、强行要求或行政指示是不够的，企业还要设法激发组织的工作意愿和斗志。企业应设法对组织成员澄清企业变革的必要性，并对他们的支持行动给予相应的鼓励，或设法让大家参与到变革本身，设计与变革强相关的强有力的激励机制，驱动大家在主观意愿上寻求改变、寻求新的发展。

（2）延迟步入成熟期。

从行业竞争角度看，一种理想的情况是，企业能够比同行的其他竞争对手更早进入快速发展的通道，然后，长时间保持快速发展，比同行更晚地减缓下来，这样企业就能获得比竞争对手们更久的快速发展期，从而在整个行业的生命周期中实现最佳的经济收益。当企业进入成熟期的时间是明显滞后于行业成熟期时，可以说，企业与行业中其他的竞争对手相比，的确存在明显的竞争优势。

但是，无论这种竞争优势有多强，由于边际效应的存在，终有一天企业也会遇到增长的瓶颈。当企业也步入了自身的成熟期时，则几乎可以确认企业的整个价值链能力、管理能力，以及经营效率等各方面的能力都已经面临难以突破的瓶颈。可以说，企业进入成熟期，甚至再逐渐发展到衰退期是一个必然的结果。

因此，这种情境下的最主要的策略，就是努力保持良好的经营、不断进行资源整合，尽可能地延长成熟期的经营周期，避免过早陷入增长停滞。例如，有些企业可能有非常强烈的增长动机和变革的决心，考虑到企业在过去的行业竞争中表现出了明显的组织优势，那么可以充分利用这种优势，优先考虑扮演行业中的整合者角色，继续扩大行业中的市场份额，朝着整个行业往越来越集中的方向努力，这也能为企业在存量竞争经济中获得高集中度带来可观的经济收益。不过，由于行业早已走向成熟，这种策略的主要意义也是延缓生命周期的发展速度而不是彻底扭转形势。

另一种重要的策略就是尽早着手准备业务的转型。由于经营良好的企业在滞后于行业的情况下，也已经步入成熟期，这表明行业的衰退已经不可避免，因此，未雨绸缪则显得尤为重要。例如，市场驱动型的企业可以优先利用它们在营销方面的长处，在客户方面积累的资源，探索和挖掘新的市场需求，培育出新的产品市场，从而在企业内部发展出新的业务内容。技术驱动型的企业也可以优先在相关的技术领域不断地推陈出新，进行新类型新应用的产品探索，发展早期用户并吸取他们的宝贵建议，不断进行改良，从而渐渐发展出一些新的产品部门。

然而，在实际情况中，正如图 4-1 所示的那样，生命周期并非全部是按照典型的四个阶段路径演变的，也可能存在不同形态。有的企业无法突破，则步入衰退，有的突破了，又进入了下一轮的增长，中间的阶段可以看作一个积蓄势能的平台期。

这就表明，对行业和企业的生命周期的阶段的合理判断非常重要。尤其是对企业展现出来的成熟期，识别其是可能会再次增长的阶段平台期，还是属于衰退前的顶部成熟期，这种不同的判断将对企业战略产生重要的影响。因此，即便现有的信息确认企业已经进入成熟的阶段，管理者们也应该收集更多的数据信息和特征信息，进行交叉验证，综合判定。

例如，市场规模瓶颈方面，可以结合基于人口统计学的相关数据来推断市场容量是否上升到了极限。新产品是否真正淘汰了老产品方面，可以结合科学技术的发展来判断，这方面的例子有数码相机代替胶卷相机、手持设备中触摸屏代替按键式输入。企业运营能力是否达到了组织发展的极限方面，可以结合组织的人员结构、人均产值效率等方面进行评估。

五、衰退期的战略

1. 衰退期的特点和挑战

在经历了快速发展以及缓慢增长的阶段以后，生命周期可能会发展到让人不快的衰退期。对于衰退的行业而言，市场上客户的需求开始发生变化，人们对现有产品的兴趣越来越少，纷纷开始关注新类型的产品或服务，行业中的企业开始陆续退出，总的市场需求和市场供给都开始明显萎缩。人们都开始寄希望于下一轮周期早点出现，或早点出现新的行业机会。

同样地，对于衰退的企业而言，新客户进不来，而老客户还在不断流失，销售额不但不增长，可能还会下降，利润率也会变得很低，甚至难以保持盈亏的平衡，组织消极气氛弥漫，组织成员流动加剧。企业面临的挑战比成熟期时严峻得多，可能真正面临一个经营周期的结束，企业考虑退出或转型的需求越来越强烈，而且有些同行企业可能已经这么做了。

考虑到衰退期是紧跟着成熟期的，在成熟期停留时间很短就开始衰退，与在成熟期稳定很久以后才开始衰退，这种不同情境的原因和趋势也是不同的，相应地，应对的策略也有所差别。

2. 衰退期情境战略

（1）提前进入衰退。

对于提前进入衰退期的企业来说，由于行业还处在成熟期的阶段，甚至还看不到行业有从成熟期走向衰退的迹象，因此，一般可认为，衰退的原因主要是企业自身的经营管理方面的问题。通俗地说，就是企业自身的原因导致其在行业的竞争过程中提前掉队了。

这种结论常常是令人沮丧而又难以接受和承认的。对于企业内部的整个团队而言，承认衰退意味着承认自身的能力不够，或者承认自身的应变不够，特别是，企业过去的成功曾经证明他们的能力是满足要求的。因此，企业内部可能会寻找各种理由，把衰退归结于外部的客观环境因素，在尚为平稳的行业环境中寻找一些片面的牵强理由。

这时，需要组织能够调整心态，正视自身存在的问题。如果以积极的视角看待并设法改进，仍然可以认为这是机会与风险并存的情境，仍然有一定的调整时间和空间。

企业在成长期和成熟期中，为了建立起自身的竞争优势，需要在全业务流程中打造起相应的组织能力。例如，理解市场和客户需求、面向客户现在和未来的需求进行技术开发和产品开发、整合供应链资源和高效交付、良好的售后服务、团队管理、内部制度建设等方面的能力。当企业在良好的行业中逐渐掉队，典型的原因便是这些综合能力的某些方面没有形成足够的竞争力。因此，企业仍可像成长期和成熟期一样，设法加大这方面的能力建设的力度，只是，在财务状况愈发艰难的背景下，用有限资源进行更多的投入，实际挑战的核心仍然是决心和信念。

另一种典型的原因是，由于成长期或者成熟期的扩张的需求，许多企业会在管理领域不断增加投入，渐渐发展出越来越细的分工岗位，企业也会不断完善内部的各项管理制度、流程规范等，以促使每个细分岗位都能够按标准化的要求开展工作。整个企业慢慢变成官僚化的组织。

在这种官僚化形成的过程中，并非所有的规范化要求都得到了重视和恰当的设计，有些内容规定得过于细致，甚至互相矛盾，不符合实际需要，形成一种过度的管理，有些内容则可能被忽略了，形成某种盲区或秩序的混乱，甚至相互矛盾。总体来看，这个过程中的组织会一定程度上牺牲很多灵活性，并且对灵活性的需求形成约束。例如，对客户的分级分类使得相似客户之间的差异化需求渐渐地被忽略了，岗位工作内容的标准化使得员工个体的积极性和创造性也被抑制了，越发精细化的绩效指标使得不同组织成员的协同意愿被削弱了，等等。

过度管理或过度官僚化导致组织的整体僵化。正如爱迪思指出的老化期的企业活力欠缺、灵活性不足一样，在衰退期间，这种组织风格有可能会导致企业的灾难性后果。

因此，一个重要的管理改进就是设法去官僚化，减少管理的过度的要求。例如，对高度精细化的流程和制度进行优化、重组甚至精简。对其中一些没有必要存在的流程环节、没有必要填写的一些烦琐文件、没有必要请示的一些审批事项等，都设法进行更多的精简。将那些真正有助于业绩提升的规则进行优化和改良，为团队提供灵活的工作空间，进行适度的行为管理的松绑，重新树立以任务完成的结果和效率为导向的组织氛围。

此外，业务方面也可能存在资源过于分散的局面，例如客户数量越来越多、产品数量越来越多。并非每个客户、每个产品都有很好的收益水平，但是，这种分散使得各种资源都难以发挥很好的作用。因此，应设法改善过于分散的局面，缩减不必要的投资和产品项目、减少在非重点客户上的投入、减少一些盈利水平较差的产品，等等。将这些节余的资源聚焦在某些重点客户、重点项目、重点产品上，从而在某些局部领域提升企业的竞争能力。

除了前述的内部整合调整外，企业还可适当关注和培育新的业务机会，以便适时设定可选的转移路线。不过，由于培育新业务的难度也许不亚于当初企业在原有行业中的创业，因此，组织需要值得信赖的骨干人员牵头进行，甚至在必要的情况下，由公司的决策层成员亲自带头，重拾当年创业的决心和斗志。

值得补充的是，企业在这种新业务探索方面应保持合理的资源配置，既不能太少，导致无法形成有效的创业力量，也不能太多，导致影响原有的业务调整和改善投入，还不应过于急切地设置财务业绩目标和过于精细的作业流程，以形成一种适合创业的环境氛围。这种平衡更加要求在前述的内部管理和业务结构等方面化繁为简，聚焦重点。

（2）延迟进入衰退。

有些发展势头良好的企业，它们进入衰退的时间比整个行业进入衰退的时间还要更晚一些。在行业中进行对比，这种企业往往是整个行业最后的赢家，它们是行业的整合者，也可能是行业最后的垄断者，它们甚至可能代表了一个行业的一个时代。

当这样的企业也开始确认进入衰退期时，其所面临的挑战是巨大的。因为行业已经衰退，市场已经萎缩，环境留给企业调整的时间就非常有限了。例如，在一些较小的细分市场，企业即便是做到行业的隐形冠军，其市场规模与利润空间也依然有限，组织可能只能维持在几百人规模，更别说这个市场还在萎缩了。因此，如果没有好的产业转型，企业很可能面临生存的危机。在现有业务上的战略缩减，并考虑有序的转移或退出，已是不可或缺的战略选项。

从积极应对的角度看，企业应考虑离开现有的舒适区，重新以创业的心态和行动，寻找新的业务方向，或者通过并购的方式进入新的领域，同时逐渐把现有的衰退业务进行剥离，让公司的盈利重心实现平缓过渡。从消极应对的角度看，企业可以朝着收缩的方向，考虑选择最合适的时机和方式清算和退出，以最大程度地减少损失。无论是哪种战略，既需要面向困难的决心，又需要放弃现有的魄力。只有真正直面挑战，付诸行动，才能更好地实现跨越，获得新生。

参考文献

[1] 李敬．多元化战略［M］．上海：复旦大学出版社，2002.

[2] 徐二明，谢广营．中介中心度：企业战略管理研究中被忽视的研究点［J］．经济与管理评论，2016，32（4）：45.

[3] 李业．企业生命周期的修正模型及思考［J］．南方经济，2000（2）：47-50.

[4] 全国管理咨询师考试教材编写委员会．企业管理咨询实务与案例分析［M］．北京：企业管理出版社，2012.

[5] 姚益龙，赵慧，王亮．企业生命周期与并购类型关系的实证研究——基于中国上市公司的经验研究［J］．中大管理研究，2009，4（4）：35.

[6] 何邓娇．企业生命周期、并购类型与并购绩效［J］．财会月刊，2016，766（18）：41.

［7］Dickinson V. Cash Flow Patterns as a Proxy for Firm Life Cycle［J］. Accounting Review, 2011, 86（6）：1969.

［8］刘焱，姚树中. 企业生命周期视角下的内部控制与公司绩效［J］. 系统工程，2014, 32（11）：19-27.

［9］刘焰. 行业生命周期、企业生命周期与混合并购绩效的实证研究［J］. 中南财经政法大学学报，2017, 223（4）：46-57.

第五章

专业化企业的价值链部门战略

第一节　价值链部门的发展

一、价值链功能与部门概述

专业化企业的重要特征之一就是具备一套完整的价值链部门组织。价值链是由开展不同的价值增值活动的部门组成的。每个企业设计的商业模式中，增值活动的价值点分布也会有所不同。因此，每个组织所呈现出来的价值链部门也就不同。这种不同不但体现在不同的企业之间，可能还会体现在同一个企业的不同阶段。

一般认为，现代企业持续的规模扩张是建立在亚当·斯密（Adam Smith）的社会分工的思想基础上的。专注于一种工作内容上的分工，就对应了职责的专业化发展，凡能采用分工制的工艺，一经采用分工制，便能相应地增进劳动的生产力[1]。

也就是说，企业为了完成社会交易，降低社会交易成本，企业内部的组织应该进行分工，以获得更高的内部生产效率。通过不断的分工，不断让每一个细分出来的工作岗位更加专业、更加深入，这样就能让每一个岗位都有更高的工作效率。这些因分工而形成的各种部门和岗位的集合就是内部的价值链部门。

从发展历程看，在一个企业的早期，其内部的价值链分工并没有那么复杂。

为了在经济社会中发挥价值，企业必不可少的经济活动就是与社会价值链的其他成员之间的“交易行为”。例如，对于最简单的贸易型公司来说，它们需要具备寻找低价格货源的能力，也需要具备寻找客户、与多方进行价格谈判、以更高价格把产品销售给客户的能力。这样就产生了典型的采购活动和销售活动。这些活动完成了低买高卖的交易，因而构成了企业最基本的增值活动。

有些企业不满足于仅仅从事贸易活动，它们会考虑增加一些价值链活动，例如，由自己组织人员进行生产，他们便开始投资设备、组织资源、拟定生产计划、进行生产的过程管理等。于是，企业就增加了一些生产型的增值活动，从而形成了生产型或制造型的企业。

随着中国市场经济的持续发展，许多中国企业都不再满足于早期生产型的角色定位，它们希望满足更多客户的定制化的需求，为他们开发更符合他们需求的产品。于是，企业就增加了一些技术研究和产品开发之类的增值活动。

这些不同的增值活动内容对专业技能有不同的要求，还因行业和企业而异，因此，企业通常按照企业内部的专业差异进行归类，将掌握相似专业能力的人员构成一个部门或班组，新加入的人员也应具备同样的专业知识和技能，或按同样的要求进行培养。每个企业的价值链活动可能存在区别，其分工的标准也不尽相同，因此，以分工为基础而构成的部门，以及相应的部门名称也都不尽相同。这也是为什么人们常说不同的企业中有不同的价值链部门。

二、企业生命周期中的价值链部门发展

为了了解价值链的合理设置，我们试着勾勒专业化企业在生命周期不同阶段的价值链部门典型的发展路线轮廓，探讨这些价值链活动是如何伴随着企业的生命周期的需要而逐渐发展起来的。讨论中所指的价值链部门，不强调其是否是部门的名称，而强调其在企业中发挥的价值链功能。

1. 导入期

在导入期，企业通常会以比较小的规模经营，即便是由那些资金雄厚的投资方筹备的企业，也会选择在它们的资金范围内尽可能精简的团队结构。这就意味着，在组织内部的分工方面，总体而言是以兼职兼任为主的。

这个时期的重要职能是从洞察市场、寻找客户、达成交易等营销活动开始的。在现代的经济社会中，绝大多数行业的产能都是供过于求的，寻找客户、推销产品几乎是每个企业都需要面临的核心问题。也有的企业恰恰处于那种封闭型的、具备资源优势的、垄断性的行业，或者是基于某些领导人的网络关系、名人声望等所建立起来的行业。那么，寻找客户、理解需求、洽谈订单的功能，实际上是由这些掌握着关键资源的领导人、形象代言人承担的，而并非如很多人理解的那样——不需要营销人员。也就是说，企业要为客户提供相应的服务，就必须有人来开展相关的营销活动，而无论是由谁来承担，只要他能够承接并很好地完成即可。

导入期的企业，除了要寻找客户资源外，同样需要寻找自己的产品或材料来源。有可能是直接购入并在将来以贸易的方式售出的完整形态的产品，也有可能只是原材料、半成品，它们需要通过企业内部的生产活动才能形成产品。无论是哪一种形态，寻找卖家的采购活动也是必不可少的。当早期客户数量还不多的时候，采购活动的频次并不高，这些功能大多数由一些现有的团队成员进行兼任。

有一些特殊的产品是以服务的方式体现的，企业在交付产品的过程中，不再需要购买原材料或半成品以及相应的生产加工，而是由掌握某些技能的人员直接为客户提供专属的服务。例如，一些修理业务、为客户提供理发的服务、家政服务等。那么，企业为了销售这种服务型产品，也需要雇用相应数量的人员，或者是购买外部的第三方团队的服务资源。这也可以视为是另一种形式的采购活动，即由购买可用于销售的产品变为购买用于销售的人员的技能。

所以，企业的营销活动和采购活动是伴随着企业的发展一开始就需要建立起来的价值链功能。只有同时具备这两种最基础的能力，企业才能够组织产品或服务，交付给客户，实现社会价值链环节的交易功能。有许多家庭成员创立的小微企业就常常由丈夫负责销售，妻子负责采购，其他需要的活动就由双方临时兼任。当其他方面的某些需求如产品开发、产品生产等难以兼任的任务偶然出现时，则可以通过采购活动，委托给第三方间接完成。

2. 成长过程中

随着企业的持续发展，逐渐进入快速成长期，产品逐渐得到了市场的认可，客户的数量越来越多。企业为客户交付产品、完成订单需要开展的事务越来越多，需要花费的时间也越来越多，原本由经营者兼职的各种工作效率低下，不再能够满足日益增长的需求。这时，企业的一些业务活动需要考虑进行分工，拆分出不同的专职人员，由他们分别执行。例如，将销售活动主要交给销售部门来执行，将采购活动交给采购部门来执行，而创始人则以经营管理为主，兼顾他们认为的关键环节的执行和决策。这样，就逐渐形成了以创始人团队为主的决策者和以雇员为主的执行者。从组织结构看，就出现了经营层次，以及执行层次的销售部门和采购部门。随着工作量规模的进一步增加，这些组织里的成员数量也会逐渐增加，形成更进一步的分工。

如果企业早期采用外包的策略，主要从事贸易活动，随着业绩的逐渐增长，采购的产品或服务的数量和品类也越来越多，为购买产品需要花费的资金成本、仓储成本压力也越来越大。同时，在采购活动上也需要投入更多的资源，例如，寻找更多的供应商、合作关系的洽谈、关系的维护、货物交期的跟踪、定制项目的进度管理等，这些采购活动中直接花费的成本和间接花费的成本，都会消耗企业较多的利润空间。有些企业则会开始考虑，能否只购买原材料或半成品，再由企业自己组织人员进行生产，这样还可以更有效地管控生产过程。于是，企业就开始逐渐地参与到价值链中的生产环节，渐渐出现了生产人员。

还有的企业奉行对每个客户提供个性化的服务，提供个性化的定制产品。因此，企业可能会选择在价值链上增加一些技术研究、产品开发等价值链活动，以满足客户的这些特殊需求。于是，企业就逐渐出现了研发人员。

当这种定位的变化发生时，价值链的部门构成也就发生了变化。随着规模的持续扩张，企业就慢慢形成了颇具规模的生产部门、研发部门，企业的价值链组合也就形成了跨越式的重构调整，为客户交付的价值链组合能力越来越完整、越来越强大。

各个部门的人员变多的时候，企业需要对规模越来越大、越来越分散的组织进行有序的管理。管理活动也日益增多，管理活动本身也作为一种分工，逐渐分离出来，出现一些专职的管理人员。

也有一些企业在创立之初就已经有明确的组织定位。例如，作为生产型企业、研发型企业等，或者一些企业由于成立的时候启动资金较为丰富，组织配置也较为完整，它们一开始所设置的组织结构就包含了这些相应的多个价值链部门，团队构成也较为完整，有相应的一些管理人员。但总体而言，它们早期的组织结构仍然是相对比较精简的，只是在精简的同时，又能构成一个完整的价值链条，以保证能与客户完成社会交易。我们接下来重点讨论组织中典型的价值链活动，以及在生命周期情境中的典型战略。

第二节　营销职能的情境战略

一、营销如何创造价值

1. 营销职能概述

（1）营销活动与理念的发展。

每个企业都无法缺少营销的功能，为了更好地开展营销活动，让其在分工的基础上产生更大的价值增量，我们仍然有必要从营销的概念谈起。

美国市场营销协会为市场营销下了这样的定义：创造、传播、交付和交换那些对顾客、客户、合作伙伴和社会有价值的市场供应物的活动、制度和过程[2]。相对应地，营销人员还常常将由各种各样的客户构成的群体称为市场，为这个市场提供产品和服务的各种卖方构成的群体称为行业[2]。

从社会价值链的角度看，可以说，企业都是围绕着满足客户需求这个目的来开展各种活动和内部分工的。企业又是通过营销的职能来代表企业与客户进行交易的。因此，通俗地说，市场营销的核心就是让客户的需求能够得到满足。各种类型的客户，只要是企业的客户，就要设法满足他们，有条件要做到，没有条件的话，创造条件也要做到。因为有了市场营销的整体活动，企业才能发现市场和客户，了解他们的需求，通过价值交换来满足他们的需求，让他们以更少的交易成本达成自己的需求，从而降低社会交易成本，获得企业的生存空间。更广泛地看，市场营销就是识别以及满足人类和社会的需求并获得利润。

从工业社会的发展历程看，不同时期，不同企业的营销活动模式和难度是不一样的。在工业化的早期，因为社会的生产力水平不高，商品总体来说是供不应求的，企业在营销方面的投入并不需要很多。产品生产出来以后就被销往各地，那些产品甚至都是标准的、单一的功能和特性。

随着工业社会的不断发展，社会的生产力水平越来越高，产品越来越丰富，人们渐渐不再满足于那些千篇一律的单一产品，开始更加关注产品的差异化特征。这时，单一产品的大规模销售开始受到影响，需要开展更多的推销活动。例如，在街头派发产品宣传单、通过电话或者邮件来发送产品目录等。而更多新品类的产品，除了要进行必要的宣传推销外，还需要设法打动消费者，因此，需要提前调研消费者需求，通过各种方式与客户建立起友好关系，促成交易，并在交易过程中不断改进交易的体验。这些变化都使得企业的整体营销的需求越来越强烈。

国内的市场经济发展也经历了这样的一种历程。在计划经济时代，物资紧缺，许多产品都要持有购物配额的凭证（如粮票、彩电票等）才能购买。在这种背景下，企业的产品只要能够生产出来就不愁销路，基本上不存在推销的问题。

改革开放以后，社会经济逐渐由计划经济转向市场经济，促进了大量制造业企业的蓬勃发展，物质产品越来越丰富。供应短缺的情况开始好转，并且逐渐转变为供过于求，许多行业都出现了产能过剩的情况。这时产品推销的能力、整体市场营销的能力，逐渐开始成为许多企业获得竞争优势的重要因素。

经济发展过程促进了营销理念的持续升级，从开始的供不应求时的很少销售，到供大于求时的主动推销，再到个性化需求的整体营销策划，营销理念越来越朝着以客户为中心而发展。

德鲁克曾经指出，推销往往是需要的，但是市场营销的目的却是让推销成为多余。市场营销的目的在于深刻地认识和了解顾客，从而使产品和服务完全适应特定客户的需要，进而实现产品的自我销售，因此，理想的市场营销应该可以自动生成想要购买特定产品或服务的顾客，而剩下的工作就是如何使顾客购买到这些产品或者服务[3]。

以客户为中心的理念不断得到传播，但不同的企业对这一理念可能存在不同的体会，因此也演绎出不同的营销战略。如果以每一个单独购买产品的客户为单位，以每一个客户为中心，便会促使企业设法理解每一个客户的个性化需求，而客户与客户之间的需求是有差别的，因而形成了整体层面的典型的差异化战略。这种个性化需求可能是客户对产品提出的特殊要求，或为其进行定制的产品开发，也可能是除了产品之外的服务方式，如付款的方式、产品的批次数量、交易的地点、运输的方式，以及在客户的购买过程中的各种各样的疑问及解答等。可以说，定制化服务是贯穿于与客户交易的整个过程的。

而如果以所有的客户为一个统一的中心，由于所有的客户数量众多，企业需要识别这些客户需求的共性，将同时满足更多人的具有共性的产品或者服务提供给他们，这样就形成了一种标准化的营销战略。实际上，大多数企业在以客户为中心而确定营销战略的时候，其战略都介于这两者之间的不同程度。

（2）销售活动与行销活动。

考虑到这种差异，我们可以开展两类典型的营销活动。一类是聚焦于以单一的客户为服务对象，通过与他们建立起联系，捕捉他们的实际需求，与他们完成交易，并且跟踪整个订单直到整个交易执行完毕的一系列活动。这些活动通常是通过我们常说的销售人员来开展的，也可以称为销售活动（Sale）。销售活动通常要求销售人员花费大量的精力，与客户建立起紧密的联系，通过理性和感性的方式来与客户建立起良好的纽带关系，通过持续服务的满意度感知来与客户建立起忠实的买卖关系，提升客户的忠诚度。作为一个经济组织，企业在主营业务上的收入全部是通过与每个客户完成每一笔交易来获得的。因此，不断改进销售活动对企业而言是至关重要的。

另一类就是强调整体策划、谋划的营销活动（Marketing），有时也称为行销。营销活动通常包括识别客户群体，分析他们的整体特征和整体的需求规律，以及分析行业的竞争对手，并基于分析而有针对性地为目标市场提出整体的营销方案。营销方案中也有面向客户的销售策略，并且仍然需要销售活动与客户进行交易，因此，一般认为营销的概念也包含了销售的活动，但两者之间的概念内涵的范围有所不同。在此我们主要从定制程度上的差别进行探讨。很多直接面向消费者销售产品的企业，表面上看是直接与每个消费者个体进行交易，但实际上，它们也是把消费者群体当成一个整体或若干个小的整体看待，面向整体来定制统一的营销方案。

2. 开展典型的营销活动

（1）面向单个客户的交易。

在面向单个客户的某项交易的整个过程中，存在许多方面的困难。例如，在寻找客户和促成交易方面都有典型的实际困难。

对于一个全新的客户而言，企业一开始并不知道客户在哪里。为了寻找到潜在的客户，一种模式是采用拉动策略，企业先通过各种媒体和渠道进行宣传，让客户了解自己，等待客户主动询问而建立起初次的联系。如果企业在宣传方面投入越来越多的资源，宣传能力越强，逐渐形成了比较良好的品牌认识度和美誉度，通过已经交易过的客户自发的口口相传，那可能会有越来越多的客户主动找上门来。

另一种模式是采用推动策略，以主动推销的方式，通过各种媒介，如网络信息、邮件、电话，甚至以当面的陌生拜访等方式，主动寻找潜在的客户，主动与他们建立联系。

无论采用哪一种模式，要与潜在客户建立起有效的联系，企业都需要投入一定的成本。一个销售人员在一定时间内能够联络和拜访的客户的数量是有限的，要想寻找更多的客户，就需要更多的销售人员和时间；通过宣传来获得客户也与投入的资源数量有关。想要得到更大的传播范围，就可能需要更多的资源投入。综合来看，平均获得每一个有价值的潜在客户所花费的综合投入，就反映了销售前期获得潜在客户的效率。平均成本越低，这种前期销售能力就越强。

然而，并非每一个接触到的潜在客户都能够产生真正的交易。排除掉那些没有真实购买意愿的客户后，那些真正有购买意愿的客户也都存在一个购买前的准备过程，他们需要结合自己的需求来评估这项交易是否满足他们的综合收益。

为了促成客户的交易，企业需要了解客户进行购买决策所考虑的各种因素。从消费者的心理角度看，消费者除了考察要购买的产品或服务本身的功能、特性、质量等因素是否满足其需求，价格是否匹配期望，他们可能还会关心交易过程中的心理体验，例如，是否沟通愉快，是否被理解、被尊重等。

销售管理专家常把企业与客户之间的客户关系划分为交易型、咨询型和企业型[4]，这也体现了对交易中影响因素的一种高度概括和典型的基于客户关系的营销策略。

所谓的交易型就是在一项交易中关注一般性的原则，关注交易本身的买卖是否等价，购买的产品或服务是否物有所值。在咨询型的客户关系中，卖方除了提供产品与服务给客户之外，还能够额外地提供一些对客户有价值的信息或建议。采用这些模式的卖方，通常需要在销售人员之外，额外组织一些知识结构更为全面的技术人员或工作小组，才有可能保证他们提供的额外的咨询型服务能让客户感到交易是物超所值的。企业型的客户关系则是与客户建立起一种长期的忠诚关系，企业可能需要通过全方位的服务、品牌形象的建立、值得信赖的长期服务等来获得客户的信任。在企业与个人客户的关系中，客户是这个企业或品牌的忠诚用户；在企业与企业的客户关系中，这种关系也常被称为战略联盟或战略伙伴关系。

也就是说，为了尽可能地促成与客户的交易，应全面地看待客户的真正需求，包括那些直接的需求和间接的需求。从提供的产品或服务本身，与客户建立情感上的纽带，为客户提供更多的附加收益，都有助于交易的达成。

值得说明的是，在一些企业与企业的交易中，对交易进行日常交流的人常常无法直接做出交易的决策，因为在客户的内部不同的人都能不同程度地影响购买决策，形成一种复杂的决策链条。这时，为了促成交易，有必要了解这些决策链上不同人员的关注因素或影响因素。即便采用不同的客户关系策略，也有必要针对那些重要的决策人员进行深入细致的分析。例如，在一项关于生产设备的交易中，客户决策链中的技术负责人可能会关注设备未来技术可扩展性，以及扩展时可能的解决方案；生产部门的负责人可能会关心设备的连续工作时间、故障率水平以及故障修复时的便利程度；经营管理者可能会关心设备带来的产能、产量的变化以及相应的经济收益。为了促成交易，卖方企业应针对它们各自关注的内容准备全面而细致的解决方案。

这些全方位的销售活动就典型地体现了以客户为中心、提供高度定制的销售解决方案的一种销售策略。当企业在这些方面的诸多努力使得企业比竞争对手更能产生竞争优势时，则能更好地促成与潜在客户之间的交易达成。但是，有些咨询型或企业型的客户关系，仅仅依靠销售人员是难以实现的。例如，他们无法独自建立起为客户提供专业的咨询解决方案的能力，无法独立建立良好的品牌形象等。因此，面向具体客户的销售其实也需要企业在整体的营销战略方面进行整体的规划和长期的部署。

（2）面向客户群体的营销方案。

从成本角度看，采用前述的方式来促成每一笔交易，代价是极其巨大的，很难扩大交易的数量规模。即便是在一些以大型客户、高价值订单为主的商业模式中，企业也只能保证为其中一部分最重要的客户提供高度个性化的服务，而将其他更多的中小客户视为同一个群体。

现代营销的观点认为，虽然每个客户的需求都是个性化的，但是他们的需求也可能存在一些共性。同样，虽然每个客户的购买决策的影响因素都会有所差别，但这些影响因素可能也存在一些共性。因此，识别出同类型的客户，分析他们的特征，识别他们的共同需求，了解他们在购买决策中的重要影响因素，就有机会通过将产品或服务或增值项目进行一定程度的标准化，从而同时满足这些客户的需求。这种方法有助于减少在每一笔交易上平均花费的成本，也就有助于获得更大的规模效益。

正是基于以上原因，很多企业开始开展面向客户群体的营销活动。这类活动虽然也需要了解客户的具体需求，但又较少直接与每个客户洽谈具体的交易。企业更加关注同类客户的特征分析，关注如何为他们提供综合的营销解决方案。因此，企业需要更为理性的思考模式和分析方法。

具体而言，企业通常先要识别它们的客户群体——这通常是从定义客户群体的特征开始的。由于客户数量众多，因此，营销人员需要定义一些筛选条件，将这些市场上的用户或客户区分为不同的类别。这在营销理论上被称为对市场进行细分。细分后的市场则变成了一个个相对较小规模的、具有不同特征的小市场，每一个细分后的市场都有其自身共同的特点。由于分析对象由单一的个体转变为了群体，分析者有必要采用一些调研方法、统计技术，以便归纳出能够代表整个群体的综合信息。于是，营销人员便可结合企业自身的优势和劣势，选择那些与自身的匹配度更高的，与自身的产品特性更吻合的一些细分市场作为自身的营销目标。

为了进一步了解这些市场中的用户的共同需求，分析者仍然有必要了解他们关注的产品或服务的细节，包括产品的价格、功能、特性、质量、交易体验等，正如面向单一客户时要考虑的那些因素一样。同时，也需要了解那些影响他们需求的宏观影响因素。例如，政府的消费补贴政策或者产业扶持政策可能会影响买家的购买意愿，社会文化和生活变化的一些潮流也会影响买家的消费习惯，行业技术的发展或者环境的安全要求，也会影响他们对产品或服务的特性要求等。

从竞争的角度看，由于市场上通常还有其他的企业将这些客户当成目标市场，它们可能也会影响企业与客户的交易，因此，对行业的竞争对手，对竞争对手的产品，对那些潜在进入的竞争对手以及潜在进入的竞争产品，都应该进行更充分的调研和了解，以帮助企业为客户提供更具竞争力的产品或服务。

这一系列的分析思路，并非完全线性的过程。有些内容可能需要交叉进行，反复调整，最终形成一个综合的分析结论。其中涉及的主要的思考框架，与第二章讨论到的 PEST 模型、波特五力模型等基本上是一致的。

在对客户群体的市场分析结论的基础上，营销人员还应该提出整合的解决方案。例如，基于杰瑞·麦卡锡（Jerry McCarthy）归纳的经典的营销 4Ps[5] 框架，为目标的客户群体提供完整的营销方案：开发出拥有客户群体共同关心的那些功能、规格特性以及使用体验的产品或产品系列（Product）；制定出符合他们期望的价格或处于相应的价格区间（Price）；采用能够促进他们购买决策的那些促销形式（Promotion），通过一些有利于客户快速便捷地获得这些产品的分销渠道（Place）。

这样，当这些营销方案最终包含了一系列可执行的各种计划细节以后，这些内容就变成了针对特定群体客户的个性化需求的解决方案。如果在细分市场选择的时候选择了多个细分市场，则针对每个细分市场都策划出相对应的营销解决方案，也就是说，在以细分的市场为单位的时候，企业也分别为每个市场单位提供了一种最大限度的定制化服务。企业便以一种折中的方式贯彻了以客户为中心的营销理念。

（3）保持合理的营业结构。

企业既要考虑那些整体的客户群，分析和判断他们的商业诉求，又要考虑那些重要的单个客户，为他们在整个交易过程中提供个性化的服务。如何分配在这两方面的营销资源投入，会直接导致企业不同的营业成本和营业收入。

例如，从收入看，当期正在交易洽谈中的客户，很可能马上就会产生销售收入，而分析那些客户群体的总体特征、评估他们的产品需求，转化为产品或服务的定制化输入信息，直到最终变成可销售的状态，还需要等待一个定制开发周期，肯定不会马上形成销售收入。

从投入看，为每一个客户提供一套完整的营销方案所需要的投入，其代价是不菲的。客户数量越多，总的投入就越大。如果以一个客户群为单位，虽然为这个客户群进行相应的完整的营销方案的投入也非常巨大，但是由于其覆盖的客户数量众多，平均到每个客户，企业的营销成本反而可能是非常经济的。

从成功率看，为单一客户提供高水平的定制化服务，非常有利于促成这项交易的达成。因为，个性化的服务使得这项交易的各方面的营销方案都比较符合客户的需求。企业与企业的交易往往还会签订详尽的商业合同以约束双方。而那些以面向群体为主的营销方案，企业为了照顾尽可能多的客户的内在原因，使得其营销方案有可能看起来是一种适合每个客户的解决方案，但也有可能在实际中推向每一个客户的时候，太多客户都觉得不符合需求而缺乏交易意愿。也就是说，在有些情况下，由于在客户群体的理解和判断上存在偏差，可能会导致整个营销方案的失败。

由于存在这种投入与产出以及成功率方面的差异，企业需要思考整体的营销策略中以哪种方式为主、哪种方式为辅，它们各自占用多少资源比例。这种结构性的策略安排也是公司的商业模式中的重要内容之一。

在具体的客户或产品等方面，也存在类似的结构性问题。

以客户为例，越是老客户、越是早期开始洽谈的潜在客户、越是面向单一客户的定制化的营销方案，越是有利于促进交易。新的客户，由于需要先进行潜在客户的逐步筛选，有针对性地了解客户内部的决策链条、决策影响因素，必然需要花费相当多的时间，而达成交易的成功率可能还更低。所以，销售人员会更倾向于以老客户、大客户、长时间联系的客户为主要的服务对象。

当所有的销售人员都更关心老客户，而不那么关心新客户时，企业就自然而然地形成了一种客户组合的结构性不良。企业维系着一定数量的客户群体，却很难再增加新的客户群。而且，在持续的经营过程中，老客户也可能会存在一定程度的流失，最终带来经营上的风险。

不少企业都意识到这种结构是不利于企业发展的，它们要么是通过行政要求的方式催促那些销售人员，要求他们投入更多的时间与精力去开发新客户，要么是通过调整激励机制来鼓励销售人员，甚至有可能会聘用一些新的销售人员，让他们全力负责那些新的客户或产品。

然而这些方案并非总会奏效。深层的原因在于，新客户、新产品所需要的资源投入，并非仅仅孤立地处在销售活动环节，而是在整个营销方案涉及的全方位。例如，价格政策、促销方案、渠道布局、产品系列组合、生产线资源、高层决策者注意力等。也就是说，所谓的重视，其实是需要包含所有资源在内的整个企业都对新客户、新产品有足够的重视，就像是一个新成立的企业销售其唯一的产品一样。也就是说，随着企业的经营发展，营销结构可能会逐渐失衡，任何单点的调整都难以改变整体的局面，因此，也需要对整体的营销方案进行全局性的统筹管理。

二、情境战略

1. 导入期

由于营销直接关乎企业的社会交易活动能否开展，不同的营销方案又关乎到企业的收入和利润结构、未来的发展空间和可能路径，需要采用全局的视野进行统筹的管理。因此，在导入期，销售团队还未成型，销售团队的独立运作、掌控大局、适应变化和快速响应的能力也还未形成时，许多客户和交易项目可能都需要创始人团队亲力亲为，由他们扮演全局视野的整合者、掌舵者角色。

由于导入期的企业的商业模式还未完全成型，企业的定位也还不够清晰，营销作为商业模式中的一个重要主题，此时也主要处于探索的过程。受资源的限制，对营销方案中的要素安排大多以简便易行、低成本为主。

这一时期，必须解决销售的基本功能，点对点地为每个客户提供相应的服务。推动式的策略较为常见，但也可适当采用拉动式的策略。日常运营的核心是尽力促成碰到的每一个交易机会。在营销资源有限的情况下，珍惜自己的营销触角中所能接触到的商机、线索、客户意向等，通过分析客户的具体情况，理解他们的真实需求，评估自身可努力完成的程度，与客户深入地协商，最终促成交易。

市场驱动型的企业，其创始人团队通常自己就具有很强的营销能力，也可能是在企业的孵化阶段就已经找到了营销方面的精英人士作为合作伙伴。他们能够快速敏锐地捕捉到市场和客户的需求；能够快速地以试错和纠偏的方式服务于客户，满足他们的需求。由于市场并未真正成长起来，因此，对于市场进行快速筛查，识别一些有影响力的领导型客户，促成与他们的合作关系，是这个阶段的重要目标。

技术驱动型的企业则可能存在营销的短板。一种有效策略是以技术交付或者技术型产品为依托，将其作为与市场和客户接触的触角，快速地学习市场的逻辑，理解市场的真实需求。另一种策略是借助于技术融资的路线，通过投资方的一些其他的资源团队，获得某种程度的共享的市场资源。总体而言，这个过程也是倾向于试探性的，需要做好试错及快速调整的心理准备。

在积极开展营销活动的同时，企业仍然要时常关注企业的发展节奏，关注企业自身的生命周期阶段发展状态，与行业生命周期状态进行比较，关注其延迟还是滞后的比较情况。当企业滞后于行业的时候，这种滞后意味着企业的市场营销整体方案在某些环节出现了明显的短板或失误，能否够快速地识别、定位以及快速地纠正其中的根本原因，是这个阶段营销活动的重要考验。

2. 成长期

进入成长期的企业，形势开始乐观起来。营销的整体方案是有效的、被市场和客户认可的。但是，如何能够充分利用好这时期的经验和优势，抓住快速成长的机会大展宏图，是在成长期面临的典型问题。

客户越来越多，每个客户都需要企业提供良好的服务，每一个新客户的导入和合作都存在营销的成本。而如果客户流失以后再重新导入，还要再花费一些新的成本。维系现有客户的成本比全新开发客户的成本更加经济，因此，应尽量为老客户和重要客户保持一定的资源投入，提供良好的服务，在没有老客户中断合作的后顾之忧的情况下，腾出一些资源来面对日益增长的新的客户需要。例如，对高利润、高忠诚的优质客户，提供最优质的服务水平，而对低利润贡献和低忠诚的客户，则严格控制营销投入[6]。

有些企业的产品是项目式的产品或整体的解决方案，客户重复购买率比较低。有些企业抱着一种侥幸的投机心理，完成一笔交易之后就不再考虑它持续的售后服务了。这种做法很容易影响企业在市场中的口碑，当客户通过自发的方式，在不同的媒体之间、不同的社区之间甚至在行业的一些圈子之间进行传播的时候，产生的负面效应反而会增加企业未来获得新客户及形成合作的综合成本，从而导致最终实际的不经济的现象。

销售方面的人才培养是这个阶段的重要任务之一。由于市场形势良好，客户数量急剧增加会促使企业销售人员的数量也快速增加，并逐步分担创始人团队在营销事务上的负担。但很多新的销售人员并不能真正得到与客户进行全面交易洽谈的授权，一方面，这跟他们是否能够在销售环节承接客户的需求、把客户服务好、促成交易的能力有关；另一方面，对他们授权意味着需要给销售团队提供一些可观的利润分享，甚至企业可能还担心他们携带客户转投竞争对手。这些担忧和实践安排，会真正影响销售人员获得好的销售业绩。因此，企业需要意识到销售活动具有为企业创造价值的功能，培养出足够独当一面的骨干型销售人员对企业营业的意义，以及留住稳定的销售队伍需要的真正的激励。

此外，销售人员素质的参差不齐也存在一定的隐蔽性。由于外部机会较好，许多销售能力有短板的人员可能也会有不错的销售业绩。这容易产生一种错误的判断，就是现有销售人员的能力结构是满足市场要求的，是符合企业发展所需的。然而，在面临未来的竞争压力时，这些能力瓶颈终究会影响实际的销售业绩。因此，如何合理地定义高水平的销售技能和销售的任职要求，也应作为这个时期重要的基础工作。

当逐渐打造出一个有战斗力的销售团队以后，创始人团队仍然需要回到营销的整合视角上，考虑诸如以下的这些内容：

依赖每个销售服务好每一个客户的人海战术难以覆盖快速增长的客户群体。所以，需要考虑把这些纷繁的客户进行分类，对各类客户的需求进行共性分析，开展必要的市场调研。借助一些市场调查的方法，收集市场、客户、产品、成本等方面的数据，借助一些更为科学的分析方法，对整个市场的情况进行一种更加系统、更加全面的评估。

在综合的调研评估的基础上，重新审视营销组合方案中的那些具体措施的合理性。例如，不同的价格策略与公司的品牌形象策略是否具有内在的一致性；产品的宣传卖点与品牌所宣称的核心价值理念是否一致；产品的使用体验是否与品牌所传递的品牌内涵也有所关联，至少它们不应该是矛盾的；企业的渠道设置是否能够适合于企业所定位的目标客户；企业的渠道是否能够满足这些客户所需要的购买便利。同样，在企业的促销上，除了价格促销之外是否还有别的促进销售的手段；现有的人员是否能够娴熟地使用这些促销手段；这些促销手段是否会影响企业的品牌形象；等等。这些市场营销活动，一方面要为企业带来当前的营销收入；另一方面要能够维护企业期望塑造的品牌形象和社会形象，能够为企业带来持续的、稳定的、忠诚的客户和持续的市场份额。

3. 成熟期

进入成熟期的企业开始面临业绩增速放缓的压力，这一时期过去的很多野蛮生长的成功经验并不完全适用了。很多老客户的需求也变得越来越高，例如，更多的功能、更好的质量、更低的价格、更好的体验等。从企业看，要保持这些客户的满意，就要快速提升洞察市场、深刻理解客户的需求并高效满足他们需求的交付能力。此时企业的营销能力不应再依靠单一的骨干型人才，而应该从整个营销团队的角度进行能力提升。

那些优秀的销售人员能够快速而准确地从多个角度捕捉到客户的真实需求，与他们精准地进行交流，运用各种方法促成交易。例如，在商务合同的处理上，应该如何来拟定合同的条款；如何来审查合同中的法律风险；如何找到客户的合适的业务决策人。这些宝贵的经验应该提炼出来，形成一种结构化的经验，在组织中进行传播。甚至可以在一些具体的销售活动分解成多个不同的岗位时，将这些经验转变为不同岗位的标准化作业方法，从而提升整个团队的工作效率和质量。

创始人团队在整合性的营销经验方面，例如，观察市场敏锐的方法、制定销售策略的结构化思维、与重要大客户协商谈判的实战经验等，也应有意识地提炼出来形成结构化的经验。因为整合型的市场营销也不能总是过度依靠企业的创始人团队亲力亲为，他们的经验也应向下传承。

由于成熟期的企业逐渐积累了一些大客户，企业过度的组织分工常常可能会导致大客户的服务体验下降。这时，可以考虑进行局部的组织整合，构建一些适应大客户需求的小组化运作模式。这种模式把传统的营销人员点对点地为客户提供服务的方式逐渐发展成一个多功能小组为客户提供服务的方式。通常，这种小组包括由销售人员、技术专家还有交付人员等不同领域的人员组成。他们能够在客户的现场，第一时间准确地捕捉到客户的商业需求、产品需求以及在交付方面的一些特殊需求；能够快速地在客户需要的第一时间策划出令客户满意的解决方案；能够通过掌握的资源信息，快速精准地安排需求实现和交付的整个过程。这种方式有助于较好地满足客户的日益增长的需求，提升他们的满意度，提升他们与本企业合作的密切程度。

除了为老客户提供更好的服务，企业还需要与其他竞争对手进行正面的竞争。由于客户的需求越来越高，他们也会考虑升级他们的供应商伙伴。如果竞争对手提供的综合服务水平比我们更好，客户则有可能离我们而去。也就是说，在成熟期的存量市场中，企业不仅要超越自身的过去水平，还要超越同期的行业水平。因此，打造更为完整的营销能力，如洞察需求、高效交付、面对变化快速响应等，都越来越重要。

4. 衰退期

到了衰退期，企业常常不得不考虑紧缩或转移。营销团队作为在社会交易中的交易界面，需要以最快的速度进行相应的调整，紧紧跟随企业的总体战略调整。

紧缩的战略常常需要从审视客户和产品开始。剔除一些难以服务好的客户或者是无法带来足够效益的客户，删减一些亏损的产品和项目，就像早期企业创业阶段一样，在现有服务能力下，服务与企业志同道合的、步调一致的、节奏吻合的客户，用有限的资源来配置合适的产品组合，避免过长的产品线和过多的产品型号。相应地，转移战略则需要考虑那些潜在的新的机会，将紧缩后的销售资源逐渐进行转移。

例如，就客户的结构来说，可以考察客户对企业的价值贡献的比重，分析每个客户的获利效率，分析为客户所投入的资源以及获得的业务回报的比例关系。通过这些方法，可以排查一些低价值的客户，因为这可能造成了企业资源的浪费。但需要注意的是，这种方法在应用的时候，还应该把企业未来的一些战略因素考虑进来，避免误判了那些对企业的未来有重大发展潜力的客户。特别是在新的业务领域中，即便早期的获利能力不强，也应保持甚至增加投入。

产品方面也一样，有一些产品已经明显出现销量下滑或衰退的现象，已经不再适应客户发展的需求，就应该考虑及时将其停止。因为，要维护一些老的产品，中间也会占用相当多的销售资源、物料资源、管理资源和资金资源等。精简资源，轻装上阵，反而能提升整个企业的综合的利润水平。那些代表了新领域新机会的新产品，则应设法逐步投入更多的资源。

营销组织方面也遵循同样的调整思路。在对客户和产品的整合中，也可优化营销人员结构，调整不同成员的工作重心，有些人朝着新的业务方向进行开拓，有些人则为保留的客户和产品提供相应的服务，但他们的工作效率也应设法提升，减少不必要的非增值活动。

其他各方面，包括渠道建设、促销水平、客户关系维持、营销支出等，也遵循类似的紧缩战略进行必要的排查，考虑转移的合理安排。

第三节　研发职能的情境战略

一、研发如何创造价值

1. 研发职能概述

（1）研发职能的出现。

从历史经验看，在工业化的早期，在产品供不应求的阶段，企业大多将精力关注于如何提升产量规模和产出效率。企业对研发活动的投入意愿并不强烈。早期也不一定会建立相应的研发组织。

随着经济逐渐走入供需平衡，甚至供大于求，市场对产品差异化的需求逐渐兴起，营销理念也逐渐升级为以客户为中心，不断理解和满足客户个性化的需求。这个时候，如何能实现客户差异化的需求，便对产品创新提出了要求，也就开始涉及新产品研发的问题。也有一些新创立的企业，初始定位就是要构建具备研发能力以满足客户差异化需求的商业模式。因此，在现代的市场经济环境中，研发活动具有举足轻重的地位。

研发这一概念一般都包含了研究与开发两个层面。研究，通常指的是为了获得新的知识、新的理论发现，在丰富人们的认知方面的一种活动过程。例如，典型的学术上的研究，通常以获得了新的理论发现为标志，在自然科学技术方面，一般以获得技术专利为典型特征。也有一些研究，出于某些原因而不会进行公开发表，但这并不改变它们获得新知识的研究性质。开发，则通常指的是为了对已获得的知识加以利用，产生商业价值，使人们的生活变得越来越好的一种过程。在实践中，人们常常将这两层含义统称为研发。

在企业中，大部分研发通常是面向产品的，也就是企业要有用来直接销售的那些产品。在这些产品中，有一些是有形的产品，具有物理上的实体，例如汽车、电器、服装等，也有一些产品是无形的，例如软件、服务等。

企业为了获得更好销售的产品，有时还会进行一些工具型的研发或者是过程方法的研发，这些产生的成果并不能产生直接销售价值，但是它们能够间接地促进产品的销售，例如设计工具、检测仪器、质量控制过程等。这些成果能够提升产出效率、保障产品的品质，缩短产品的交付周期。

广义地看，除了产品、工具、过程外，其他的如生产技术、信息化设施、供应链计划管理技术、管理标准，甚至商业模式等，都可能是研发的对象。我们主要讨论作为企业常见的销售对象，即产品或服务的研发。对那些专门提供技术解决方案或工具的企业而言，技术方案或工具也是它们的产品。

面向产品的研发，可以认为是面向新的差异化需求的一种努力。有些差异化反映的是较大范围的群体在中长期时间范围上的变化，例如，今天人们对信息化设施的需求与50年前的需求是明显不同的。这就使得企业需要对一些趋势性的中长期的需求的变化进行分析，在科学技术方面进行研究和开发，以设法在产业升级的过程中积累相应的技术和产品。另外，研发人员也需要针对当前客户的一些个性化的需求做出响应，即便这些需求并没有太高的技术难度。这些不同的研发内容具有不同的难度，也常被称为突破性的创新、渐进性的创新等。

（2）探索和试错。

研发活动本质上是一种探索的活动，是一种试错和调整的活动。所以，这个过程可视为一个漏斗形的筛选过程，不断缩小选择范围并最终确定结论的过程。

研发探索也是一个黑箱系统。在探索的过程中，通过对黑箱进行一些过程控制，试图得到我们期望的结果。但是，由于对输入和输出不能做到完全控制，可能出现多种结果。研发人员进行黑箱的模拟、设计、实验，并对可能的结果进行比较、分析、排查、修正等的过程，也就是研发人员认识研发黑箱的探索过程。这一过程是发现问题、解决问题的过程，是寻找解决方案的过程，是寻找解、最优解或次优解的过程。

从探索的成功率看，越是偏向于研究的层面，探索的成功率越低；越是偏向于开发的层面，探索的成功率则有机会更高。换言之，既然研发是一个探索的过程，那么它必然面临探索失败的可能，在研发改进上面的努力，并不能保证必然的成功，而是争取更高的成功率。

具体而言，对于一个面向特定客户或客户群的产品开发来说，从明确客户的需求开始，经过企业内部一系列的研发活动，将产品交付给客户时，客户会评估产品是否满足他们的期望水平。有可能因为当初没有精准地识别客户的需求，从而导致最终交付的产品与客户期望中的产品是不一致的，也可能是需求识别没有问题，但产品最终表现出来的功能、特性达不到期望的水准。这种来自市场客户的检验都可能表明，这一次的客户定制产品的研发探索未成功。

企业内部的研发过程同样也存在对探索是否成功的各种检验。例如，研究人员要检验新产品的工作原理是否确定无误，检验这些产品是否能够进行批量的稳定的持续的生产，检验生产相关的工艺和过程控制的技术是否稳定有效，检验批量生产的过程中是否能够得到一致的品质表现等。每个环节的检验，都是对探索是否成功的局部检验。每一个环节都存在探索失败的可能，甚至有很多失败的原因我们并不知晓，受到一些未知因素的影响。

为了提高成功的概率，企业也应不断地改善研发的探索过程。例如，花费更多精力去调查和理解客户的需求、进行更加深入的技术原理研究、配置更加精良的装备或购买更好的材料、进行更加完善的实验设计、进行更加周全的数据组合分析等。也可以改进研发活动的其他要素，如人员、环境等。相当于投入更多的资源来提升研发活动的整体成功率。

（3）研发活动是一种投资。

从投入的视角看，当研发项目失败时，在研发过程中投入的许多成本则无法收回，变成沉没的成本。研发活动的探索性质意味着企业在研发过程中总会形成沉没的成本。研发的投入越大，产生的沉没成本也会越多；研发成功的概率越低，沉没成本也会越多；面向未知领域的突破型研发项目越多，其成功率越低，沉没成本也越多。

从收益的视角看，随着市场经济的持续发展，客户需要的产品越来越个性化，企业面向现在的客户和未来的市场提供差异化产品的能力也越来越重要。当项目成功时，能够满足客户和客户群的个性化需求，获得交易订单和利润。当成功的项目是重要的研发成果、是突破型的成果时，还能为企业带来长久的竞争优势，获得持续的订单和利润，从而更好地支撑企业活得好、活得久。研发的投入越大，这种收益的机会越多；研发成功率越高，这种收益越大；越多的面向未知领域的突破型研发项目成功时，带来的竞争优势就越大，收益也就越大。

因此，研发的投入本质上是一种投资的活动。企业需要在这种不确定性的投入和未来不确定性的回报之间去寻求平衡，努力设法提高研发的成功率，从而提高投资的回报。

2. 开展典型的研发活动

（1）面向市场的产品研发组合管理。

由于企业一方面要面对那些直接提出产品定制化需求的客户，为他们提供定制的开发服务，另一方面又需要面对那些整体的客户群体，通过相应的市场调研，理解他们的需求，为他们提供更多的能够适应一般情况的通用产品。因此，在不同的战略背景下，企业在这两方面的资源投入的策略也不一样。

当偏向于为主要客户进行定制化开发时，企业投入的研发资源主要是面向这些客户的，包括产品的生产和交付也需要更多的个性化的配置。好处就是在获得客户的满意度方面、在争取客户订单方面能够产生一定的优势，但是这种模式下的研发负担比较重，客户数量较多时，难以为每个客户投入足够的研发资源。

当偏向于为大多的客户群体提供具有共性的标准产品时，企业将需要投入更多的资源在市场的研究分析上，自己做出整体的市场判断，做出具体的产品定义并付诸开发。好处是有机会服务于更多的客户，并且能分摊未来给每个客户提供产品的研发成本，但是也会面临形成订单收益的时间较长，客户群体不认可产品的风险。

这样就构成了一种结构性的矛盾，企业的研发资源是有限的，在一种策略上投入过多，则必然在另一种策略上进行缩减。

进一步地看，研发人员在面对不同的开发类型上，其需要的工作方式和技术能力也有所区别。

面向重点客户的许多研发任务，由于其通常对应于中短期的订单需求，因此，研发活动较少涉及全新的技术，而且时间压力比较大。研发人员常常需要开展的是渐进型的开发，以及对老产品提供技术支持或者维护，甚至很多非技术性的应用问题。研发人员在这种过程中，技术能力的成长有限，技术成果方面的成就感也很有限，并且，企业在鼓励研发人员的政策方面，也通常认为这些工作的贡献水平不高，因而难以给出高水平的激励条件。销售人员则特别关注这一类的研发任务，因为，这些投入使得他们更容易获得订单。

面向客户群体的那些共性研发任务则相反，这些项目通常短期内不存在销售的订单压力，因此，开发的时间压力较为宽松。而且，在这些项目上，研发人员有更多的机会采用那些前沿的技术，开发那些能彰显技术人员开发能力的产品。但是，这些项目即便从技术角度来说是开发成功的，但是其商业的成功也常常是遥遥无期的，或至少是滞后的。销售人员则往往不太关心这一类的投入，因为要实现稳定销售需要太久的等待，而且那些开发中的产品，要照顾太多客户群的诉求，很少能够直接匹配到一些特定客户的个性化需求。销售人员常常能够听到个别性客户的抱怨，声称他们希望实现或解决的问题并未体现在新产品上。

于是，这样又构成了更为具体的结构性矛盾。许多企业将这种结构性的失衡或由此产生的行动上的矛盾，主要归咎于研发部门或研发管理者。但实际上，这种结构性偏差背后是与公司经营层面的结构性安排所导致的。例如，公司层面定义一定比例的资源用于大客户，一定比例的资源用于客户群体，一定比例的资源用于满足具有突破型特征的产品研发，对开展各类型研发活动的人员进行均衡的激励措施，等等。也就是说，应从公司总体的经营战略出发，同时分解至营销战略和研发战略，并应设法将研发战略与营销战略之间保持一致性的衔接。既要考虑保证在短期内能够直接影响销售结果的那些交易或产品上必要的投入和服务，也要设法维持在长期研发项目上必要的持续投入。

（2）面向核心竞争力的技术研发组合管理。

对那些有志于在研发领域建立核心竞争力的企业来说，上述的结构性问题还会进一步延伸到研发领域的关键技术中。

由于研发本身有一定的滞后期，无论是进行技术的理论研究和开发，准备材料进行实验，还是对这些实验过程加以分析、识别问题，或者是探讨改进的解决方案，重新验证解决方案等，都需要时间。有些难度高的问题所需要的时间特别久，而且难以提前预见，这是因为黑箱内部的未知部分太多。越是突破型的创新，这种不确定性就越大，所需要的时间也就越长。许多领域的关键技术都面临自然科学领域的重大革新和挑战，往往需要数以年记的时间才能取得一些进展，还未必都是令人满意的进展。从一般性的经验看，面向客户和市场的产品开发的商业化项目中，很少能够接受这么长的周期。

但是，反过来看，也正因为这种关键技术的时间长、投入大、门槛高，才使得掌握了关键技术的企业能够拥有竞争优势。后来者想要再次追上，除了必要的资源和时间的投入外，还面临先行者构建的技术壁垒的问题。因此，掌握基础的关键技术，可以说是构建企业核心竞争力的一个重要条件。

很多企业常常声称它们非常重视核心技术的研发，但这种声音并不一定是它们真实的想法。一个重要的客观原因在于，技术成果的价值常常难以衡量。例如，很多发明专利直到其过了专利保护期也不一定能够实现商业化，这意味着其商业价值难以评估。很多企业内部的基础技术，特别是那些不直接用于销售的技术成果，如产品的开发工具、零部件之间的公用技术、生产设施的改进技术等，更加难以评估其经济价值。有些精细化管理水平较高的企业，采用一些方法识别某些技术应用在哪些具体的销售项目中，试图通过项目中的经济收益进行价值的转移估计，但这也会因不同的转移方法得出不同的结论，常常难以得到组织中的一致认可。

即便是从定性的角度看，合理评估某些技术的价值也是困难的。由于专业知识方面的认知偏差，许多营销人员或者经营管理者，往往也难以理解这些技术在未来的产品结构中扮演什么角色、发挥怎样的作用、具有怎样的技术先进性、是否具有不可替代性等。

这些价值评估和价值认知上的偏差，都会导致企业在技术储备方面的投入得不到必要的重视，或者是对研发的过程和产出缺乏足够的耐心。久而久之，企业掌握的核心技术的知识产权结构也就相应地存在结构性失衡。

为了避免上述结构失衡的困境，有必要从公司的战略出发，制定符合核心竞争力定位的技术战略。企业应安排技术领域的专家，进行必要的行业技术的调研，收集和分析相关行业或相关技术领域的发展水平、技术分布、未来的技术发展趋势、同行竞争对手之间的技术竞争态势、技术的商业化应用前景等。其中，采用的调研方法与面向用户的市场调研的基本方法是一致的。

基于调研的基础，以及企业自身的优势和劣势，企业内部应寻求关于技术战略的共识。例如，备选的多种技术路线，各种技术之间的区别与联系，对企业自身有重要意义的技术清单，各种技术与各种产品之间的应用关系和组合关系，各种技术项目的轻重缓急排序，短期、中期、长期分别要开展的技术研究计划，等等。

技术战略与产品战略之间，还应保持必要的协同关系。例如，面向客户交付的产品开发与面向未来的基础技术的开发能够同步进行。一些中短期内需要交付的产品所需要用到的那些共同的技术应能够提前开发。那些当前不那么紧迫但是会影响未来产品的重要技术，即便现在不急着进行开发，也应有人对这一部分技术保持持续的关注，能够在恰当的时间里投入必要的资源，以保证企业在未来也能获得相应的技术储备。

（3）跨部门研发活动的协同管理。

对于一种新的产品研发、一种新的服务的研发，从客户的需求开始，到技术的原理设计、产品的原型设计、产品的样品制作、批量生产和生产交付等整个过程，通常会涉及不同的商业活动。例如，需要进行市场的调研、理解用户的需求、与客户进行早期的商业合同的谈判、购买一些原材料、安排产品相关的生产或交付、组织相应的设备资源等。因此，从专业技能看，研发产品需要掌握各种专门的产品知识、研究技术、检验技术、生产技术、营销技能等。

例如，在《改变世界的机器》中就描述了这样一种案例[7]：在 20 世纪初，汽车工业主要以手工作坊式为主。那些高超的汽车工程师们需要与客户交谈，了解客户想要的汽车的规格，包括方向盘的形状、座位的设计、整车的尺寸等个性化的要求，然后进行零件的图纸设计、选择相应的原材料进行零件加工、对整车进行总成调试、指导客户如何驾驶汽车、给客户提供的售后服务等。这一连串的过程要求工程师掌握非常完整的工作技能，并且，工程师们的年均产量非常有限，与现代大规模的汽车动辄以几十万辆、上百万辆相比，其生产的效率是非常低下的。

也就是说，对于研发活动而言，这种需要涉及多个领域的专业知识的特性，使得研发活动更像一个系统工程。然而，在现代的研发活动中，几乎没有一个人能够掌握研发所需要的全部的知识和技能，并独立承担所有的工作内容。因此，如何通过系统化的管理方式和组织方式来运作，实现更高的效率，能更好地进行产品的研发，则变成实际研发活动中的一项重要的管理挑战。

产品的研发活动，首先需要横向各部门之间的协同。为了完成产品的研发，传统的做法是由各个部门的负责人进行各种研发任务的传递与跟进。例如，产品研发的过程中，可能需要用到新的材料，这时，研发人员先向研发部门的负责人提出申请，再由研发负责人联络采购部门的负责人，由采购部门负责人将采购任务下发给采购人员。如果采购人员在购买的过程中发现关于材料的描述信息不完整，便将这些困难反馈给采购部门负责人，接着信息传递到研发部门负责人，最后到达研发人员。整个过程，采用的都是一种“Π”型的沟通路径，效率较低。即便不存在这种反复沟通的需求，也有可能因为采购部门负责人还安排了其他的工作，使得采购人员对研发人员提出的需求搁置或延期执行。

上述这种以职能管理为主的协同方式越来越无法满足新产品研发方面的要求。由于单个新产品的研发通常具有典型的项目特征，如一次性、连续的、有特定的目标的、需要一个团队共同完成等。因此，可以采用项目管理方法来改善产品的研发管理模式。

首先，委任对项目结果负责的项目经理，并由各个领域的职能部门委派相应的人员，共同组建成一个项目团队，在项目存续期间，共同在项目中开展各项工作。所有在项目中需要完成的那些任务，如材料购买、设备安排、资源调度等，都由项目经理进行统一的指挥和调度。当项目结束时，项目团队解散，人员重新进入其他需要的项目。

担任项目经理的人员，应该具有项目管理的能力结构，同时也应该对产品的研发过程有较为丰富的经验，在项目过程中涉及的主要技术知识、行业趋势、客户关系等方面都具备适当的经验。参与到项目团队中的各个领域的成员，也应该掌握必要的专业技能，以便都能完成他们各自承担的项目任务。

为了让各项目成员都能服从统一的指挥和调度，组织也应赋予项目经理对整个团队的管理权限，包括团队的用人权、指挥权、评价权，甚至分配权等。如果出现不服从安排或不能胜任的项目成员，项目经理有权限罢免项目成员。各职能领域的经理则肩负起培养合格的专业领域人才的责任，他们应确保部门的成员具备完成项目任务应具备的专业技能，并在其无法完成项目任务时进行相应的指导，甚至是对错误产出进行补救。此外，项目团队由不同专业领域的人构成，分别来自不同的职能部门，各自具有不同的经验结构，甚至可能有不同的工作方式，因此，项目团队还应建立起相关的团队运作规则、工作流程等，以保证团队能够有序运转。

项目管理也需要纵向的决策层次上的协同。由于研发经理通常也很难掌握全面深入的研发、销售、生产、供应链等方面的知识和技能，因此，在管理项目经理及其团队时，也常常难以深入到项目内部的每个专业领域并做出有效的决策。

例如，由于营销战略和产品战略之间应保持恰当的匹配，或者说，产品研发项目也是企业总体营销方案中的一部分。因此，产品项目本身的定位，研发的规则特性、质量特性、成本特性，上市计划，样品等是否符合预期的要求，后期应如何进行有序的推广和销售，研发过程如何等问题，都应在营销方案中得到恰当的体现。与这些有关的诸多决策通常很难由研发项目经理给出完整的回答。

因此，许多企业的实践经验是采用决策委员会的方式来管理多个项目。将营销、研发、供应链、财务等多个领域的专家，以及公司的经营层的相关领导，共同组建为决策委员会，由这一机构对项目团队的研发过程和研发成果进行管理和控制，从而能够及时地对项目做出合理和全面的决策意见。

为了委员会的运作效率，有时还可以将这些领域的专家分离出一个参谋性质的专家委员会，先对项目进行技术性的评审。例如，产品的特性是否满足、产品是否具备批量的可生产性、市场评估的是否准确、营销方案是否可行、盈利分析是否可信等。当这些不同方向的评估内容均无误后，再由决策委员会做出项目是否继续投资、是否投入到市场、是否交付给客户的决策。

同样，这些多领域管理者组成的决策委员会，或者是专家组成的专家委员会，也大多属于松散的兼职的委员会机构，因此，也应该建立起相应的团队运作的规则、工作流程等。

二、情境战略

1. 导入期

在导入期，企业的研发活动比较少，或者主要聚焦于某几个典型的产品上，既要以最快的速度将产品投放到市场上接受检验，也需要结合市场的反馈，对产品进行快速的调整和优化。

对于市场驱动型的企业来说，产品研发或许不是唯一的重点，因为企业反而需要在商业模式上进行不断的探索和试错。许多贸易公司就是这样，它们主要关注与客户建立起良好的合作关系，在与客户交流的过程中，把客户的需求识别并转换成为产品定义后，便将后续的研发与生产都转交给第三方企业。它们自己则不断修正自己的商业模式，包括如何与客户合作、如何与供应商合作、如何组织产业链中的各种资源等。

技术驱动型的企业常常声称它们自身能够开展很多创造性的研发活动。它们可能比较容易陷入对客户的一些盲目承诺，尤其是在客户询问一些特殊的功能是否可以实现的时候，企业很容易相信客户的需求代表了市场的真实需求，从而为此投入较多的资源。如果企业是滞后于市场的，也就是说，行业已经提前度过了导入期而进入成长期，那么，客户所宣称的产品需求或许大概率代表了市场的真实需要。但是，在行业还未成型，企业也还处于导入期的情况下，客户的观点则需要审慎对待，应避免由误判带来过高的风险。因此，企业应尽量控制好为单个客户的定制化投入，或者与他们签订合作的协议，适当地转移研发成本，或者征询更多客户的不同意见，以确认其需求能够更大程度地代表普遍的需求。

总体看来，导入阶段需要探索的内容很多，商业模式的探索、市场的探索、产品的探索等都需要占用企业的资源，都有试错的成本，因此，在大胆假设的同时，也应小心求证。

2. 成长期

随着企业进入快速的成长通道，研发出来的产品或服务都得到了客户的认可，商业模式也已经被证明是可行的，越来越多的客户提出了品类繁多的研发需求，这对成长期的企业而言构成了明显的研发和交付的压力。所幸的是，在研发的品质管控上，可能还不会面临太大的压力，因为市场形势比较好，许多产品只要能够以最快的速度研发出来，具备市场上同类产品的典型功能和性能，就会很快畅销。

客户需要的研发项目越来越多，也推动了研发团队的人员数量日益增长。然而，快速扩张的研发团队并不一定能够很好地服务于新增加的客户以及他们新的产品和项目的需求。这是因为，整个团队研发能力的提升需要时间，每个研发人员的技能提升也需要时间，研发人员之间的配合与协同也需要时间。

因此，研发经验的积累和传播，以及研发过程的标准化，开始变得越来越重要。许多研发管理的理论模型或者实践经验大多基于过程管理的基本思想，将研发过程看作一个黑箱过程，箱子内部由一系列更小的黑盒子过程所组成。这些更小的黑盒子过程就是人们过往经历过的那些研发的实操层面的经验。例如，如何编制产品规格书、如何进行产品的原理设计、如何对产品进行检验等。组织可以通过对这些基本经验的提炼，形成标准化的研发活动，并将它们衔接形成典型的研发流程。这样便可将这种经验向那些新加入的研发人员进行传播，使得他们能够在最短的时间内掌握前人的研发经验。

管理方面也可以进行一定程度的标准化，例如，引入项目管理的模式，定义每一个项目的标准开发过程，规范每一个项目的典型的组织结构，明确项目中不同成员的标准的职责与分工等。

这些标准化的管理模式有助于保证每一个项目的过程质量，能够使得整个研发过程的秩序越来越清晰，研发效率也能够得到提升，并且还能避免很多不必要的遗漏和失误，也就因此提高了研发过程探索的成功率。

成长期快速扩张带来的另一个问题是，需求总是太多，资源总是太少。每个客户、每个销售人员，都希望他们的需求能够得到优先的满足。研发人员无论是资源、时间，还是技术经验的积累，都难以达到快速完成研发项目的要求。因此，有必要对所有的研发项目进行统筹安排，把所有客户的研发项目与公司的营销战略进行统筹整合，识别所有项目之间的轻重缓急，并且基于此来安排所有项目之间的资源调度。

3. 成熟期

随着企业逐渐步入成熟期，市场的格局也在发生一些变化，客户的项目也慢慢出现了不同的差别，有些客户的项目能带来很好的经济收益，还有很多客户的项目则无法通过市场的检验，最终成为沉没成本。为许多独立的客户开发他们定制的产品，开始变得越来越不经济。因此，企业有必要开始对客户群体进行分类，对不同类别的客户进行研究，识别他们的共性需求，并且为他们提供有针对性的产品、营销方案。虽然这种方式也不能保证所有的项目都能够获得商业上的成功，但是，如果能够开展更加充分的调研、做出更加充分的准备，这种方式仍然有更高的概率在平均成本更低的情况下满足更多客户的需求。

随着主动分析目标市场来进行产品策划的经验越来越多，企业在洞察市场方面的能力也会越来越强，推出的产品可能越来越能够代表市场的趋势，甚至可能会成为引领市场的领导者，从而帮助企业构建一种新的竞争优势。

成熟期的另一个挑战是客户对产品的质量要求也越来越高了。因此，企业的研发活动也要开始将更多的精力放在产品的质量方面，甚至逐渐扩展到过程的质量方面。例如，在汽车行业，ISO/TS16949 质量管理体系中编制了五大手册，其中的产品质量先期策划与控制计划手册（Advanced Product Quality Planning and Control Plan，APQP&CP），则明确地定义了产品的开发和过程的开发两种内容。这里的过程既包含了产品的生产和过程，实际上，也应该包含了研发活动本身的过程。对研发过程的管理可以逐渐将前期建立起来的研发经验的标准化、项目管理模式、产品的组合管理等各种与研发有关的黑箱都整合起来，形成一个研发管理的系统。这种系统性的衔接与整合，对企业的整体管理水平也会形成不小的挑战。

成熟期的研发还面临深度方面的挑战，这体现在企业对于某一些单项领域上所掌握的知识、经验的结构以及这种知识水平在行业中所处的水准的高低。也可以说是一般意义上的技术竞争力或核心竞争力。要判断是否已经形成了技术方面的核心竞争力，企业有必要进行一种自我检验：是否已经奠定了行业中的深厚的技术实力，能否在这个领域实现成为行业的技术领先者，已有的研究成果是否能够作为行业竞争对手之间的一种技术壁垒等。

如果这些答案都没有办法得到肯定的回答，企业有必要重新审视自己的公司战略，考虑逐渐开展技术方面的战略规划，并与公司的产品战略、营销战略之间进行必要的整合。

把目标设定为在细分领域成为隐形冠军是一种典型的战略，因为，在一个较窄的领域进行的核心竞争力打造需要的资源的规模、技术的难度、管理的可控程度等，都会在一个相对可接受的范围。按照赫尔曼·西蒙（Hermann Simon）的观察的经验看，许多隐形冠军的企业的平均的人员数量在 700 多人[8]，对于许多发展不错的企业来说，这种规模并不是太难。但即便如此，企业仍然应该建立起坚定的决心和不断试错、不怕失败的信念，在这个相对小的领域里，网罗行业顶尖的人才，激励他们去啃行业中最难啃的骨头，通过小范围的聚焦而取得领域范围内的卓越的成果，进而形成聚焦的竞争优势。

4. 衰退期

当企业真正进入了衰退期，最好同时关注行业的生命周期情境，如果这时行业仍然在成熟期，也没有衰退的征兆，企业在核心技术方面的投入仍可继续维持，一切都以朝着成为行业最后的整合者定位去发挥和扩展，从而帮助企业能够度过眼前的衰退危机。

如果行业也已经进入了衰退期，则说明现有的关键技术从趋势上可能也已经走到了生命周期的末期。例如，随着近年来数码相机技术的持续发展，原有掌握胶卷技术的那些企业逐渐步入衰退期，胶卷技术的市场应用已难有好的前景。也就是说，更好的策略是基于原有掌握的核心技术，试着进行技术的延伸，设法转移到相近的技术，寻求那些相关领域的应用机会。可以通过技术外包、技术合作、与别的企业形成合作开发、合作联盟等，将学习新的技术，进行技术战略的转移提上日程。

由于短期内还需维持现有业务，内部的研发管理也有必要进一步地聚焦和流程再造。在研发的范围和研发的数量上，进行更加有效的管控和投入，慎重识别那些真正有价值、能够在未来保留足够弹性的研发项目。同时，在研发管理体系方面，去繁就简，对管理过程进行持续改良，剔除非增值活动等。特别是对于那些想要全心介入的技术领域，可以提供更为宽松的研发管理环境，鼓励他们将精力聚焦于掌握关键的技术本身，减少那些面对成熟经验的标准化的约束性要求。

总的来说，整个研发系统，都应配合企业进行战略性的缩减和转移，作为技术部门，利用自身对技术的理解和研发管理的经验，尽快学习新的技术，并逐渐将其融入自身的组织经验，在维持当前平稳的同时，发掘和捕捉新的机会。

第四节　供应链职能的情境战略

一、供应链如何创造价值

1. 供应链职能概述

（1）供应链。

社会的价值链是由众多的企业衔接形成的集合，企业内部的价值链是由那些开展价值增值活动的部门所组成的集合。但这两个概念都更偏向于是经济学的概念，其含义较为宽泛。例如，企业的内部所有的成员都可以认为是价值链中的一员，因为，他们也在参与企业创造社会价值的活动，如果他们的确是没有参与价值创造的，企业则没有必要设立这一部门或岗位，因为这会消耗企业的一部分利润。

除了价值链的概念外，日常工作中还常常会涉及供应链的概念。这一概念也可以进行广义的解读。例如，生产型企业中，供应链涵盖接收并满足顾客需求的全部功能，包括但不限于以下内容：新产品研发、市场营销、生产运作、分销、财务和顾客服务[9]。

从管理的实践角度看，供应链管理协会（ASCM）推荐的供应链运营参考模型（Supply Chain Operations Reference，SCOR）建议，供应链包含五个链条环节，即客户、客户的客户、供应商、供应商的供应商，以及企业自身[10]。从本企业自身的视角看，供应商、供应商的供应商都是企业的供应链。对客户而言，本企业、供应商，以及供应商的供应商，都是客户的供应链的一部分。

本企业内部具体的供应链包含五大职能活动：计划、采购、生产、存储和配送。其中，计划活动覆盖以企业自己为中心的客户以及客户的客户，还包括以自己为中心的供应商和供应商的供应商，是整个供应链活动中的指挥和调度的中心。

从部门构成来看，也可以认为供应链就是分别承担这五大职能活动的职能部门所构成的集合。也就是说，可以将供应链看作一个整体的大部门。整个供应链部门面向客户或本企业的营销部门，并主要负责与产品交付有关的各种活动。此外，供应链部门还应与研发部门协同配合，将新产品研发的成果转换到可随时交付的状态。

（2）供应链管理。

从工作流程看，供应链的工作是从营销部门或客户明确了交付的需求后开始的，为了完成交付，供应链部门需要组织企业内部的资源，企业外部的供应商，以及供应商的供应商等各种资源，开展与物流、信息流、资金流等有关的一系列活动。

这一过程涉及的工作链条比较长，每个环节都需要一定的作业时间，有些任务可以同时开展，也有些任务则需要按先后次序完成。因此，完成全部工作必然需要一定的交付周期。对客户而言，较长的交付周期常常是难以接受的，因此，对供应链进行有效的管理，则是完成客户交易中的重要主题。

为了让客户满意，供应链管理可能会存在多种交付策略：一种是基于客户的订单安排生产和交付，当客户提供了正式的订单以后，企业再组织相应的资源，安排生产与交付。对企业自己而言，这种模式风险非常低，但是交付周期太长，通常只有在那些卖方占有强势主导地位的市场背景下才会采用。

随着竞争越来越激烈，有些客户不愿意提前签订订单，但他们愿意提供一部分预测数据，例如，在未来3~5个月之内预计的订单数量。客户要求企业提前做出相应的准备，组织资源安排生产，等到客户正式订单签订后就可以快速安排交付。在这种模式下，如果客户的预测数据比较完整，后续的正式订单也与预测数据保持一致，那么企业提前组织安排的产品可以按部就班地交付给客户，这时的交付周期会有明显的改善。但是，如果客户的预测不准，或者客户后续不按预测数据签订订单，那么企业提前组织生产的产品则有可能会成为呆滞库存，从而带来损失的风险。因此，这种模式通常在客户的规模较大、实力较强、内部运营管理比较规范时，或客户与企业之间有长时间的配合默契或稳定的合作关系时才会采用。

还有一些企业面对的是零零散散的客户，如直接面对众多的消费者。显然，这些零散的客户都无法按照前述的两种模式给企业提供未来的订单信息，他们通常要求购买现成的产品。这就意味着，企业的营销部门必须自己进行市场预测，并提前将产品组织到仓库，甚至是摆放在销售渠道的货架中。客户随时下达订单就能立刻交付产品。在这种模式下，交付的效率是最高的，但企业需要大量的资金库存，一旦发生货物呆滞，就可能出现经营损失的风险。

由于每一种策略对整个供应链的资源调度的方式是不一样的，这些不同策略之间很难随意切换。因此，企业需要考虑自己的供应链策略，并且与营销策略进行匹配。例如，区分不同的市场群体、不同的客户类型、不同的订单特点，做出不同的策略安排，作为供应链日常工作的明确依据。

不管采用哪一种交付策略，在实际组织资源进行交付的过程中，由于工作流程很长，任何一个环节都可能存在流程的异常，相应地就会影响到另一些环节，导致总的交付异常。也就是说，整个供应链会涉及多个部门之间的协同，因此，需要基于一个统一的计划实现互相之间的协调安排。这就产生两个实际的管理需求：一方面，这个计划必须能够兼顾客户的需求，以及各个环节的作业时刻及所需的作业时长；另一方面，计划是基于过去面向未来的，总是存在一定的不确定性，不可避免地存在突发性状况，因此，整个供应链需要具备额外的应对变化的快速响应能力。

2. 开展典型的供应链活动

（1）全链条的计划。

由于计划活动需要覆盖整个供应链，是供应链各项工作活动的指挥和调度的依据，因此，总体的供应链计划应兼顾客户需求及供应链各环节的计划，将各种重要的信息进行有效的整合。例如：

1）兼顾客户的购买需求，这通常包括客户需要的交易时间、品类、数量、物流等。

2）包含企业内部不同环节的计划，特别是生产的计划安排，如果是一些非常复杂的产品，内部的生产过程复杂、工序众多，那么生产计划也需要考虑各个工序之间的统一安排。

3）包含外部的供应商的供应安排。包括不同的材料供应、交付时间、物流安排、仓储中转等。

4）关联产品相关的各种细节信息，包括产品数量、产品的零部件组成、产品跟原材料之间的相互依存关系等，这些都与产品本身的内在结构有关。

5）体现一定的实际所需的弹性空间，例如，每个环节正常的作业时间以及变动调整的时间余量，物品流通或信息流通所需要的额外时间。

也就是说，供应链的整体交付系统，应该将各个环节、各个部门之间的商务要求、订单数量、产品数据、时间安排等信息有效地衔接起来。一份好的计划应该既是紧凑有序的，又包含了一定的弹性，能够容许各环节有一定的调配空间，能够在上一个环节完成的时候，刚好与下一个环节进行平稳的衔接。

上述好的计划建立在一个基本的假设上，即客户、企业以及供应商等价值链上的各个主体是一个整体，大家在同一个计划的基础上，接受统一的调度，紧密协同。

但实际上，同时关联多个责任主体和多个责任部门的计划，并不能够保证对每个相关方都是最优计划。例如，从客户的视角看，客户要求的某个批次的产品能够在最短的时间内交付，而从供应商的视角看，那个对应批次的原材料或者产品所占的份额很低，对他们而言，最优的计划应该是，在做其他产品订单的时候，顺便安排所需的货物，因此，他们倾向于在最不紧急的时间交付。

这种不同主体之间的不一致的需求会导致双方在进行计划协商的时候，存在诸多的对立。常规的企业内部的管理规则也很难解决这些问题。这往往需要企业与企业之间的合作框架的统一，甚至在许多企业之间形成统一的合作框架。

还有一些因素也会影响计划，形成不可忽略的约束条件。例如，某个批次的产品的生产有赖于某些专用的生产线设施或者设备，因此，这一个批次的产品计划就受到这些专用设施或设备的可用时间的影响，在其没有维修、必需的辅助材料齐全、环境符合运行条件等特定的场景下才能够正常生产。外部的一些因素也可能会形成约束，例如，在贸易摩擦的背景下，有的企业正在履行的某个订单受贸易规则的影响，必须在某一个时间点全部交付完毕，因此，在那之前，其他的订单都需要做出让步。

在实践中，类似的各种各样的约束条件非常多，例如盈利要求、产能约束、物流限制、信息短缺、供应商内部管理及其交付约束等，都会对我们制订出一份总体均衡的供应链计划造成实际的困难。想要获得更合理的计划，就必须投入相应的管理资源，对这些问题进行细致而全面的研究和分析，形成越来越清晰、越来越完整的业务需求、约束条件、管理规则等。

（2）物流安排。

在现代全球供应链的背景下，许多企业的目标市场都已经远远超出了企业所在地的地理范围。在全国范围内进行销售是非常普遍的事情，在世界范围内进行销售的企业也很多。

在这样的背景下，供应链管理的一个问题就是产品如何从企业流通到客户，也就是常说的物流问题。同样地，企业内部也存在各种原材料、半成品、成品如何在不同的生产车间、厂房、基地、分销点之间进行流通的物流问题。

典型的物流问题通常都要回答这一问题，即选择怎样的物流安排是最为理想的解决方案。例如，从深圳到北京发运一批货物，既可以选择航空路线，也可以选择铁路路线，还可以选择公路路线；既可以选择直接到达，也可以选择中转；如果选择直接到达，也可以选择不同时间段，不同的运输机型或和班次；选定特定的运输方式后，还可以选择不同的货物的装配方式，可以装运某个单一型号的整批产品，也可以分别装运多个型号不同的小批次产品；既可以一家企业的产品单独装运，也可以与多家企业的产品混合装运；等等。这些都会导致不一样的物流方案，也会形成不一样的物流成本，同样也会对客户的满意度造成不同的影响。物流问题的核心就是寻找其中的一个或少数的几个最为理想的安排方案。

这样的物流问题也是一个数学的组合问题。我们考察一个简单的例子。某批货物采用转运的方式，一共通过 4 段转运路程，最终到达目的地。其中，每一段路程都可以选择航空、铁路或公路 3 种运输方式。那么，我们实际可供选择的运输路线一共有 $3\times3\times3\times3=81$ 条。以运输的总时间最短来进行评价，这些组合中可能会有一条或者少数几条达到了最优的水平。以运输的总成本最低来进行评价，也可能会有一条或少数几条路线达到最优的水平。而且这两种不同的评价条件下的最优方案，可能也不是同一个方案。

这个例子表明，在实际的物流问题中，把不同的产品批次、不同的装运方式、不同的运输工具、不同的路线安排、不同的路程距离、不同的客户和不同的目的地等各种因素都综合在一起的时候，这种组合的可能性是极其多的，甚至是不计其数的。要将这些可能性一一列举出来都无比困难，更别说在其中比较和筛选出理想的解决方案了。

因此，要很好地处理物流问题，首先需要明确总体的策略安排。例如，对于某一种类型的重要客户来说，应该优先采用快速高效的物流方案，即便这种方案所花费的成本代价比较高；而对于某些产品来说，即便是重要客户，也必须采用最为经济的物流方案，因为产品的售价较低，利润非常微薄。这种明确的策略可以作为一种有力的指导，帮助我们在数量众多的可选方案中，更快地找出符合要求的较为理想的解决方案。

还有一些更为特殊的策略。例如，客户可能会要求某个订单必须在某个时间送到其指定的某个地点；也可能是企业内部的管理要求，例如，某段路程必须与某一家物流公司合作；也可能是一些客观环境的要求，例如，某些区域可能会定期存在某些交通管制；也可能是产品本身的特性存在的一些限制，例如，某种易碎的产品必须避免颠簸的公路运输；等等。这些例子表明，有一些策略对物流方案的影响是强制的，是一种必须遵循的约束条件。

有时候，这些约束条件会帮助我们更好地筛选可能性的方案。也有些约束条件反而会让我们更难找到合适的解决方案，因为各种约束条件之间可能会存在对立的问题，例如，既要交付时间最短，又要成本最低。这时，必须从实际可执行的角度进行协调，或者借助前述的指导性的策略进行选择。

概括来看，在物流问题的处理中，首先，要识别出可能存在的多种可能备选项；其次，需要识别和制定各种总体的策略，这些策略需要与企业的经营策略一致、与客户的交付策略一致、与供应链自身的管理策略一致；最后，还要识别那些不得不遵循的各种约束条件，特别是当约束条件之间互相冲突时，还要寻求上层的策略来进行指导和协调，从而找出其中相对均衡的解决方案。最终的目的，是在所有的备选方案中，找到一种相对满意的、综合的、均衡的解决方案。

（3）择机建设 IT 系统。

对照来看，供应链的计划管理的目的，其实也是在众多种可能性的计划之间选择更为理想的方案；在编制计划的过程中，与不同的部门之间协商的管理规则和管理策略也可以作为编制计划的指导性纲领；而那些不得不遵循的约束条件，则是对可选计划进行筛选和修订的重要条件。因此，抽象看来，计划问题与物流问题，都是在有约束的条件下，如何寻求最优解的问题。

寻找最优解的基本过程是：首先，识别和罗列出所有的备选解；其次，综合使用多种策略与约束条件，对每一个备选解进行分析和比对，比较每个解的满意程度；最后，在所有解之中选择最为理想的解。在由多种组合条件构成的海量数据的情况下，这样的寻找最优解的过程是无法通过人力来完成的。

如果借助计算机设施以及相关的应用软件（以下简称 IT 系统），则有机会在很短的时间里进行反复的模拟计算，通过组合排列比对等算法，寻找到那些较为理想的结论，也就能够真正找到更为理性的最优解。而且，当组合的条件、约束条件等发生变化时，也可以快速地重新计算，重新找到新的组合条件下的最优解。这就意味着拥有了在环境变化时的快速调整计划的应变能力。

然而，部署 IT 系统也面临巨大的挑战。从前述的讨论中可以看出，许多的可能组合、指导策略、约束条件等，或统称为业务规则，都跟企业的具体情境密切相关，跟企业所处的行业特点密切相关，跟公司的经营模式、公司战略，甚至重要的客户都有密切的关系。

换言之，这些业务规则，在行业里可以说是独一无二的。在实际部署 IT 系统的过程中，这些业务规则必须充分地与 IT 系统有效衔接与整合，甚至是由 IT 设施部署团队针对业务规则进行有针对性的开发和联合调试。否则，这种 IT 系统很难在真实的业务场景中真正发挥出期望中的作用。

也可以说，只有当企业能够把计划问题或物流问题中的业务规则识别、提炼、归纳出来的时候，企业才具备了部署 IT 系统的重要基础。并且，在实施的过程中，还应该有业务领域的专家深入地参与到 IT 系统项目中，以妥善处理好业务规则与 IT 系统的衔接。

（4）供应链的协同。

由于供应链包含了许多不同的企业，企业自身内部的供应链部门也包含了多个不同的职能部门，因此，就像研发活动一样，供应链的管理也存在协同问题。在供应链的五大基本职能活动中，计划活动需要覆盖整个供应链条，因此，一般而言，计划部门应该在协同的过程中发挥主导作用。

但是就实际的执行部门而言，专职从事计划管理工作的人员很可能数量不多。相比于研发的人员、负责交付的生产部门而言，计划部门的人数可以说相当有限。在许多企业中，计划部门都没有展现出对整个供应链进行指挥和调度的强大的影响力。一种可能的原因是，计划人员在前述的计划技术方面可能存在不足，没有在编制好计划方面展现出足够的专业水准，缺乏大家的一致认可。另一种可能的原因是，许多组织中都常常存在一种潜在的意识，就是部门的规模越大，其实际的影响力越强，所掌握的权限也就越大。计划部门规模不大的局面，也常常在无形中受到了影响。对于前者来说，需要计划人员自身不断地提升供应链管理方面的专业能力，后者则需要整个组织对计划部门的重视和对他们工作困难的理解与支持。

此外，计划部门常常面临一种夹心饼的局面。在企业内部而言，供应链的计划部门常常是供应链对接营销部门的主要接口部门，也是后端供应链各部门的指挥和调度部门。

一方面，如前文所述，无论供应链的计划怎么安排，对单个客户而言可能都很难是最优的。即便它对某一个客户是最优的计划，但也不会是同时对所有客户最优的计划。这就必然带来一种矛盾，从客户或营销部门的视角看，计划部门总是不能很好地完成每一个客户的每一笔订单的交付。从心理感知看，就是计划部门的工作总是存在很多不足，总是不可避免地导致某些客户的抱怨。

另一方面，对于供应链中的采购、生产、存储、配送等相关部门而言，他们也会常常抱怨计划部门总是过多地考虑客户的需求，总是不断地调整计划来迎合销售、迎合客户，把实际的应变困难如生产变动的负担、异常处理的负担等，全部都由其他部门来承担，这些负担常常让他们感到苦不堪言。因此，他们也会认为，计划部门的工作存在很多不足。

这种夹心饼的局面常常会使计划部门里外不是人，除了心理上的压力增加会直接影响工作的热情以外，他们在实际的计划工作上可能也难以得到其他部门的有力支持，这又使得他们更加难以进行更加科学、全面的计划管理，从而影响企业最终的供应链管理水平。

要想有效地应对这种局面，一方面，需要公司的高层领导参与到计划系统、参与到供应链的指挥系统中；另一方面，他们参与的方式，不能仅仅采用高高在上的高压方式，不问青红皂白地向执行部门施压，而是应该以全局的视角，同时平衡客户、企业自身以及企业供应商群体之间的关系，平衡企业内部的营销、研发以及供应链各个部门之间的关系。企业的高层管理者应该同时考虑从销售的订单洽谈一直到最终的订单的交付，在这一个完整的价值链上进行有序的管理[11]。

进一步来看，企业应该考虑由高层决策者亲自参与到供应链的管理系统搭建中，特别重要的是，牵头建设前面讨论过的那些计划过程所需要考虑的业务规则。例如，与客户有关的规则，组织营销部门甚至客户，通过好好协商，达成共识；与公司战略有关的规则，由公司高层进行明确的定义与阐释；与各种约束条件有关的业务规则，组织各个相关方，共同讨论、共同识别，并寻求一致的处理意见。

通过类似的管理改进，逐步建立起大家工作的共同标准。例如，从不同的视角来看待同一份计划，看待某个订单具体安排的理由，大家心里的评判标准都是一致的，因此，大家对计划的合理性判断也就是一致的，计划本身也就能获得更大范围的认可。久而久之，便有望逐渐减少各个部门之间的配合摩擦，增进大家配合的默契，各部门越来越成为一个整体，在工作中有序地配合与衔接。

二、情境战略

1. 导入期

导入期的企业的商业模式还不成熟，一方面，企业与客户之间的业务关系，企业与供应商之间的合作关系都还未成型；另一方面，企业的订单数量也很有限，使得企业在与供应商合作，洽谈购买原材料、零部件等交易时，没有足够的订单规模，无法让供应商获得满意的利润，因此，也就缺乏足够的谈判筹码。这时候，供应商通常缺乏为企业提供良好支持的积极性。面对客户也是一样，导入期的企业也面临客户的质疑和对合作的担忧的问题。

也就是说，这个阶段的企业面临的典型困难就是，社会价值链中的其他企业对本企业的重视度、支持度都会比较缺乏。

一种常见的策略是，与这些目标的合作伙伴进行充分的沟通，充分交流本企业对行业的一种判断与愿景，阐述本企业的发展计划，尽量让他们相信，虽然我们当下的业务容量有限，但却具有良好的发展潜力，从而让他们对合作产生更强的信息。不过，这种类型的交流也很容易被认为是夸大和吹嘘，所以，应保持诚恳的态度，阐述推演的过程，或择机提供有说服力的论证依据。

内部供应链中的各个部门的人数可能还不多，为了完成企业所需的各种任务，许多人员都需要身兼多职，部门职责也是如此。例如，如果采购量不多，有些企业的采购活动也由销售人员兼任，因为他们掌握了较多的商务谈判技能，而且在日常工作中，能够接触大量的客户需求和市场信息，这些也有助于向我们的供应商传递未来有良好潜力的信息。

人数不多还难以承接大量而细致的工作任务，因此，在具体工作内容的颗粒度和细致程度上，也需要有所取舍。例如，供应链的交付计划的颗粒度，也许没有办法精确到每条生产线、每个班次，更别提精确到每一个工位。各类任务的控制，以能够连续执行为主，作业规范性方面的要求则较为宽松。也正因为如此，企业应选择一些关键的过程控制点，选择关键的、能够反映产品主要功能特性的质量指标进行管控，以保证产品能够符合交易要求。

也就是说，供应链部门的负责人或关键人员，以及企业的高层人员，都应有相对全局的视野，理解供应链运行规律，能够洞察到供应链过程中的关键要素，确保交付过程中的松散管理要求不影响客户交易的完成。

2. 成长期

步入成长期的企业，供应链部门则变得非常繁忙。快速增长的业务需求使得供应链的交付总是跟不上脚步。这一时期的营销模式大多是需求拉动型的，供应链有永远都干不完的活、交不完的产品订单。即便通过组织的持续扩张，工作容量得到一定的提升，资源仍然是有限的，仍然存在日益增长的需求与有限的资源之间的交付矛盾。

为了缓解交付的压力，企业需要物色更多的掌握供应链相关技能的人才，物色有经验、有影响力、有全局观的人员，提升供应链在越来越繁杂的情况下的实际交付能力，同时，也系统地、全面地梳理供应链的运作方式。例如，梳理供应链中的各部门的职责分工、工作流程、各岗位的能力要求、工序的作业规范等。逐渐将供应链的各部门作为一个有机整体协调起来。

若常常无法准时交付订单，企业还可以设法改善外部的供应环节。如果企业原来就主要是以贸易为主的，那么原有的供应商的数量，以及他们的交付能力，可能不能满足本企业快速增长的实际需要。如果原来企业由自己组织产品生产，那短缺的产能也难以在短期内快速增加，这种情况下，企业也可以考虑将一部分产生任务外包给第三方企业。

为了保证外包的任务能够按照计划返回，计划部门有必要组织相关的技术人员、品质控制人员等，共同参与到外包任务的前期筹备、过程控制、技术支持和产品验收等环节中去，将外包商当成是自己新增加的生产线一样开展生产和交付。

于是，整个供应链中，包括原材料供应商以及外包供应商在内的各类供应商的数量越来越多。企业现在也拥有更多的订单，可以开始对供应商提出更多的要求了。例如，供应价格、供货优先级、交付方式等商务条款，以及那些运作中的工作流程、协同分工等。企业也可以考虑关注供应商的资质，以及他们的质量控制能力等。通过对供应商的多方面的管理活动，改善供应商对企业的交付内容，这也有助于企业面向客户的交付。

供应链的整体计划变得越来越重要。现在面临的计划，不仅仅是考虑销售端的交付，也不仅仅是考虑企业内部的生产安排，还要考虑外部的原材料的交付计划和外包供应商的交付安排。其中，外包企业的交付计划的协调还需要深入到其内部的生产过程。例如，外包企业首次生产某些产品的时候，并不熟悉我们的产品特点，也未完整地掌握企业产品的生产过程。这都会导致交付的不确定性。因此，计划部门应该将这些典型的计划偏差考虑进来，留出充分的余量。从预防角度看，计划部门还应组织技术部门、质量部门等，共同帮助外包企业导入生产我们的产品，以改善整个供应链的协同配合。

当企业的原材料、生产系统、外包等各种事务越来越繁杂，产品的型号和数量越来越多，供应链需要处理的信息和数据的负担也急剧增加。这时，有必要改进企业的资源计划系统（Enterprise Resource Planning，ERP）。在系统中建立起客户、订单、产品、原材料或零部件、供应商、生产工序、成本、价格、库存、时间等各种数据之间的关联关系。这样便可借助系统，基于客户的订单需求，快速计算出各种所需的材料及供应商的交付计划，从而系统性地改善供应链计划的效率。ERP 系统实施的过程中，应考虑那些必需的业务规则，由熟悉业务的人员深度参与。对于那些非实物型产品或服务的企业而言，也可以寻找适合它们的数据管理和计划管理工具，帮助提升交付的统筹管理能力。

3. 成熟期

随着行业的成熟，整个行业的收入放缓，利润率也下降。企业控制产品的成本的压力也越来越明显。例如，客户有持续降低交易成本的需求，竞争对手也随着规模扩大而降低了成本。这些都对企业的成本控制提出了要求。

从企业内部看，运营效率和资金成本，都是典型的成本构成。对前者而言，整个企业的内部运作方面的效率都会存在不足，它们的工作也主要是跟随计划而展开的。后者则大多体现在原材料、零部件或产品的库存压力，其构成原因大多与前期快速成长时的投入有关。

例如，有许多为各类客户开发或储备的定制化的产品，慢慢地都成为滞销的库存，占用了许多资金。分析造成库存的原因可能是：为了保持更快的交付时间，常常储备过多的库存，当需求变化时，便产生积压；新品为了推给各类客户，需要提前安排库存，推销未成功也造成积压；单一客户定制的需求，实际销售未达到预期，也造成积压；生产部门或原材料因各种原因导致延期，最终错失销售机会，也造成积压；等等。这些库存的原因，也可以看作是客户或市场的需求计划与后端的供应计划未有效匹配和衔接导致的。

也就是说，企业运营的许多成本都跟计划系统有重要的联系。因此，供应链的计划活动有必要进行全局性的、整合性的统一安排，向前对接到客户的需求计划，向后对接到供应商的供应计划，对内能够管控到每一个车间甚至每一个工序的生产安排。

这种计划系统，要求企业需要明确的供应链战略，需要明确的各种业务规则，包括客户方面的要求、管理层的管理策略、影响计划的各种约束条件等。这些业务规则不但应该识别为明确的规则系统，还应放在实践中进行检验，以最终确认其是有效的，并根据实践需要进行动态的调整。

同样地，针对实物的流通，包括供应商的原材料、零部件等来货流通，企业内部的中转、生产、储存的流通，以及客户端的装运流通等，也应纳入上述的统一计划，并制定出适配的相关业务规则。

随着业务量的持续攀升，与计划有关的业务活动开展得越来越熟练，业务规则也越来越清晰、越来越完善，这时企业则可以考虑将计划活动也导入 IT 系统。有些 ERP 系统也具有编制整体计划的功能，也有一些专门针对计划编制、针对车间排产计划或专门针对物流安排的专用系统。

无论是怎样的 IT 系统，正如前文所述，都必须保证业务规则与 IT 系统解决方案的密切配合。从早期的技术选型方面就要开始全面评估，在部署实施的过程中也要与 IT 系统集成商紧密配合，并组织业务专家深入地参与其中，针对企业需求而进行有针对性的开发和联合调试。

考虑到计划系统是一个较为庞大的部分，也可以分步实施，将供应链的整体交付计划、生产部门甚至车间的生产计划、物流计划等分步实施。但它们都应该遵循一个统一的框架逻辑，保留必要的数据接口，使得后期的建设能够与前期的建设得到很好的关联。

4. 衰退期

经过长时间的成长期和成熟期，企业逐步建立起完整的系统，包括企业的运行机制、职责分工、工作流程、业务规则等，它们都越来越成熟，越来越标准。有些企业在 IT 系统建设方面也投入了大量资源，使得那些管理的系统有许多都固化到了 IT 系统中。

随着衰退期的来临，企业的订单明显越来越少。这时，那些潜在的订单机会又变得越来越重要。之前建立起来的系统，特别是那些固化为 IT 系统的部分，可能在很大程度上会变成一种官僚式的约束。

对于那些较少出现的一些特殊订单，要为之修改企业的管理系统，难度是很高的，因为组织经过长时间的运转，会形成其固有的惯例。要修订和改变 IT 系统也存在技术上的改造困难，即便投入大量资源来更正，也是不经济的。

因此，企业需要设法保留一部分灵活调配计划的能力。从管理系统角度看，系统应该有针对特例的处理机制，使得组织能够快速响应那些非常规的订单。从 IT 系统角度看，在系统的框架之外，有必要保留一些手工调整计划的能力。其他相关的资源也应保留必要的配套措施。例如，在生产系统中，划拨出一小部分资源，主要用于处理那些特殊的、零散的订单。这些订单从计划安排、原材料物流的安排、仓储的安排，都应在现有系统规则之外，得到必要的简化，能够以非常便捷的方式完成。

对于衰退期企业的供应链而言，这种应对变化的能力的非常重要，因为这也直接影响到企业在新的业务方面的尝试。

企业在尝试新的业务时，可能会进入不同的全新行业。新行业的特点是不一样的，行业的成功因素不一样，行业中与供应链相关的业务规则也不一样，因此，企业不应用原有行业的成熟经验，去对一个新兴的业务进行强制性的要求。另外，由于对新行业的理解有限，重新识别出新行业中的各种业务规则也需要较长的时间。短期内也无法投入过多的资源在系统性的建设新行业的相关管理系统。并且，由于新的业务机会非常珍贵，这可能关乎企业未来的转型，因此，企业必须想尽办法承接这些新的业务机会。如果系统不能直接实现，就必须考虑在系统外实现。所以，依靠人的主动性和灵活性来争取新机会就是非常重要的策略。

参考文献

[1] 亚当·斯密．国民财富的性质和原因的研究［M］．北京：商务印书馆，1972.

[2] 菲利普·科特勒，凯文·莱恩·凯勒．营销管理（第14版）［M］．上海：格致出版社，上海人民出版社，2012.

[3] 彼得·德鲁克，刘勃．管理：任务、责任和实践［M］．北京：华夏出版社，2008.

[4] 威廉·科恩，托马斯·德卡罗．销售管理：第10版［M］．北京：中国人民大学出版社，2017.

[5] 科特勒．营销管理（第11版）［M］．上海：上海人民出版社，2003.

[6] 全国管理咨询师考试教材编写委员会．企业管理咨询实务与案例分析［M］．北京：企业管理出版社，2012.

[7] 詹姆斯·P. 沃麦克，丹尼尔·T. 琼斯，丹尼尔·鲁斯．改变世界的机器［M］．北京：商务印书馆，1999.

[8] 赫尔曼·西蒙．隐形冠军：全球500佳无名公司的成功之道［M］．北京：新华出版社，2001.

[9] 苏尼尔·乔普拉，彼得·迈因德尔．供应链管理［M］．北京：中国人民大学出版社，2017.

[10] ASCM. SCOR Digital Standard | ASCM［EB/OL］. https：//www. ascm. org/corporate-transforma-fion/standards-tools/scor-ds/.

[11] 森尼尔·乔普瑞，彼得·梅因德尔．供应链管理——战略、规划与运营［M］．北京：社会科学文献出版社，2003.

第六章

专业化企业的职能部门战略

第一节 生命周期中的职能部门发展

一、随生命周期发展的职能部门

1. 职能部门的发展

在日常工作中，“职能部门”这样的说法很常见。广义地看，在企业内部的部门分工中，任何一个部门都承担一定的工作内容，因此都可以称为职能部门。但不同的职能部门的日常工作确实也存在不同的特点。

在价值链中，营销部门和供应链中的采购、生产等部门，都是直接基于客户的订单交付而开展工作的。它们的工作完成的好与坏，都会直接影响交付本身。研发部门有一定的特殊性，对传统的生产型企业来说，研发工作也可以认为是科研部门，它们的研发工作并不直接影响订单的交付。产品研发完成后，再通过营销、生产，按照订单组织交付。因此，也有人把研发称为一个独立于供应链的开发链部门。但在另一些研发型的企业，特别是那些聚焦于为客户提供定制化服务的企业，客户的每一次订单几乎都涉及产品的研究开发工作，只有产品研发好以后，产品资料才能移交出来进行生产，并交付给客户。这时候，研发部门也是直接影响订单交付的价值链部门中的一部分。

作为经济组织的企业来说，只要一个企业设立了某个部门，它就应该在企业进行社会交易、完成客户订单交付的过程中创造某种价值，如果它仅仅消耗企业的资源而没有贡献，便没有存在的理由。从这个意义来说，所有的部门都可以认为是价值链部门中的一部分，这些部门都是企业提高整体的价值创造效率而进行专业化分工的体现。

不过，不同的分工使得每个部门对订单交付的影响的形式和程度都有所不同。例如，财务部门、人事部门开展的会计报表统计、人员技能评估等这样的活动，也是对企业的经营有贡献的，但主要是以间接的方式产生影响的。他们的工作对日常的客户订单很少产生即时的、直接的影响，与供应链部门产生直接影响是不同的。因此，为了方便区分，我们将这些较少直接影响交付的部门称为职能部门。

为了探讨组织为何会发展出这些不直接影响交付的职能部门，我们再次回顾组织的发展过程。

早期企业的组织几乎都是扁平化的，据观察，1950 年以前，美国几乎没有一家企业需要全职管理人员或一个清晰界定的管理组织的服务。与今天的工业企业相比，当时的工业企业规模很小，并且通常是家族企业。两三个掌握着整个企业命运的业主管理着企业全部的大小事务，包括经济的和管理的、公司整体和企业家自身的、公司的劳动力或外部的代理机构。在许多行业中的最大的那些企业几乎都是如此[1]。

在中国改革开放以后的市场经济中，许多民营企业在初创期也是这种情形。特别是那些初创时期的投资规模不大的企业，多是以家庭为单位的企业或者家族式的企业。在这些企业里，企业的大股东既是投资方又是管理方，公司里的关键决策和事务都是由他们掌控的。例如，聘请高薪岗位的骨干人员、购买原材料的费用支出、接收客户的合同款项等，都是由大股东、大股东的亲属或者是他们信得过的人来担任的。

日常的各类事务执行，则主要基于经营需要而进行相应的部门配置。例如，有些企业以经商为主，是一种贸易型的企业，它们的价值链主要以营销和采购为主。有些生产型企业是以三来一补的加工型业务为主，它们的价值链主要包含了销售、生产与供应链方面的价值活动。也有一些企业定位于研发类型的企业，它们的价值链则还包含研发活动。整个组织的人员配置和部门划分主要都是围绕着价值链活动进行配置的。虽然企业也需要开展一些不直接影响订单交付的工作事务，如人员招聘、会计账务登记等，但这些事务的工作量并不多，因此，组织倾向于由现有团队中的某些成员兼职担任，或者外包给第三方的人力资源中介机构、财务公司等，而不是为此设立专职的岗位或成立专门的部门。

概括来看，这些处于导入期的小型企业，虽然经营规模尚未扩大，业务内容也不够繁忙，人员数量也不多，但是麻雀虽小，五脏俱全。组织成员通过少量的分工，充分采用兼职的方式，共同承担了价值链中的各项事务。从完整度看，他们构成的价值链是能够支撑企业完成社会交易的。

2. 直线型组织结构

从组织结构看，这些企业的组织结构大多如图 6-1 所示。整个组织是一种高度扁平化的两层结构：决策层和执行层。价值链上的营销、研发、供应链等部门构成了组织的执行层，各自的员工规模不大。创始人团队扮演了整个组织的管理角色，也是整个组织的决策中心，承担着整个组织的经营责任。管理学家把这种组织称为直线型组织结构。

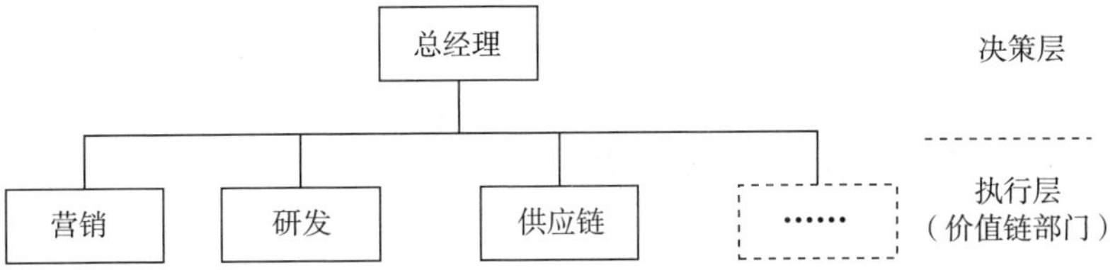

图 6-1　直线型组织结构

资料来源：笔者结合直线型组织结构的典型特点整理。

早期的企业采用这种简单的直线型组织的优势是明显的。首先，身兼多职的分工方式能有效减轻企业在人员雇佣方面的负担，扁平的管理层次则有利于决策者对团队的全面管理。其次，由于企业需要快速响应为数不多的商业机会，为客户提供个性化的贴身服务，因此，企业需要短、平、快的决策链条。统一的决策中心，能够快速统筹客户、产品、交付、团队等各方面的事务。因此，这种组织在市场上有较为快速的反应能力，也有足够的灵活性。

直线型的组织结构也具备一定的可扩展性。当业务量逐渐增长的时候，价值链的环节可以增加，也就是增加新的部门，也可以在现有基础上，把现有部门进一步拆分为更多的小部门，分出更多的工作岗位，所有的部门和岗位仍然构成一个完整的价值链。组织也保留统一的决策中心，统一管理整个价值链。

3. 价值链扩张催生新部门

随着企业业务量的增长，客户越来越多，订单也越来越多，完成客户交易所需的价值链活动的任务数量也越来越多。相应地，服务于价值链但又不直接面向交易的那些支撑性的工作事务，也开始变得越来越多。例如，交易的账目处理活动越来越多，条目越来越细；人员的招聘活动如人员约见、人员登记、人员的合同签订等事务也越来越多。

无论是由原来价值链中的人员来兼职开展这些事务，还是由企业的管理者来兼职开展，都难以长时间维持，因为这会带来过重的工作负担。此外，市场上早期的小规模团队能够生存，正是因为它们以快速反应和灵活性来对抗那些在专业上有深度和广度的大企业，而长时间身兼数职会对它们为客户创造价值的活动产生明显的影响，从而损害企业的利益。

即便有些工作原来是外包给第三方公司的，随着事务量的增加，继续采用外包方式，无论是工作的时效性还是经济性，都越来越不能满足企业发展的要求。而且，许多与人事、财务有关的各类敏感信息，还存在保密的要求，因此，外包方式也存在不足。

综合来看，各种原因都促使组织进一步分工。常见的财务部门、人事部门、流程管理部门等职能部门，就在这样的背景下逐渐发展起来了。也有些企业在导入期就已经逐步配置这些部门。

二、职能部门定位与组织结构

1. 组织结构的演变

（1）职能分权决策型组织结构。

在企业的经营过程中，为了不断提升经营效率，提升企业的投入回报率，企业需要对现有组织中的商业机会进行更多的业绩分析和经营改善，对现有的业务进行资金的更加合理的运用，对现有的组织和团队进行更有序的管理。例如，在现有的客户系统中，有没有更优的客户组合或者产品组合来获得利益最大化的解决方案？从提升人力资源投入回报率的角度看，如何去提升雇员的工作效率、工作能力、工作动力，提高他们的工作产出？

类似的问题越来越多，导致决策者的负担也会越来越重。只有一个具有无尽精力和高度智力的人，才能与这些巨大的新设立企业的所有活动保持联系[1]。

另外，直线型组织结构中新出现的人事、财务等职能部门也开始逐步运转，开展更多的相关工作。例如，了解和遵守劳动保障的相关政策，遵守税务、会计准则等相关法规。这些部门也渐渐应用越来越丰富、越来越系统的专业化理论，积累了越来越多的相关知识和经验，技能也得以不断提升，并逐渐形成许多专业性壁垒。很难有人通晓这些知识，更难有人统筹管理和统筹执行这些不同领域的工作。

由于决策者负担越来越重，又因专业壁垒原因无法深入到每个专业领域，于是，企业的决策者可能会有意或无意地把某一部分专业领域的部分事务的决策权限，正式或非正式地授权给某些职能领域的专家们。例如，某个销售订单达不到决策者设立的正式的利润要求，但具有某些可以被决策者理解或接受的市场或客户的原因，可以通过解释来争取例外的审批。许多企业的销售部门不具备这种特殊权限，需要向上请示总经理。但总经理可能会因为各种原因，指示让销售部门找财务部门协商，并以财务部门意见为准。这时候，财务部门实际上就扮演了决策者的角色。

类似的例子有不少。例如，在一些关键人才的录用上，原本是由决策者亲自进行筛选决策的，现在，这些事务可能直接由人事部门决策了。原本的一些销售订单或者价格审批是由决策者亲自决策的，现在，这些工作也可能直接由财务部门来决策了。

还有一些类似的职能，例如，制度设计和制度管理方面的职能，推动过程管理和管理提升方面的质量管理职能，专注于企业的价值理念、文化建设、组织建设等方面的职能，都存在同样的情形。

许多职能部门最初是通过专业水平逐渐形成自己的影响力的，现在，他们越来越多地参与和介入各类事务上的日常决策。并且，职能部门的人员有不断提升自己在公司中的地位的动机，因此，他们很乐于参与到这种决策中。

这样，企业的组织结构就从原来的直线型组织结构演变成了职能分权型的组织结构，如图 6-2 所示。在这种组织结构中，职能部门成为决策层的一种分权机构。企业内的许多事务面临决策需求时，会基于这些事务的性质类别，分别由不同的职能部门进行决策。由于职能部门人员在职能领域的专业背景，他们通常更容易给出专业的分析和判断，能够更快速地做出决策意见。例如，用人方面以人事部门作为决策机构；日常的价格审核、成本审核则由财务部来进行决策。这样就在原有的决策者之外，出现了更多的决策者，形成一种多头领导、政出多门的现象[2]。

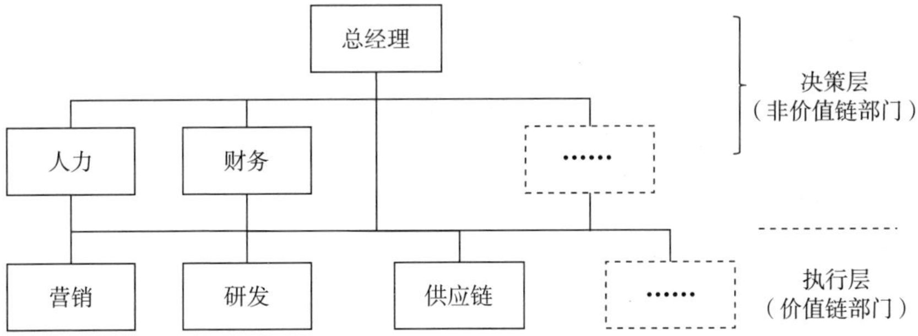

图 6-2　职能分权型组织结构

资料来源：笔者结合职能分权型组织结构的典型特点整理。

如前文所述，这种职能分权型的组织结构有可能是无意之间形成的。它们最初起源于工作量越来越大的分工需求，后因专业壁垒的存在，由职能部门持续地参与到日常决策的过程中渐渐演变形成。职能部门也的确缓解了决策者的负担。

然而，这种无意中形成的组织结构并非总是能带来好处。如果决策者并未期望决策权被分散，却在事实上形成了分权，可能会导致更加低效甚至是错误的决策，给公司造成损失。因为，以人事、财务为典型代表的职能部门的员工大多很少直接面对市场和业务活动，他们常常不太了解真实的市场需求和业务需求，掌握的信息也不够全面，其全局的经营经验和经营意识也和经营决策者有差异，他们只是基于他们自身的视角来进行判断，很可能无法做出合理的决策。而且，有时候，职能部门为了体现其处理过程中的尽职程度，可能会过多地审查一些非关键因素，或忽略了紧急需求而拖延处理等，因而，在事实上对业务决策形成不必要的阻碍。

也有的企业的职能分权型的组织结构可能是由决策者主动发展出来的，是一种明确定义了决策权限范围的正式的分权结构。职能部门一方面分担了公司决策者的决策事务，另一方面又对价值链部门逐渐形成的业务话语权形成了一种制衡。如果决策者知悉这种组织结构的特点并仍然做出这种选择，那么决策者仍然需要在决策事务的类型划分、权力的结构配置等方面进行慎重的安排，以尽可能地规避决策上的风险。

（2）直线职能型组织结构。

由于职能分权型的组织结构有其固有的决策方面的不足，因此，有些企业希望更好地调整职能部门的定位，将职能部门定位于为业务服务的角色而不是决策角色。

所谓的服务角色指的是，他们主要承担决策所需的评估和分析的活动，从专业领域提供专业的意见，而决策者结合这些信息做出最终的决策。这时，职能部门就变成了一种辅助决策的参谋型的角色。例如，宾夕法尼亚铁路是第一家发明直线参谋制的完整概念的美国企业。它界定了部门总部与负责其基本运输活动的基层单位之间的沟通和权威路线。直接负责火车运行的经理人员称为直线主管，那些管理辅助或者服务活动的则是参谋人员[1]。

如果前述的销售人员找财务协商处理特殊的销售订单时，财务部门并不直接做出决策，而是将意见提供给总经理，总经理结合财务部门的分析意见，裁定最终结论。这时，财务便扮演了一种参谋的角色。如果总经理把符合某一类特定条件的业务订单的判断条件形成一种制度，通过制度的方式，委派财务部门基于明确定义的规则来检查和判断，当超出制度以外的条件时，财务部门仍然无法决定这个订单最终的结论，需要由总经理来裁定。这时，财务行使了部分的审查功能，但在决策上，仍然是作为决策者的参谋而存在的。

进一步看，参谋的有效建议可能包含两种方向，促进业务有效开展的建议，或者对业务活动的否决、纠正、控制等建议，也称为促进建议和促退建议。例如，财务审查业务的某个订单时，发现订单不符合要求，建议订单不要承接，这时财务的参谋意见是属于促退的；但是财务建议，业务人员如果设法改善某种条件，则可以满足要求，订单仍然可以承接，这时，财务的参谋建议便是促进的。显然，从企业经营的目的看，促进功能更是企业需要的参谋功能。

这样，整个组织结构就演变成了一种被称为直线职能型的组织，也常被称为直线参谋型组织，如图 6-3 所示。在这种组织中，职能管理者被授权以协助或建议的方式支持直线管理人员去实现他们的目标[3]。

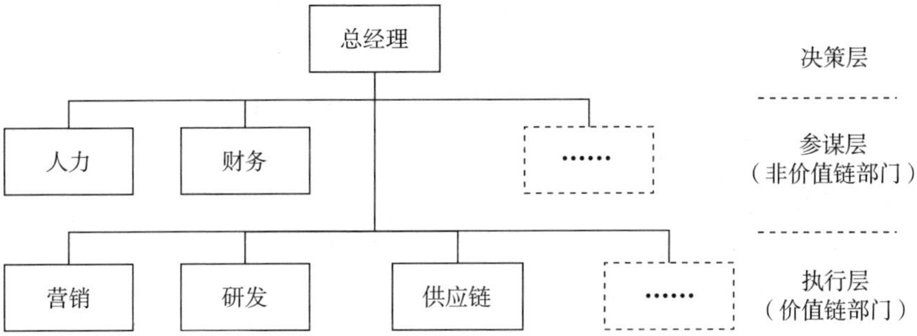

图 6-3　直线参谋型组织结构

资料来源：笔者结合直线参谋型组织结构的典型特点整理。

直线参谋型的组织结构兼顾了直线型组织结构和职能分权型组织结构的优点。在专业化方面，配置了某些领域的专业人员，他们对信息进行收集、整理、分析，并提供相关的专业意见，能帮助决策者获得更为全面、更为深入的参考信息，有效弥补了决策者在不同领域的专业能力短板。在决策方面，这种组织结构保留了统一的决策中心和指挥链条，决策者在缓解工作事务上的负担的同时，仍然能够基于企业的目标和全局的视野，做出总体的判断和决策。因此，这种组织的决策水平会更高。

但是，参谋型的组织也会存在不足。由于许多事务要通过参谋角色的事先分析与汇报，中间需要经过信息的沟通与传递的过程，延长了整个决策链条，从而导致决策的响应速度变慢。

2. 实践中的组织经验

直线型组织结构是常见的基本组织结构，而职能分权型结构和直线参谋型结构，都是在原来简单的直线型组织结构上发展起来的。当企业规模很小的时候，组织只包含价值链的部门和指挥中心，构成扁平化的包含决策层与执行层的直线型组织结构。随着那些非价值链的工作事务开始繁重起来，企业就产生了更多的职能部门，逐渐形成职能型分权结构和直线参谋型结构。在组织形态上，它们都很接近，但是在性质上，却体现了企业的决策权的集中与分散的不同程度。不同的组织结构各有优缺点，实质上就是决策效率和决策质量的权衡选择。不过，总体而言，这两种类型的组织结构仍然通常对应到公司的同一个决策中心，在重大的决策方面，公司仍然是一个统一的经营主体。也正因如此，一般把这三种组织结构都视为是一个单一型（Unitary Structure）企业的不同的形态，或统称为U型的组织结构。

钱德勒对美国大公司的组织结构改变进行了初步的研究之后发现，大型企业的早期，其组织结构都是单一型（U型）的组织结构[1]。奥利弗·威廉姆森（Oliver E. Williamson）也认为，许多公司的组织形式的转变，几乎都是从早期的这种按职能组织起来的单一集权制（U型）结构而发展的[4]。也可以说，专业化阶段的组织结构几乎都是U型的组织结构。

虽然U型的组织广泛存在，但是许多企业的组织结构都没有很好地发挥出组织应有的功能。组织内部存在大量职责不清、组织机构臃肿、人浮于事、组织效率低下的问题，无法为企业带来足够的竞争优势。究其原因，常常是组织设计不合理，组织的部门设置和功能定义不清楚导致的。

而更令人沮丧的问题在于，许多企业的组织是自然发展的，他们并没有对这些职能部门进行清晰的定位，这或许表明，他们没有清晰的管理需求，没有花费精力思考和设计相应的组织结构，是效率优先而选择分权，还是决策质量优先而选择参谋型或集权。更或许这些问题并未被意识到，也并未被讨论到。

例如，从组织发展过程看，由于一些参谋型的职能部门最早并非是必须设立的，因此他们的存在也常常容易受到质疑。换言之，既然他们的工作内容不是直接服务于客户的订单交付的，那么，他们的工作是否有意义？他们的工作存在什么样的价值？他们的工作做得好吗？什么样的工作算做得好？什么样的工作算做得不好？这常常导致组织中许多人从不同角度对这些部门提出有效性的质疑。因此，这些部门工作的重要性，他们工作存在的价值，他们在整个公司中的定位，都很容易存在模糊不清的尴尬局面，更别提让这些部门发挥作用了。在企业的成长期，这种缺乏清晰定位的组织难以支持企业持续的高速发展。

当这些部门自然而然地出现在企业中，并逐渐发挥专业领域的不同的影响力时，它们就以不同的方式，也不同程度地、或好或不好地影响着整个企业。

如果职能部门角色定位模糊，则容易丧失其应有的功能。如果配置了角色模糊的职能部门或者参谋部门的人员，但却并未把他们定位于一种重要的参谋团队，没有把他们放到价值链的环节中，参与到价值链的各个环节，参与其中的问题和提出有效建议，没有让他们发挥出在专业领域方面的洞察力和影响力，那么，这种职能部门在事实上就变成了一种形式部门，仍然是以执行事务为主，并未发挥出其应有的价值。

同样地，从决策视角看，也可能存在角色的模糊。很少有企业把职能部门定义成公司的经营负责部门。但如果未对组织的发展和演变进行有意识的管控，职能部门可能会自发演化，当它们掌握了过多的未明确定义的决策权限却又不对经营结果负责时，则容易出现局部利益最优的却对公司整体不利的糟糕局面。

所以，为了让 U 型组织结构发挥作用，企业应重视不同组织形式产生的影响，明确各职能部门的角色和定位，明确其是分权决策者定位还是参谋角色的定位。考虑到实践中的组织总会存在一定的授权管理，因此，组织结构也可以介于职能分权型和直线参谋型之间。有些能够明确授权的权力授予了职能部门的负责人，有些重要的权限则保留在决策中心，但要求职能部门发挥出参谋的作用。

按照这种策略来进行 U 型组织结构的设计，需要企业的决策者在事务分类、工作流程、管理机制等方面进行相应的系统设计。例如，决策者应明确组织中的集分权策略，明确定义职能部门的职责分工和权力划分，在具体的事务上分门别类地识别它们应该承接的事务，明确它们在什么情境下应该扮演什么角色。并且，这种明确定义的分工与权限，应该变成整个组织的广泛认知的实际的责权利结构，成为整个组织工作中实际执行的工作模式。这样，U 型的组织结构才能发挥出真正的作用。

第二节　财务职能的情境战略

一、财务如何创造价值

1. 财务职能概述

(1) 典型的财务分析。

虽然有许多书籍和媒体都表明财务应该作为决策的支持者这样的观点，但是在实践中，财务部门的角色在大多数时候都不够清晰，而且，对于大多数人甚至是财务从业人员自身而言，支持者究竟是怎样的角色，也常常是不够清晰的。

为了更好地了解财务活动如何对业务起到支撑作用，我们先考虑一种典型的案例情境。

如果有某个客户委托企业研发某个产品，在沟通清楚期望的产品功能和性能规格及相关的各种要求后，客户通常会问一个重要的问题：按照要求研发的产品，价格是多少？

如果这个产品与企业原有的产品非常相似，而且原有的产品已经处于稳定交付状态，财务部门可以查询原有产品的各种会计数据，包括原材料和零部件成本、生产成本、研发费用、管理费用分摊等各种成本结构，并将这些数据提供给营销部门作为参考。如果客户需求是某种无形的产品如某种技术方案，也与企业曾经实施过的其他某个技术方案，在技术难度、复杂度、交付工作量等方面都非常一致，财务部门也可将原有方案的成本结构提供给营销部门。营销部门则基于这些信息继续与客户协商价格。在这种情形下，财务部门扮演的是历史数据的提供者角色，它们主要是基于历史记录的会计信息，提供业务部门需要的信息。

如果客户委托研发的是全新的产品。在未来销量方面，客户只能给出模糊的几种可能，在研发方面，研发人员只能大致推断其工作原理是可以实现的，在交付方面，生产、技术、品质等人员只能推断其大致的工艺过程和管控思路。在这种情况下，诸多的不确定性使得产品的价格估算就变得非常困难。

为了决定是否能够接受客户的委托，营销部门希望财务部门能够提供更加深入的分析与支持。例如，与营销部门协同，结合客户的销售预测，以及营销部门额外调研的市场数据和竞争对手信息，评估产品未来的潜在销售收入；与研发部门协同，基于研发部门的技术掌握、原材料和零部件、工作量、时间等信息，评估研发过程中的各种投入费用和产品成本；与生产部门协同，结合可能需要的设备投入、加工难度、可能存在的损耗等，评估产品的生产成本。

除了这些不同的分析外，财务还可能需要分析研发投入以及研发周期中所产生的资金成本、未来销售可能的消费费用、对新产品的管理费用等。为了决定价格，还需要考虑企业自身对利润的需求，对客户的重要性进行判断。为了评估投资收益，还要分析回收的周期、产品的盈亏平衡等。这些众多因素可能存在互相影响，例如，成本影响价格、价格影响销量、销量影响规模化的平均成本。

在实际的经营过程中，要回答上述案例中的客户问题，便需要决策者在这些诸多的因素及其组合中进行分析并做出选择。如果财务参与了整个分析过程，对其中的典型因素及可能都进行分析和提供建议，既分析已有的历史数据，又分析各种经营可能的未来推断，运用他们在财务分析和投资分析方面的专业知识，为决策者提供全面的建议，便扮演了参谋的角色。如果决策者在一定程度上授权给财务人员，他们便也扮演了分权范围的决策者角色。

（2）实践中业财融合的演变。

由于企业的经营活动的重要目标就是盈利，对经营中的业务机会进行财务视角的分析和判断，是典型的经营活动。也就是说，业务活动与财务活动应该紧密结合在一起。人们也常把这种紧密配合的状态称为“业财融合”。

然而，在实践中，许多企业的业务部门与财务部门都很难达到“业财融合”的状态，它们的工作活动也是分离的。例如，上述案例中的业务场景非常普遍，几乎每个企业的日常营销活动中都存在，但是，财务部门却很少能够处理这种场景下的实际问题。特别是在一些中小型的企业中，财务人员几乎只能提供一些已有记录的历史数据，而对于新产品、新机会所需的各种分析和判断则很少参与，也难以提供有用的建议或判断，是事实上的“业财分离”状态。

存在这种明显偏差的原因，很可能是企业在发展和分工的过程中，组织的演变未得到有效的控制而逐渐形成的。

在许多企业的早期的直线型组织结构中，创始人团队亲自参与到价值链中的主要环节，包括市场分析、客户谈判、产品规划、产品研发过程管控、产品交付等，他们也会从财务视角进行分析与改进，包括订单的价值、产品的销售利润、公司的支出水平、收支结构调整、增加投资、把握投资的投入数量和速度等。整个经营过程中，主要的业务活动和财务活动都是由同一个行动主体——同一个自然人承接、自我思考和融合处理的。其中，作为决策支持的财务活动是内化的，对外人而言是无法直接观察的。也就是说，决策者是下意识地运用各种业务信息和财务分析来提高经营中的各种决策水平的，是一种自觉的“业财融合”，参谋和决策是统一的。也就是说，“业财融合”的状态本来就是存在的。

随着组织的扩张和持续的分工，企业会逐渐分离出专职的财务团队。他们首先从分担日常的会计类、合规类的基础事务开始。财务团队成员因为各种原因（如未被定义、未被邀请或者未被授权）很少参与到业务活动中，很少与客户去沟通他们的真实需求，很少去了解业务，也很少去了解市场的发展趋势等。因此，在基于市场、面向客户、针对产品研发和实现过程等方面的信息收集、分析、预估、判断等方面的财务思考时，财务人员很少能够给出有效的建议。于是，就渐渐出现了业务与财务分离的现象。

“业财分离”的现象还会逐渐形成一种组织惯性。很多新进入职场的财务人员一直以来都仅仅参与和会计相关的工作，几乎没有机会参与和业财融合相关的分析工作，因此也无法扮演支持决策的参谋角色，他们既没有掌握必要的业务信息数据，也缺乏经验进行辅助业务的数据分析和判断，因此，也就难以提供对决策有意义的支持数据和意见。

久而久之，“业财分离”则成为许多企业里的一种标准模式。也就是说，财务部门在大多数情况下，最主要是从事会计工作而不是财务分析与建议工作。他们也没有建立起为决策提供支持的经营分析能力。无论是对业务本身的理解和洞察方面，还是在与各个领域的专业部门共同寻找模糊问题的解决方案的协调方面，他们的能力可能都没有真正建立起来。

可喜的是，越来越多的企业开始意识到“业财分离”的现象应被纠正，人们开始强调财务应该回归到本位，应该回归到“业财融合”的状态，为企业的决策者提供真正有价值的支撑，以不同的方式参与到企业的价值创造中。财务职能的这种内在功能与经营的关系是如此密切，因此，正如卢斯·班德（Ruth Bender）和凯斯·沃德（Keith Ward）指出的那样，公司的财务战略也可以认为是与更为具体的营销战略、运营战略的等同体[5]。

（3）财务部门的定位。

财务活动在许多方面都应发挥出价值创造的作用，但并非所有的财务人员都以同样的方式创造价值。因为不同的企业存在不同的产品、不同的投资类型和不同的增值路线，不同企业、不同岗位的财务人员在具体开展工作的时候，财务人员岗位的性质也是有所差别的。

在那些投资型的企业，那些主要是面向金融资产、有价证券进行投资管理的企业中，企业内部的财务专业人员，如股票经纪人、基金经理、集团投资中心的财务人员等，在运用财务知识的过程中，主要扮演的是一种“生产力”的角色，或者是“生产力团队”的业务决策者，而不是参谋的角色。他们的工作对象就是那些金融资产，他们的增值活动就是对这些金融资产的选择、分析、配置、跟踪和审计等工作。用价值链的观点看，他们直接在企业的价值创造活动的工作链条上开展工作，是金融产品的组织中价值链部门的成员之一。

还在一些财务类的服务型企业或机构中，也存在类似的情形。例如，会计师事务所、审计组织、财务咨询公司等机构中的财务人员，他们为客户提供的是一种财务专业上的知识和技能服务，组织通过他们提供的服务而获得收益。因此，这时，财务人员的生产力的特征也尤为明显，他们也是组织的价值链部门成员之一。

我们讨论的重点是作为支撑业务活动的财务部门。财务部门可能存在三种基本的角色定位：分担日常事务的执行者、参与业务经营的分权决策者、未决策者提供支持的参谋者。

按照分工提升效率的观点，企业分工出独立的财务部门应提升整个企业的经营效率。如果财务部门仅仅承担日常的执行事务，虽然也分担了经营者的压力，但经营者仍需亲自开展许多财务视角的分析活动，仍然面临专业壁垒的问题而难以高效率地开展。因此，这种定位的效率提升很有限。

财务从分担决策者的负担开始分离出来，本身并不能完全代替决策者。因为，即便在职能型组织结构中，作为部分分权的财务部门，也很少能直接掌握整个价值链的运营管理，也很少通晓各个链条中的业务活动和专业知识。而且，财务部门扮演分权决策者角色时，还可能会存在视野和能力的短缺，无法做出恰当的决策，而当其分权的边界未清晰定义时，还有可能带来经营的风险。

所以，财务部门主要扮演参谋者角色是更为合适的选择。他们深入参与到日常的价值链活动中，并充分运用自身的专业知识，为企业的决策者提供有效的建议。这时，决策者掌握价值链的全局视野，承担经营责任，他们的工作负担被不同的职能部门分担了，他们的不同领域的专业壁垒被相应的专业人才以参谋建议的方式弥补了。这时，整个组织才可能成为一种既具备统一指挥的集权管控效率，又具备专业深度的高决策质量的经济组织。这种情况下，组织分工带来的综合效能才是最大化的。

2. 开展典型的财务活动

既然企业的经营目标都是通过经济上的收益来实现的，作为一个经济组织成员，其获利的基础又需要通过先期的资金投资以及资金的运作而形成，因此，如何在这个过程中进行整体的、有效的管理，就是财务管理的基本问题。

财务管理的核心是对价值创造的全过程的管理[6]。在这个过程中，价值的核心体现为时间价值和风险价值，而这种价值是通过资金运动所产生的[7]，如图 6-4 所示。

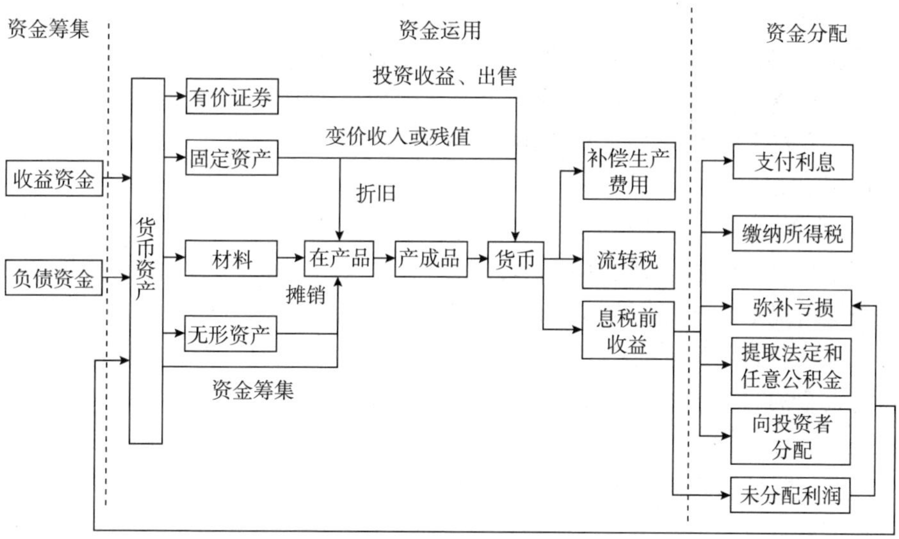

图 6-4　企业资金运动全过程

资料来源：刘娥平．企业财务管理［M］．北京：科学出版社，2009.

也就是说，财务管理就是对整个资金运动过程中的管理。如果把资金运动过程看作黑箱过程，财务管理就是对这个黑箱及其内部的子黑箱的管理。在黑箱的内部是各种影响经营绩效的因素，有一些因素是可理性识别的，有一些因素是依靠感性或直觉的。理性的因素，通常由分析者基于各类信息分析而获得。感性的因素，由决策者进行模糊的评估与判断。当财务人员能够将尽可能多的各种经营要素识别出来，并转化成经营所需要的建议时，就将更少的非理性因素留给了决策者，他们在做决策的时候便能以更高程度的理性进行决策。因此，就间接地帮助企业提高了整体的盈利水平，创造了价值。

（1）资金筹集。

首先，需要解决资金有无的问题。企业需要向那些投资方描绘自身的业务潜力和业务价值，让他们看到本企业业务是有利可图的。这个过程不可缺少由财务人员提供的专业的财务分析和规划建议。

其次，企业需要解决资金的结构问题，不同的资金结构则会带来不同的投资效率。企业可以考虑一项典型的投资项目，一项投入 100 元并预期可以获得 20%的利润，即 20 元的投资项目。这可能会存在 3 种典型的资金结构方案：

1）全部采用自有资金来完成这些投资，获得相应的资本收益率为 20%，与项目收益率一致。但这要求自己拥有足够的资金储备才能完成相应的投资项目。

2）采用部分自有资金和部分融资的方式。例如，采用自有资金 50 元和通过 5%融资利率借入资金 50 元。我们的融资成本需要 2.5 元，获得利润扣除融资成本以后还有 17.5 元的净利润。此时，17.5 元的净利润相对于我们自有资金 50 元而言，自有资本收益率为 17.5÷50＝35%，远远高于项目的 20%的利润率，也高于全部自有资金时的资本收益率 20%。这就是在资金的来源结构上的差别产生的杠杆作用。

3）全部采用融资借入。例如，通过 5%融资利率来借入这 100 元，在 20 元的利润中扣除 5 元的融资利率成本，我们仍然可以获得 15 元的净利润。这时，这种极端情况下的杠杆将自有资金收益率放大到无限大。

如果项目实际是亏损的，按同样方法计算就可以发现，投资杠杆作用也会放大自有资金的亏损水平。也就是说，项目的投资回报率的高低、项目获利的概率和风险、资金结构中的杠杆率等因素，都会对自有资金回报率产生直接影响。

因此，设法获得充裕的资金来源，确定自有资金与融资资金的比例结构，选择合适的融资资金的负债率，使得资金结构安排既能最大化地获取潜在收益，又能更好地规避潜在的风险，是财务管理的基本的功能。

（2）资金运用。

对资金进行合理的运用则是企业作为一个经营主体时最主要的财务活动，也是覆盖周期最长、覆盖面最广的财务活动。通俗地说，就是把钱花在哪儿了。例如，花在企业的厂房基础设施上、生产设施生产设备上、产品存货上、人员安排上、与客户维护更好的客户关系上等。

财务视角需要思考的是，如何花钱能保证资金链不中断？把钱花在哪里能够产生更好的资金利用率，带来更好的资本回报率？前者也叫资金连贯性的安全目标，就是要保证企业的日常经营的运转的平稳性。后者则是不断提升经营效率的关键思考，许多财务分析的思考都基于此而不断展开和挖掘。例如：

从成本结构看，企业的主营成本、营销费用、研发费用、管理费用、财务费用等分别处于什么水平，结构是否合理，与同行相比是否具有竞争力，如何调整有助于更好地经营；从资产结构看，固定资产、流动资产、金融资产、实物资产、无形资产等各种资产的规模是否合理，结构是否合理，与同行相比是否具有竞争力，应如何调整；从经营活动看，分别在市场分析、客户需求定义、产品研发、产品实现与产品交付、售后服务等方面的资金投入是否合理，与公司的战略计划是否匹配，是否能获得客户的满意；从产品形态看，在产品、原材料、半成品、成品、呆滞等不同类别的库存资金数量如何，各自的结构是否合理，周转的速度是否具有竞争力；等等。正因为这些不同的资金运用都可能导致不同的资金运用价值，所以，财务管理也被称为价值管理。

（3）资金分配。

资金分配实质上是对经营收益的一种安排。由于企业的经营是一种持续的循环过程，因此，一种常见的观点是，对经营中的收益安排，既要适当地在当前分配给不同的利益相关方，也要留好足够的盈余，为企业未来发展保留必要的资金储备，从而进入下一轮的资金运动过程。后者也可看作另一种意义上的资金的运用。

对利益相关方的资金分配常常包括税收、债务或利息、法规规定的留存公积金等方面的安排，这些安排也应有利于企业的长远发展。例如，通过一些合理合法的避税，让企业最终保留的股东权益能够得到最大化的配置。通过对债务的本金和利息的合理安排，对债务结构进行调整，使得企业的经营杠杆处于更加合理的水平。

更深层次的内容则在于组织内部的利益相关者的分配。例如，股东的股息、股权收益的分配是否能够提高股东满意水平；员工的分配和激励水平是否能够让员工有更好的工作积极性；对客户或者供应商的一些相应的鼓励和回馈是否能够获得更好的企业间合作关系；等等。这些内容对投资方、经营者团队、执行团队、合作方等都会产生影响，影响他们与企业共同发展的长远意愿。虽然这些的分配决定大多是由公司的投资方、决策者或者一些业务领域的关键岗位所牵头设计和安排的，但这仍然是我们在资金分配的主题上讨论的重要内容，因为我们讨论的是财务管理应有的活动而非财务部门的活动。

（4）价值计量

为了让财务人员对资金运动的整个过程提供具有增值效率的有效建议，企业就必须具备对资金运动过程中的各类信息进行价值计量的能力。传统的财务三大报表——资产负债表、现金流量表和利润表都是基于各类计量数据而编制的。

然而，从内部的经营管理看，还有许多与经营活动相关的价值难以计量。例如：

某个企业考虑两张同样合同金额的订单，其中，一张订单的账面利润较高，但客户是一个潜在的竞争对手，另一张订单是一个重要的大客户在一个全新领域的新产品订单，但是目前没有太大的经济规模。那么，如何比较这两张订单的价值？如果企业的现有资源只能履行其中一张订单，如何选择？

某个企业准备进行生产设施建设或改造，有三个备选项目：①对一个老产品的生产线进行改造，因为产品虽然处在生命周期末期，但规模尚为可观；②建设某个有技术领先优势的新产品的生产线，业内都认为该产品代表了行业趋势，但目前仍在导入期；③为某个客户建设一条专用的生产线，需应客户要求签订排他协议。那么，如何比较这三个项目各自的投资价值？如果同一笔预算职能选择其中一个项目，如何选择？

某个企业新开发出某种复杂的产品，投向市场获得了成功。这一过程中，主要由销售团队、研发团队、生产团队参与其中，共同完成。如何比较他们在这个项目中创造的经济价值？如果要为他们设计一项激励政策，与他们各自的贡献水平相关联，应如何设计？

上述例子在实际的工作中很常见。传统的基于会计的方式很难回答这些问题。如果企业内部没有人对这些问题进行价值分析，则难以做出最适合企业自身的决策。然而，这些问题却没有标准答案，因为具体的价值计量与每个企业内部的具体情境高度关联。

为了结合企业的情境回答这些问题，至少要求财务人员能够熟悉企业的经营过程，熟悉资金在企业内部的运动过程，熟悉各类具体的经营活动与资金运动之间的关联关系，以及它们各自影响资金增值的方式等。同时，也可以引入更多的管理会计方法，为企业内部设定更多的管理计量规则。

二、情境战略

1. 导入期

导入期的许多企业都是由企业的创始人来承担主要的财务参谋的功能的。他们自己既是财务的参谋者又是经营的决策者，两种角色集合在一起，能够在各种议题上充分思考，无缝交流，可以说是一种高度的“业财融合”状态。但是，这种状态也有一个明显不足，就是没有真正的独立参谋功能，没有一个独立的个体来为决策者提供独立的参谋意见。这种独立意见的缺失也可能会导致决策者的意见缺乏必要的理性基础。

导入期的企业容易过度乐观，对很多商业项目的价值评估想象得过于美好，把一些利润不足的项目评估为利润非常丰厚的项目，把销量有限的项目评估为长久畅销的项目，把一些可能并不受市场认可的项目评估为会受到市场的热捧，等等。无论评估的结果怎样，这个时候，创始人团队都是接受了自己的参谋意见。因此，在第三方参谋缺失的情况下，企业的决策者应思考如何让自己能够保持客观的视角，时刻保持对机会、项目、事务的反复斟酌和审视的辩证的思考习惯。

导入期的企业存在经营的不确定性，因此，应特别关注资金的安全储备问题。例如，公司的有限的资金和有限的现金收入，在确保安全底线的情况下，能够维持多长时间？这种支出的水平是否是可控制的？是否是可接受的？尤其是当企业超前于行业的发展，整个行业都还处于导入期的状态的时候，形势往往没有我们想象中的那么乐观，那么，我们所需要储备的资金，应该让我们有充足的生存能力和生存的延续时间。

这也同时表明，导入期的企业还应保证在融资方面的活动投入，例如，进行更加充分的商业可行性评估、编写更为周全的商业计划书、与投资人保持密切的关系等。

从资金运用的视角看，为了避免过于乐观导致的盲目投入，导入期的企业的决策者也应试着建立项目投入的决策标准，作为自己投入资金运用的基本依据。由于这个时期的项目机会通常不会太多，有些项目虽然从财务角度来评估的财务收益较低或者潜在风险比较高，但是由于机会稀缺，企业创始人往往难以舍弃这种项目机会，可是，如果过于勉强地争取这种机会则有可能会把公司拉入一种财务的泥潭。因此，设立明确的项目决策标准，明确定义否决的财务条件，包括是否满足基本的收益率要求、是否存在过高过多的不可控的风险因素、是否超出自身财务实力等，都是这个阶段的重要举措。

2. 成长期

当企业快速增长时，业务量的增大则意味着企业对资金的需求数量也越来越大。仅仅依靠早期投资方的资本投入常常很难满足这种日益增长的资金需求。因此，能够获得更多的资金来源，形成更为合理的资产负债结构，也是企业的一些关键的财务能力。由创始人团队扮演的财务团队也应积极开展这些事务，逐渐与一些投资机构、银行或者一些民间投资方建立起融资关系，逐渐搭建商业上的联盟关系。企业在资产配置、负债率的杠杆效应、业务的前景分析、业务价值评估等方面的能力，将在很大程度上影响其筹集资本活动的成效。

随着账务的工作量越来越大，企业会逐渐分离出一个专门的会计团队。企业应为他们设计合适的职责上的分工与衔接。例如，作为日常事务的分担者，他们需采集必要的各种数据、科目分类信息，按标准的格式模板提供，然后按照财务分析的要求，把这些数据源定期提交，供财务的分析者也就是创始人团队来使用。

一些更好的做法则是开始将财务分析的功能也逐渐向会计团队进行转移，通过重新配置会计团队的人员结构，增加经营所需要的财务人员、经营管理人员等，打造一个真正的财务管理团队。让他们参与到价值链的业务活动中，或至少参与到其中的一些关键环节中，让他们学习和理解“业财融合”的理念，逐渐开始扮演支持决策的参谋者的角色。

同时，在基本的会计数据的基础上，企业应逐渐建立基于业务特征的、业务活动的计量能力。例如，获得一个单一的客户的综合成本是多少？研发一项产品的综合投入是多少？完成一项产品的交付，从组织资源到最终销售最终产出，所负担的成本是多少？

随着这种模式逐渐成形，企业便慢慢开始形成事实上的直线参谋型组织结构，并逐渐开始发挥出应有的一些功能。企业在面对日益扩大的销售规模、人员团队的时候，创始人可以适当地向下授权，将一些非重点的产品或一些非重点的客户，或者某一些组合的客户、销售人员、产品等，转交给财务团队来进行前置的分析、判断和建议工作，最终由决策者来进行一种复查式的审核和最终决策。由此，则逐渐形成了一定程度的分权结构的更为平衡的参谋型组织。这时的适度授权能使公司的决策层的决策能力、决策容量都成倍地增加，能够处理越来越多的财务决策事务。

然而，直线参谋型的组织中，参谋者的角色介于决策和执行者之间，并且存在一定的角色模糊性。要让这种组织真正发挥出相应的功能，就需要妥善处理三种角色之间的关系。组织应寻求一定的机制，设法让决策者和执行者团队都能够熟知其中的财务参谋功能团队，并且也要能够适应这个参谋团队对他们的促进和促退的双重建议功能。

并且，参谋团队自身也需要付出相应的努力。参谋团队要想获得价值链团队的支持，自身就必须能够在许多具体的事务上给价值链的业务团队提供有效的帮助，而不仅仅是给人造成一种拖后腿式的促退或控制。例如，对某些项目的商业机会盈利的审查，并不能简单地告诉他们说商业机会不可行的结论，而必须同时告诉他们，在财务的视角看，还可找出别的方法来提高可行性，通过诸如调整产品的组合、功能、价格，或者调整投资的收益结构，甚至调整与客户的合同关系、合同的责任条款等方面的策略或安排，让不盈利的项目转变成盈利的可行项目。

如果财务部门的参谋者团队能够以这种方式去支持价值链团队，让他们知道，介于中间的参谋角色也是一个能够增值的促进部门，这样才更可能被决策者和执行者都真正认可。这种参谋团队则会被公司的决策层以及公司的业务层都很好地接受和认可。这样，就使得企业在决策者、参谋者、执行者等角色分离以后，仍能真正实现业务功能和财务功能的有机融合。

3. 成熟期

到了成熟期，随着参谋团队的控制功能或促退功能的不断强化，参谋团队与价值链团队之间的互相质疑越来越多，双方越来越需要通过提供充分的依据来论证自身的观点。从外部原因看，由于行业越来越成熟，行业成长率和收益率的不断放缓甚至下降，导致了财务视角对很多项目机会的担忧。从内部视角看，企业自身的效率提升逐渐遇到瓶颈，边际效益越来越低，难以总是保持对各种商业机会的积极扩张。这些原因都使得许多商机或项目难以达到财务的基本要求而被财务的参谋者提出否定的意见，因而加剧了双方的对立情绪。

造成这种现象的原因之一是掌握着越来越多话语权的财务人员的经验结构的不足。即便大多数的财务人员能够很好地理解“业财融合”的理念，并且能较好地与业务团队进行协同工作，他们也终究没有处在创始人的位置，没有主导过整个企业从无到有的发展过程，实际上，很少有人具备这种亲身的实际体验。这种经历上的差别，会导致财务人员对于一些商业机会的洞察和判断存在差异。他们在某些方面会存在某种程度的盲区，很难完全站在公司的创始人团队、决策者的立场来全局性地看待问题。虽然他们有基于数据来进行决策的潜在特性，但却容易忽略那些远期的非财务的信息的额外因素。

所以，为了保持双方的良性的协作关系，“业财融合”的模式也需要进一步优化和调整。例如，财务人员与业务人员之间的合作关系应该进一步公开化、透明化，逐渐形成比较清晰的规则。参谋者应在这样的基础上来对业务活动进行有序的、合理的评估和建议，无论他们的评估和建议是支持业务的还是阻止业务的。

成熟期的企业还应避免基于财务指标的短期主义。因为，这个阶段的企业，在面对商业机会时，可能常常设立较高的收益的期望，组织的短期财务指标的权重可能会被设置得过高，而对长期的指标则重视不足，特别是当企业开始聚焦打造自身核心竞争力的情况下，在一个相对较长的时间内，这方面的投入一直都是作为负资产而存在的。虽然这种负资产也是一种投资，但是在相当长的一段时间内都不能带来非常清晰的、可衡量的业绩，这种数据体现在财务指标上则会反映为投资回报不佳的财务项目。所以，如果是基于财务指标，或者将财务指标赋予了过高的权重，这些项目可能难以通过审批，也就导致培养核心竞争力的项目无法得到持续的财务支持。这也是人们常说的 KPI 的形式主义，或者说过度的绩效主义。

企业也可以在公司层面设立一个战略调控的部门，这个部门拥有一种接近顶层决策者的较高的决策权限。他们可以对公司的战略型项目进行统一的评估和调度指挥，从而避免业务团队和财务参谋者过多地以短期的财务指标为由而做出短视的决策。

此外，财务的计量能力也应不断增强，应朝着产出的价值计量方面努力。例如，获得某个单一的客户在未来三年内的期望收益是多少？研发某项产品在未来三年内的期望收益是多少？完成一项产品的交付，从组织资源到最终销售和最终产出，做出的毛益率贡献是多少？等等。当组织能够分别对投入和产出的价值进行计量，并且能够共用资金维度的指标时，就能开始对各种经营活动的效率进行比较，从而开始帮助内部运作与管理方面的改善。

4. 衰退期

进入衰退期的企业常常面临较大的财务压力，因此也常有筹资的需求。特别是当衰退是资金短缺所引起的时，筹资能力对解决资金链断裂来说起着至关重要的作用。资金的运用和分配也需要进行更加合理的结构调整，缩减在不必要的低增值项目上的资金配置，减少资金闲置带来的资金资源的浪费，将更多的资源配置到有利于企业延长经营周期的项目或内容上。例如，在企业的留存公积金方面、核心骨干的鼓励上做出一定的倾斜，可能会有利于企业寻求业务上的新机会。

有些积极的企业也可能会考虑通过收购新的业务来进行转型。例如，某个卖方企业与我们企业现有业务相关度很高，同时又具备高成长性的团队，他们已经发展了一些优质的客户，有较好的获利机会，但他们急需资金或者因客观原因不得不变卖业务团队资产等，这些情况下的收购就是值得考虑的。但是，应采取谨慎的方式，因为如果执行了一项不成功的收购活动反而可能会加速企业的衰退过程。所以，企业更应该在企业成长和成熟的阶段就开始布局并购相关的活动。我们后面再讨论有关收购的主题。

企业也可能面临是否要缩减或退出现有经营范围的选择。在考虑缩减战略进行资产剥离时，要避免将一些中长期的潜力项目也纳入不良资产的范畴。例如，有些正在聚焦投入但尚未开始获利的项目，或是一些正在持续投入且需要长期坚持才能获得可观收益的项目，在缩减战略下，维持这些项目的持续投入才有可能通过一定时期的韬光养晦而获得新的发展。如果企业最后不得不考虑清算退出，也仍然面临现有资产估值的话题。企业仍应设法寻找那些对能更好地运用现有资产的潜在买家，这意味着企业能获得更好的残值评估，有机会在出售谈判中获得更好的交易条件。

第三节 人力资源管理职能的情境战略

一、人力资源如何创造价值

1. 人力资源及管理概述

（1）人力资源是关键的生产要素。

每个社会必须就经济的投入和产出做出选择。投入的另一个名称就是生产要素，一般可以把生产要素分为三种基本的范畴：土地、劳动和资本[8]。土地指的是自然资源，劳动则是指人们花费在生产过程中的时间和精力。

在农业社会，绝大部分的社会生产都是依赖于土地来完成的，而且在土地上的产出率水平很难明显提高，因此，更多的产品需求意味着需要更多的土地。但是，在土地分封的封建时代里，土地主要是通过皇权、贵族、官员的分封或者是世袭而获得，因此，这种土地资源的流通性并不强，具有封闭的特征，可以说，土地是最重要的生产要素。

而到了工业社会以后，随着工业化进程的不断发展，社会的劳动生产率越来越高，在有限的土地上可以获得越来越多的经济产出。而这些更高的经济生产活动中逐渐催生了一些大型的企业，需要越来越多的资金投入，慢慢形成了一些资金密集型的行业。因此，资本要素的重要性日益凸显。

在中国改革开放以来的几十年里，由于原来的经济基础非常薄弱，整个社会资金匮乏，在发展制造业、引进外资、引进技术等方面的需求也非常迫切。因此，资本要素也几乎是最重要的生产要素。

随着社会的经济、文化、技术等的不断发展，人们逐渐发现，土地和资本本身并不会自动增值，需要劳动要素参与进来以后，才能开展各种各样的生产活动，产生增值。因此，劳动要素的重要性也越来越被社会承认。

劳动作为一种生产要素，也是一种资源。拥有劳动能力的人才也可以被视为一种资源。一般来看，人力资源指的是整个经济社会中所有的劳动者，包括那些参与到经济组织的经营管理过程中的股东成员、投资方、管理者和普通员工等，只要他们在经济组织中承担了一部分的经营管理或与生产相关的活动，那么，他们都可以被认为是人力资源中的一部分。

由于社会生产是通过生产要素的投入来产生的，要想获得更多的产出，势必要求生产要素的投入越来越多。企业的经营目标是满足社会交易，并且让企业有更好的生存和发展，企业也希望投入更多的生产要素，并且获得更高的产出效率。劳动要素——人力资源，作为生产要素的重要部分，其规模和产出率水平也是影响着总产出的关键因素。因此，对劳动要素进行有序的管理，不断提升其产出率水平，就构成了人力资源管理的核心。

正如资本要素是通过资金的获得、运用和分配的运动过程来产生价值创造一样，劳动要素也可以通过人力资源的获得和运用的过程来创造价值。通俗地说，就是为企业寻找到足够的人力资源，并让人力资源发挥出高效的产出率水平。

但是，不同的是，土地要素和资本要素可以脱离所有者而独立存在、单独流通，而劳动要素却不能。真正让知识和技能得以实际执行的是与之不可分割的自然人主体，只有通过他们的主观能动性，对自身拥有的知识和技能进行运用，才能让他们拥有的知识和技能真正用于生产性活动。正如德鲁克说的那样，劳动者的智慧和技能通常是难以从外部进行观察的，必须通过人员内在的力量来推动[9]。因此，人力资源管理者必然结合人力资源这种生产要素的实际特点，寻求提升要素生产力的管理方式。

相应地，如果企业能比竞争对手更好地管理自身的人力资源，则能够为企业带来竞争优势。人力资源优势（Human Resource Advantage）理论认为，由于人力资源具备资源基础理论描述的四个特征，即稀缺性、价值性、难以模仿和替代性、难以移动性，如果组织能够对人力资源进行有序的管理，就能获得人力资源带来的资源优势。这种资源的优势体现在存量优势和整合优势两方面[9]。存量的优势，即企业获得并拥有的人力资源的规模，以及其内在结构的优势。整合优势就是通过对人力资源整合带来的竞争优势。相当于充分发挥存量资源的作用。例如，能良好地处理各种成员关系和协作问题，让组织能有效地运作，让拥有人力资源的劳动者，能够有效地运用他们自身的知识和技能，越来越高效地投入到生产性的活动中，获得越来越高的经济增长水平。

（2）人力资源的管理者。

人力资源管理职能也像财务职能一样，面临功能的统一与角色的分离的问题，企业的早期由决策者在事实上对企业的人力资源进行管理，虽然，他们的管理活动在大多数时候都是脱离书面文字的，是通过面对面的、口头的、凭借经验和印象等方式开展的，但是，他们的确是在做这些事情。

然而，随着组织的分工慢慢出现人力资源管理部门以后，人力资源管理部门并非完全承接了所有的人力资源管理职能，有些职能仍应由决策者负责。但是，由于职责定义清晰度不足，组织可能存在角色模糊的问题，人力资源管理部门并未真正扮演好其职能角色，而组织的决策者也存在不同的认知，从而带来同样的执行者、决策者、参谋者等角色之间的角色矛盾和协同困难。

从生产要素的视角看，要充分发挥生产要素的作用，就需要由直接对生产要素进行整合的人员来对要素进行管理。他们可能是企业的经营决策者，也可能是价值链的部门负责人，也可能是各种职能部门的负责人。为了方便讨论，我们此处将除人力资源管理部门以外的其他部门的管理者，包括企业的经营决策者，暂时简称为业务部门管理者。

也就是说，在实际分工中，业务部门管理者应该对其管辖的人力资源——组织成员进行有序的管理。因为，他们只有肩负起对生产要素的管理责任，关注要素的规模、结构、运用等各方面特征及其运用，才有可能实现相应的产出目标。

然而，业务部门管理者，一方面自己存在业务事务的负担，另一方面存在专业壁垒，因此也无法充分掌握人力资源管理领域的相关理论和方法，他们主要是基于自己的实践经验来管理的。反之，人力资源管理部门，虽然掌握更多的关于人力资源的管理理论和方法，但对实际的经营活动、价值链活动以及许多专业领域的职能活动的了解也较为有限，因此也就难以清楚地了解各部门的团队人员——人力资源的实际能力和表现。

也就是说，由于各自的知识和技能的缺失，业务部门管理者，以及人力资源管理部门的专业人员，各自都无法单方面地承担起组织的人力资源——劳动要素的管理责任。

他们双方应该将各自的经验和知识，通过互补的方式，以联合的方式共同承担。他们各自应从不同的视角来对组织的人员进行管理，帮助其开发潜能，促使其发挥出高效的工作积极性。在这种模式下，人力资源部门就变成业务部门重要的合作伙伴，真正地成为能够帮助业务部门提升产出率水平的重要的参谋部门。

通过在事务方面、战略方面、价值观方面、制度方面的努力，人力资源管理部门可以帮助企业消除战略执行中的一些障碍[3]。例如：

事务方面，人力资源管理部门分担了业务部门管理者的时间和精力，让他们得以集中精力从事那些关键性的活动。因此，人力资源管理的日常事务，与其他领域的组织分工一样，能够提升整个组织的综合效率。

战略方面，人力资源管理部门协助业务部门，基于企业的战略目标，将战略目标分解为不同的组织成员的工作任务和计划，并且通过组织的协同，使得组织在分工的基础上仍能保持足够的团队作战能力，能够进一步提升组织的人力资源工作效率，形成更高的要素投入回报率，更好地支撑企业目标的实现。

价值观和制度方面，人力资源管理者能够帮助企业传播企业的价值理念，塑造一种适当的企业文化，并体现在日常的管理制度和行为规范之中。通过价值观的传播，对整个组织的人力资源形成一种辐射型的场效应，指引组织的努力方向和工作方式，潜在地影响组织的经营效率。

2. 开展典型的人力资源管理活动

（1）获得人力资源要素。

获得人力资源就是为企业组织和寻找到需要的劳动要素，通俗地说，就是为企业找到需要的人。由于获得人力资源以及后续使用这些资源的时候，都存在成本，如果获得的人力资源是不合适的，一方面，将造成人力资源成本的浪费，另一方面，人力资源也无法为企业带来足够的竞争优势。因此，获得恰当的人力资源要素的前提是恰当地识别企业的人力资源需求。

企业对人力资源的需求通常包括数量方面的需求、能力方面的需求、结构方面的需求等。例如，从数量看，企业需要多少人员；从分工看，各种专业需要多少人，不同专业之间的人员比例是否合理；从能力看，他们需要掌握哪些领域的工作技能、达到什么样的技能水平；从年龄看，不同年龄结构的人员的分配比例又是否是合理的；从经验看，工作经验的丰富程度不同的人员比例是否合理；等等。总体而言，整个企业的人力资源组合，既要能满足企业的生产需求，又应该达到一种成本与效率的最优水平。

然而，要清楚地回答企业的人力资源需求却存在很多困难。大部分业务部门对这些问题通常只有经验上的感知，他们大多也只能粗略地回答其中的一些问题。例如，他们所在的部门完成某些工作需要多少人员？他们应该掌握哪些专业的知识与技能？掌握不同知识和技能的人需要多少？等等。并且，他们的观点总体而言是碎片化的、局部的，不同的业务部门管理者之间的意见也可能是不一致的，难以系统性地支撑企业的人力资源需求。

因此，人力资源管理部门需要运用他们在人力资源管理方面的专业知识与技能，从企业的经营目标出发，分析公司业务发展的趋势，理解企业的战略意图，理解企业战略对人力资源的要求，理解现有的组织结构与分工、岗位工作内容等，从内部对企业进行充分的调查和分析。同时，人力资源还需要进行外部调查，收集各种有利于明确企业自身人力资源需求的各种信息。例如，环境中的人力资源供给情况，政策法规对企业人力资源的管理要求，行业成功要素中对人力资源的基本要求，同行业的竞争对手的人力资源的配置包括数量、技能、结构等方面的信息。

此外，由于人力资源是由劳动者拥有的某种能力，因此，人力资源管理者还有必要对劳动者本身进行充分的调查分析。例如，人才市场的供给结构是怎样的，影响供给关系的因素有哪些，劳动者自身对工作的需求是怎样的，他们的需求又受到哪些因素的影响，当诸如教育、年龄、收入等因素发生变化时，供给结构或人才的需求又将发生怎样的变化，等等。

进一步来看，企业需要的人力资源要素实际上是劳动者创造价值的能力。按照一般的经验结构来看，这种能力至少可以区分为执行工作的能力和执行工作的意愿。通俗地说，就是“德才兼备”的素质结构。所谓的“德”，并不能简单地理解为道德的德（但这也同样重要），而是指在工作的积极性、工作的热情、工作的主动性、工作时与他人共同配合协作、对工作结果的关注度、对工作质量的追求、面对工作中的逆境处理方式等方面都表现出一种积极的状态。这种状态常常受到个人的世界观、人生观、价值观以及个人的性格特征等方面的影响，是一种内在的心理特征。

所谓的“才”，就是对应于每一项工作所需要的那些知识、技能、技巧，甚至相应的工作经验等。每一项工作都有不同的分工，因此每一项分工所要求的工作技能都有所不同，需要的能力结构也不同。人力资源管理者有必要针对每项工作的分工，识别工作本身的需求，并识别出他们期望劳动者所掌握的能力结构，还可以与市场上掌握同样能力结构的人员进行比较。在某些必要的情况下，例如供不应求时，也可能需要基于可获得的人才来调整企业内部的岗位分工。

人力资源管理者正是通过这种德才兼备的结构来挑选适应于企业发展的各种人才。这些人才的集合就构成了企业真正的劳动要素。我们在第十二章还会进一步讨论素质结构的话题。

通过与业务部门的充分的沟通和交流，对外部信息、内部信息、劳动者信息等多方面的信息进行充分的整合，并且充分地定义组织需要的各种工作分工与岗位，明确每一个岗位所需要的劳动者的素质结构的要求，组织便有可能较为系统和全面地了解适合企业发展的人力资源需求，形成企业的人力资源需求规划，回答诸如人力资源需求的数量要求、能力要求、结构性要求等基本问题。

企业要获得人力资源要素，就需要在人力资源整体规划的基础上，将规划有效地执行。这大部分对应了企业的寻聘活动。寻聘活动大多以面向个体的方式展开，因此，许多具体的工作都体现在获得候选人的信息、对候选人进行筛选、设法吸引原候选人参与到本企业等一些基本活动中。

在获得候选人信息方面，企业通常需要通过各种各样的途径和信息，识别那些潜在的候选人信息并与他们取得联系。对于有些稀缺的人才来说，寻找他们并取得联系，甚至比寻找客户并建立起合作关系还要困难，因此，人力资源管理者在建立信息渠道、与候选人建立起友好关系方面，都需要必要的投入，不能简单地停留在人才市场或网络招聘等便捷的平台，而应根据候选人的特征，搭建起符合的信息系统。

筛选人才的核心依据仍然是“德才兼备”的框架结构。这通常需要人力资源管理者发展出一些相应的评测工具或方法。例如，对“才”的评测，可以采用那些相应的专业知识或技能测试，以符合行业经验的等级要求对人才的能力水平进行评价；对“德”的评测，可以借助一些深层次的行为特征、性格特征、心理因素分析、职业兴趣等方面的方法进行评估。考虑到许多评估内容都难以保证足够的评测精度，许多评测内容还有必要进行跟踪观察。对于有些难以评估的内容，如候选人的价值观，也需要通过持续的行为观察，评估其与企业推崇的企业文化是否一致。

在吸引人才方面，企业也需要做出相应的努力。企业需要了解候选人对工作的需求，这也通常可以从侧面体现企业的岗位分工是否合理；了解他们对工作环境的需求，有些诸如工作条件、办公环境、办公氛围等方面的需求，有时并不能由人力资源管理部门单独实现，但是他们仍然有必要推动这些方面的持续改进；了解他们对薪酬的要求，这常常也是企业薪酬设计、价值分配的重要的市场信息来源，例如，那些越是掌握着丰富经验、卓越技能的稀缺人才，对薪酬方面的要求可能也会更高，企业为了保证对他们有足够的吸引力，就需要不断改善企业对人才的吸引力的综合条件。

（2）发挥人力资源要素的作用。

要充分发挥人力资源的作用，就是让他们发挥出更高的产出率水平。通俗地说，就是如何让企业的员工在企业中充分发挥出他的工作能动性，为企业创造出更大的价值。

从微观视角看，每一个员工的工作过程都是从接受任务开始的，因此，从任务安排开始，就应该被纳入管理的视野。例如，为员工安排的任务，应该是与企业的总体经营目标存在某种程度的关联的，员工的任务完成得好坏，应该与企业的经营目标存在某种程度的正相关，所以，他的任务应该是企业的目标通过层层分解，通过上下的交互沟通，逐渐形成合理的任务集合的一部分。

企业的阶段经营目标、业务模式、经营战略、工作重点可能都会出现动态的变化，因此，员工的任务也需要相应地跟着调整。有的时候，组织的变化可能会涉及部门组织分工的重新调整和工作流程的重新优化，因此，员工的任务也可能面临较大的调整。

从宏观视角看，如果考虑整个组织的任务分配，部门与部门之间、员工与员工之间的任务都存在相互之间的关联，甚至存在相互之间的影响，因此，组织基于战略层层分解到每一个员工的日常工作任务都应保持某种程度上的协同关系。当组织的人员规模很大时，这种目标分解系统就会极其复杂。实践中，无法在日常工作中随时进行这样的分解，因此，各级的管理人员在进行任务安排时，需要对这些任务之间的相互关联情况、依赖关系、轻重缓急等有全面的认识和理解，在其管辖范围内，设法保持任务的协同关系，做好任务的分配。

在任务执行过程中，有许多因素都可能会影响任务人员有效执行任务。例如，每个人的沟通与理解能力存在差别，上级与下级之间可能存在沟通和理解的偏差，这可能导致任务不能清晰地传递下去；企业的具体任务也会存在动态的变化，任务人员对于执行任务所需要的那些专业的知识和技能不可避免地存在某些不足，因此，管理者或相应的专家需要对他们进行相应的训练和指导，给予相应的帮助，或者组织一些覆盖面更宽的、面向中长期的发展空间和需要开展的那些知识和技能的培训；为了执行任务，他们可能还需要许多必要的相关资源、工具，但自身没有足够的权限调配这些资源，所以，需要管理者提供资源的支持。

还有一些因素是企业中的环境因素，虽然与单项任务的直接关联不大，但同样也会对任务的执行产生重要的影响。例如，公司的企业文化、公司的管理制度、公司对员工自身诉求的了解、对员工的薪酬安排、员工的福利待遇、员工的未来成长空间等，都可能会对员工的工作积极性产生影响。这些不同的影响因素中，有一些是以明文的管理制度的方式而存在的，还有一些是以日常行为惯例或者组织氛围的方式对员工产生影响的。人力资源管理部门有必要去识别那些影响员工积极工作的因素，并对其进行相应的管理和改善。我们在第十章将进一步讨论有关工作动机的主题。

为了提升人力资源的产出率，就必须对阶段性的产出率水平进行测量，分析其原因并寻找改进的方案。就像企业对资本要素需要建立起计量的方法一样，企业对人力资源要素投入的活动和产出也需要建立起相应的计量方法，这通常称为绩效评价以及相应的绩效管理。通常，绩效的评价可以考虑劳动者个体的业绩评价，以及面向某个组织、部门或团队的业绩评价。

在个人层面，绩效的评价通常对应到每个员工自身的工作成果。他们的成果有些是定量的，例如，销售人员的销售业绩；也有一些工作成果是难以衡量的，例如，销售人员与某个大客户的某项长期战略协议谈判取得了阶段性的进展。就业绩本身而言，这些不同的事项都可以表明员工的工作成绩。然而，这些不同的定性与定量的指标之间存在差异，使得在对不同劳动者的贡献大小进行横向比较时存在困难。例如，前两者之间的业绩评价哪一个贡献更大。如果这种评价方法存在明显的偏差，也会影响劳动者继续开展工作的积极性和工作热情。

组织、部门或团队的业绩评价，在定量评价方面的处境会略好一些，因为可以以团队总的产出作为评价依据。例如，销售部门的总的销售业绩、研发部门的总的研发成果数量、供应链部门的订单达成率、项目团队的项目达成率等。然而，有些追求精度的管理者也许会发现，这些业绩或许不全是由组织或劳动者掌握的劳动要素实现的，可能还有一些外部的环境因素、行业因素，内部的资本因素等，是所有要素共同发生作用而产生的业绩。因此，这也给组织或团队的绩效评价带来了困难。

也就是说，无论是面向个人的评价，还是面向组织、部门或团队的评价，都需要考虑众多的因素，应设法不断改善评价方法，提升评价的有效性，以更大程度地鼓励企业的人力资源开展工作的积极性，充分发挥他们的作用。

此外，由于人力资源的贡献测量存在“测不准”的现象，有许多因素都会影响实际的测量结论，因此，更加需要人力资源管理者投入更多的精力，寻找更多的方法，设计更为系统的评价机制，不断提升评价系统的公平性与合理性，更好地设计相关的激励政策与激励制度，从而尽可能地保证员工工作的积极性，让他们有更加充分的热情，运用他们的知识和技能，为企业创造更多的价值。

（3）高绩效工作系统。

从人力资源管理的实践看，获得人力资源要素、发挥人力资源要素的作用，两者之间并不是分离的，常常也会互相影响。例如，薪酬设计既影响员工的工作积极性，也会影响组织获得人力资源的难度；业绩评价的严格程度既能更好地反映劳动者的贡献差别，也可能会增加劳动者的工作压力而导致高的人员流动；等等。因此，人力资源的管理是一个整体的系统，需要管理者以全局的视野，在许多方面进行管理的改善和挖掘。

如果能够识别出由一些重点专题构成的人力资源管理实践组合，通过这些实践组合专题方面的综合运用，既能够更好地获得人力资源要素，又能够更好地发挥人力资源的作用，这种实践组合可称为最佳人力资源实践，也可称为高绩效工作系统（High Performance Work System，HPWS）。HPWS 就是为了获得企业更高的绩效水平，人力资源所必须要进行主动管理的那些一系列重要的人力资源管理活动所构成的一个系统[10]，也可以看作对劳动要素——人力资源进行管理的解决方案。这一概念也可认为与战略人力资源管理（Strategic Human Resource Management，SHRM）是相近的概念[11]，是 SHRM 的一个全新的研究方向，因为，能为企业创造持续竞争优势的是企业总体的人力资源管理系统[12]。

加里·德斯勒（Gary Dessler）认为，为了最大限度地开发员工的胜任力、敬业精神和能力，HPWS 应由一系列的人力资源政策和措施构成。在对一些低绩效和高绩效的比较中，高绩效的企业具有许多相似的特征[13]。例如，招募人员时严格甄选，对有经验的人员保证较多的培训，内部提拔，丰富的员工绩效反馈渠道，更多员工获得高的绩效激励，为员工配备更多的人力资源专家，更多地采用正规的人力资源规划等。在高绩效和低绩效的企业中，许多类似的特征都存在明显的差别，如表 6-1 所示。

表 6-1　高绩效和低绩效企业的人力资源管理活动比较

	低绩效企业的人力资源体系最差的10%（42家企业）	高绩效企业的人力资源体系最好的10%（43家企业）
人力资源体系的人力资源实践示例		
每个职位的合格求职者数目（招募）（人）	8. 24	36. 55
基于有效甄选测试的雇佣比例（%）	4. 26	29. 67
由内部员工填补的岗位比例（%）	34. 90	61. 46
包括招募、开发及一系列后续活动的正规人力资源规划的比例（%）	4. 79	46. 72
每一位新员工（工作时间少于1年）的培训时数（小时）	35. 02	116. 87
对有经验员工的培训时数（小时）	13. 40	72. 00
获得正规绩效评估的员工比例（%）	41. 31	95. 17
获得与其绩效相联系的绩效加薪或绩效薪酬的员工比例（%）	23. 36	87. 27
从多种渠道获得绩效反馈的员工比例（%）（360）	3. 90	51. 67
总薪酬的目标比例（市场率=50%）（%）	43. 03	58. 67
符合获得激励薪酬的员工比例（%）	27. 83	83. 56
低绩效与高绩效员工之间的激励薪酬的差异比例（%）	3. 62	6. 21
通常在自我管理或功能交叉的项目团队中工作的员工比例（%）	10. 64	42. 28
外包活动花费的人力资源预算的比例（如招募、福利、工资）（%）	13. 46	26. 24
每名人力资源专家的员工数目（人）	253. 88	139. 51
由工会合同所覆盖的符合要求的员工比例（%）	30. 00	8. 98
人力资源管理绩效		
员工流动性（%）	34. 09	20. 87
每名员工的销售额（美元）	158101	617576
由市场价值到账面价值	3. 64	11. 06

注：在“人力资源绩效”部分中的每一个变量取值均为1~6，其中：1=“完全没有”，6=“非常符合”。

资料来源：德斯勒，曾湘泉．人力资源管理：第10版·中国版［M］．北京：中国人民大学出版社，2006.

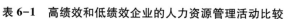

其他也有不少类似的观点。例如，布莱恩·贝克尔（Brian Becker）和巴

里·格哈特（Barry Gerhart）等比较了多项研究，整合了27项可能构成高绩效工作系统的实践措施，包括自我指导的工作团队、工作轮换、问题解决小组/质量圈、全面质量管理、收到或执行的建议、招聘标准或当前工作与学习、或有薪酬、身份障碍、为生产或监督和工程员工提供最初几周的培训、初始培训后每年的培训小时数、信息共享（如时事通信）、工作分析、从内部与外部招聘、态度调查、申诉程序、就业测试、正式绩效评估、晋升规则、选择率、对生产目标的反馈、冲突解决、工作设计、设施中熟练工人的百分比、控制范围、社交活动、平均总人工成本、福利与总人工成本占比[14]。马克·休塞里德（Mark A. Huselid）认为，人力资源管理实践活动的最佳组合是人员挑选、绩效评估、激励系统、工作分析、晋升系统、就业安全、信息共享、态度调查和员工参与管理等[15]。杰弗里·普费弗（Jeffrey Pfeffer）则提出了21种人力资源管理实践：如就业安全、招聘时的挑选、高工资、激励薪金、员工所有权、信息共享、参与和授权、团队和工作再设计、培训和技能开发、轮岗和交叉培训、缩小工资差别、内部晋升等[16]。詹姆斯·格思里（James P. Guthrie）研究得出的人力资源管理实践系统包括11个方面：内部提升、与资历相对的基于业绩的提升、基于技能的薪酬、基于团队收益或利润的薪酬、员工持股、员工参与计划、信息共享、员工态度调查、团队、交叉培训或交叉利用、面向未来的技能训练[17]。

可以看到，虽然，在关于HPWS的关键要素的构成方面还没有取得一致的意见[18]，但是，国内外学者都认可HPWS应该是一种能够为企业带来绩效的实践系统，并且，有一些要素受到了大部分学者的认可，被认为是HPWS的重要组成部分，如员工参与、技能训练、激励等。也就是说，在那些较为普遍存在的实践要素中付出更多的管理精力，将更有机会发挥人力资源的作用。

艾琳·阿佩尔鲍姆（Eileen Appelbaum）和托马斯·贝利（Thomas Bailey）等从系统功能的视角提出，组织结构由员工能力（Employee Ability）、动机（Motivation）和参与机会（Opportunity to Participate）三个核心要素构成，而组织绩效可以看作组织核心要素结构的派生功能，因此，高绩效工作系统中的人力资源实践应该能够改善这三个要素[19]，具有改善组织绩效的功能。因此，面向这三个要素的实践系统可认为是高绩效工作系统的“AMO”模型。

通俗地看，AMO三种要素说可以理解为：对于那些有工作能力又有积极的工作意愿的人员，也就是德才兼备的人，应该让他们参与到日常工作中的各种决策中，组织对他们的信任也应随着时间推移而逐渐建立，这样，德才兼备的人员能够得到组织的信任和授权，可以充分施展他们的才能，努力做出贡献。组织对他们有更多的信任和授权，他们的工作则越发出色，为组织创造的价值也越来越显著。在这样一种组织背景下，企业的组织绩效才会得到更好的发展。同样地，考虑到整个企业的团队，如果企业的组织成员都具有实现企业经营目标所需要的优秀的知识和技能，也有积极的工作意愿和良好的组织气氛，公司对他们给予较高信任程度的授权，这样组织的绩效会更高。

由此看来，HPWS 高绩效工作系统更应该被看作一种人力资源管理的思考模式，而非是一种具体的应用模型。人力资源管理者应该聚焦于企业的最终的高绩效目标，抓大放小，从解决主要矛盾出发，寻找适合企业具体情境的重要的人力资源管理实践活动，从而以更经济的管理成本，更好地提升人力资源——劳动要素的产出率水平，使企业获得更加显著的经营绩效。

二、情境战略

1. 导入期

在导入期，企业就已经开始有多方面的人才需要。例如，在业务方面需要快速地开拓市场，在研发方面需要掌握产品的系统设计和突破关键技术，在供应链方面需要组织资源完成订单交付等。所以，人力资源管理的基本职责是，寻找拥有这些知识与技能的各种人才，吸引他们加入企业，与创始人员共同开创一番事业。他们真正需要的是好的合作伙伴，能够与创始人团队志同道合、认可创始人团队发展规划的合作团队。这样的团队伙伴有冲劲、有闯劲，他们是面向愿景、面向未来工作的。

然而，优秀的人才总是紧缺的。对于候选人来说，导入期的企业存在经营失败的风险，这种风险意味着他们的职业上的潜在价值回报也存在更多的风险，例如早期的收入数额不高、中长期的稳定性难以评估等。因此，候选人会基于其自身的价值评估准则来看待这种机会，他们有时期望有另一种形式或不同程度的补偿，例如，眼前的收益、未来的机会或希望，即对未来成功获得一种超高回报率的希望。因此，不少企业常用的一种方法就是从经营收益中按比例进行分配的激励机制，让参与人员在努力拼搏的前提下，能够与公司共同承担风险和共享成功的收益。

同时，导入期的企业还需要更多的忠诚度高的执行人员。他们在工作中任劳任怨、吃苦耐劳。由于组织早期存在许多兼职的需求，组织希望这些员工不挑工作、不挑岗位，公司需要他们做什么，他们就做什么。

但这样的团队也不是一天就能形成的，需要通过创始人或者创始人团队持续地努力才能组建起来。他们通过朋友推荐，或者通过自己原有的人脉圈子、关系网络，物色到合适的人选，通过各种方式说服他们加入。详细地、生动地对未来的愿景进行清晰描绘，诚恳地表达合作的意愿等，都将有助于打动对方。也正因如此，可以说这个时期的人力资源管理的工作，主要是由创始人或者创始人团队来承担的。

总体而言，这一阶段的人力资源管理工作，主要聚焦于获得当前需要的人才，较少聚焦于人员能力的二次开发，企业也很少花费资源在人员的能力开发和训练方面。这时期，企业也常常会关注如何激发大家的工作热情、工作斗志，以通过辛勤努力来换取能力上的不足。

2. 成长期

企业逐渐进入成长期以后，业务不断增长，各个环节都开始需要增加人员。因此，获得新的人力资源要素的寻聘活动的负担也比较重。创始人团队可能会主动或被动地将一些基础的寻聘相关的事务性工作逐渐交给慢慢独立配置的人力资源管理团队。

然而，这个时期的人力资源管理团队往往更多的只是扮演了一些传统的人事管理角色。他们按照用人部门罗列的岗位要求，发布招聘信息、邀约人员、让各部门的面试官去考察候选人的能力结构、配合签订劳动合同、为新员工按时计算考勤、核算工资等。在现代意义上的人力资源管理方面的活动仍然由创始人团队和业务部门管理者承担。例如，他们直接对一些重要岗位的候选人进行评估筛选，并且大多是基于感性和直觉的，基于个人经验甚至是个人喜好的方式。在鼓励员工运用他们的知识和技能方面也是如此，包括对员工的能力开发和培养、工作热情的激发与呵护、工作动机的识别和引导、工作业绩的评估与辅导等。

在这种自然形成的组织中，人力资源部门的人员也常常认为这种管理职能和事务执行分离的局面是正常的，他们没有意识到，那些业务部门管理者在从事真正的人力资源管理活动，而人力资源部门自身并没有充分承担起人力资源管理的职责。反过来看，也正是因为这种持续存在的分离现象，使得他们也许并不熟悉也不善于从事真正的人力资源的管理。因为在获得人力资源要素和发挥人力资源作用所需要开展的各种工作，或高绩效工作系统中的许多优秀实践，的确也存在难以明辨的困难，需要对业务运转和组织发展有足够的理解，也需要强有力的变革推动的能力，而这些技能和经验都难以在短期内有效形成。

更为重要的是，人力资源部门的人员对于自身职责的理解是否恰当，组织对人力资源管理部门的定位和期待是否清晰。如果澄清了部门的基本角色和发展方向，那么，朝着“发挥人力资源部门的功能，为企业创造价值”的方向持续努力，仍然是一个好的开始。

例如，在获得人力资源要素方面便存在努力的空间。人力资源部门的管理者可以考虑如何获得更多的满足企业需要的优秀员工。从方法看，以优秀的员工为标杆，捕捉他们的优秀特征，寻找、规范、提炼各个优秀岗位所需要的知识的技能，以此作为代表性的选拔标准，作为招聘新人员进来的主要的依据。在持续使用的过程中，人力资源部门应结合行业竞争对手的同类岗位，结合不同岗位的特点，分别调整，不断更新，并且不断改良企业对潜在候选人的吸引力，不断减少企业获得人力资源要素的成本。

同样，在整体的人力资源规划方面，应考虑企业总体的人力资源需求，关注人力资源的总体效能。并且，由于人力资源在人员规模上存在典型的边际效应，随着人员数量越来越多，每增加一名新的人员，他所创造的剩余价值会越来越少，最终与人力资源获得的成本之间达到某个平衡点。因此，应有节奏、有规划、有预算地去评估整个企业所需要的人员数量，平衡人力资源的获得节奏。

此外，在发挥人力资源要素的作用方面，人力资源管理者也有不断努力的空间。面对企业已经拥有的组织团队，组织应考虑如何对现有组织资源进行开发，包括如何规范他们的工作标准、如何提升他们的知识与技能、如何解决他们的工作环境等，以帮助他们在现有条件下，不断地提升工作的产出率水平。

3. 成熟期

由于业务增速的放缓，成熟期的企业在许多方面都在尝试开源节流的策略，寻求更高的经济效率。企业对整个价值链的人员，对整个企业的人力资源，都有越来越高的效率要求。这就要求人力资源的管理水平不断提升，不断提高人力资源的整体工作效率，提高企业的人力资源投入回报率。

例如，在微观管理方面，面向员工个体的岗位分析能力，招聘中的人岗匹配的评估，人员工作过程中的工作训练、支援、辅导，对员工个人的能力进行评价、考察等日常的人力资源管理工作，都应该逐步有序地开展起来。

然而，在实际工作中，那些微观管理的事务几乎都不可能是完全独立开展的，它们都不同程度地受到公司整体的人力资源管理的影响，受整体管理的调配和指导。因此，企业需要开始真正建立起人力资源管理的整体视角，将企业全部的人才队伍作为一个整体的资源，进行整体的管理。这种整体视角，既要考虑面向未来中长期的具有前瞻性的队伍配置能力，又面向中短期的现有资源的潜力开发。整个企业对于人才、人力资源的需求，都是希望在恰当的时间配置恰当的人员结构。

广义地看，所有涉及的制度、流程、分配激励、组织氛围等，都可能影响到人力资源的组织效能，也就都应纳入人力资源的管理视野。特别是对于那些存量的人力资源队伍来说。劳动关系中会存在一些客观的合同约束，重新雇用新的人员也存在一些搜寻成本和替换成本，因此，充分发掘现有人才队伍的工作能力和创造价值的潜力，则成为一种基本的思考方式和基本的工作策略。这种开发活动既包括整体的人才结构调整、岗位分工配置和优化、工作流程的优化和分工及工作流程的优化等，也包括那些专门岗位中需要的专门技术、技能的训练和应用等，还包括对人才队伍的重要诉求的响应、匹配他们工作的动机、激发他们的工作主动性和积极性等。

人力资源效能的业绩评价是常见的管理主题之一。要想对业绩进行尽可能客观合理的评价，应该考虑评价的对象本身的特性，并做出合理的评价准则安排。例如，评价对象的责权利安排是怎样的，对他们应设置怎样的评价周期，他们的工作成绩是明确的定量数据，还是只能体现在某些定性的信息和判断方面，等等。这些不同的对象特性，都会导致不同的评价准则。例如，销售部门的业绩通常可以体现为以销售额为指标，而研发部门的业绩则不容易体现为具体的财务数据。另外，销售部门的某个助理型岗位的业绩也未必可以清晰地体现为销售额。同样，对于一个主力负责新产品开发的部门而言，以3~5年的中期跨度看，也可以认为，这个部门开发的产品所创造的销售额可以当作他们最主要的业绩指标。

在不同的情境下，这些不同的指标设计反映了不同的评价思想，因此，如何面对具体的评价对象，选择合适的评价指标，设定合适的评价标准，是人力资源管理中的重要内容。

人力资源管理部门要建立起这种能力，一个重要前提在于他们必须深入了解各个业务部门的业务逻辑，了解他们的工作应该产生的真正成果，以及这些成果能够多大程度地反映出他们实际的工作投入，甚至评估这些工作成果最终所反映出来的经济价值。而尤为困难却更加重要的地方在于，当某些工作成果是能够体现未来的战略意图的时候，它们与另一些在当前具有相对清晰的经济效益的工作成果之间的相对关系是怎样的，如何比较这两种不同的工作内容的重要性与价值。类似的问题都需要人力资源部门的人员在评价方法方面不断地探索、实践和改进。

随着评价机制越来越全面，组织可以从业绩评价开始进行回溯，分析那些业绩不佳的事项，寻找那些导致业绩不佳的原因并加以改进。概括来看，这些原因通常可以归纳为客观原因和主观原因。在某种程度上，客观原因也可以看作是一种主观努力不够所导致的。例如，企业常常需要由客户提供某种信息来完成某项任务，客户没有及时提供这些信息，则可能被认为是一种自身无法掌控的客观原因。但是，我们也可以认为，如果在主观上能够与客户进行更清晰的说明、更紧密的配合、更细致的追踪，或许也可能有办法促使客户及时提供信息。当然，也确实有一些事项是在我们主观能动性以外的无法掌握的因素，如天气变化对绝大多数人而言是无法控制的。这时，仍然应承认其确实存在。

进一步来看，主观的原因又可以归纳为工作态度和工作能力等方面，也就是回到“德才”的框架中。工作能力的评价与业绩评价类似，可以尽可能多地采用定量数据和工作执行结果来评价。在工作态度方面，由于其天然的模糊性，则需要人力资源管理部门参考社会科学的研究方法，如关键事件法、行为特征法等，发展出必要的测量量表，寻求一种在组织中较为统一的评价标准。

总体而言，基于业绩、态度、能力等方面的评价，是一种牵引性的评价。通过对存在的差距的分析，鼓励组织加以改进，循环进行。但是，除了牵引导向的评价外，有时还需要建立一些以否决或抑制为特征的约束性评价指标。例如，企业的红线制度，包括经济犯罪、职务犯罪、打架斗殴等。在这种框架下，企业明确告知组织的成员，哪些事情非但不被鼓励，反而是不被提倡、不被容许的。这样，使得整个组织能在一种“可为”与“不可为”的框架中，更高效率地发挥出组织的潜力。

通过对牵引性的评价和约束性的评价，组织内则有机会逐渐形成一种倡导积极、抑制消极的组织氛围。企业还可在此基础上，将企业积极的价值观、经营理念注入其中，进一步扩展到有意识的企业文化建设，为整个组织带来难以复制的竞争优势。

成熟期的另一个挑战是，当人力资源管理部门全方位地参与到企业的人力资源管理时，人力资源管理部门自身的工作成效又如何。无论人力资源管理部门是扮演日常事务的执行者、人力资源的管理者，还是经营决策者的参谋者，或者是推动企业人力资源管理的理念升级和系统革新的推动者，人力资源管理部门自身也存在工作业绩的差距问题，也有不断改进业绩的提升空间。例如，德斯勒列出了一些典型的指标来表明这方面的思考，包括单位雇佣成本、人力资源费用系数、填补岗位时间等[13]，以帮助人力资源部门进行自我检验和改善。

4. 衰退期

步入衰退期的企业，组织进行缩减可能是无法避免的。这种缩减可能会体现为多种方式。例如，减少在新业务方向的拓展、减少在新产品方向的投入、减少新人员的招聘需求甚至规模性的裁员、减少一些日常工作中的浪费、减少固定资产的投入等。

对于阶段性的或局部的缩减情况来说，企业可以鼓励大家在开源节流、缩减成本的同时，也寻求更多的机会。例如，鼓励全员销售，让一些员工尝试参与到销售活动中，让更多人去寻找新的机会或者扩大现有的市场机会；也可鼓励全员创业，在组织内设置一些创业管理机制，鼓励员工自发地组建精简的小型团队，在企业配套的责权利制度安排下，寻找那些新的产品机会，分享机会中的风险收益，充分调动他们的积极性。

如果企业在缩减的同时，仍然希望在核心业务领域保留实力，等待新的机遇，那么，企业需要为此保留一支种子力量、一个核心团队，保留那些符合企业核心价值观，愿意与企业长期坚守阵地的忠诚骨干。在组织动荡期间，也要给他们足够的安全感。例如，企业可能会面临被迫做一些经济性裁员，那么，这种裁员在员工的安抚方面、在程序的公平方面、在对员工的过往贡献的肯定方面，都需要有足够力度的保证。也要保持公司一贯的价值理念和形象，在诸如薪酬、劳资问题、员工关系等方面，妥善处理，避免在一些合规、合理方面产生大的变化，避免这种无意的行为对需要保留的核心团队产生消极的影响，避免这些公司所需要的骨干人才在这种时候离开公司。也要避免在行业中产生消极影响，在产业链中产生消极影响，从而导致企业在新机会中因声誉不好而难以有效也发展起来。通过各种方式，确保在新的商机来临时，企业能够最大程度地把握机会。

第四节　管理系统的发展

一、企业管理体系如何创造价值

1. 企业管理系统概述

随着企业经营活动的不断发展，价值链的活动越来越多，职能支持的活动也越来越多，许多具体的活动都开始需要一些相应的管理规则。例如，由于各部门的任务分工不断的细化，各个分工之间可能会存在重叠或空缺，因此需要明确不同部门和岗位的职责分工；由于各种部门与岗位之间需要进行工作协同，因此需要相关的工作流程来保证互相之间的连贯性配合；为了让不断加入组织的成员能够熟悉现有的运作模式，也需要将已有的经验做法整理成书面的、可传播的经验总结或者相关规则。这样，企业就出现了很多内部运作的管理规则。

（1）法约尔的一般管理。

有关管理规则方面的探索，最早可以追溯到法约尔的著作。他提出的六种经营活动、五项管理要素和 14 条管理原则[20]，一般被认为是对管理最早的系统性描述。

法约尔认为，不论企业大小，复杂还是简单，其全部活动都可以归纳为六种基本的活动：①技术活动（生产、制造、加工）；②商业活动（购买、销售、交换）；③财务活动（筹集和最适当地运用资本）；④安全活动（保护财产和人员）；⑤会计活动（财产清点、资产负债表、成本、统计等）；⑥管理活动（计划、组织、指挥、协调和控制）。每个企业的人员都应该能够完成这六种基本活动，如果其中任何一项没有行使，企业就可能破产，至少将会被削弱。

在这些活动中，前五种活动都不负责制订企业的总经营计划，不负责建立总的社会组织，协调和调和各方面的力量和行动。这些职能都是通过第六种活动，即管理活动来实现。具体来说，管理活动包含了五个基本的要素：①计划，就是探索未来、制订行动计划；②组织，就是建立企业的物质和社会的双重结构；③指挥，就是使其人员发挥作用；④协调，就是连接、联合、调和所有的活动及力量；⑤控制，就是注意是否一切都按已制定的规章和下达的命令进行。

为了更好地开展这些管理活动，组织还需要一些能够加强社会组织或有利于社会组织发生作用的管理规章和程序，也包括那些影响社会组织的健康和正常活动的条件、规律或规则。法约尔采用“原则”（Principle）一词来描述这些相关的规则，并列举了14项他认为对充实管理学说特别有益的原则，分别是：劳动分工、权利与责任、纪律、统一指挥、统一领导、个人利益服从整体利益、人员的报酬、集中、等级制度、秩序、公平、人员的稳定、首创精神、人员的团结等。

在100多年后的今天看来，法约尔提到的这些重要的原则，仍然适用于大部分情况。例如，“权利与责任”原则，与现在常说的责权利对等就基本是一致的；“秩序”原则，就体现在许多的工作流程中和组织结构中；“集中”，是与“分散”并存的一个简单的尺度问题，企业应该寻找一种合适的尺度，其目的是尽可能地使用所有人员的才能，找到提供最高效率的方法。领导人的综合才能强则可以倾向于集中管理，反之则可以实行广泛的权力分散。

随着这些管理要素和管理原则的进一步扩展，组织便产生了各种具体的规章制度、工作流程、作业规范等，这些内容与组织的价值观、愿景、目标、行动指导和约束等内容结合起来，成为应用于企业经营的方方面面的规则，便构成了覆盖企业经营过程的规则系统。按照制度基础观的观点，这些内部规则也是企业内部的制度内容，也能为企业带来竞争优势[①]。

（2）管理系统。

如果把企业的全部经营活动看作一个黑箱过程，市场和客户的需求以及企业投入的各种生产要素看作输入，企业降低社会交易的成本并且获得自身的经济的增值就是输出，那么，对黑箱过程的控制活动，即从输入到输出之间采用的一系列的规范和规则的集合，可看作对经营过程进行管理和控制的系统。国际标准组织（ISO）在发布的2000版ISO9000族标准中，将这样的建立方针和目标并实现这些目标的系统，称作管理系统（Management System，MS），它有时也被称为管理体系。企业正是通过管理体系来控制经营过程、实现经营目标的。

一个组织的管理体系可包括若干个不同的管理体系，例如ISO9000族标准包含了4项核心标准，分别是：ISO9000《质量管理体系基础和术语》，其定义了基

① 参见第二章。

本的基础知识和术语；ISO9001《质量管理体系要求》，规定了达到顾客满意水平的质量体系要求，是可用于认证的标准；ISO9004《质量管理体系业绩改进指南》，从有效性和效率两方面，为质量管理体系的建立和运行提供指南；ISO19001《质量和（或）环境管理体系审核指南》，为体系的内部审核和外部审核提供指南[21]。其他的还有环境管理体系 ISO14001、职业健康和安全管理体系 ISO45001 等。

也就是说，企业管理体系用来描述企业内部各类管理子系统的总的融合体。从分工专业领域看，这个体系应该包含价值链和职能部门的基本结构，也应包括这些部门应遵循的价值观、努力工作的目标，还应包含企业内部的价值链的各个部门如何与外部的环境进行联结和做出恰当的反应，等等。有一些管理系统的内容是比较正式的，能够符合 ISO 标准的认证要求；也有一些管理系统的内容是非正式的，主要体现为组织内部的约定性的要求，如会议纪要、工作指南等；还有一些内容则是隐形的，如企业中的惯例、潜规则等。所有影响实际经营过程的规则融合在一起，构成了事实中的管理系统。

从更为一般的生产要素的内容看，管理系统应对每种要素都有相应的管理规则。在劳动要素方面，管理系统包含了对人力资源的工作能力和行为的管理，也包括对人力资源的工作动机和意愿方面的管理，同时包括各种任务的事前的计划管理、事中的过程管理、事后的改进管理等。在资本要素方面，管理系统包含了资本的运动过程的管理，以及与资金直接相关的利益相关者的管理。同样，管理系统也对其他使用到的生产要素进行相应的管理。

（3）管理系统实践。

在实践中，许多企业都会逐渐建立起自己内部的管理系统。企业会针对很多实际的工作制定一些相关的规章制度，针对很多业务过程设定相关的工作流程。甚至也会按照 ISO 的体系建设指南，以通过认证为目标，建立起整套的管理体系文件。然而，许多企业通过各种方式建立起来的管理系统，往往并不能真正地发挥期望中的管理作用。甚至可以说，企业并没有真正建立起符合自身实际情况的管理系统。

造成这种现象的原因可能是多方面的。首先，企业建立起来的书面的管理体系，可能与真实的管理系统不匹配，存在名实不符的情况。书面化的管理体系文件建立得系统而全面，但企业实际的管理体系并不是按照体系文件来运作的。体系文件在许多时候主要是用来应对外部的客户或机构的审查要求，内部的实际运作则采用了另外一套运行的规则。这种名实不符，也可以认为是体系在实际建设的过程中并没有完全考虑企业的实际情况而造成的。每个行业都有自身的特点，每个企业都有其特殊性，即便同一个企业在不同的时间也有不同的特点，这些差别化的情境都应该在建设管理体系时加以考虑。如果在进行制度设计时，忽略了企业的实际情况，没有充分考虑发展阶段、规模、团队、文化等各种实际情况，机械地照搬标杆企业的管理模式，可能会导致管理体系无法满足应用的需求。因此，也就形成了名义上的管理系统与事实的管理系统不符的现象。

其次，企业对管理体系缺乏全面的、系统的认识。企业主要基于各种特定领域出现的问题来设计相关的制度与文件，并没有经过系统性的思考和长期的制度规划。在设计制度时，责任归口也不统一，有些文件从研发的视角编制，有些文件从营销的视角编制，还有一些则从供应链的角度编制，因此它们可能都会谈到同一个主题的规则，但各自的意见却可能是相左的。这种未基于整体规划的体系建设，很有可能造成多个领域的管理子系统之间互相割裂，甚至互相对立。

割裂的问题还可能会进一步演化并不断加剧。许多专业领域都有自身的专业特点，有自己的常用工具和典型方法。随着各个领域中的实践活动的持续开展，不同领域渐渐形成了不同的理论体系，产生了不同的专业概念和术语，因此，也导致了日常沟通中的模型、工具、语言等的不同。例如，许多制造型企业的生产系统常需要一些动作检查，许多企业会把它称为过程控制点（In-process Quality Control，IPQC），也就是流程中的检查点；有些企业的研发管理过程中，对开发流程中所设置的关键的检查点，则会称为技术评审点（Technical Review，TR）和决策评审点（Decision Checkpoint，DCP），这便产生了不同的术语。

对角色的定义也有类似的现象。例如，ISO 质量管理体系通常要求总经理作为第一责任人，其采用的是质量管理的语言；研发管理系统 IPD 要求组建集成组合管理团队（Integrated Portfolio Management Team，IPMT）或集成决策委员会，采用的是标杆企业的概念术语；还有不少企业都设立了经营管理委员会或战略委员会，则是借用了通用战略管理的习惯用语。这些从不同领域发展起来的语言，分别给总经理定义了许多不同的角色任务，但我们或许应该注意到，总经理原本就在从事类似的这些工作。所以，管理系统中的各个管理子系统的设计与实施，应该考虑如何从总经理的实际工作出发，整合成同一套概念、一套术语、一套指南，形成一种有机的融合体系。

也就是说，我们有必要客观看待和理解各种各样的管理系统或者管理子系统之间的异同，学习和掌握它们之间的管理理念和工具方法的异同，理解这些不同系统中的方法逻辑与共性，形成对这些不同方法背后的统一框架的认识和理解，这样才有机会将这些不同的系统衔接成一个有机融合的完整的管理体系。

还有其他更多的原因可能会影响管理系统的有效性。例如，组织在应对环境变化时，没有系统性地针对变化进行及时的规则调整，因为要保证文件系统的及时更新，需要投入体系规则的维护成本，包括对既有文件本身更新的成本，以及让组织中的人员对涉及变化的规则重新协商的成本；管理规则通常只能约束中基层的员工，高层的管理决策者却常常是事实上的规则破坏者；组织中的办公室政治氛围浓厚，太多事项都依赖潜在的规则才能运行；等等。

各种原因都会导致企业名义上的管理系统建设难以符合企业的实际情况。长此以往，企业对管理系统的建设会逐渐失去信心，甚至可能造成一种错觉：管理系统不但不能为企业带来竞争优势，可能反而还会损害企业已有的竞争优势。

因此，企业应该正视这些问题，应该明确管理系统存在的价值，并给予足够的重视和行动。在实际建设的过程中，企业仍然可以借鉴一些典型的管理框架，如 ISO 族标准，但是在借鉴的过程中，一定要与企业自身的实际情况相结合，尽量设法反映出企业内部真实的管理规则。

一个好的管理系统，其内部的逻辑子系统应该是清晰的、功能有效的、分布合理的、互相协同的、易于执行的，是一种自我协调的精密的有机体。就像一个生命体一样，其内部的组织、器官、神经、意识、自我控制等，能够互相完美地协同配合。即便存在阶段性的协同不足，这个管理系统也能够自我学习和自我进步，能够随着企业的发展而不断更新和完善。

为了建设能反映实际需求的企业管理系统，企业中应该有某些明确的责任人员对管理系统负责，能够根据实际运作中的困难，对管理系统本身进行诊断分析，并不断扩展和完善。

正如 ISO 体系建设时的质量方针建议应该由总经理作为质量系统的总负责人一样，按照上述的管理体系的定义，管理系统是直接为整个经营过程服务的，因此，其第一责任人理应是企业的经营决策者——通常由总经理，也可以由总经理授权的管理者代表来担任，这时，管理者代表是一定程度的分权决策者，又是总经理的参谋者。

对于不同领域的管理子系统，由于专业壁垒的原因，通常也应由那些领域对应的管理者来负责。因为他们既要承担本领域内的业务目标，又要决定如何开展工作才能实现目标。

与大多数职能活动一样，基于精力原因、专业壁垒原因，总经理或者业务部门的管理者，在日常经营活动的过程中总是难以充分地覆盖管理系统建设方面的工作，并且由于存在各自为政、互相冲突的可能性，企业仍然需要有一个第三方的职能部门或者职能团队分担他们的职责，作为他们的参谋。

在不同的企业，这个部门或团队可能会有不同的名称，例如，管理体系部、企业管理部、运营管理部、流程管理部等。无论采用什么名称，他们首先应该具备丰富的管理系统的专业知识，能够扮演好业务部门管理者的参谋这一角色。一方面，他们为业务部门提供专业的理论和方法；另一方面，又能深入地与业务部门密切合作，共同商讨那些真正符合企业实际需要的各种相关的管理系统的细节。

2. 管理体系的典型内容

一个典型的管理系统，通常至少包含几类基本的规则：与客户完成交易的整个过程中的价值链活动的相关规则、企业内部的决策和过程控制的管控规则，以及其他相关的辅助的支持规则。以下试着分类列举一些典型的规则：

（1）价值链活动规则。

从价值链过程看，价值链是为了满足客户的实际需要，完成与客户的交易，这个过程输入的是市场或客户的需求，输出客户需要的产品，且客户满意，因此，价值链活动中的相关规则就与输入与输出的整个过程有关。例如：

在营销部门，需要建立起市场分析的相关工作流程；为了区分目标的市场，他们还需要对市场进行分类，建立相应的分类标准；为了识别客户，需要建立起目标客户的主要特征描述或评价要素，积累起与客户获得联系的经验方法；为了促进与客户的交易达成，他们需要传播与客户协商的成功经验、提炼和归纳组织内部的营销方法论；在理解客户的需求方面，应该建立起成熟的需求转化的方法，以及相关的需求分类定义，并能够转化为清晰、标准的需求明细清单，并且在获得客户清晰认可的标准下，传递给供应链部门或研发部门；等等。

在研发部门，应该建立起识别开发输入信息是否清晰完整的识别标准；如果是面向群体性市场的分析，还有必要建立参与到市场调研和分析的工作流程；他们所掌握的知识结构和能力清单应能够支撑他们参与市场和客户的需求分析；研发部门与营销部门在确定产品的需求方面应该有良好的协同规则；研发部门在实际执行开发的过程中，应该有能够整合跨部门团队的运作模式和工作流程；在保证研发的成功率、提高研发探索方面应该沉淀出一些成熟的经验，甚至形成一些研发规范或指南；研发活动应该有明确的输出内容清单；对研发人员的成果应该有清晰的评价方法、验收标准；研发成果的资料和数据应满足某些规范性要求，以方便他们清晰地移交给其他部门；他们还应该编制完善的产品的培训资料和生产相关的资料，以帮助营销部门进行产品推广、帮助供应链部门组织生产交付；研发人员还应建立起后续的产品维护过程中需使用的技术支持或服务的相关规则；等等。

在供应链部门，应该建立起完善的计划协同机制，与客户和后端的供应部门之间建立起协同的计划关系；这些计划工作应该具备全面的业务判断规则，使得他们在计划的安排方面具有相同的判断结论；计划部门还应该充分地识别那些影响交付过程中的约束条件，同样也与业务部门和供应商之间形成良好的共识；供应链部门还应对供应商进行有序的管理，这包括他们如何筛选和评价供应商的资质、如何评价供应商的来料情况、如何与供应商之间进行日常交付的物流调度；供应链部门需在计划、采购、生产、配送等部门之间建立起统一的指挥关系和协同方式，使计划部门能够在这些部门之间扮演协调的角色；他们所需要的相关的责权利都应该被明确定义，以确保在交付过程中，供应链的计划部门都能够起到主导的作用，其他部门的日常工作安排以及在执行过程中的异常都应该服从统一的调度；供应链部门还应该建立起产品的品质标准，以及生产过程和交付过程中的品质保障系统，使得整个生产过程的原材料、半成品和成品都具备相应的品质标准；为了保证整个链条的有序进行，品质系统还应该建立起过程保障质量计划，他们能够识别出关键的质量控制点，并对那些出现质量异常的事项建立标准的处理方式或应急处理机制；等等。

综合来看，在整个价值链过程中，应该有相应的各种规则，以支撑组织的绩效管理，支撑组织目标向下分解，确保价值链各个部门的目标是一个有机的整体。在满足客户交付方面，应该有统一的目标，例如，许多客户在交易过程中通常会有质量（Quality）、价格（Cost）、交期（Time）等要求，或称为 QCT 需求，因此，企业内部应该发展出 QCT 需求传递的方式，能够跟随着某些信息的载体或者流通的机制，从客户端传递给销售部门，传递给研发部门，传递给供应链部门，以及传递给供应商团队。当需求出现变动或异常时，需求也应通过某种变更的程序或者规则，能够快速、及时地在各个部门之间进行信息的流通。当实际执行的过程中出现了异常，后端的信息能够快速地逐段地向前流通，直到与客户进行协商并取得一致意见，或者是及时、逐级地向上流通，直到企业的决策者做出最后的决定。整个链条成员都应该遵循某种统一的指令系统，能够对突发的变化做出快速的响应。

（2）管控类规则。

管理体系包含的另一类规则是决策和控制类的管控规则。例如，无论是营销部门决定与什么客户进行合作，他们提供什么价格给客户、决定怎样的谈判条件、起草怎样的合同，这些内容都应该在恰当的时候通过某种审批的程序，由具有相应权限的人进行决策；研发部门中，关于一些研发项目是否决定立项，项目过程中到达一些阶段性的里程碑后是继续进行还是终止；项目最终完成以后，项目的验收是否通过，同样也应该通过某种决策的机制进行决策；供应链部门涉及大量的采购付款、供应商合作、库存决定等，许多决策都面临大量的资金投入，这些内容应以怎样的方式来进行决策；等等。

这些不同类型不同环节的决策，都需要建立起相应的决策标准，配置合适的决策权限，由不同的决策者对不同的决策内容进行决策。在组织中，这些内容都应该得到清晰的定义，建立起明确的授权规则。对于不同的事项而言，决策中要考虑的重要因素、对这个因素的评判依据等，也应该识别出来。

除了决策以外，许多环节都需要在执行的过程中得到有效的控制。例如，不同类型的工作是否有例行的检查或者巡查机制；巡查过程中应主要检查哪些要素；是否能够对一些例行和例外的事项进行典型的定义；对于例外的事项是否明确了它们触发的条件；当例外事项出现时，是否有简洁的干预机制；不同类型的岗位和不同层级的人员是否有相应的不同的管控模式和监督机制；那些进行控制活动或者审计活动的团队是否有清晰的工作规范和工作程序，他们的工作成果将以怎样的方式呈现出来；控制过程中发现的问题，是否有相应的人员拥有足够的权限影响那些实际执行任务的人员，并促使他们能够得以纠正；等等。

（3）支持类规则。

管理系统还应包含一些支持类的相关规则，这些规则遍布于各个子系统。例如，营销部门中，他们需要开展日常数据分析，如何规范相应的数据分析算法，规范相应的平台工具；营销人员需要开展营销活动时，他们所需要的促销工具、办公用品等的获得是否都有清晰明确的规则可遵循，是否已经考虑了营销活动的特殊性而做出来符合实际需要的特别安排，并且，这些工具的应用规则和应用指南是否清晰全面；等等。

研发部门中，研发实验所需的各种仪器设备中的某一个出现故障时，他们将采用何种流程，基于什么条件来判断，通过什么样的工作程序与供应商联络，并且在满足怎样的管理规范的基础上，能快速地将仪器维修好；研发过程中需要使用到的各种原材料或零散的实验耗材，这些物品的购买措施和购买程序是否有简便快捷的通道，能够满足他们短平快的使用要求；等等。

供应链部门中，日常的 ERP 系统的数据非常重要，这些数据的维护程序是否经过了明确定义，这些数据本身是否有清晰的录入指南，当数据出现疑问或者需要维护的时候，那些需要支持的相关人员是否有相应的工作程序来指导其及时介入；采购部门与供应商进行洽谈时，有时需要研发人员参与进行技术交流，这种交流活动的组织安排、工作流程、会议安排等是否有明确的规则；等等。

同样，人力资源方面，是否已为员工设计了清晰的职业规划系统，职业规划的定期交流方面是否建立了相应工作程序；员工出现负面情绪时，是否有明确的员工援助系统的指引；等等。财务方面，报销制度是否清晰与完善；当财务参与到业务活动中时，财务人员将以何种方式对业务部门提出清晰有序的参谋意见，他们的参谋意见应该符合怎样的形式标准；等等。

二、情境战略

1. 导入期

导入期的企业，业务量还不多，企业的商业模式也还没有完全成型，因此，这一阶段的规则建设重点是，建立起企业基本的运营结构，支撑企业开展早期的社会交易的基本活动。这一阶段的企业的规则有许多都是非正式的，或者未形成书面文件的，但在企业内部，这些规则也是事实上在发生作用的。

在价值链的活动方面，这时期应整理出对外传播的典型的企业信息、产品信息。将市场上潜在的客户名录的数据基础积累起来。识别那些潜在客户的判定方法应该逐步建立起来。如何寻找客户，通过哪些途径和方法能够与客户建立起联系，这些经验也可以逐渐总结出来。为了与客户进行交易谈判，应掌握客户关心的那些关键问题。在于客户合作过程中，将客户关心的那些商务条款或通常能够达成双方共识的合作条件都积累下来。

同样，供应商合作方面也有一些经验可以积累，例如，行业中存在的典型的供应商信息，这些可以逐渐形成基本的数据基础，方便后续进一步查找。如何在这些数据中识别出那些与本企业有合作意向的供应商，他们应具备什么特征、符合哪些条件，也可以整理成有序的经验。与供应商谈判的过程中，如何能让供应商与本企业建立起友好的供应关系，以及谈判中的技巧和谈判经验，都值得整理出来。供应商关心的那些商务条款也可以提炼为典型条款。

内部价值链活动有许多都与客户有关，相关的规则重点是确保客户交易所需的各项事务都能有效运转。例如，与客户和供应商之间的交易中涉及各类条款、各类需求清单、各类说明等都可以开始规范起来；与交易过程有关的订单单据、送货凭证、验收凭证、对账单等相关的基础工作都应规范起来。

与客户交易是通过产品来完成的，因此，与产品相关的规则也是一个重点。例如，与客户进行商业洽谈时，应该识别客户关心的那些主要的产品要求，他们对产品的功能、特性、质量等各方面的关键信息，应该能够周全地记录下来，并且在内部的工作过程中加以流通。有一些包含研发活动的企业，如果为客户提供定制化的产品开发，则尤为需要这种体现客户产品要求的详细信息。如果企业面向目标市场群体进行开发，虽然在市场调研方面可能缺乏足够的标准活动，但是仍然应该尽可能地对产品进行详细的定义和描述，以作为研发部门开发工作的基本输入。市场或客户的需求和产品定义等相关的规则也有利于企业在持续经营的过程中逐渐建立起基本的产品开发流程。

决策活动的规则方面，这时期的决策工作大部分都是由企业的经营决策者根据实际情况进行临机决策的，但他们可以将与合同拟定、商务谈判、合同签订及交易结算等方面的主要标准，逐渐整理成一些关键的纲领原则，这也可方便企业内的成员在作业及请示的过程中提升工作的效率。如果企业决策层有多个决策成员，关于各个决策者之间的管辖范围、决策范围也应设法明确起来；涉及多个决策者之间的决策流程，也应约定出来。

支持活动的规则方面，与人员相关的招聘、劳动合同的签订、基本的考勤记录、财务报销制度，都应该建立起一些内部的执行规则。符合法律法规的这些规则可以尽量重建，基本的会计数据和税务申报等也需要在满足基本的法规要求下有序开展。

2. 成长期

到了成长期，企业面临市场的快速增长，客户数量越来越多，供应商也越来越多，企业的业务越来越繁忙，组织的人员数量也越来越多，因此，这一时期的管理系统的重点是，如何让尽可能多的组织成员不断提升工作效率，服务于更多的客户，为他们提供所需要的产品。

价值链活动的规则方面，企业应该逐渐能够对客户进行评价，建立起识别客户的潜在价值的基本判定标准；与客户进行洽谈时，可以开始增加更多体现双方平等关系的商务条款，以及增加那些必要的规避法律风险的基本条款。由于不断增加新的供应商，企业还应该建立起开发新供应商的工作流程，建立起识别供应商能力的判断标准；在与供应商洽谈方面需要建立那些双方平等合作的相关的关键条款，同样也应该增加那些规避法律风险的必要条款。

对于内部的价值链过程来说，全价值链的过程都应该形成衔接，包括识别客户的完整的 QCT 要求的信息应该能够完整地记录下来，能够顺畅地传递到研发部门以及供应链部门。产品生产交付过程中的过程质量管理，例如生产中的过程检查、生产后端的品质检验以及相关的产品的质量标准等，各种基础工作都需要建立起来。相应地，营销部门、研发部门和供应链部门等，各个部门之间应该开始进行明确的分工安排，明确定义各个部门的工作重点，明确部门与部门之间的衔接关系。各个部门也应该开始为部门间或部门内的主要工作内容定义相关的工作流程、规章制度、作业规范等。例如，客户开发流程、订单处理流程、样品送货流程、研发产品开发流程、技术支持流程、采购流程、供应商审查流程、仓库管理制度、生产过程控制、质量控制等。

决策活动的规则方面，从市场和客户选择开始，就应逐渐明确必要的决策条件；产品定价方面也应该逐步建立起相关的定价策略；与产品售后有关的标准和边界条件应该建立起来。内部的作业中，应该识别和建立那些需要进行审批的主要业务过程，例如，订单审批、价格审批、采购购买决策审批、送货审批等；大部分与资金投入有关的那些关键的决策点都应该识别出来，并且明确定义这些决策点的决策依据、决策的审批过程。人员招聘中，特别是那些重要岗位的招聘人选的决策、薪酬范围的决策等相关的决策标准也需要逐步明确。如果企业考虑将一些日常的作业层面的事务适当地放权给各个部门的负责人，那么这些安排也应进行明确的说明或者形成简要的授权制度。企业还应着手建立相应的绩效管理的制度，搭建一个基本的框架，这一框架应反映以结果为导向、以贡献为导向的基本思想。在此框架下，明确那些最关键的业绩的评价指标和衡量标准。

支持活动的规则方面，人员的招聘过程应该形成明确的工作流程和作业规范，对候选人的任职能力要求应逐渐在各个部门之间建立起来，作为招聘活动的输入。人员的入职、试用期的跟踪观察等也应该形成一些基本的制度，或与业务部门之间形成良好的配合惯例。在人员日常工作过程中，他们可能需要相应的技能培训，那些与培训活动有关的培训制度、培训流程也应该建立起来。企业内部应能识别需要的培训主题，一方面不断地传播已有的关于组织如何运转的经验，另一方面也可适当引入一部分外部资源，作为补充。为了辅助业绩评价所需的绩效管理，基本制度、工作流程等也应逐步建立起来。财务方面的主要的会计规则、报表编制、数据的采集、统计口径等相关的基本规范都应逐步建立并持续完善。

3. 成熟期

成熟期的企业，业务规模和组织规模都已经达到了较高的水平，组织也已经积累了不少的管理系统中的各类规则。但是，行业竞争的加剧，使得企业面临越来越大的经营压力，企业对于内部管理效率提升的需求变得越来越强烈。因此，这一阶段的主要策略是系统性的加强管理制度建设，提升整个组织的运营效率。

价值链活动的规则方面，企业应开始建立面向市场群体的市场分析方法和市场判断的规则，对不同的市场能够进行识别与评价，并最终做出更优的选择。可以从多种维度深入评价不同客户的类型，识别客户的各种潜在的价值，包括短期的财务价值和长期的战略价值等。还应深入客户企业内部，深入挖掘客户的决策链条，识别和积累影响客户交易的那些关键因素。供应商方面的相关规则也应该持续加强、不断深化，开始进一步关注供应商内部的管理过程，了解他们的发展规划，识别和判断他们内部的运营效率，能够识别供应商企业未来的发展潜力。

企业内部的价值链活动中，各个部门内部都应该不断深化专业水平，在专业分工的基础上提升每一种专业的程度，能够了解在行业中的专业发展水平，明确内部各类专业所需要掌握的关键技能，能够恰当引入专业所需要用到的各种提升效率和质量的工具和方法，并明确评估各类专业人才掌握的专业能力水平。

由于组织规模的增加，为了提升内部效率，各个部门之间的联结不能总是停留在部门内部，许多工作都需要多个部门的协作，因此，企业应针对某些任务建立起跨部门协作的工作模式。例如，新产品开发需要多个部门的联合、大客户的服务需要多个部门同时进行配合、供应链的整体计划也需要多个部门之间的协同等。组织应在现有组织架构下，结合跨部门的协同需求，对各个部门之间的各类任务的工作关系进行恰当的定义，基于业务场景识别和建立不同类型的工作流程。

决策活动的规则方面，由于组织规模的扩大，许多决策权限应该重新进行梳理。有些权限应明确到价值链各部门或职能部门的负责人，有些权限则需要考虑在跨部门工作团队当中进行相应的设计。例如，新产品开发过程中的决策组织，大客户合作时的决策组织，都是一些新的尝试。由于公司的客户越来越多，产品越来越多，组织应对不同的客户进行科学的综合排序，对不同的产品进行综合排序，并明确处于不同排序位置中的资源配置。

这一时期的组织应该开始建设显性的战略管理模式，逐渐引入战略规划的过程方法，定义战略管理的主要工作流程。企业应让更多的组织成员参与到战略规划与战略管理的过程中。组织还应该建立起更加全面的业绩评价机制，从整个组织的视角设计组织的绩效框架，识别出组织的各项活动的主要业绩表现，并能在此基础上开展相应的业绩提升计划。

支持活动的规则方面，由于各部门的持续发展，相应的支持工作也越来越多。例如，各种专业板块的持续深化需要例行组织各种专业的培训活动，无论是引入外部的专家，还是在内部组织人员进行培训，这些培训的日常运作模式、培训的资料来源、培训的需求整理等，都需要逐渐形成相关的规范。

人力资源管理部门、财务部门或其他相关的职能部门，都应该渐渐明确其参谋的角色，能够更加深入地参与到业务部门的工作中，他们作为参谋的工作模式、作为参谋的工作成果，都应该明确定义，他们的工作程序和方法也应逐步形成。为了配合组织层面的绩效管理，企业还应建立起基本的价值评价方法，除了财务维度的价值评价以外，还应该对各种工作过程中的各种定量和定性的工作成果建立起评价的指标或方法。例如，开发成果的价值、技术成果的价值、生产工艺提升的价值等。业绩评价过程还需要财务部门的深入参与，引入更多的管理会计方法并形成内部的计量规则、计算模型等。

随着管理系统中的各种主题的扩展，企业也应开始明确对管理系统负责的决策部门、执行部门和参谋部门。可以逐渐设立企业管理部、运营管理部或流程管理部等参谋部门，这些部门应开始扮演组织内部的管理系统建设的推动者和变革先驱，并与各部门协同工作。

整个组织在不断发展的过程中，还应逐渐开始塑造或强化组织的企业文化，应明确组织的发展目标、行动纲领、日常行为规范等。企业文化的塑造应避免假大空而脱离实际，应尽量倡导实际的、可执行、符合企业价值观的日常行为，塑造真实融洽的企业文化氛围。

4. 衰退期

衰退期的企业业务会明显收缩，企业的经营压力会越来越大，企业需要不断寻找新的发展机会，寻找新的客户或尝试新的产品，也有可能考虑缩减或转移退出。衰退期的组织趋向于僵化，灵活度不够，已有的较为成熟的管理系统在很大程度上会对现有的组织形成约束。因此，这一阶段的管理系统建设的核心，可以说是在去除僵化的精简过程中提升效率和灵活性。

价值链活动的规则方面，企业首先需要对现有的业务进行必要的精简，精简的同时，各类相关的业务流程也应相应地简化、整合。原有的已经较为成熟的价值链条过程中的各种流程规则、制度规范，都应该适当地进行精简，避免过度管理。此外，企业可能还需尝试新客户、新产品的开拓，因此，组织应该逐渐确定探索的方向，以及探索过程中的工作模式、鼓励机制和相关的指导纲领。例如，设立的新的工作流程应足够宽松，并且建立与之匹配的、有别于成熟业务的激励制度，必要时，甚至可以建立全新的、极简的业务模式，就像是导入期的精简结构一样。

决策活动的规则方面，企业需要明确精简的原则、缩减的标准。在产品的组合标准上、客户的组合标准上，都可以重新调整决策的筛选条件。那些发展潜力不大的、长期价值不高的客户或者产品，都尽早地停止，从而减少不必要的资源浪费。对于新业务方面的决策过程，应给予必要的充分授权，让那些直接承担新客户、新产品的人员，拥有更加充分的授权和快速便捷的决策程序。

支持活动的规则方面，组织也应尽量减少支持工作的官僚性带来的效率损失，可以在组织结构方面适当地进行优化、重组。例如，如果组织需要进行人员的精减，应能系统性地识别那些人浮于事的、过多关注以办公室政治为主的、缺乏实际产出能力的人员，并策划各种措施，鼓励那些具有实干精神、创业精神的人。此外，也可组建一些新客户、新产品的推广团队，使必要的人力资源专家、财务专家参与到这些开拓型队伍中，减少不必要的规范性要求，让他们能够以最为快速、便捷的方式开展各种相关的支持活动。

参考文献

[1] 钱德勒．战略与结构［M］．昆明：云南人民出版社，2002.

[2] 中国就业培训技术指导中心组织．企业人力资源管理师：三级［M］．北京：中国劳动社会保障出版社，2014.

[3] 加里·德斯勒．人力资源管理（第六版）［M］．北京：中国人民大学出版社，1999.

［4］奥利弗·E. 威廉姆森. 资本主义经济制度——论企业签约与市场签约［M］. 北京：商务印书馆，2002.

［5］卢斯·班德，凯斯·沃德. 公司财务战略［M］. 北京：人民邮电出版社，2002.

［6］加布里埃尔·哈瓦维尼，克劳德·维埃. 高级经理财务管理：创造价值的过程（原书第2版）［M］. 北京：机械工业出版社，2011.

［7］刘娥平. 企业财务管理［M］. 北京：科学出版社，2009.

［8］保罗·萨缪尔森，威廉·诺德豪斯. 经济学［M］. 北京：人民邮电出版社，2008.

［9］彼得·德鲁克. 管理实践［M］. 北京：工人出版社，1989.

［10］颜士梅. 国外战略性人力资源管理研究综述［J］. 外国经济与管理，2003，25（9）：5.

［11］Wright P M，Mcmahan G C. Theoretical Perspectives for Strategic Human Resource Management［J］. Journal of Management，1992，37：17-29.

［12］朱飞，赵康. 战略人力资源管理研究在中国：二十年回顾［J］. 中国人力资源开发，2013（19）：8.

［13］刘善仕，周巧笑. 高绩效工作系统与绩效关系研究［J］. 外国经济与管理，2004，26（7）：19.

［14］德斯勒，曾湘泉主编. 人力资源管理：第10版·中国版［M］. 北京：中国人民大学出版社，2006.

［15］Becker B，Gerhart B. The Impact of Human Resource Management on Organizational Performance：Progress and Prospects［J］. Academy of Management Journal，1996，39（4）：779-801.

［16］Huselid M A. The Impact of Human Resource Management Practices on Turnover，Productivity，and Corporate Financial Performance［J］. Academy of Management Journal，1995，38（3）：635-672.

［17］Pfeffer J. When it Comes to "Best Practices"—Why Do Smart Organizations Occasionally Do Dumb Things?［J］. Organizational Dynamics，1996，25（1）：33-44.

［18］Guthrie J P. High-involvement Work Practices，Turnover，and Productivity：Evidence from New Zealand［J］. Academy of Management Journal，2001，44（1）：180-190.

［19］王晓玲，谢康. 企业人力资源管理质量相关研究述评［J］. 经济管理，2007，29（9）：88.

［20］Appelbaum E，Bailey T，Berg P，et al. Manufacturing Advantage：Why High-Performance Work Systems Pay Off［M］. Cornell University Press，2000.

［21］法约尔. 工业管理与一般管理［M］. 北京：中国社会科学出版社，1982.

［22］中国质量协会. 全面质量管理［M］. 北京：中国科学技术出版社，2012.

第七章

专业化企业的治理

第一节　生产要素与价值分配

一、资本要素

1. 资本要素的主导地位

人类作为一种生物体，在生存过程中总是需要消耗有形的物质产品。衣、食、住、行等方面的需求就是典型的对物质产品的需求。人类每个个体都无法创造出满足自身所需的所有产品，因此，人们必然需要通过交换的方式获得需要的产品。早期的交换常常是通过物物交换的方式来实现的。

随着经济的发展，通用的货币渐渐成为了物品交换的媒介。在传统经济中，社会的生产活动主要是围绕着物质生产而展开的。无论是农业生产还是工业生产，不同的经济单位都不可避免地要使用到大量的资本资源和物资资源，例如厂房、机器、原材料等。其中，物质资源都可通过货币媒介进行交换。经济单位也需要获得劳动要素，这也可以在人才市场上通过货币媒介以一定的价格进行交换。经济单位通过支付给劳动者的劳务报酬即工资，购买了劳动者的生产能力和生产时间。也就是说，货币作为一种通用的商品交换媒介，在经济社会中具有天然的主导地位优势。

另外，在传统经济中，人们财富的主要形态都是有形的物品。这些有形的财产可以剥离，可以转移，也可以通过物物交换或通过货币进行交换。相比之下，持有货币形态的财富时，与他人进行交换具有明显的便利。也就是说，货币具有天然的良好的流通性，这也使得货币的重要性难以代替。

此外，随着大规模工业化的发展，产生了越来越大型的企业，需要越来越多的资本投入。例如，铁路、大型船舶、石油开采等新的经济组织，都需要投入大量的货币。于是，具有规模的资本则在生产关系中渐渐形成了难以动摇的重要地位。

也就是说，由于货币的通用性、流通性，以及经济发展对货币的需求等原因，渐渐促成了货币形式的资本要素在生产要素中的主导地位。

2. 资本增值的内在动力

由于资本具有通用性、流通性等属性，拥有资本就意味着拥有了随时消费的能力。对于那些拥有资本数额较多的人来说，当他们的当期消费需求并不强烈时，便会产生闲置的资金。另一些人可能因为资金短缺而想要借入一部分资金。于是，缺乏资金的人与拥有富余资本的人之间，便可能会形成一种借贷关系。通常，借方需要向贷方提供一定的利息，对于贷方来说，他的资本在借贷关系中获得了增值。

为何会出现这种资本增值的现象呢？

从资本所有者的角度考虑，如果我们拥有一定的资金，可以随时消费一块面包，这意味着我们拥有随时决定自己是否消费的选择权利。当有人向我们借走这一笔资金时，我们会暂时放弃随时消费的权利。只有当对方再把这笔资金还回来的时候，我们才重新获得随时消费的权利。如果对方把资金还回来的时候，数额没有任何变化，那就说明，我们的消费能力与之前没有区别。也就是说，我们并没有获得额外的好处，仍然只能消费一块面包，但是，我们却平白无故地付出了等候的时间。按照这种推断，我们不会有借出这笔资金给对方的积极性，除非对方能给我们一些额外的补偿，例如，还回来的资金可以购买更多的面包。等候的时间越久，我们则希望未来获得的补偿能够购买越多的面包。

也就是说，借出的资金，会因为延期消费而需要获得额外的补偿，这通常就是资金的利息。延期时间越长对资本增值的补偿要求就越高。这种延期消费补偿说或节欲论的观点，可以解释资金需要增值的原因[1]，对牺牲当期消费所应做出的必要补偿也就体现了资金的时间价值[2]。

如果再考虑到生产率的变化，未来生产一块面包的难度小了，投入成本少了，那么，未来的一块面包就不能等同于当下的面包了，即便没有利息，未来还回来的资金相当于是贬值了。因此，借出去的资金，除了要补偿延期消费以外，还应该补偿货币贬值的空间。如果还考虑到借走资金的人存在拒不归还的可能，则需要对资金损失的风险进行补偿。考虑到资金原本可以投入到其他的投资机会中获得不错的投资收益，就还需要对机会成本进行补偿。期望资本在未来具有同样的消费能力，这是对资本的保值的需求；期望资本在未来具有超额的消费能力，这是对资本增值的需求。这也是人们常说“资本有时间价值，资本是逐利的”的原因所在。

3. 所有权制度

在经济社会中，以资本方式体现的财产是受到法律保护的。例如，根据《中华人民共和国民法通则》第七十一条规定：“所有人依法对自己的财产享有占有、使用、收益和处分的权利。”其中，收益是通过对财产的占有、使用、经营、转让而取得的收入，如存款的利息、房屋出租的租金等都是收益。

与财产所有权类似，在企业所有权中，企业主也可以像上述那样对企业内的财产占有、使用、收益和处分转让。但是，两者也略有区别。在企业持续经营期间，企业主显然并不想对这些有形或无形的财产直接进行处置，而是想获得更多的增值。张维迎解释道，企业所有权指的是对企业的剩余索取权（Residual Claim）和剩余控制权（Residual Rights of Control）（企业本身作为“法人”可以作为财产的所有者）[3]。

所谓剩余，正如许多经济学家所声称的那样，是一个企业的收入与支出之间的差额。约瑟夫·熊彼特（Joseph A. Schumpeter）认为：“所谓‘支出’，是指企业家在生产中的直接和间接支付。对此，还必须加上企业家花费的劳动所应得的适当工资；加上企业家自己拥有的土地的租金；最后，还要加上风险的额外酬金。另一方面，我并不坚持资本的利息应排除在这些成本之外。实际上，它应该包括在内。无论是以明显的方式付出利息，还是——如果资本属于企业家本人——按照如同付给企业家工资以及付给他所拥有的土地以租金的同样核算方式处理。”[4] 剩余就是企业收入在扣除所有固定的合同支付（如原材料成本、固定工资、利息等）之后的余额，这种超过成本的剩余就是“利润”。

剩余索取权就是对扣除所有合同支付之后的余额——“利润”的要求权。也就是说，剩余索取权是相对于合同收益权而言的。合同就是契约。按照有限理性的观点，人在签订契约的时候，无法理性地预见所有的问题，并针对所有的问题拟定有针对性的条约，总有想不到的某些因素无法体现在契约中，因此，契约是不完备的契约。在企业中也是如此，由于企业中的契约是一种不完备的契约，无论是关于企业收入的各种合同，还是企业的各种支出的合同，都无法提前全部约定好，但是，合同约定的支出则必须优先支付。例如，在什么时候、在什么情况下会获得多少收入是不确定的，然而，合同中需要支出材料成本、利息、工资等却是固定的。在这种情况下，不确定的收入扣除确定的支出，会出现一个剩余。这个剩余可能是多出的，也可能是不足的，是不确定的、没有保证的。因此，企业的剩余索取者也是企业的风险承担者。

剩余控制权则指的是在契约中没有特别规定的活动的决策权。经济学家们早已发现，要获得效率最大化，就要求企业家的剩余索取权与剩余控制权应该形成一种匹配关系[3]。也就是说，由于剩余索取权的存在，他想获得更多的剩余，则需要有更多的控制权。因此，能够改变分配关系的控制权就会朝着对自身有利的方式进行分配的制度设计。

概括来看，前述的几种原因都对经济社会的价值分配产生了重要的影响。

①由于资本本身的通用性，流通性等原因，其重要性难以替代；此外，由于资本可购买另外两个要素即土地和劳动，因此，其话语权自然就很高。②资本有增值的内在需求，无论是抵御风险的保值需求，还是扩大未来消费能力的增值需求，都已经成为资本内在的基本需求。③经济社会对财产的承认与保护，对资本增值的权利予以了承认和保护。在市场经济中的所有权制度安排中，资本投资者构成的企业所有者拥有了最主要的剩余索取权和剩余控制权。

因此，可以说，资本通过自身的优势地位和被保护的优势，通过其更大的话语权而追求最大程度的增值，促成了经济社会以资本要素为核心的价值分配传统。

二、劳动要素

1. 企业家才能

（1）内在的能力。

由于资本有增值的内在需求，许多投资者经常宣称资本投资必须保证基础的回报率水平，这种说法表达了资本方对于投资回报率的门槛要求，但这并不代表资本有获得增值的保障。因为，并非任何人在任何情境下都持有一定数量的资本，在自然闲置时也必然能产生利润。他们在寻找资本增值机会的时候，也面临机会的选择决策以及失败的风险，投资者需要投入相应的努力，通过相应的投资、经营、生产等活动才能获得利润。

投资者的这些努力过程也是一种劳动过程，进行这样的劳动需要掌握一种更加特殊的技能，即企业家才能。经济合作与发展组织认为，企业家才能或企业家精神是指企业家勇于创新和承担风险的精神，创新意味着创造新的产品和服务，承担风险涉及对新的市场机会的甄别。该定义涵盖了经济学文献对企业家精神研究的三个重要流派，即强调创新精神的德国学派、注重企业家的风险承担能力和冒险精神的新古典学派、关注企业家对市场机会的识别能力的奥地利学派[5]。

微观经济学认为，在生产相同数量的产品时，可以多用资本少用劳动，也可以多用劳动少用资本，但是，劳动、土地和资本三要素必须予以合理组织，才能充分发挥生产效率。可以说，企业面对市场中的机会与风险时，需要企业家运用他们的才能，将三种基本生产要素组织起来，加以创新利用，才能在投资经营活动中获得增值。因此，企业家才能也是一种重要的生产要素，它与前三种要素之间不是互相替代的关系，而是互相补充的关系。阿尔弗雷德·马歇尔（Alfred Marshall）将这种能力称为生产要素中的第四大要素[6]。

企业家才能作为一种特殊的劳动要素，也有其自身的一些特点。企业家才能是一种独立于资本之外的才能，是与人有关的一种内在的能力，具有独立性的特征。并非所有的资本投资者或持有货币的人都具有高超的企业家才能，即便是他们创办了企业也是如此，因为有许多企业创办不久便面临倒闭的风险。抛开外部因素看，这至少说明他们在企业家才能方面是存在某种不足的。也就是说，企业家才能并不是与资本天生为一体的。也有一些人能够通过借入资本的方式，或在一穷二白的基础上，白手起家，积累起许多的财富。这也说明，企业家才能是独立于资本之外，存在于那些有才干的人身上的一种能力，企业家才能不能简单地等同于资本要素。

企业家才能是人的一种内在能力，是不能直接观察到的，具有隐蔽性的特征。人们大多采用事后的视角，通过人们实际的经营成果来衡量其是否拥有优秀的企业家才能。许多人由于没有机会直接参与到企业经营管理中，很难证明自己有优秀的经营能力。同样，即便处于经营者的岗位，如果经营活动一直没有产生可观的业绩，也很难证明自己具有优秀的经营能力。

也有一些人在过去的经营管理的经历中取得了不错的经营业绩，但是，在后续的经营活动中，随着环境的变化、时间的推移，曾经帮助赚取利润的企业家才能也可能面临不能继续赚取利润的局面，过去的成功经验并非总是能够带来新的成功。因此，也可以说，要么是他们掌握的企业家才能已经不能适应新环境要求了，要么是周围的企业家们的才能的增加而导致其自身的企业家才能相对落后了。这就说明，企业家才能还应该是一种可持续发展的能力，包括不断学习和应变的动态能力。

（2）企业家才能的价值与分配。

这种独立存在于人身上的、隐蔽而不易发现的、在动态中成长的企业家才能，在社会中便成为了一种稀缺的资源。由于同样的生产要素在不同的企业家、不同的经营管理者的整合和经营下可能会产生截然不同的经营业绩，创造出不一样的价值，说明这种稀缺的资源还存在水平的差异。越是高水平的企业家才能，其稀缺程度越高，拥有这种高水平的企业家才能的人员议价能力就越高，他们对自身的回报的期望也越高，常常要求在企业的经营活动中获得更多的价值分配，因为他们拥有更广泛的选择，投资者对他们非常青睐，甚至他们自己可能也拥有较多的资本，也是某些领域的投资者。因此，企业在进行价值分配时，也应考虑企业家才能的因素。

熊彼特说："领导人的企业家性质的活动——它的确是实现这个组合的一个必要条件——可以看作是一种生产手段。通常我不这样去设想它，因为更令人感兴趣的是将其活动和生产手段来对比它们的不同之处。但是在这里，这样的想法有好处。为此，让我们暂时把领导者的作用看成是第三种独立的生产要素。于是，显而易见，新产品的某些价值应归属到它的名下。但是，那是多大的一部分呢？领导人和生产手段是同等重要的，而新产品的剩余价值依赖于他们两者的合作。对此我们毋庸置疑，而且它与我们在前段里的论述并不矛盾。所有价值范畴的适当份量只有由竞争力量来决定，对商品如此，对个人亦然。”[4] 所谓的“适当份量”，可以认为就是价值分配的适当比例，竞争力量可以认为是贡献的程度，以及相互之间的博弈关系或是他们对分配的影响力。也就是说，这相当于表明了一种基本的观点，即价值分配应与要素的贡献程度相匹配，并受到双方的博弈关系的影响。

在实际的经济社会中，现代的国内外的许多企业特别是上市公司的高管，基于他们自身的经营能力及其稀缺性，获得了远远高于当地同行的收入水平，或者通过相关的股权激励机制，参与到公司的剩余价值的分配中。这种非资本要素取得的较高的分配水平，便是在资本要素占主导分配地位的局面上的一种调整，也是对劳动要素创造价值的一种认可。

2. *劳动要素*

虽然企业家才能是指能够对三种基本的生产要素进行合理运用的能力，但是，严格来看，这一概念并非特指企业的创始人或股东的能力，也并非特指企业的决策者如董事长或总经理的能力，而是泛指那些拥有市场洞察能力，能够进行经营思考和经营决策，为企业获得价值增长的综合能力，正如前文所讨论的独立于资本方的能力一样。

从实践的视角看，对这一概念进行进一步的识别的难点在于，哪些人员掌握的哪些能力可以称为“企业家才能”呢？例如，市场研究人员洞察客户需求，进行产品策划并最终促成企业获利的能力，是否属于企业家才能呢？那些销售人员也常常需要洞察市场的机会，通过自己的努力与客户完成价值交换，他们的促成价值交换的才能是否也是企业家才能？对于那些主要从事研发工作的人员，他们也需要洞察市场和客户的真实需求，洞察对产品功能、性能、寿命等方面的需求，然后通过自己的知识和技能把产品开发出来，交由生产部门生产出来并交付给客户，也促成了企业获得增值，那么，他们所运用到的各种能力又是否属于企业家才能呢？同样，生产部门需要洞察生产环境中的客观情况和可能的改善空间，策划生产过程的改进，也促成了企业获得增值，他们的能力是否也属于企业家才能呢？更广泛地看，正如新古典经济理论把管理要素等同于企业家才能的观点[7] 一样，那些从事不同领域的管理工作者拥有的能力是否也是企业家才能呢？

广义地看，在企业中，上述直接从事经营活动、间接从事经营活动、辅助从事经营活动的不同人员之间，他们所运用的为企业创造价值的知识与才能之间并没有绝对的界限。他们的知识和技能都是劳动要素的某一种类型，是劳动要素中的一种具体体现，对应了不同的劳动形式、强度和创新程度等。我们只有采用

"劳动要素"这一概念，才能更好地统一这些不同的才能的共同性质。

当企业家才能因为其独立性、隐蔽性和稀缺性等特点，在其创造的价值中获得了相应的价值分配时，那么，劳动要素中的其他那些虽然不直接称为企业家才能的市场营销、研发、生产、管理等方面的才能，也分别在不同的领域发挥了不同的作用，对企业创造价值产生了重要的影响，这些不同的劳动要素是否也应获得相应的价值分配呢？如果他们都参与到价值分配中，应如何调整分配呢？

然而，资本要素的通用性强、流通性好、具有规模优势等特点仍然占据着主导地位，并且其还有内在的增值要求，而各种不同的劳动要素对应的知识与才能都具有不同程度的局限性，供给方面也不像企业家才能那样紧缺，因此，现代经济社会中的价值分配，总体而言仍然是以资本要素为主的。这也使得资本要素和劳动要素之间不可避免地存在一定的对立关系。

3. 人力资本

（1）人力资源的资本属性。

斯密认为在教育方面投入的费用都可在未来得到偿还。他指出："学习一种才能，须受教育，须进学校，须做学徒，所费不少。这样费去的资本，好像已经实现并且固定在学习者的身上。这些才能，对于他个人，自然是财产的一部分，对于他所属的社会，也是财产的一部分。工人增进的熟练程度，可和便利劳动、节省劳动的机器和工具同样看作是社会上的固定资本。学习的时候，固然要花一笔费用，但这种费用，可以得到偿还，兼取利润。"[8]

西奥多·舒尔茨（Theodore W. Schultz）主张把教育当成一种对人的投资，把教育带来的成果当成一种资本。由于教育的成果与人是不可分割的一部分，无法进行买卖，也不能当作财产来看待，但它却能提供一种有经济价值的生产性服务，所以它应该是一种资本——人力资本（Human Capital）[9]。人力资本主要指凝集在劳动者本身的知识、技能及其所表现出来的劳动能力，是那些可以提供经济价值生产性服务的各种才能。

劳动要素是生产活动中的基本要素，劳动要素就是通过发挥劳动者的知识和技能才产生增值的，而劳动者的知识和技能又是教育带来的成果，因此，人力资本是一切生产资源中最重要的资源之一，是现代经济增长的主要因素。但是，人力资本的形成不是无代价的，需要耗费稀缺资源才能形成，是教育投资的结果。当人力资本在未来使用的时候创造了价值，便相当于当初投入到教育中的投资经过一段时间后产生了回报。

对个体而言，早期的教育投入的货币数量对应了人力资本的早期投入，后期的对人力资本运用而获得的货币数量回报则对应了人力资本的回报。投入越高，则回报越高，这与物质资本的投入回报特征是相似的。加里·贝克尔（Gary S.

Becker）的研究表明，那些人力资本的投入数量不同的人在个人的收入回报上的情况，证实了以教育为主的早期投资确实能带来明显的回报[10]。

从宏观的视角看，经济学家的研究也证实了同样的结论。例如，舒尔茨采用收益率法测算了人力资本投资中最重要的教育投资对美国 1929～1957 年的经济增长的贡献，其比例高达 33%。这一结果被广泛引用，作为说明教育经济作用的依据。

实际上，这种教育投资对经济有益的感知也是广泛存在的经验。中国的传统教育一直都在传递“读书有用论”的观点，其实质上也是高人力资本存量——投入读书可以获得未来更好的回报。教育对个人来说可以提高报酬收入，对国家来说可以增加国家的财富。

从学习的视角看，人的成长过程中都在不断学习，有传统的学校教育，也有非传统的社会学习和职业上的在职学习。只要这些各种各样的学习增加了生产性的才能，它们都可以认为是人力资本的组成部分。同样，在劳动要素中，被称为企业家才能的那些知识和技能，那些从事市场营销、研发管理、生产管理等相关工作的知识和技能，以及那些参与到企业的经营和盈利活动的知识和技能，也都是人力资本的组成部分。

（2）人力资本的投资回报。

采用人力资本概念的好处之一，是可以借鉴资金资本的传统方法来考察资本—收入比率，即资本回报率。例如，机器可看作物质资产，不同的机器其内在的构造不同，因此其生产率以及创造的价值也不同。如果把各种不同的物质资产换算为可计量的资金资本，则可采用现有的财务方法，对这些有差别的物质资产的回报率进行测量和比较。

但是，传统中应用这种做法的时候，这种资金资本仅仅是全部资本中的一部分，因为该方法把人力资本都排除出去了[9]。必须考虑全部的资本总量，才能评估真正的总的资本回报率。引入了人力资本的概念以后，如果能够将人力资源转化为一定数量的资本金额，那么，就可以对总的资本的回报率进行测算了。

劳动要素之所以是重要的生产要素，是因为劳动者使用他们掌握的知识和技能，从事了生产性的活动。也就是说，劳动者通过运用其拥有的人力资本而获得了增值。劳动者的知识技能和各种才能与自然人是无法分割的，不能独立于自然人而存在，因此，如果想让人力资本（知识和技能）发挥生产作用，就需要由持有它的劳动者从主观上对其进行积极的运用。通俗地说，就是需要劳动者主动使用自己的知识和技能开展工作。

由于资本具有内在的增值要求，拥有资金资本的人将他们持有的资金运用于生产活动，是因为生产活动能够产生增值，投入的资金能够获得回报，达到了期望的回报率水平。如果资金的投资回报率太低，因为机会成本的原因，人们会选择其他的投资或者消费，或者放弃努力。同样，要让持有人力资本的人积极形成并运用他们的人力资本，也是因为运用的过程能够产生增值，投入的人力资本能够获得回报，达到了期望的回报率水平。

也就是说，人力资本（即劳动要素）在形成之前需要投入许多的资金资本，这些资本在未来也需要得到补偿。如果补偿的数额不够，导致过低的回报率或者是负回报率，那么人们则没有投资的意愿了。

两者的区别主要在于，资金资本的回报率评估能够用成熟的方法进行计算，而人力资本的回报率在大多数情况下，多取决于人的主观感受和主观尺度，以及一些宏观的要素的综合影响。例如，在改革开放的初期，有一些经商的家庭选择让孩子辍学来帮忙处理家中的生意，其实就是基于这种投入回报率评估的一种选择。

按照人力资本概念，人力资本形成以前的投入是各种教育的成本，回报则是使用人力资本后带来的增值。因此，为了评估人力资本回报率，便需要进一步分析它们的构成。

从整个社会来说，一个成年的劳动者，必然要由整个人类社会承担其从小孩抚养到成人的一个抚养成本，包括医疗、教育、交通等公共设施的成本。前期的这种投入资源是由整个社会，包括国家的政府、社区、学校、医院等公共部门和家族、家庭等共同来完成的，当然也可能包含企业内在劳动者上岗前的教育投入。

也就是说，劳动者的人力资本的形成，来自各方的教育投入，相应地，各方也都期望获得相应的回报。或者说，人力资本所创造的价值，也应该回馈给整个社会，包括社会公共部门、家庭、企业以及个人等多方面的主体。从这个意义上看，人力资本是整个人类社会的资本。

显然，这些回报都来源于人力资本在企业中运用以后产生的价值增量。其中，社会层面的回报，以纳税和消费者的消费或捐赠等方式得到了体现；劳动者个人及其家庭所期望得到的回报，都体现在劳动者的税后收入之中；企业的投资者期望的回报，则体现在了投资的剩余利润上，这是扣除了各项开支及前述的分配内容后的剩余。

企业的增值是各种生产要素综合运用的结果，因此，可以分别考察企业的价值增量的来源与分配关系。其中，劳动者的投资收益主要是人力资本带来的收益，而股东的收益，既包含了资金资本的投资收益，也包含了组织中人力资本带来的收益。可见，各个主体之间的期望存在一定的博弈关系。在总量不变时，一方获得更多，意味着其余方获得更少。要想各方同时获得更多，就必须共同努力增加企业总的价值增量。然而，由于边际效应的存在，增加总的价值增量方面的难度会越来越高，直到达到一个转折点，因此，博弈关系总是存在于实际的分配关系中。

而从经济制度中的分配倾向看，劳动者的回报主要是以固定契约的方式获得的，而股东则是扣除固定契约支出后的剩余利润的获得者，因此，典型的分配制度确实是更倾向于以资本要素为主的。

为了解释这种倾向的合理性，经济学中强调经营风险的观点认为，因为股东承担了经营失败的风险，所以股东应优先享有剩余利润。然而，按照人力资本的观点来推断，如果经营失败，劳动者也会损失人力资本投资的损失，例如教育投入、机会成本、时间成本等。因此，他们也应有机会享有人力资本带来的风险收益。

所以，分配问题就成为了投入生产要素并获得回报的中心问题。

三、价值分配

1. 经济中的价值分配

在经济社会中，人力资本是在经济组织中参与生产活动的。从劳动者的视角看，人力资本形成前的投入成本是过往的所有的教育成本，人力资本获得的回报的形式主要是劳动者的总薪酬收入，这既包括了固定的合同工资，也包括一些福利或浮动的激励收入。从人才市场的雇佣关系看，劳动者的薪酬收入就是雇佣的价格。从股东的视角看，其投入的人力资本包括雇佣劳动者的工资支出，以及对劳动者持续进行训练的各种投入，而人力资本获得的回报的形式是经营的利润，是扣除了一切的营业成本，包括劳动者的薪酬在内的各种成本之后的剩余利润。劳动者的收入越高，劳动者的人力资本投入回报率就越高，但相应地，股东的利润便减少了，相对于股东投入的人力资本的总成本而言，股东权益中的人力资本投入回报率就低了。双方之间的共同成本因素是劳动者的薪酬。也就是说，劳动者薪酬是企业的价值分配中的焦点。

经济环境的变化会影响人们对资本回报率的期望水平。例如，经济景气时，人们希望投资获得更高的回报率，反之，人们能够接受更低的回报率水平。同样，人力资本对回报率的期望还受到一些其他因素的影响。例如，人力资本市场或人才市场的供需关系、经济发展水平、居民收入水平、社会保障等，都会不同程度地影响雇佣关系中的价格水平。

无论各种因素如何影响投入与回报的关系，按照理性人的假设看，人们对投入回报率仍然有最低的限度要求，并采用投资回报率（Return on Investment，ROI）来进行衡量。不过这一概念对应的是总的资本投入，因此，针对资金资本和人力资本各自的投入而言，其对回报率的要求也可以分别进行考察。

例如，从资金资本的角度看，资本拥有者面对一项资本投资回报率（Return on Capital Investment，ROCI）过低的投资项目时，是缺乏投资意愿的。通俗地说，是不愿意进行亏本的投资。同样，如果经济中的收益价值主要由资本要素享有，对持有人力资本的劳动者来说，过低的人力资本投资回报率（Return on Human Capital Investment，ROHCI）也会使他们缺乏创造剩余价值的工作动机，因为他们同样也不愿意进行亏本的投资。这与资本所有者的投资决策评估是一样的。

也就是说，如果资本要素和劳动要素是由两类所有者所拥有的（某些情况下，有些人同时拥有这两种要素），提供人力资本的所有者和提供物质资本的非人力资本所有者，他们各自都有追求投资回报率的基本需求[3]。他们对投入回报率的基本要求，即投入与回报应至少处于平衡的状态，各自回报的额度应能够弥补其前期的各种投入。

然而，经济社会是由无数的经济单元组成的。每个经济单元都能够在一定范围内调节其内部的价值分配。而且，由于经济中的所有权制度原因，许多企业的实际的价值分配都是以资本要素为主的，对人力资本——劳动要素的分配比重可能存在不足。当这种价值分配的失衡越来越普遍时，便可能会导致越来越多的人丧失工作的热情，演变成一种社会现象，影响总体的经济表现。

2010 年以来，日本呈现出一种“低欲望社会”的现象：现在 35 岁以下的年轻人，自开始有所追求的时候，就经历了“失去的 20 年”那通货紧缩不景气的黑暗时代，因此他们当中的大多数人形成了这样一种认识：不只是房贷，连结婚生子等所有的风险和责任都不想承担。在公司上班也是如此，工资基本不涨，自己想干的事又不能干，而只有责任变重的职务，令人失去干劲，这样的年轻人在增加。像以前那个年代的职业的理想抱负，已经在日本大部分年轻人身上丧失殆尽。加之考虑到人口减少和超高龄化趋势越发加剧等，大家都不想背负风险[11]。这可以认为是国民经济和国民教育发展到一定程度以后，社会上的青年面对分配问题的一种无声的反抗。

用发展的眼光来看，市场这只“看不见的手”也具有一定的调节能力。随着社会的持续发展，经济中的劳动要素的供需结构也在逐渐发生变化。需求方面，经济的蓬勃发展也使得企业的用人需求不断攀升，而技术进步和激烈的竞争压力使得企业对劳动者的技能的要求越来越高。供给方面，社会的人口结构越来越趋于老龄化，培养掌握熟练的、复杂的知识和技能的人员的培养周期也很长，那些已经掌握了丰富技能的劳动者也越来越强调其劳动的内在价值，并越来越频繁地与资本所有者进行抗争，或者流向他们认为价值分配更为均衡的地方。供需关系的变化又促使经济单元不断调整其内部的价值分配，朝着更为均衡的方向逐渐发展。

典型的例子是西方工业化进程中的工人待遇的变化过程。在发达国家工业化的早期，大量的人无事可做，没有收入来源。这个时候，一份能够换取报酬的工作岗位就是这个劳动力交易的最好的报酬，所以，即便薪酬、福利或者说员工待遇的各种条件方面都非常糟糕，工人们也愿意忍受。然而，随着工业的持续发展，工人们的收入增长，工人们的自我意识、安全意识、健康意识等也逐渐觉醒，人们满足自身的各种需求的期望越来越大，因此，逐渐出现了工人运动，人们开始追求更少的劳动投入和更多的工作回报。1889 年，要求实行八小时工作制的工人运动获得了一个标志性的里程碑进展，由恩格斯领导的第二国际在巴黎举行代表大会，会议通过决议，把 5 月 1 日定为国际劳动节。这是雇员在对价值分配严重不满时，与投资者力争的一种标志性的、阶段性的均衡成果。

中国国内的市场经济进程中，某种程度上也存在类似的现象。从 20 世纪 80 年代开始兴起了打工热潮，人们纷纷从全国各地涌向沿海的发达城市，去谋求一些打工机会。到了 2010 年以后，国内一些经济发达地区逐渐出现了“用工荒”的现象，即便是不断上涨的平均薪酬也难以让很多人安心地留在沿海地区，因为他们对薪酬感到越来越不满意。许多企业面临用人的压力，纷纷提升劳动者的薪酬水平，或提出不少吸引人才的举措。不少地方政府都从政策层面进行人才争夺，吸引优秀的人才到本地发展。

这些现象都反映了劳资双方之间从力量悬殊到力量相持的一种均衡发展的过程。也是各种生产要素在社会生产关系中不断朝着均衡变化的一种自我调节的体现。

然而，对单一的企业而言，被动的响应或许并不足够。为了不断适应新的经济环境，不断提升企业在经济中的竞争优势，企业应该更加积极主动地进行改变，在生产要素的获得和利用、对生产要素创造的价值评估以及不同要素之间的价值分配等方面，不断调整、不断优化。

2. 价值分配改善探索

随着劳动要素在生产要素中的作用越来越被认可，拥有高知识、高技能的高人力资本人员在企业中发挥越来越重要的作用，越来越多的人开始探讨如何优化价值分配结构。有许多企业在这方面走在了前面，不断探索价值分配改善的实践模式。

例如，华为公司公开披露的 2013 年年报显示，公司推崇艰苦奋斗的价值理念，公司认为自己没有任何稀缺的资源可以依赖，唯有艰苦奋斗才能赢得客户的尊重与信赖。奋斗体现在为客户创造价值的任何微小活动中，以及在劳动的准备过程中为充实提高自己而做的努力。公司坚持以奋斗者为本，使奋斗者得到合理的回报。公司将这种奋斗的理念，通过股权的方式与全体员工进行价值分享。其年报数据还显示，华为是100%由员工持有的民营企业。股东为华为投资控股有限公司工会委员会（以下简称工会）和任正非。公司通过工会实行员工持股计划，员工持股计划参与人数为84187人（截至2013年12月31日），参与人均为公司员工。员工持股计划将公司的长远发展和员工的个人贡献有机地结合在一起，形成了长远的共同奋斗、分享机制。任正非作为公司个人股东持有公司股份，也参与了员工持股计划。截至2013年12月31日，任正非的总出资相当于公司总股本的比例约1.4%。这样的股权结构也说明，其价值分配与其价值主张是一致的。

也有许多企业尝试在分配机制上进行探索和改良。例如，据和讯网统计，国内的上市公司的股权激励也逐渐形成一种趋势，其发展过程大致可以分为三个阶段：2006~2010年为股权激励业务发展初期，年均公告数量为两位数，平均每年仅公告40个股权激励计划；2011~2014年股权激励计划公告数量稳步增长，年均公告数量达到121个，实现了年均27.7%的增长率；2015~2019年，股权激励年均公告数量达到323个，实现了19.0%的年均增长率[12]。

政府方面也在倡导分配制度的改革。2021年6月10日，国务院发布了《国务院关于支持浙江高质量发展建设共同富裕示范区的意见》，意见中提到："以习近平新时代中国特色社会主义思想为指导，深入贯彻党的十九大和十九届二中、三中、四中、五中全会精神，全面贯彻落实习近平总书记关于浙江工作的重要指示批示精神，坚持稳中求进工作总基调，坚持以人民为中心的发展思想，立足新发展阶段、贯彻新发展理念、构建新发展格局，紧扣推动共同富裕和促进人的全面发展，坚持以满足人民日益增长的美好生活需要为根本目的，以改革创新为根本动力，以解决地区差距、城乡差距、收入差距问题为主攻方向，更加注重向农村、基层、相对欠发达地区倾斜，向困难群众倾斜，支持浙江创造性贯彻'八八战略'，在高质量发展中扎实推动共同富裕，着力在完善收入分配制度、统筹城乡区域发展、发展社会主义先进文化、促进人与自然和谐共生、创新社会治理等方面先行示范，构建推动共同富裕的体制机制，着力激发人民群众积极性、主动性、创造性，促进社会公平，增进民生福祉，不断增强人民群众的获得感、幸福感、安全感和认同感，为实现共同富裕提供浙江示范"。"收入分配制度改革试验区。坚持按劳分配为主体、多种分配方式并存，着重保护劳动所得，完善要素参与分配政策制度，在不断提高城乡居民收入水平的同时，缩小收入分配差距，率先在优化收入分配格局上取得积极进展。""优化政府、企业、居民之间分配格局，支持企业通过提质增效拓展从业人员增收空间，合理提高劳动报酬及其在初次分配中的比重。健全工资合理增长机制，完善企业薪酬调查和信息发布制度，合理调整最低工资标准，落实带薪休假制度。完善创新要素参与分配机制，支持浙江加快探索知识、技术、管理、数据等要素价值的实现形式。拓宽城乡居民财产性收入渠道，探索通过土地、资本等要素使用权、收益权增加中低收入群体要素收入。丰富居民可投资金融产品，完善上市公司分红制度。鼓励企业开展员工持股计划。"[13] 这次的意见多次提到有关分配的改革，包括要素层面的分配改革，以及完善再分配制度、建立健全回报社会的激励机制等，在经济制度的基础层面进行了高瞻远瞩的改革指导。

2021 年 8 月 17 日，习近平总书记主持召开中央财经委员会第十次会议，会议中强调："党的十八大以来，党中央把逐步实现全体人民共同富裕摆在更加重要的位置上，采取有力措施保障和改善民生，打赢脱贫攻坚战，全面建成小康社会，为促进共同富裕创造了良好条件。""要尽力而为量力而行，建立科学的公共政策体系，形成人人享有的合理分配格局，同时统筹需要和可能，把保障和改善民生建立在经济发展和财力可持续的基础之上，重点加强基础性、普惠性、兜底性民生保障建设。""要坚持以人民为中心的发展思想，在高质量发展中促进共同富裕，正确处理效率和公平的关系，分配、三次分配协调配套的基础性制度安排，加大税收、社保、转移支付等调节力度并提高精准性，扩大中等收入、低收入群体收入，合理调节高收入，取缔非法收入，形成中间大、两头小的橄榄型分配结构，促进社会公平正义展，使全体人民朝着共同富裕目标扎实迈进。"[14]

3. 改善方法探索

（1）人力资本创造的价值衡量。

虽然劳动要素的重要性一直都存在，并通过人力资源和人力资本的概念进一步强调了其重要性，但是，反映到价值分配系统的层面看，这方面的收效仍然不多，其中的一个难点在于计量的问题。由于在投入方面难以统计，也难以精确地计算产出。对这种人力资本进行定量的估算，仍未取得一致的观点[15]。例如，投入的历史成本的构成方面、知识和技能的水平方面、劳动时的专注方面、劳动时间的连续或不连续方面、同样的人力资本拥有者从事不同工作内容时产出的价值差异方面、劳动者的价格报酬方面等，都存在具体的认定困难。这也是现代社会的剩余价值的分配体系在执行上仍然是以资本要素为主的重要原因。限于篇幅，我们简要讨论一下涉及的主要变量及测算方法的构造思路。

结合人力资本的概念考虑价值分配，需要测算投入的资本数量和回报的数量。考虑到社会、家庭、个人、企业等多方主体中，社会和家庭的投入几乎都体现在个人的教育投入上，社会和家庭的回报数量几乎都体现在劳动者的税前收入中，因此，重点要测量的就是劳动者个人视角和企业视角的人力资本的投入和回报。

人力资本投入方面。舒尔茨认为，物质资本所采用的习惯做法是估算用于生产这些资本的费用所形成的资本量，也就是历史投入的累积成本，这种方法同样可以用于人力资本形成的估算。目前一般采用测量人力资本的存量的较普遍的方法之一，通常会采用过去投入的投资资源的货币数量以及这期间所放弃的那些机会成本。当然，在历史的花费中，究竟哪些花费是属于投资教育，哪些是属于消费，还需要细细考察，他提出了五种典型的分类内容：①医疗和保健，包括那些影响一个人的寿命、力量强度、耐久力、精力和生命力的所有费用；②在职人员培训，包括企业所采用的旧式学徒制；③正式建立起来的初等、中等和高等教育；④不是由企业组织的那种未成年人举办的学习项目；⑤个人和家庭为了适应变换就业机会的迁移。

通过对上述变量的分析，可以发现它们的主体有差别。有些投入来自社会、家庭和个人自身的努力，也有一些来自企业。因此，这些投入可以按照投入的主体进行归类。考虑到个人的税前薪酬已经体现了对社会和家庭的相应回报，因此，归类先主要考虑个人投入（含社会与家庭）与企业投入。

个人投入的测算有赖于前期的历史投入数据的记录，并且还应在上述各类数据基础上，适当考虑社会的公共资源的获取。例如，义务教育的资源是由政府提供的，但也同样对人力资源的形成产生了重要的影响。另外，由于教育的周期较长，投入资源的数量也应体现经济增长和通货膨胀等因素。不过，还有一些因素难以体现，例如，个人在学习方面的努力程度也是影响其人力资本（知识与技能）的重要因素，并且对未来创造的贡献有较为重要的影响。

企业投入的测算至少包含了两部分。一部分是员工的薪酬，通过雇佣关系获得了员工的存量人力资本的使用权，这既可以通过会计数据以资本投入的方式体现，也可以看作人力资本的投入；另一部分是企业对员工的继续教育所投入的部分，有一些是通过明确的正式训练课程，具有明确记录的资金投入信息，这部分处理方式可以像对待薪酬一样，还有一些则难以衡量，例如，在工作过程中产生的新知识的训练、技能熟练度的训练等，但这些也对员工创造价值有重要的影响。

从企业的投入回报方面看，企业的要素中，土地、设备等都可以较为方便地转换为资金，一些无形资产，如知识产权、商誉等，也可以通过财务方法转换为资金，因此，我们可以重点考虑资本要素和人力资本要素两大类。企业创造的价值增量来自对所有要素的综合利用，因此，企业的增值必然分别来源于资本要素的贡献和人力资本要素的贡献。

资金资源本身并不会自动创造价值，因此，从较为严格的条件看，经济中的各种主要的利率水平就代表了经济中的资金要素的贡献水平，在此基础上，可以再适当地考虑投资者的投资期望、风险偏好、经济波动、机会成本等方面的因素，可以估算出资本要素的贡献。

企业全部生产要素的总的增值是可测量的，在每个经营周期中，都可通过财务方法进行完整的测量。因此可以说，扣除了资本要素带来的贡献外，都是人力资本要素带来的贡献。因为只有通过劳动要素，运用人力资本的知识和技能，对各种资本要素中的厂房、设备、仪器、工具等进行相关的生产活动，资本要素才和劳动要素共同完成了企业的增值。

企业的人力资本又是由不同的劳动者组成的，包括那些拥有企业家才能的高层经营管理者、掌握各种知识和技能的各种劳动者。他们分别在不同的岗位，以不同的方式，共同地创造价值。如果能够分别对他们各自的人力资本投入、工作的性质、努力的程度等进行估算，便可由此设计出更为合理的分配结构。

上述的思考过程中，我们至少面临两个核心的挑战。第一个挑战是，在传统的资本要素占主导地位的经济传统中，要让资本要素的回报率停留在一个相对固定的区间，几乎是无法得到支持的。因为很难想象在经营利润达到较高的水平时，股东仍然愿意参考利率的水平为自己分配投资收益。他们愿意承担投资风险，正是因为他们期望有尽可能高的收益水平，投资者会使用他们对企业的影响力，朝着对他们最有利的方向进行企业的价值分配。通常，只有投资者自己已经认识到，改善分配结构能够更有利于企业获得利润，并因此增加了他们自己的收益总额，或者是竞争压力加剧，使得现有分配结构可能会损害他们利益的时候，他们才愿意认真思考价值分配结构的调整。然而，那些更有前瞻性的企业，则可能已经从主动调整价值分配结构的过程中，激发了整个组织的人力资源的工作积极性，进一步提高了生产要素产出率水平，获得了更为强大的组织竞争优势。

第二个挑战是，对各类劳动者的贡献进行合理的测算存在操作的困难。因为，人力资本的产出很少单独体现出来，除了那些几乎纯粹以单个人力劳动为产品的行业如教育、培训、手工艺等，在更多的行业中，人力资本创造的价值都附加到有形或无形的产品和服务中了，而那些产品的交易价格，主要体现为资本（如产品或服务本身的会计成本）的价值增量和生产人员的平均的劳动价值。要想准确地识别出由劳动者的知识和技能所产生的价值是多少，是极其困难的。要想知道不同的劳动者，测量他们的人力资本存量的差异（也就是他们的知识和技能所存在的这种差异价值），测量这种差异所产生的价值增量又是如何，则几乎是不可能实现的。一方面，这需要构造极为复杂的规则与算法，而且也仍然不可避免地存在误差；另一方面，这需要投入大量的资源，消耗企业的利润，可能也是不经济的。

也就是说，虽然我们可以衡量出最终的、完整的产品交付所产生的经济价值，也能够估算出资本要素的投入与大体的贡献，并大致估算出所有人力资本的贡献水平，但是，在具体到不同的劳动者，不同的工作岗位时，仍然存在许多困难，缺乏简便易行、有效的方法。

即便如此，我们仍然不能也不应该忽略人力资本所创造的那一部分价值。它并不会因为我们难以计算而改变其客观存在的性质。在企业中，如果不能将这种基于价值创造的观点和相应的价值分配进行联动设计，而劳动者又无法参与制定或改变分配的规则时，他们将会出于在人力资本投资回报率方面的评估而影响实际的工作的积极性意愿，而这显然会影响企业整体的价值创造的综合能力和创造的水平。

一种参考的折中思考是，以企业已有的数据为基础，在可统计到的人力资本的投入水平上，将人力资本的投入数额与资金资本的投入数额进行横向对照，分析其投资回报率及相应的贡献水平。例如，假定总的利润可以区分为资金资本创造的利润 p1 和人力资本创造的利润 p2，当成本结构仅考虑资金资本投入时，对利润 p1 而言可计算出资本投资回报率 ROCI，当成本结构仅考虑人力资本投入时，对利润 p2 而言可计算出人力资本投资回报率 ROHCI，当成本结构考虑为资金资本和人力资本总和时，对总的利润而言可计算出总的投资回报率 ROI。各变量存在简单的数学关系如式（7-1）至式（7-3）所示。

$$p1 \div 资金资本投入 \times 100\% = ROCI \tag{7-1}$$

$$p2 \div 人力资本投入 \times 100\% = ROHCI \tag{7-2}$$

$$(p1+p2) \div (资金资本投入+人力资本投入) \times 100\% = ROI \tag{7-3}$$

由于实际的总利润是已知的，资本投入是可计量的，当人力资本投入也可计量或采用近似值时，ROCI 是可计算的。区分 p1 和 p2 的重点就在于 ROCI 和 ROHCI 的数值。由于在人力资本也采用资金计量时，它便与资金资本一样，两者都有追求高的投资回报率的需求，因此，若令 ROCI 和 ROHCI 两者处于接近的水平，这时，便能以一种较为均衡的方式，拆分出 p1 和 p2 的值，也就相当于测算出了各自的经济贡献。而在一些不同的行业，例如，有些行业特别要求那些稀缺人才，特别强调那些高人力资本要素的贡献的水平。那么，则可以在这两个回报率之间，进一步向人力资本回报率 ROHCI 部分做出倾斜，反之亦然。

运用这一思路，可以估算出所有的人力资本的贡献水平。同样，如果将整个组织的人力资源适当地进行若干分组，将那些具有接近投入回报率的部门，如研发人员、销售人员、生产人员等，分别看作同一种类别，便可粗略地拆分出各类人员的贡献水平。

（2）面向岗位的价值评估。

实践中，为了在每个个体上都进行恰当的薪酬设计或价值分配，常常需要面向每个人或每个岗位的价值评估。这同样可以基于人力资本的观点进行方法构思。例如：①人力资本的存量，本应统计过往投入的资金金额，可以考虑以对知识与技能的水平的评估结果来代替。②人力资本相对于资金资本的重要程度，或人力资本在企业业绩中的贡献占比，可以通过特定的岗位承担的责任大小来间接代替。这样，可以构造出一种相对合理的价值评估的框架，作为激励与分配的重要基础。

这方面的一种典型方法是由美国工资设计专家爱德华·海（Edward Hay）于1951年研究开发出来的海氏评估法，又叫“指导图表—形状构成法”（Guide Chart-profile）。由于其一定程度上解决了不同职能部门的不同职务之间相对价值的相互比较和量化的难题，已成为全世界广泛使用的分析性工作评估方法之一，尤其是针对高管和高层管理人员的工作[16]。

这一方法主要考虑了三种最基本的因素：第一种因素是专业技术知识，这是完成工作绩效所需要的所有的知识和技能，也可以说，这就是存量的人力资本；第二种因素是解决问题的能力；第三种因素是责任的因素。如果说第一个因素代表了静态的能力，那么第二种因素则强调人们如何使用这些能力，特别是在识别问题并创造性地提出解决方案时，可能会反映出他们不一样的思维方式。虽然这可以认为是能力的一部分，但是它更大程度地体现了一些感性和直觉方面的特征。而对于第三种因素责任来说，责任通常对应着各种任务要完成的最终结果，特别是对于高层的管理人员来说，他们的工作描述很难写得非常详细，但是他们对结果负责意味着他们也要关心执行过程中的各种琐碎的细节是否能够正常完成，因此，责任的大小也是他们利用专业能力解决问题并最终反映在结果的好坏程度的体现。

如此一来，这种方法就把这三个要素联系了起来。对某个岗位进行评估时，同时考察这三个因素，分别对每个因素进行难易程度、大小程度、高低程度等各方面的评估，并考察各个因素的权重书评，因此，可以获得一种综合的加权评价值，这个值就很大程度上反映了被考察对象对组织的贡献程度。

由于每个人的分工有差异，职责也不同，岗位对专业能力的要求是不一样的，对解决问题的能力的要求也不同，同样地，各岗位要承担的责任大小也不一样，于是，每个岗位在这三个要素上的评价结论也不相同，最终每个岗位的加权评分也就不同。因此，组织便可基于每个岗位，分析出各个岗位对组织的贡献水平。

考虑到每个组织都存在差异，每个岗位也可能存在差异，企业在应用海氏评估法时，并不能直接照搬其他企业的岗位设计、影响因素、评价标准等，而应该结合企业自身的情况进行专门的设计，因此，这一方法还发展出较为友好的图形化指导工具，以方便那些设计和实施的管理人员。或许这就是提出者将其命名为指导图表的原因。

（3）基于价值评估的分配实践。

企业的价值分配方式就是在资本要素和人力资源要素之间进行不同的分配比例。那么，在极端倾向于资本所有者时，人力资本只获得很少的报酬，并且是以固定合同的方式获得的，资金资本所有者获得全部的剩余利润。在极端倾向于人力资本所有者时，资金资本提供者获得与银行利率相当的收益水平，人力资本获得所有的剩余利润。实际的分配方式往往介于这两种之间的某个平衡的区间。基于价值评估的基础，企业则更有机会找到更为均衡的分配比例，设定出更为合理的薪酬激励规则。

考虑到价值评估活动和分配活动都存在相应的管理成本，为了在成本与效率之间再取得均衡，不同企业在分配时也会采用不同的方式。大体而言，常见的分配方法包括浮动薪酬制、二次分配法或多次分配法。

所谓的浮动薪酬制，是在员工的固定薪酬基础上，根据企业的盈利情况，让员工也有某种程度的浮动收益，浮动的比例来源，既可以参照企业的盈利增长，也可通过绩效的评价进行设定，甚至可以由企业的最高决策者指定。不同方式确定的比例系数具有不同程度的依据，其说服力也不尽相同。为了使分配更为均衡，通常应尽可能地考虑不同类型的岗位的贡献价值，就像海氏评估法一样，或者结合其他的地区差异，供需关系等相关的影响。应尽量避免完全由决策者指定，甚至只是口头的指定，这会使组织成员因为无法预期而难以达到激励的效果。

由于浮动薪酬制中，员工收入与公司的利润具有一定程度的挂钩，这也相当于参与了公司的剩余索取权，对掌握人力资本的劳动者有一定的激励作用。并且，在比例分配的系数设定上具有较高的灵活性，因此，是一种简便易行的常见的分配方法。

二次分配法则通常采用分步分层的方式确定具体的分配关系。例如，先计算所有的人力资本的总贡献，以此明确所有人力资本的分配总额。然后，分别估算各个岗位的贡献水平，由所有岗位来分享这一总额。实际应用时，也可以以部门或团队为单位，把相应的整个团队视为一个整体，衡量整个团队创造的经济贡献水平，以此来估算其可以获得的总额。然后评估团队中的成员各自的贡献，大家共同分享团队的总额。在这种情况下，分配的次数可能会超出二次，如先算公司整体，再算部门整体，接着算班组整体，最后到个人，因此也可认为是多次分配法。

二次分配法同样可以采用前述的各种方法来提高其准确度。由于在计算总额时考虑的是一个整体，因此，数据收集可以以整体的产出进行衡量，操作难度更低。此外，整体评价受到个体评价的波动影响较小，因而准确度更佳。例如，当部门每个成员的绩效评估都是高水平，但部门总的产出却很差时，先考虑部门的总产出则更容易获得真实的判断。并且，在进行二次分配或多次分配时，特别是在部门或团队中分配时，参与到分配主持方的管理者对每个成员的熟悉程度更高，更容易判断各个成员及其岗位的价值评估的合理性。

第二节 代理问题与一般治理

一、代理问题

1. 代理问题概述

资本要素有内在的增值需求，因此，资本拥有者在企业中有为自己获得利益最大化的需求。现代的企业常常由许多人共同出资组成，不同的投资者分别占有不同的资金份额，但他们也同样有为自己获得利益最大化的需求。企业除了投资者提供的资本要素以外，还需要组织劳动要素，也就需要雇用那些掌握人力资本的劳动者参与到企业的经营中。同样，人力资本也具有内在的增值需求，他们也有为自己获得利益最大化的需求，否则他们便缺乏足够的积极性来运用他们掌握的人力资本。也就是说，不同的自然人主体都存在追求自身利益最大化的动机和行为，或简称自利的行为。这方面的典型例子可参考扩展案例 2-1。

要让每个人都选择帕累托最优定律（即自己获得更多好处还不影响别人）的努力水平是不可能的，企业所有权安排必须在不同成员的积极性之间做出取舍[3]。例如，企业的投资人数量较多，无法让每个投资者都在事实上参与企业的经营管理，那么，那些实际参与管理的投资者可能会由于争取了最大的利益而损害了其他未参与经营的投资者。同样，在投资与经营分离的情况下，那些提供人力资本的经营者，可能会由于争取了最大的利益而损害了资金资本投资者的利益。

经济学家认为，造成这种现象的原因是他们互相之间存在一种委托代理关系，这种自利的问题就是代理关系中存在的基本问题，也叫代理问题。

所谓的委托代理关系是指，一个或多个行为主体根据一种明示或隐含的契约，指定、雇佣另一些行为主体为其服务，同时授予后者一定的决策权力，并根据后者提供的服务数量和质量对其支付相应的报酬。授权者就是委托人，被授权者就是代理人。通俗地说，代理关系就是人们常说的责权利关系。责就是委托人委托给代理人的事务，是代理人应该承担的责任；权就是委托人授予代理人的决策权力；利就是委托人提供给代理人相应的报酬收益。通常所说的“责权利对等”表示，代理人承担的责任越大，他需要综合评估各种事项并临机决策的权限要求就越多，这些决策权限对人的要求越高，要求其投入的精力也越多，因此，代理人要求的补偿即收益回报也就越多。

一般认为，经济发展过程中的社会分工导致了代理制的出现。例如，斯密就曾发现，商人团体会委托代理人对殖民地的荒地进行改良耕作来获取利润；银行委托代理人替他们收集货币；担当行政职责的人委托代理人代为处理私人诉讼等[8]。在当事人双方中，代理人一方代表委托人一方的利益行使某些决策权，则代理关系就随之产生了[17]。

让-雅克·拉丰（Jean-Jacques Laffont）和大卫·马赫蒂摩（David Martimo-rt）指出，企业内部也同样需要代理制[18]。资本具有很好的流通性，资本的所有权可以租、借、出让，因此，所有权和经营权可以分离。20 世纪 30 年代，伯利（Jr. A. A. Berle）和米恩斯（Gardiner C. Means）等，因为洞悉企业所有者兼具经营者的做法存在极大的弊端，提出所有权和经营权分离[19]，倡导所有权和经营权分离，企业所有者保留剩余索取权，而将经营权利让渡。由于人力资本具有不可分割的特点，人力资本的拥有者与使用者必然是一个整体，无法像资金资本那样进行分离。投资者要用到他人的知识和技能，则必然存在委托关系。投资者也可以选择自己亲自经营，这就意味着自己也是自己的代理人，例如，许多企业在创业的早期都是由投资者亲自作为经营代理人的，并且有不少企业直到生命周期结束都仍然维持这种方式。在多个股东之间也可能存在互相的代理关系，例如有人负责销售，有人负责研发，但也许不同的股东在销售方面都有自身的经验，因此负责销售的人员在某种程度上则成为了其他股东在销售方面的事务的代理人。因此，代理关系是普遍存在的。

在典型的经济制度中，剩余索取权（利润）是由资本拥有方来享有的。但是，人力资本也是一种资本，人力资本的拥有者同样有获得增值的内在需求。虽然人力资本难以衡量，存在操作的价值评估问题，但其增值的目标和原理与资本是一样的，既要补偿投入成本，也要补偿延期消费，但是，在典型的经济制度下，人力资本的拥有者通常无法或很少享有剩余索取权。因此，如果双方待分配的利益是一个整体，双方则不可避免地存在一定程度上的利益争夺，形成对立和冲突。

例如，企业股东委托董事会时，董事会可能存在自利而损害股东利益；大股东作为代理人时，可能存在自利而损害小股东利益；经营者作为代理人，可能存在自利而损害股东的利益；部门经理或员工作为代理人时，可能会损害公司的利益。有关这方面的例子，可参考扩展案例 2-2。

2. 代理问题的对策：委托—代理理论

为了尽可能地对代理人的行为和决策进行控制，保证其为服务与委托人的基本目标，委托—代理理论认为，应通过一套内部和外部的控制措施或控制系统，来协调委托人与代理人之间的利益冲突。

迈克尔·詹森（Michael C. Jensen）和威廉·梅克林（William H. Meckling）在 1976 发表了《企业理论：管理行为、代理成本与所有权结构》，构建了委托—代理理论分析公司治理问题的基本框架[20]。他们将代理关系定义为一种契约，在这种契约下，一个人或更多的人（即委托人）聘用另一人（即代理人）代表他们来履行某些服务，包括把若干决策权委托给代理人。当股东与经理人员都是效用最大化者时，就有充分的理由相信，经理人员不会总以股东的最大利益行动，为了解决这个问题，股东必须给予经理人员适当的激励，以及通过提高约束代理人越轨活动监督费用，可使得双方利益偏差有限[21]。

需要激励对策是因为代理人不会无偿替委托人做事，委托人必须向其支付报酬。在信息不对称情况下，委托人为激励代理人朝着自己想要的方向努力而需要付出的额外成本，当然，明智的委托人也必定会为自己提供的报酬提出相应的要求[17]。

如果代理人能够实现委托人提出的要求，代理人能够获得相应的激励报酬，或者其他各种形式的相应回报。因此，委托人与代理人之间签订某种激励条约，能使代理人不需要在过多的监管下，仅仅考虑他自身的自利，便能采取与委托人利益一致的行为和决策。广义来看，这种激励条件也可以看作一种分配的契约制度。有的企业尝试了从股权制度上进行探索，其实就是直面分配制度，从剩余索取权方面进行探索。也正因如此，由代理制（一个委托人向一个代理人委派任务时）而产生的激励问题，是所有关于组织的理论中的一个重要的课题[18]。

另一个对策是监督。阿曼·阿尔钦（Armen A. Alchian）和哈罗德·德姆塞茨（Harold Demsetz）早在 1972 年就证明了，如果团队产出在所有团队成员之间分配，每个人都有偷懒的积极性，个人最优的行为不可能实现团队最优，会形成一种纳什均衡。为了解决团队成员偷懒的问题，就要引入一个监督者，并且，为了解决监督者本身的偷懒问题，监督者应该成为剩余获取者[3]，这样监督者自身便没有动机参与到团队内部的利益博弈中。通过监督人和相应的某种监督的机制，包含了某些违约的判定条件和违约的责任或代价，代理人担心在损害了委托人的利益的时候，也会对自己产生损失，因此，代理人便不会选择违约的行为和决策。

不过，在企业中，当监督者也成为剩余利润获取者时，便与其他剩余获取者形成了分配的对立问题，仍然存在自利的可能，需要新的监督者来进行监督。有关这方面的例子，可参考扩展案例 2-2。

无论是通过激励还是监督，这些处理代理问题的解决方案都需要有相应的成本，这就是代理交易关系中的交易成本，也叫代理成本。为了处理代理问题而产生的各种成本，都可以认为是代理成本。

值得说明的是，即便是自我代理也会存在代理成本。例如，有的企业家选择亲自学习更多的管理技能、技巧，以避免因为把工作委托给管理人员而增加更多的成本，但这种方式也会占用企业家自身的有限资源，从而造成一些机会成本损失。

自我代理还可能因能力不足而导致损失。例如，在个人独资的企业中，投资人自身担任管理者时，自己就是投资者的代理人。投资者的角色要求企业追求中期利益最大化。因为有限理性的原因，作为代理人的自己受经验、能力、洞察力、判断等因素影响，在行使每一项具体的决策时都做不到完全理性，因此，也无法得出最优的决策，但这可能会违背投资者（自己）期望的投资收益。这两者的差距便是自己作为代理人的代理成本。

无论是通过激励还是监督，代理问题都无法完全消除。例如，激励条约是双方协商的结果，并不一定能够满足代理人自身的利益最大化，因此，激励条约并不能完全解决代理人的自利问题。同样，激励条约中，代理人可能会存在逆向选择行为。他会设法规避监督措施中对代理人不利的一面，选择那些仍然能够让自身获得利益的投机可能。也有一些极端的情况下，对代理人进行处罚可能会受到时间和空间的约束而无法实施，代理人如果在满足了自己的利益而损害了委托人的利益后，选择逃离躲避，则委托方只能从道德上对代理人进行谴责却可能无法进行责任的追溯。

如果想要规避这些问题，就必须签署考虑周全的激励或监督的契约。然而，一方面，在设定交易契约条件方面，会产生巨大的甚至无穷尽的代价、交易成本；另一方面，在技术上，由于人的理性是有限的，无法穷尽所有的条件，无法准确地描述与交易有关的所有未来可能出现的状态以及每一种状态下契约各方的权利和责任，无法签订出完备的契约。简单地说，这种不完备的契约就是一个留有漏洞的契约。由于这种漏洞的存在，不完备契约常常不具备法律上的可执行性（Enforceability）[3]。

也就是说，由于代理问题的普遍存在，而且因为没有绝对完备的契约存在，相应的手段包括激励、监控等，都只能缓解而不能消除代理问题。在经济生活中，无论是委托他人作为自己的代理人，还是委托自己作为代理人，都存在代理人不能实现委托方的利益最大化的经济现象。特别是当代理人是主要依靠脑力的知识工作者时，其工作的思考过程的不可观察性[22]使得监督手段的作用非常有限，这就使得激励的方式变得尤为重要。

但即便如此，人们也认为，激励和监督是面向代理问题的主要对策，并将这样的思想贯彻于很多具体的经济制度中。

二、企业的一般治理

1. 治理框架

奥利弗·哈特（Oliver Hart）认为，在企业中只要存在以下两个条件，即组织中的代理问题以及代理中的过大的交易费用难以通过契约（也就是不完备契约的问题）来解决，那么，公司治理问题就必然在一个组织中产生[23]。

公司治理的含义非常宽泛，国内外有关公司治理或公司治理结构的概念定义多达22种，也有研究者将这些众多的定义分为四大类别：制度安排说、相互作用说、组织结构说、决策机制说[24]。关于公司治理结构的翻译也不统一，其英文采用“Corporate Governance”，国内有法人治理结构、公司治理结构和企业治理机制等几种译法。“公司治理结构”的译法中的“结构”应当理解为兼具“机构”（Institutions）、“体系”（Systems）和“控制机制”（Control mechanism）的多重含义[25]。Governance则是有关治理的模式（他称之为治道），是一种“好的治理”[26]。

为了更好地了解治理的内涵，我们可以重新审视一下代理关系的内在结构。当甲方有一个特定的目标任务委托给乙方时，甲方和乙方之间就可以形成一个委托代理关系。虽然甲乙双方会就代理关系协商相关的条约，但总体而言，甲方作为委托方，有权利终止他的委托事项，因此甲方是最终的决策者。乙方作为代理方，是这项任务的执行者。为了避免乙方出现代理过程中的自利问题，甲方可能会产生一个监督乙方的需求，并将监督的任务委托给丙方。这样丙方就对乙方之间形成了一种监督关系，但甲方想完成的主要任务仍然是由乙方执行的。这样甲、乙、丙三方之间就形成了一种典型的决策权、执行权和监督权的三权分立的基本结构。

甲方委托给乙方的任务是整个委托关系中的核心，如果甲乙之间的委托关系不存在，那么甲方就没有必要委托丙方来监督乙方。因此，甲、乙双方的关系是主要委托关系，甲、丙双方的关系是辅助委托关系。

甲方的核心目标是实现主要委托关系中的目标任务。就这些目标而言，甲、丙双方之间的辅助委托关系并没有产生直接的增值，是一种额外的成本。因此，只有在主要委托关系的目标任务特别重要、潜在的风险较高甚至难以承担时，甲方才会愿意委托第三方为监督者。否则，甲方就更倾向于选择代价更低的方式，例如自己亲自兼职扮演监督者，或者通过与乙方设定尽可能完善的委托条约，以设法规避乙方在代理中的自利问题。

无论甲方选择采用哪种监督方式，都需要确保乙方知悉自己处于被监督的状态，否则监督可能会失去应有的作用。当采用三权分立的结构时，为了让乙方也愿意接受丙方的监督，也为了让丙方能够正常开展监督活动，甲方便需要同时与乙方、丙方进行协商，将三方之间的三权分立的结构关系进行清晰的描述，并明确三方之间的委托关系，各自的责任和义务，以及各自的报酬。这样，就形成了一整套的相关的制度安排。

在这些制度安排中，也可以说，为了让委托代理关系正常进行而设立的三权分立的结构，就是委托代理关系中的治理结构，三方之间对应的决策权限、执行权限、监督权限以及各种补充的相应条约，就是委托代理关系中的治理机制。

简单地说，公司治理结构研究的是各国经济中的企业制度安排问题。这种制度安排，狭义上指的是在企业的所有权和管理权分离的条件下，投资者与上市企业之间的利益分配和控制关系；广义上则可理解为关于企业组织方式、控制机制、利益分配的所有法律、机构、文化和制度安排等，其界定的不仅仅是企业与其所有者之间的关系，而且包括企业与雇员、顾客、供货商、所在社区等所有相关利益者。这种制度安排决定企业为谁服务，由谁控制，风险和利益如何在各利益集团之间分配等一系列安排问题[25]。代理关系在企业内部广泛存在，因此，第六章讨论的管理系统也可以看作应对内部各种代理关系的治理机制中的一部分。

2. 典型的企业治理

委托代理理论为现代的经济制度奠定了坚实的制度基础。《中华人民共和国公司法》第 37~第 63 条、第 66~第 70 条、第 102~第 128 条等，用了近 1/4 的篇幅规范公司治理问题。《上市公司治理准则》又制定了整整 94 条治理规范。也就是说，公司治理的第一属性是法律属性，它已逐步成为企业必须履行的法律义务。这既提出了监管要求，也提出了解决问题的框架。因此，在现代的经济社会中，为了让企业的中长期利益最大化，经济制度方面也具备了一种比较好的制度框架基础。

按照这样的框架，企业内部治理结构通常由股东会、董事会、监事会和经理层组成，他们依据法律赋予的权利、责任、利益相互分工，并相互制衡。治理机制则主要体现在公司章程上。这一整套的制度安排，是围绕着企业中的委托代理问题而展开的应用体现。

企业所有的股东构成了股东会。股东会的成员常常难以一起工作，共同对企业进行日常管理，因此，股东会设立董事会机构，由其代表股东会对企业的经营进行表决。这时候，股东会与董事会形成了企业经营的代理关系，股东会是委托方，是决策者，董事会是代理方，是执行者。股东会同时还会授予董事会一定程度的经营决策权，其余的重要决策权仍然保留在股东会。从企业内部看，由于股东会行使权利是通过股东会议的方式，难以在日常经营中进行即时的决策，所以，董事会及其成员可以认为是事实上的顶层决策者。这方面的典型例子可参考扩展案例 2-1。

为了避免代理人问题，董事会的权利也应该被约束。所以，应该再设立一个监督董事会的机构如监事会，以对董事会的工作进行有序的监督与制衡。监督机构直接对股东会报告，这样就形成了股东会、董事会与监事会之间的决策者、执行者和监督者的三权分立的均衡关系。一些规模较小的公司则指派监事来承担监督的职能。但是，即便如此，这种监督的作用总体来说是制衡性的而非决定性的。从影响力看，掌握执行权的人，由于掌握了事实上的便宜行事的权限，会影响最终的收益，属于偏向于价值创造的活动区域，因此，他们在组织中的影响力很大；掌握监督权的机构较少直接从事价值创造的活动，他们在组织中的影响力则有限，所以，其发挥的真正的制衡作用也就有限。

进一步地，有些企业中的董事会为了缓解经营管理的负担，下设总经理或经营班子，由他们来对日常的经营活动负责。这时，总经理或经营班子则成为董事会的代理人。同样，也可能会同时设立相应的审计机构，对总经理或经营班子进行监督。

为了让上述各个机构能够有序地开展工作，就应将各机构之间的责任和义务、相互的关系、工作的方式等进行约定，并签署形成公司的章程。因此，公司章程就是对公司的经营管理和绩效改进进行监督、激励、控制和协调的一整套制度安排，是一种集体协商的契约，它反映了决定公司发展方向和业绩的各参与方之间的关系。

将公司法等法律理解为企业参与人之间“签署”的契约的一部分是非常重要的[3]。《中华人民共和国公司法》（以下简称《公司法》）是所有公司共有的契约部分，它处理的是所有想组成公司的人都会面临的合同条款。理论上看，即使没有《公司法》，当事人也会通过磋商得出这些条款。但因为这些条款类似于“公共产品”，由国家统一提供更为有效。有了《公司法》，当人们想要做成公司时，可以集中磋商“特殊契约”，他们需要干的只有两件事：一是根据公司法选择特定的企业组织形式（如有限责任公司或无限责任公司）；二是将公司法中没有的条款写出来，这就是公司的章程和条例（By-law），它们构成当事人之间契约的另一个重要部分。而契约是不完备的，无法约定所有的情况，那么，在公司章程里没有具体规定的那些事项和活动的决策权，就要由掌握控制权的那些人来决定，也就是常说的剩余控制权。

这样就形成了三个层次的契约内容：第一层是基于公司法的公共契约；第二层是股东之间约定的私有部分的章程契约[3]，其中还包含了组织内部的大量的各种管理规章制度，正如第六章讨论的管理系统那样；第三层是无法具体约定的内容，通过剩余控制权来决策，也就是由拥有决策权的人临机决策，或者由授权给相应的代理人进行决策。组织中存在的一些潜规则，也可以认为是第三层次的内容。虽然它们没有形成书面的约定，甚至口头上也不会挑明，但是，组织成员在日常工作中，慢慢便会感受到其存在，并自发地遵循。

无论是哪个层次的契约，都应该作为企业治理的内容加以关注和谨慎安排，否则，便无法真正应对代理关系中的代理问题。正如柳传志提到的那样[27]：我们相当数量的企业依然是一种片面的资本管理模式，所谓片面的意思就是，我们并没有能够向硅谷的高科技企业那样，把出资人的收益与经营者的权益通过制度客观地体现出来。因此，也无法形成对出资人与经营者的合理约束。当我们不能够在这两个方面采取实践行动的时候，企业领导人的渎职以及管理腐败就几乎是一个无法避免的问题。

第三节　企业的治理实践

一、实践中的治理现象

虽然相关的法律指引企业建立起相应的治理结构和治理机制，但是，许多企业实际的治理效果却远达不到期望的效果。这可能存在多方面的原因。

首先，公共的契约规范了大部分企业的基本治理结构，包括股东会、董事会、监事会、经理层等。但是，在具体的人员任命、职责分工、权利安排等方面，大多受限于创始人团队所能够获得的合伙人、受制于他们之间的伙伴关系、受制于伙伴的创业的志向意愿、受制于他们恰好能共同合作的各种机缘巧合等。最终的责权利结构虽然是多方协商的结果，但并不一定是最有利于企业的经营活动的。

例如，有的企业的实际控制权集中于一个家族，但他们在企业经营方面的经验结构和能力结构并非能够为企业带来长期帮助；有的企业采用投资与经营分离，聘用专门的经营班子，但给他们的实际授权也并非充分的、有利于企业经营的。

这种实际的股东成员和经营班子，构成了企业实际的权力结构。股权、所有权、权力集中度等都会对决策产生重要影响，并影响到企业的整体绩效[28]。因此，基于公共契约的应用而形成的治理结构，并非总是能够满足特定企业的治理需求。

其次，企业的章程大部分考虑的是公共的契约部分，但对那些私有的契约却很少给予足够的重视。例如，不少企业的章程主要采用的是以范本为主的格式条款，较少针对企业自身的情况，约定符合实际经营管理需求的条约。同样，那些针对企业内部的各种代理关系的管理系统，就更加未被认真对待。因此，企业内部的各种代理关系总体上处于无序的状态，各种代理关系中的责权利方面的有关决策都是通过剩余控制权来临机决策的。

例如，企业的业务决策包含方方面面的内容，包括在业务竞争战略方面如何获得竞争优势、如何选择客户、如何进行客户的重要性评判、如何对客户的轻重缓急进行排序、如何判断客户订单的重要程度等，所有这些都面临不同的决策需求，无法全部通过最高决策层来决策，需要公司不同层次上的决策者分别进行决策，如果没有恰当地进行权限的分层配置，就可能会导致事实上的决策混乱。

最后，在企业持续的经营过程中，随着企业的业务不断发展，企业内部可能会出现新的股权结构、管理结构、人员结构。业务竞争面临新的管理需求，组织变化需要重新调整责权利结构，这些都要求企业要根据实际情况不断改善治理结构、治理机制，以及管理系统。

例如，在企业的持续发展中可能向下吸纳一部分的组织成员进来，成为新的股东。为了获得更多的融资、更好地吸引战略投资者的资本关注，企业很可能会出让一部分股权，一定程度上出让自己的决策权。这些行动也意味着对股权结构的改变。对于原有的大股东来说，过多出让股权可能会失去对企业实际的控制能力，过少出让则会导致得不到足够的资金数量和相应的发展伙伴。不同的股权结构对应着不同的表决权，也会间接影响企业中的决策过程。

总的来看，各种不同的原因都可能会导致企业事实上的治理制度存在明显的缺失或隐患：名义上的治理与事实上的治理不一致；在实际的治理结构中，委托代理关系没有进行恰当的识别，各种代理关系中的委托事项没有被明确地定义，代理中的权力配置和权力结构不合理，代理过程中缺乏合理的激励机制，也缺乏必要的监督保证措施。各种治理中的问题，都可能在事实上约束着企业的经营和持续发展。

二、经营决策层的委托代理

1. 投资经营分离的产生

许多企业中，董事会和经营班子构成了企业经营层面的决策层，但董事会和经营班子之间，可能也存在不同的代理关系。当董事会成员也是股东，并亲自担任日常的经营班子时，相当于董事会自己扮演了投资方的代理人角色，这时，投资与经营是合二为一的；而当委托未持有股权的职业经理人团队来担任经营班子时，职业经理人团队则变成了代理人，这时，投资与经营是分离的。

至少有两种原因可能导致投资和经营分离：一种是，当企业的规模越来越大时，企业的经营管理事务越来越多，投资方自身有许多更为重要的事务要处理，当他们自身花费大量的时间和精力处理日常经营事务时，有太高的时间成本和机会成本，因此，反而是不经济的；而如果委托给职业经理人团队，所创造的额外收益能够覆盖并超出雇佣及代理成本时，投资与经营分离的安排反而是更加经济的。另一种是技能方面的不足。投资方自身在系统的经营管理的知识和技能方面，也可能存在某些不足。在选择职业经理人时，他们可以选择那些满足他们各种特定条件的候选人，甚至拥有他们期望的在某些行业或企业的丰富经营经验的候选人。如果这些人既具备良好的经营能力，又具备良好的职责道德，能恪守为委托人创造价值的基本理念，那么，由他们来负责企业的经营管理或许比投资方自己亲自管理还要好。

但是，投资与经营分离并非一定能够带来好处。因为，投资者自己作为代理人与由职业经理人作为代理人，两种代理方式下的代理人的积极性是不一样的。投资者自己作为代理人的时候，自己有充分的积极性，也很少存在自我监督的问题，因为从利益视角看，委托方和代理方的利益是融为一体的。由职业经理人作为代理人时，利益是分离的，因此，代理人自利的问题就会更为明显，如果他们在承担经营责任的同时，只能获得固定数额的报酬，无法参与到剩余利润的分享中，就会缺乏足够的积极性。因此，投资经营分离的方式便要求投资方设计具有足够激励效果的激励机制和监督机制，以这些代理成本来换取职业经理人的工作积极性。只有当职业经理人创造的收益的确超过代理成本时，投资方才会愿意采用这种委托代理关系，而不是自己作为代理人。

也就是说，无论是基于实践经验、逻辑推理，还是基于双方的协商约定，如果花费在代理人身上所有的报酬及其他相关的交易费用的总和是小于甚至远远小于他们能够创造的价值的，或者是投资者们作为纯粹的资本投资者时获得的综合收益远大于他们兼任经营者时获得的收益，那么，投资者便可能会真正考虑投资和经营的分离，并不断探索那些操作层面的规则细节。

张维迎认为，现代股份公司可以看作是能力与财力之间的一种合作，这种合作为那些有能力无财力的人提供了从事经营活动的机会，也为那些有财力无能力的人创造了赚取利润的机会[3]。虽然这种合作有代理成本，但股份公司的存在恰好也说明了合作的收益能超过代理成本。股份公司聘用职业人员，通过他们的经营管理和业务运转获得利润，并支付给他们相应的聘用报酬，而总体而言仍然是获利的。因此，股份公司中的最优所有权安排实际上就是如何使代理成本最小化的问题。这里，存在经理人员工作的积极性与资本所有者提供资本和选择经理的积极性之间的平衡取舍，最优的安排一定是一个经理与股东之间的剩余分享制。

也可以说，剩余分享制与投资经营分离的匹配安排，是一种可以获得综合收益最大化的安排，其兼顾了社会分工提升效率、人力资本投入回报与资本投入回报之间的均衡、代理问题的存在与应对等视角下的不同利益主体的诉求，能够取得一种相对均衡的综合局面。

2. 投资经营分离的责权利安排

（1）委托关系中的责权匹配。

在投资与经营分离的代理关系中，投资方将经营的职责委托给了职业经理人或经营班子，这种委托实际上包含了一系列的职责，同时，代理人为了完成这一系列的职责，又需要拥有相应的管理权限。我们可以从多个不同的视角，看待这种经营责任和经营权限之间的对应关系。

从目标与战略的视角看，许多企业是通过与经营团队签署经营目标的方式来描述委托的职责事项的。例如经营的收入目标、成本目标、利润目标等，除了短期内的收益目标外，通常还应包括中长期的战略目标及战略子目标等。为了承担这些职责，代理人便通常需要有一些相应的经营计划方面的决策权限，包括制定短期和中期的经营目标和战略目标等相关权限，并且拥有一些在短期目标和长期目标之间进行适度的均衡和调整的决策权限。

从社会生产的视角看，委托的职责是，在委托方提供的部分生产要素的基础上，代理人应合理地组织各种生产要素，充分发挥各种要素的作用，不断提升各种要素的生产率，从而产出更多的价值。为此，代理人便需要能够组织和配置各种生产要素的决策权限，特别是那些通过投资方投入的资本交换而来的各种的要素，如厂房、设备、材料、人员等。

从外部价值链视角看，委托的职责是，为了满足目标客户的需求，企业组织各种资源进行内部的价值创造，并与客户完成价值交换，不断降低客户的交易成本，使客户满意。为此，代理人需要的权限就包括如何选择合适的目标客户、如何决定与客户的合作方式、如何解读客户需要的价值诉求、自身的价值主张应如何定位、采用什么策略将价值主张体现在产品规划和产品开发中、如何将价值主张体现为合适的产品成本和销售价格等。

从内部价值链视角看，委托的职责是，合理配置和管理企业内部的价值链过程，充分发挥价值链各环节的作用，通过有序的协作快速、高效地开展价值创造活动。为此，代理人需要的是价值链全过程中的各种重要的决策权限。例如，价值链各部门的组织结构设计、各部门的职责与分工安排、各部门之间的工作衔接与配合模式等运作管理和过程控制的决策权限。

从财务的视角看，委托的职责是，在投资方投入资金的基础上，对资金进行合理的利用配置，无论是用于购买固定资产、流动资产，还是用于构建无形资产，或者用于营销的投入、管理能力的提升等各个方面，这些资金的运用都应尽可能地提高资本投入回报率。同样，资源总是不够的，资金的分配也可能会对后期的资本再运用产生影响，因此，委托的职责也包含一部分筹集资金的活动和部分资金分配意见。为此，代理人需要的权限，便包括资金运动的整个过程中的重要决策权限。例如，经营资金的日常调度和使用，资金收支有关的审批，资金在不同的产品、材料库存安排、设备购买或更换、营销支出、人员激励等各方面的安排和配置。

从人力资源或人力资本的角度看，各种生产要素都离不开人的主观能动性，因此，委托的职责是，组织和配合合适的人力资源，充分开发人力资源的潜力，不断提高人力资源的产出效率，从而不断提高人力资本投入回报率。为此，代理人需要的权限就包括选聘那些重要管理人员、技术人员，确定合理的人力资源结构和持续的发展计划，为了开发人力资源进行必要的训练开发投入，为人力资源制定有效的激励机制等。

从上述多个视角来看待委托的经营职责及需要的权限，可以发现，投资经营分离时需要由委托方授予的权限是全方位的。也正因如此，实际上，大多数企业的委托经营都很难全面地授予这些权限。即便有，这种授权水平也是通过长时间的发展才实现的。

投资方最早物色到目标的职业经理候选人时，即便他们原来就具有一定程度的熟识关系，投资方也会担忧这些经验丰富的职业经理人是否能够适应本企业的实际经营，因为每个企业都存在其特定的情境背景。如果轻易地授予过多的决策权给他们，而他们又不用承担风险，那么他们很可能会在没有掌握充分情况时做出某些错误的决策，并给企业造成重大的损失。因此，投资方对代理人会进行长时间的考察，除了观察他们的一般经营能力外，还会考察他们在本企业内部的权宜、权变的能力。投资方必须在内心对代理人产生足够的信任感之后才会授予其越来越多的决策权限，因此，这种考察过程的周期也是不确定的。

（2）激励与监督。

代理人受限于实际的决策权限缺失，在诸多事项上都难以有效地开展工作，例如，缺乏业务的决策权、没有资源的调配权、没有人事的任免权等，因而也就无法充分运用他们的经营能力和经验，实现好的经营成果。此外，经营活动中总会存在一些系统性风险，难以通过人为的方式消除。也就是说，经营总会存在无法达到期望目标的可能。然而，实际的经营成果表现不佳，都可能会加剧投资方对代理人的经营能力的怀疑，严重时，这可能会导致投资方停止双方的委托代理关系。

对代理人而言，经营成果本身的不确定性，以及委托代理关系的不确定性，都成为经营过程中的实际压力。为了维持承担经营职责的积极性，他们也需要相应的激励补偿。否则，他们要么宁愿选择从事简单的、确保自己能够承担责任的、明确分工的工作内容，要么选择利用自己有限的控制权限，设法谋取更多的自身利益而寻求另一种方式的心理平衡。这也是代理人存在自利行为的一种典型情境。

总的来看，在投资与经营分离的委托关系中，经营责任重大，经营权限伴随着高收益和高风险，经营代理人自身又掌握着一定程度稀缺的人力资本，且因面临着实际的经营压力而有自利倾向，因此，投资方需要设计相应的激励制度，以保证代理人在代理关系中的积极性。例如，提高经营代理人的合约报酬，或以与实际经营业绩挂钩的方式，让代理人参与到经营的剩余利润的分享中。同样，为了防止因经营代理人滥用权限而造成损失，或者滥用权限谋取私利而造成损失，投资方还会考虑对代理人进行监督。例如，设定相应的监督部门或审计组织，明确定义一些红线制度、行为禁区如贪污受贿或类似的负面行为清单等。

三、组织成员中的委托代理

1. 组织内部的多种代理关系

以总经理为代表的经营团队，承接了投资方委托的经营职责和相关的权限后，自己并没有办法亲自执行所有的经营活动，需要将经营活动分拆成各种各样的任务，再分别委托到组织内部的各个部门、各个成员之中。这就构成了组织内部的多种多样的委托代理关系。这种内部的代理关系也就具有更加多样化的特点。例如：

（1）代理关系是多层次的。

规模较小的企业中，组织成员数量不多，整个组织是扁平化的，各个成员都直接接受总经理的领导和任务委托，这时，纵向的代理关系只有一个层次。在一些规模较大的企业中，由于经营的复杂性，组织内部的分工越来越细，总经理的工作被分解成若干个部分，由多个成员如部门经理分别承担，部门经理的工作可能还会被分解成若干个部分，由下一层的多个成员来完成。因此，总经理与基层的员工之间可能会存在多个层次的管理者，如总监、经理、主管等，也就是存在多个层次的代理关系。每一个层次都需要有自身的责任和权限，其中，中间层的成员对上级而言是代理人，对下级而言是委托人。这也意味着，如果中间层作为代理人没有很好地接受上级委托人的委托任务时，他作为委托方再将任务委托给其他员工时，则会出现明显的纰漏，通俗地说就是上传下达都可能出现偏差。

除了总经理到员工的纵向路线的代理关系外，组织内部还存在大量的横向的代理关系，某个价值链的上游部门，因工作需要，将部分任务委托给下游的某个部门，这样就形成了价值链过程中的横向代理关系。日常工作流程中的输入输出，便可以看作这种横向委托代理关系中的委托职责。横向代理关系与纵向代理关系，共同组成了内部复杂的多层次的代理关系。

（2）任务与代理人之间存在多种关系。

在代理关系中，目标任务和代理人之间还存在一对多、多对一、多对多的不同的代理关系。一对多指一个人代理了多项工作内容或者多个岗位的工作任务，也就是我们常说的身兼数职。这时典型的问题是，代理人常常很难同时完成多项任务，甚至于，他们也常常不能了解每一项任务的具体要求，没有具备完成每一项任务的知识和技能。例如，某个销售人员又兼职财务，那么，扮演财务角色时，他的工作要求凡事都保留必要的凭证；但是扮演销售角色时，他的某些销售费用可能无法保证齐全的凭证基础。那么，他自己身兼二职时，便可能模糊其中的工作内容和完成标准，从而产生角色混乱的问题。

多对一指的是多个人同时承担同一项任务。实际上，企业中存在大量类似的场景，企业的经营职责就是其中之一。但是，有些任务由于其自身的整体性和完整性，并不适合拆分给多个人执行。在这种情况下，勉强的分工反而会造成效率的损失。例如，为领导撰写一份演讲材料，就不适合拆分给多个成员分别进行，除非它们是关联几乎很少的不同主题，否则的话，不同成员分别编制的章节很有可能存在内在逻辑缺陷或连贯性不足。

同样，组织还存在多对多的代理关系。这些不同的任务与代理人之间的不同关系，也使得代理问题变得越来越复杂。

（3）委托职责存在不确定性差异。

将总经理的经营职责拆分以后，分别委托给不同成员的委托任务可能是不同类型的。有一些委托任务是确定性的、职责清晰的，例如，委托给价值链部门的销售任务中，销售人员需要寻找客户、与客户洽谈、促进与客户达成交易、签订合同等事项，都是日常的确定性的委托任务。并且，这些任务中的权限配置也是清晰的，如客户报价审批、客户合同签订、客户订单发货等。另一些委托任务则是不确定的，例如，委托给财务分析人员的参谋任务，在日常工作中没有明确的执行规律，它们通常类似于“如果业务部门存在什么困难，就协助其进行分析，提供参考的建议”，这类任务由于存在典型的或有性特征，任务的职责并不清晰，相应地，需要配置的权限也就更为模糊。如果委托人没有提前对需要代理人开展参谋工作的典型场景进行明确的定义，委托人则很难评估代理人是否正常执行了这些参谋型任务，也就难以合理地衡量他们的工作成效。

（4）许多代理关系是非正式的委托关系。

由于上述提到的各种纵向代理、横向代理、不确定性的代理等原因，与股东之间的章程、投资者与经理人之间的经营方案等相比，组织内部的大部分代理关系的正式程度都不高。即便组织内部常常编制诸如岗位职责、流程文件等相关的资料来描述这些代理关系中的职责与权限，由于编制文件需要付出相应的管理代价，日常工作也还会发生变化，文件也常常不能根据组织变化及时更新，管理者也还会进行日常的口头任务委托或调整，因此，编制的文件资料也常常不能如实地反映真实的代理关系。

（5）组织成员都是代理人。

通过纵向的职责分工与横向的职责分工，组织成员都在不同程度上代理了总经理的经营职责中的一部分。即便是那些中间层级的管理者的管理职责，也可看作总经理的职责内容之一，因为他为了完成经营职责就需要统筹协调整个组织成员。也就是说，组织中所有的人都是同一个经营职责的不同程度的代理人。组织中的每个成员都可能会存在代理人自利的倾向，因此，整个组织就存在群体博弈的可能性。此外，大多数组织成员都没有持有企业的股权，几乎都不能参与到剩余利润的分享中。各成员获得代理收益的来源都是在企业中工作的劳动报酬，并且大多是基于固定契约到工资收入。因此，从股东的视角看，整个代理人群体，在创造剩余利润的方面都可能存在积极性不足的代理问题。

综合来看，从经营职责开始向下的分拆代理过程中，各种分拆过程中产生的多种代理关系，以及代理人自身的自利倾向，将有可能导致最终的委托代理关系既复杂又失衡，甚至出现没有人对总体结果负责的局面。如果每一个分解的工作任务由于代理问题的存在而未被很好地完成，那么，由这些任务构成的整体即总的经营职责，也就不可能被很好地完成。

2. 管理组织内的复杂代理关系

为了很好地应对组织内部的代理问题，应在组织内尽可能明确地识别和定义各种委托代理关系。通俗地说，便是进行合理的组织结构设计和岗位配置，明确各岗位的基本职责。在垂直方向上，设置合理的组织层次，在管理幅宽的约束下，尽可能地减少管理层级，从而尽可能少地出现不必要的委托代理关系。在水平方向上，合理地设置价值链的部门结构，合理地配置各部门的部门职责，同样，在保证专业分工满足要求的同时，也尽可能少地设置部门，从而尽可能少地出现不必要的横向委托关系。

在明确的代理关系中，应仔细审视各代理关系中的责与权。责就是各岗位的职责分工。应从系统性、完整性、合理性、协调性等多种不同的视角审视组织的分工。经营职责的目标分解过程应该是完整的、有序的，互相能够有效衔接互补的，分解后形成的目标系统或职责序列，应能重新汇总为经营整体的职责目标。同时，各部门和各岗位的职责还应配置相应的工作权限，这通常包括明确授予的执行任务的权限、部分具体事务的决策权限以及相关的信息权限等。也可以采用反向方式注明必须向上审批的事项，即未被授予的权限。其中，对于一些隐含的代理任务，如参谋型的任务、中间层级的管理活动、辅助性的分析建议活动等，为了让这一类任务能够被代理人真正有效地开展，也应组织相应的资源，识别那些对企业经营确实有用的潜在活动，明确这些活动所需要开展的典型场景、必要的输入和输出、输出应满足的基本条件等信息，作为代理关系中的明确约定。

无论是怎样的委托内容，都应该保持代理关系及相应的责任和权利描述的及时更新，以确保实际的委托代理关系符合企业的实际情况。但是，这可能会带来更多的管理成本。因此，衡量这种管理投入是否值得，仍然应该结合代理成本的观点进行评估。代理关系本身就存在代理人自利的积极性问题，这种积极性不足所产生的影响总会反映在经营的结果上，因此，也会存在代理的成本。也就是说，对代理关系进行管理所产生的效益，即降低的代理成本，如果能够弥补或超过管理的额外投入，那么，这种管理活动就是经济的。

同样地，对各种代理人进行必要的激励和监督，也是为了减少综合的代理成本，特别是，组织内部是一个代理人群体，代理人自利倾向是一个普遍性的问题，因此，设法减少群体性的代理人问题则尤为重要。例如，除了让经营决策者的收益与剩余利润挂钩外，还可以让组织内各部门的成员，基于各自的贡献测量，也不同程度地与剩余利润挂钩，不断地改善他们的价值分配关系。其他的如改善员工关系、帮助员工进行职业规划、提供更为多样的晋升空间等，也可以纳入激励的框架。同样，监督方面的机制也可以不断改良，以作为补充，例如，不断补充不符合委托方利益的否决事项清单、刷新相应的有约束作用的规则细节等。

总的来看，对组织内部的各种代理关系的管理，与第六章讨论的管理系统相比，虽然采用了不同的视角和概念，但本质上都是为企业的经营目标服务的管理活动，都应是降低投入成本、提高产出效率、减少代理人风险的综合努力。

参考文献

［1］李慧，石伟．资金时间价值实质的再认识［J］．价值工程，2010，29（16）：14.

［2］万军玲．对资金时间价值的再认识［J］．湖南工业职业技术学院学报，2010，10（3）：49.

［3］张维迎．所有制、治理结构与委托—代理关系［M］//梁能．公司治理结构：中国

的实践与美国的经验．北京：中国人民大学出版社，2000.

［4］约瑟夫·熊彼特．经济发展理论——对于利润、资本、信贷、利息和经济周期的考察［M］．北京：商务印书馆，1991.

［5］唐国华．企业家才能配置与经济增长——基于省际面板数据的经验研究［J］．科学学与科学技术管理，2012，33（11）：110.

［6］马歇尔．经济学原理［M］．北京：商务印书馆，2011.

［7］吴言林．企业家才能在新常态经济增长中的稳定作用研究［J］．金融发展研究，2018，441（9）：43-48.

［8］亚当·斯密．国民财富的性质和原因的研究［M］．北京：商务印书馆，1972.

［9］西奥多·W. 舒尔茨．论人力资本投资［M］．北京：北京经济学院出版社，1990.

［10］加里·S. 贝克尔．人力资本［M］．北京：北京大学出版社，1987.

［11］大前研一．低欲望社会："丧失大志时代"的新· 国富论［M］．上海：上海译文出版社，2018.

［12］和讯网．2019 年度 A 股上市公司股权激励统计与分析报告［EB/OL］．（2020-01-14）．http：//stock. hexun. com/2020-01-14/199968479. html.

［13］新华网．（授权发布）中共中央 国务院关于支持浙江高质量发展建设共同富裕示范区的意见［EB/OL］．（2021-06-10）．http：//www. xinhuanet. com/2021-06/10/c-1127551386. htm.

［14］新华网．习近平主持召开中央财经委员会第十次会议强调 在高质量发展中促进共同富裕 统筹做好重大金融风险防范化解工作 李克强汪洋王沪宁韩正出席［EB/OL］．（2021-08-17）．http：www. xinhuanet. com/2021-08/17/c_ 1127770343. htm.

［15］段钢．人力资本理论研究综述［J］．中国人才，2003（5）：4.

［16］El-Hajji M A. The Hay System of Job Evaluation：A Critical Analysis［J］．Journal of Human Resources，2015.

［17］郑永彪，张磊，张生太，等．委托代理问题研究综述［J］．中国流通经济，2013，127（5）：7.

［18］让-雅克·拉丰，大卫·马赫蒂摩．激励理论（第一卷）：委托—代理模型［M］．北京：中国人民大学出版社，2002.

［19］李善民，毛雅娟，赵晶晶．利益相关者理论的新进展［J］．经济理论与经济管理，2008（12）：32-36.

［20］Jensen M C，Meckling W H. Theory of the Firm：Managerial Behavior，Agency Costs and Ownership Structure［J］．Journal of Financial Economics，1976，3（4）：305.

［21］闫冰．代理理论与公司治理综述［J］．当代经济科学，2006，28（6）：180.

［22］彼得·F. 杜拉克．有效的管理者［M］．北京：求实出版社，1985.

［23］周刚，姜彦福，雷家骕．公司治理理论动态及研究综述［J］．经济学动态，2000（8）：70.

［24］郑红亮，王凤彬．中国公司治理结构改革研究：一个理论综述［J］．管理世界，2000（3）：119.

［25］梁能．公司治理结构：中国的实践与美国的经验［M］．北京：中国人民大学出版社，2000.

［26］毛寿龙，李梅，陈幽泓．西方政府的治道变革［M］．北京：中国人民大学出版社，1998.

［27］柳传志．序言［M］//梁能．公司治理结构：中国的实践与美国的经验．北京：中国人民大学出版社，2000.

［28］阮珂，何永芳，刘丹萍．公司治理结构、多元化经营与绩效——基于我国上市商业银行2004—2013年面板数据的实证研究［J］．宏观经济研究，2015（11）：10.

扩展案例

案例2-1：国美电器的控制权之争

1987年，黄光裕在北京设立了首家国美门店，经过多年的发展，到2003年时营业业绩超过百亿元，国美成为中国家电零售的龙头企业集团。2004年，国美通过资产重组，在香港联交所借壳上市。自此，国美分为上市部分的国美电器与非上市的国美集团旗下多家公司，其实际控制人均为黄光裕及其联系人。

2006年7月18日，国美电器向永乐电器发出并购要约，拟以国美电器股份及现金收购永乐的所有发行股份。国美在2006年8月29日通函称：收购建议完成后，国美有意委派永乐两名雇员为国美的执行董事，并有意委任陈晓先生（目前是永乐的董事长）为其首席执行官，希望永乐的现有管理层人员情况稳定。就继续聘任永乐集团的雇员制订任何计划，收购者希望令雇员人员情况稳定不变。收购者希望能在收购建议完成后善用永乐的高级管理层的能力，从而确保转轨的顺利进行，以及根据合并企业的业务计划实现协同增效。收购者目前无意于收购建议完成后更换永乐的董事会成员。

2006年9月18日，国美电器的股东特别大会表决通过以现金和国美股份收购永乐电器所有已发行股份的普通决议案，并于11月30日基本完成合并，涉及交易金额48.97亿港元。收购完成后，黄光裕及其一致行动人的股份比例从收购前的68.26%下降为51.18%，仍然是实际控制人。黄光裕也按照前述意向，于2006年11月30日请陈晓出任国美电器总裁一职。

2008年11月19日，国美电器董事局主席黄光裕因涉嫌经济刑事案件突然被调查，无法正常履行其职责，为稳定集团及有效监管集团的营运，以符合集团及其股东的整体最佳利益，董事会于11月27日委任陈晓为代理主席。到2009年1月18日，黄光裕辞去公司的董事职务，也自动终止了集团主席的身份。为了不让调查时间在实质上影响集团的业务与营运，同时考虑到陈晓在代理主席期间保持集团稳定的局面，董事会正式委任陈晓为集团主席，并兼任集团总裁。

由于黄光裕被调查，国美电器与许多合作伙伴的关系都不同程度地受到影响，银行方面也开始收紧贷款，还面临此前售出的46亿元可转股债券的赎回压力。2009年6月22日，公司发布通告称：鉴于信贷紧缩和金融机构加强控制向公司授出贷款及其他形式的融资，董事会认为，通过建议发行及公开发售以筹集新资本乃符合本公司及股东之整体利益。为此，公司提出两项重要建议议案：①引入一名与本公司有共同业务宏愿之重要独立投资者——贝恩投资，董事会认为，该名投资者可为本集团之业务引入业务策略及企业管治方面的国际最佳惯例，为本集团营运带来可观价值。国美电器已与投资者签订投资协议，向投资者发行人民币1590000000元（约2.33亿美元）以美元结算于2016年到期之5%息票可换股债券。按照该协议，如果可转股债券全部转化为股份，这笔投资将占扩大后总股权的11.3%。②建议公开发售不少于2296576044股公开发售股份及不多于2484657375股公开发售股份，由贝恩投资包销。原股东没有认购的股份将由贝恩投资买下，在这种极端情况下，贝恩投资将持有15.3%的股份。

以上2项建议还包含了委任董事的附加条款，即根据投资者最终实际持有的股份比例，同意委任1~3名由贝恩投资提名人士为非执行董事，其中1名还须委任为提名委员会成员，而提名委员会应包括3名独立的非执行董事及1名执行董事。也就是说，如果贝恩投资提名了3位人员进入董事会作为非执行董事，就有可能占到提名委员会5个席位中的3个席位。

通过如上的建议内容，国美将可募集约32.36亿港元的资金，用于改善当时的经营状况，而如果国美方面违约，则需要支付赔偿给贝恩投资（本金的1.5倍或本金25%内部收益率两者较高的为准）。

然而，通告还列出了两种极端情况，如表1所示：A. 如包含2006年可转股债券和2014年可换股债券未进行转股，且原有股东并未认购新公开发售的股份，则黄光裕及其联系人的股权将从当前的35.5%稀释至27.2%，陈晓的股份则从7%稀释至5.3%，贝恩投资将持有23.5%的股份。由于是陈晓引入的贝恩投资，他们将属于一致的阵营，则其合计股份为28.8%，已经超过黄光裕及其联系人。B. 如包含2006年可转股债券和2014年可换股债券均全部进行转股，且原有股东并未认购新公开发售的股份，则黄光裕及其联系人的股权将从当前的35.5%稀释至25.3%，陈晓的股份则从7.0%稀释至5.0%，贝恩投资将持有23.0%的股份。陈晓与贝恩投资的合计股份为28.0%，同样超过黄光裕及其联系人。也就是说，这两种极端情况都将导致黄光裕失去国美的实际控制权。

表1　基于2009年6月22日公告在极端情况下的股权变化

股东	截至本公布日期的本公司股权		A. 2006年认股权证及2014年可换股债券未于记录日前行使		B. 2006年认股权证及2014年可换股债券已全面行使	
	股份（股）	占比（%）	股份（股）	占比（%）	股份（股）	占比（%）
黄光裕及其联系人	4535118212	35.5	4535118212	27.2	4535118212	25.3
陈晓	889128064	7.0	889128064	5.3	889128064	5.0
2006年认股权证持有人	—	—	—	—	100765820	0.6
2014年可换股债券持有人	—	—	—	—	944130464	5.3
投资者/包销商	—	—	3924500639	23.5	4112581970	23.0
公众股东	7334509528	57.5	7334509528	44.0	7334509528	40.9
合计	12758755804	100.0	16683256443	100.0	17916234058	100.0

虽然这两种是极端情况，即现有股东全部都不认购公开发售的股份，但仍然存在这种可能性，而当时黄光裕处于调查期间，也已辞去董事职务。外界普遍认为黄光裕将无力改变这一趋势。

2009年6月30日的股东周年大会上，通过了两部分重要的决议案：①如前面几年一样，议案“授予本公司董事发行股份之一般授权”及“授权本公司董事购回股份之一般授权”等，分别获得69.53%和99.9997%的票数通过。这意味着董事会再次获得了增发20%股权的一般授权。②以高票数通过了重选5位人员为执行董事和非执行董事。

由于早在2006年的股东周年大会时，国美调整了公司细则（即章程），其中授权董事会可以随时委任任何人士为董事以填补空缺或增加董事会成员，也可于董事任期届满前以普通决议案罢免任何董事，并可推选另一名人士替代其职位。

基于这些决议，经过调整的董事会成员可以控制董事会的决策，而董事会又可以进而改变董事会的成员结构和股权结构，如果再考虑到前述的贝恩投资提名董事的多种可能性，意味着董事会可以改变公司的实际控制权。这便给国美的下一步控制权的变化带来了极大的不确定性。

紧接着，2009年7月7日，国美电器又公告了一份股权激励计划，对本集团内包括陈晓在内的若干董事及雇员共105人，授出购股权383000000股，占当时总股份的3%。

以上多项事件都表明，对黄光裕来说，股权面临稀释压力需要巨大的财力才有可能应对，董事会成员结构的变化将可能导致董事会的意见难受控制，对众多管理者的股权激励也可能使得管理层更加支持陈晓一方，而自身又身陷囹圄难以应对。因此，外界普遍认为黄光裕将难以改变失去控制权的趋势。

然而，出人意料的是，从 2009 年 7 月 31 日公告披露的信息来看，黄光裕及其联系人已缴纳约 5.49 亿港元，申购 8.16 亿配售新股，占总配售股份的 36%。据称其资金来源是较早前黄光裕通过其控股公司 Shinning Crown 在二级市场上以平均价格 1.705 港元减持国美股权而套现的。于是，此次配售完成后，黄光裕及其联系人持有国美股份的 34.0%，仍占据着国美电器第一大股东的位置。股权方面，黄光裕先扳回一局。

但是，董事会成员方面仍然面临巨大的压力。2009 年 8 月 3 日，陈晓带领的国美董事局召开紧急会议并在会后发表声明：一致同意委任贝恩投资提名的 3 名前任董事加入国美董事局、出任非执行董事。同时，因董事会人数需维持 11 名不变，原有的 3 名董事辞任。黄光裕与陈晓双方的力量再次发生重要变化。

2010 年 5 月 11 日的股东大会的 12 项议题中，有两部分重要的议题，分别是：①公司细则规定在任的董事有对接近但不少于 1/3 的人员进行轮值退任的要求。因此，需要重新选举董事。②关于给董事会进行一般及无条件批准董事于有关期间内行使本公司一切权力，以配发、发行及处置本公司的未发行股份，以及作出或授出可能需要行使该等权力的售股建议、协议及购股权。股东大会通过了第 2 项议题，但在选举董事方面，由于黄光裕方面的反对，导致贝恩投资方面的 3 名提名人并未获得重选。然而，紧接着的 5 月 12 日，公司公告称，董事会行使其权利委任贝恩投资提名的 3 名人员为非执行董事是符合公司股东及整体利益的（这或是因为前述协议中包含违约条款的缘故），并已批准对他们的委任。这种直接的意见冲突表明，陈晓与黄光裕之间的矛盾已经公开化。

按照这一趋势继续发展，董事会仍然可能再次发行 20%的新股份，并且可能将黄光裕及其联系人排除在外，这样，极端情况下，黄光裕及其联系人的股份将进一步被稀释至 28%左右，贝恩投资已经持有的可转股债券可以转换为股份，而接受增发股份的投资者将和陈晓及贝恩投资等处于同一阵营，他们的合计股份将超过黄光裕及其联系人，从而真正改变控盘格局。

为了国美的控制权，双方都在采取进一步的行动。

2010 年 8 月 5 日，陈晓带领的董事局决定对黄光裕发起法律起诉，就关于其于 2008 年 1 月及 2 月前后回购公司股份中被指称的违反公司董事的信托责任及信任的行为寻求赔偿。同时，公告称收到黄光裕独资拥有并为公司的主要股东的 Shinning Crown 要求举行临时股东大会的信函。信函表明，其基于自己拥有公司已发行的普通股权 10%以上的权力按公司的组织章程及 1981 年百慕大公司法自行召开临时股东大会，要求审议多项议题，其中包括撤销公司今年股东周年大会通过的一般授权、撤销陈晓的公司执行董事及董事局主席职务，以及调整其他几名董事任命等。董事局一致相信要求信函申请索赔的动议没有依据且是单一股东个人利益驱动的，并强烈呼吁股东们在这一时刻给予公司支持。

2010 年 8 月 27 日，黄光裕通过其拥有并控制的公司北京国美发来的一封终止函。其中表明，如果 Shinning Crown 提出的要求决议在将于 2010 年 9 月 18 日举行的公司股东特别大会上未获通过，其有意终止上市集团与非上市集团之间就若干采购和管理安排订立的集团间协议。同时，黄光裕又通过 Shinning Crown 发来要求函，要约认购根据现有发行授权可予配发及发行的股份总数的 55%~65%股份，认购价较第三方投资者准备就余下 35%~45%的新股数目所支付的每股新股平均认购价，溢价 5%。其态度鲜明，只要发行新股，他就以更好的溢价优先认购。这一策略一定程度上可能会让陈晓对发行新股有所顾虑。

2010 年 8 月 30 日，国美电器回应了黄光裕上述信函。对北京国美的意见主要是：建议股东无须顾虑终止函中提出的最后通牒，因为终止协议对上市公司的影响并不大，反而可以挖掘可能存在的扩展机会，因此，反而应该按照通函中载列的董事会建议，在股东特别大会上投票支持目前的管理团队，并且就要求决议投反对票。对 Shinning Crown 的回应主要是：董事会目前并未就根据现有发行授权发行新股有任何决定，董事会无法按要求函所提议的方式根据现有发行授权发行任何新股予 Shinning Crown 或其 100%股东黄先生或其各自的联系人士。

同一天，北京市高级人民法院作出二审判决，黄光裕三罪并罚被判 14 年，其夫人杜鹃改判为缓刑，当庭释放。

虽然董事局表示无须顾虑北京国美的终止函，但非上市国美集团拥有的 500 多家非上市门店依然是资本市场关注的焦点之一，贝恩投资对这些非上市门店也非常关注。据媒体消息[1, 2]，杜鹃当庭释放后，陆续与贝恩投资方面有频繁的接触和谈判，其中，非上市门店就是重要的协商内容之一。双方也逐渐达成了一部分共识，但在陈晓的去与留问题上并未达成一致。

2010 年 9 月 15 日，贝恩投资按照原有协议，将可转股债券转换为股份，持有了已发行股份的 9.98%，贝恩投资成为国美的第二大股东，也将参与接下来的股东大会的表决。

同一天晚上，董事会发出公告称，本公司近来引起传媒极大注意，而在此情况下不可避免地发生信息混乱，请公众依赖公司声明来了解董事会的立场。并表明，目前公司资金充足，并无重新发行新股的需要。

9 月 28 日，股东大会表决结果，贝恩投资方面的 3 名股东重新当选为非执行董事，黄光裕提出的多项调整董事成员的提议，以及撤销陈晓作为执行董事兼董事会主席的职务等，均未获得通过，但关于“即时撤销本公司于2010年5月11日召开的股东周年大会上通过的配发、发行及买卖本公司股份之一般授权”的议案则获得了通过。这一结果，对于双方来说，都算是一个折中的结果，矛盾的局面暂时得以缓和。

11月10日，公司与Shinning Crown达成谅解备忘录，主要内容为建议：a）将许可的董事最高人数从11人增加至13人；b）委任由Shinning Crown提名的2名人士分别担任执行董事和非执行董事。根据该谅解备忘录条款，双方均已承诺在所有方面合作，落实各项行动和措施，以为本公司和股东的整体最佳利益打造一家更强及更具盈利能力的公司。

随后，在重新召集与12月17日举行的股东特别大会上，分别以超过90%的投票数，表决通过了上述建议。自此，由于发行股份的一般授权已经收回，董事局的成员经过人员增加，以及贝恩投资方面与杜鹃达成了一些相应的合作协议，国美电器的控制权将不再存在改变的风险。

2011年3月10日，为了抽出更多时间陪伴家人，陈晓辞任董事会主席、执行董事、执行委员会成员兼主席及授权代表职务。近两年的国美控制权之争在公众与媒体的广泛关注中正式宣告结束。

资料来源：笔者根据国美电器（股份代号00493）2005~2011年公开披露的年报、公告等相关信息整理。

参考文献

［1］中国新闻网．最喜欢或最恨的人：竺稼才是国美赌局的关键［EB/OL］．https：//www. chinanews. com/cj/2010/11-08/2640357. shtml.

［2］中国新闻网．邹晓春：董事席位和非上市门店须进行一揽子谈判［EB/OL］．http：//www. chinanews. com. cn/cj/2010/10-21/2601760. shtml.

案例2-2：康美药业造假案引起的独立董事制度思考

在典型的公司治理结构中，股东大会授权董事会对企业进行经营管理，监事会则对董事会进行监督，并向股东大会进行汇报。然而，由于监事会并不直接参与董事会的表决，这种治理结构并不总能保证董事会的决策符合大多数股东的利益。特别是当内部控股股东在治理结构中具有绝对的控制地位时，由控股股东委任的董事所形成的决议更偏向于符合控股股东的利益。

从20世纪七八十年代起，为了有效解决这种董事不能独立地进行公司治理的问题，在董事会架构中引入独立董事的制度逐渐成为潮流。独立董事（Independent Director）指的是外部董事或非执行董事。为了对内部的董事进行监督和平衡，独立董事必须独立于公司之外，他们不能与公司有任何影响其客观、独立地做出判决的重要关系。

国内也在独立董事制度建设方面制定了一些相关的法规。2001 年，中国证监会发布了《关于在上市公司建立独立董事制度的指导意见》，主要包括 7 个方面共 36 项条款：上市公司应当建立独立董事制度；独立董事应当具备与其行使职权相适应的任职条件担任独立董事应当符合的基本条件；独立董事必须具有独立性；独立董事的提名、选举和更换应当依法、规范地进行；上市公司应当充分发挥独立董事的作用；独立董事应当对上市公司重大事项发表独立意见；为了保证独立董事有效行使职权，上市公司应当为独立董事提供必要的条件。2004 年，证监会在《关于加强社会公众股东权益保护的若干规定》中，也提出了完善独立董事制度，充分发挥独立董事的作用的 6 项条款。

2018 年 12 月 28 日，康美药业股份有限公司（以下简称康美药业）收到中国证券监督管理委员会（以下简称证监会）的《调查通知书》的调查内容："因你公司涉嫌信息披露违法违规，根据《中华人民共和国证券法》的有关规定，我会决定对你公司立案调查，请予以配合。"

经过一段时间的调查，有了初步的结论。2019 年 8 月 17 日，康美药业收到证监会下发的《行政处罚及市场禁入事先告知书》的内容："康美药业涉嫌信息披露违法违规一案，已由我会调查完毕，我会依法拟对你们作出行政处罚及采取市场禁入措施。现将我会拟对你们作出行政处罚及采取市场禁入措施所根据的违法事实、理由、依据及你们享有的相关权利予以告知。"

告知书中还指出，康美药业虚增营业收入、利息收入、营业利润，虚增货币资金、固定资产、在建工程、投资性房地产，所披露的《2016 年年度报告》《2017 年年度报告》《2018 年半年度报告》和《2018 年年度报告》存在虚假记载，康美药业未按规定披露控股股东及其关联方非经营性占用资金的关联交易情况，所披露的《2016 年年度报告》《2017 年年度报告》和《2018 年年度报告》存在重大遗漏，累计虚增货币资金约 886.8 亿元，虚增资产 36 亿元，未披露关联交易约 116.2 亿元，严重违反了《证券法》中多项条款。

半年后，康美药业的违法事实被正式确认。2020 年 5 月 14 日，康美药业收到证监会的《行政处罚书》《市场禁入决定书》，其主要内容可概括为如下多个方面：

（1）认定了康美药业在前述各年度的财务作假案的事实。

（2）康美药业董事、监事、高级管理人员违反 2005 年《证券法》第六十八条第三款关于“上市公司董事、监事、高级管理人员应当保证上市公司所披露的信息真实、准确、完整”的规定，构成2005年《证券法》第一百九十三条第一款所述“直接负责的主管人员和其他直接责任人员”。

(3) 康美药业的董事长（兼总经理）、副董事长（兼副总经理）、董事（兼副总经理和董事会秘书）3人，分别存在策划、指使、实施财务造假事实，并签字承诺保证相关问价真实、准确、完整，直接导致康美药业披露的定期报告存在虚假陈述，是康美药业信息披露违法行为直接负责的主管人员。

(4) 财务总监、职工监事（先后兼总经理助理及副总经理等职位）、监事（兼财务总监助理），以及其他董事、独立董事、监事和高级管理人员等18名人员，分别不同程度地参与财务造假、在财务报表审议中投赞成票或签字，现有证据不足以证明上述人员已尽勤勉义务，应当对康美药业披露的定期报告存在虚假陈述承担法律责任，是康美药业信息披露违法行为的其他直接责任人员。

(5) 对康美药业股份有限公司责令改正，给予警告，并处以60万元的罚款；对参与造假的直接责任人和未尽到勤勉义务的其他直接责任人员，分别处以15万元到90万元不等的处罚。

(6) 对康美药业的董事长（兼总经理）、副董事长（兼副总经理）、董事（兼副总经理和董事会秘书）3名直接责任人员采取终身证券市场禁入措施，对财务总监、职工监事（先后兼总经理助理及副总经理等职位）、监事（兼财务总监助理）3名其他直接责任人员采取10年证券市场禁入措施。自宣布决定之日起，在禁入期间内，除不得继续在原机构从事证券业务或者担任原上市公司、非上市公众公司董事、监事、高级管理人员职务外，也不得在其他任何机构中从事证券业务或者担任其他上市公司、非上市公众公司董事、监事、高级管理人员职务。

在证券交易市场，有一些嗅觉敏锐的投资者很早就感知到了康美药业的财务报表可能存在问题。早在2018年5月29日，康美药业的股价达到28.25元的最高点后便开始一路狂跌。到了12月28日被调查的当天，股票收盘价仅为9.21元，调查公布后的3个交易日中，股票连续两个跌停后收盘至7.16元。其后，经过不断地反弹调整，到2019年8月17日公布调查结果后的第一个交易日，股票收盘价仅为3.21元，到2019年5月14日公布处罚决定时，股票收盘价为2.69元。一年半来，股价跌幅超过九成，投资者可谓惨不忍睹。许多投资者在康美药业造假案中遭受了巨大的损失，对康美药业极为愤慨。

2020年12月31日，康美药业的11位投资者向广州市中级人民法院（以下简称广州中院）提起了对康美药业及造假的相关责任人的诉讼申请。主要请求内容包括：①判令董事长和副董事长赔偿案涉投资者的投资差额损失；②判令董事长和副董事长赔偿案涉投资者的佣金、印花税、利息，佣金标准统一为万分之三，印花税标准统一为千分之一，利息按照同期银行存款利率计算；③判令其他被告对案涉投资者的上述损失承担全部的连带责任。

诉讼期间，广州中院还将同一期间与本案具有相同种类诉讼请求的投资者明确为权利人，共有55326名权利人同意参加本特别代表人诉讼。此外，原告还申请追加康美药业造假期间的审计机构及其相关的签字会计师为本案被告。

广州中院委托了投保基金对权利人范围内的投资者进行损失测算，以选定的实施日为2017年4月20日，揭露日为2018年10月16日，基准日为2018年12月4日，测算揭露日起至基准日期间的投资者的扣除系统风险后的实际损失。经投保基金测算，共计52037名投资者发生了实际损失，损失总额为2458928544元。2021年9月1日，法院裁定冻结被告名下价值24.59亿元的银行存款或查封、扣押其他等值财产。

2021年11月12日，广州中院对康美药业证券集体诉讼案作出一审判决，主要判决内容为：

（1）康美药业应对原告投资者的损失共计2458928544元承担赔偿责任；

（2）公司6名主要责任人与康美药业承担连带赔偿责任；

（3）由8名董事、监事或高级管理人员在康美药业赔偿责任20%范围内承担连带赔偿责任；

（4）由3名兼职的独立董事在10%范围内承担连带赔偿责任；由2名兼职的独立董事在5%范围内承担连带赔偿责任；

（5）审计机构与康美药业承担连带赔偿责任；其合伙人和签字注册会计师1人在审计机构承责范围内承担连带赔偿责任。

康美药业造假事件涉及金额巨大，波及人员广泛，震动了整个资本市场。法院的判决特别强调了连带责任的判定和处罚，除了对造假案中的直接责任人、高级管理人员、提供审计报告的审计机构进行连带责任处罚以外，还对兼职的独立董事进行了巨额的处罚。5名独立董事被处罚的金额合计超过3.6亿元，这一结果对众多上市公司中正在履职的独立董事产生了极大的震慑。根据巨潮资讯披露的消息，自2021年11月12日判决以来，截至2022年5月31日，半年期间关于独立董事辞职的公告超过600个，形成了一股独立董事离职的风潮。这一现象也加深了各界人士对上市公司独立董事制度的广泛讨论和思考。

为了不断完善上市公司独立董事的管理制度，对相关的内容进行统一的编排和改写，修改过去的规则之间不一致的内容，吸纳散落在别处的规则内容等，2022年1月7日，证监会公布了《上市公司独立董事规则》，规范和细化了许多实践性很强的条款。例如：

独立性要求方面。独立董事必须具有独立性，可以独立地履行职责，不受上市公司主要股东实际控制人或者其他与上市公司存在利害关系的单位或个人的影响。上市公司或其附属企业任职的人员及其直系亲属、主要社会关系人员，直接或间接持有1%以上股份的股东或其直系亲属等多种不符合独立性条件的人员不能担任上市公司的独立董事。

任职条件方面。独立董事应具有相关的资格，具备上市公司运作的基本知识，熟悉相关法律、行政法规规章及规则，具有5年以上法律、经济或其他履行独立董事职责所必需的工作经验，应当依照规定参加中国证监会及其授权机构所组织的培训。上市公司应当在公司章程中明确，担任独立董事的人员中至少包括一名会计专业人士。

提名、选举和更换方面。独立董事的被提名人应当就其本人与上市公司之间不存在任何影响其独立客观判断的关系，发表公开声明。在选举独立董事的股东大会召开前，上市公司应将独立董事被提名人的有关材料报送证券交易所，报送董事会的书面意见。独立董事可以连任，连任时间不超过六年。独立董事连续三次未亲自出席董事会会议的，由董事会提请股东大会予以撤换。如果独立董事辞职将导致公司董事会中独立董事所占的比例低于规定的最低要求，则其辞职报告应该在下任独立董事填补缺额后生效。

独立董事的职权方面。独立董事应按时出席董事会会议，了解上市公司的生产经营和运作情况，主动调查获取做出决策所需要的情况和资料。应向公司股东大会提交年度述职报告。对于重大的关联交易、提名或任免董事、解聘或聘任高级管理人员等多种重要事项，独立董事应向董事会或股东大会发表独立意见。独立董事可发表以下几类意见之一：同意；保留意见及其理由；反对意见及其理由；无法发表意见及其障碍。上市公司应当将独立董事的意见予以公告，独立董事出现意见分歧无法达成一致时，董事会应将各独立董事的意见分别披露。

独立董事履职保障方面。董事会秘书应积极为独立董事履行职责提供协助，包括介绍材料、提供材料等，定期通报公司运营情况，必要时可组织独立董事实地考察。保证独立董事享有同等的知情权，当两名或两名以上独立董事认为资料不充分或论证不明确时，可联名提出延期召开董事会会议的要求，董事会应予以采纳。独立董事聘请中介机构的费用及其他行使职权所需的费用由上市公司承担。上市公司可以建立必要的独立董事责任保险制度，以降低独立董事正常履行职责可能引致的风险。

资料来源：笔者根据康美药业（证券代码：600518）2018~2021年公开披露的信息及相关的法规整理。

第三篇　多元化经营

“道生一，一生二，二生三，三生万物。”

——《道德经》

第八章

多元化经营的转变

第一节　多元化转变的时机

一、多元化发展的动因

1. 产业发展

许多企业在专业化经营的过程中都可能会逐步开始尝试多元化经营。在国外，1950 年以前，美国企业的多元化程度很低，大部分公司从事专业化经营。1950 年，在财富杂志选出的美国国内 500 强公司中，多元化业务的收入超过总收入的 25%的公司比例只有 38.1%。到了 1974 年，财富 500 强公司中，多元化公司的比例上升到 63%，从事单一事业型或主导事业型公司的比重下降为 37%[1]。1977 年，鲁梅尔特对 1970 年美国 500 家公司进行的多元化研究表明，有近 2/3 的企业的业务已经高度多元化了。同样，有学者发现，欧洲和日本的企业也具有相当高的多元化水平[2]。1997 年，对全球 100 家最大的企业的分析研究发现，这些企业中有 75%实施了多元化经营[3]。

国内在 20 世纪 90 年代也出现了类似的情形，国内的第一批民营企业也纷纷在早期迅速发展获得了巨额利润的时候，开启了一波多元化的热潮。李敬对我国上市公司的 105 家企业的抽样分析发现，79%的企业是多元化经营的企业[3]。进入 21 世纪以来，越来越多的企业在发展多元化业务。杨鑫等针对 2003~2007 年 645 家中国上市公司的研究发现，处于缓慢增长和利润较低的行业中的企业，更倾向于实施高水平的多元化战略[4]。

近年来，多元化的趋势得以放缓。有些企业的多元化战略没有取得成功，这促使许多企业开始反思多元化战略的有效性。但总体来看，多元化战略仍然是许多企业的主要战略之一。例如，孙维峰和孙华平对沪深两市 622 家上市公司 2009~2011 年的面板数据分析发现，这三年中采取多元化战略的公司分别有 192 家、179 家和 181 家[5]。我们统计的 2015 年 A 股 2520 家企业的数据也发现，有超过一半的企业在开展不同程度的多元化经营，如表 4-1 所示。考虑到证监会的信息披露规则的要求是业务收入占比超过10%的业务应披露，所以，实际的多元化的企业数量应该还要更多一些。

也有不少企业的多元化战略取得了不错的成绩，慢慢进入了稳定经营的多元化状态：企业的业务单元数量较多，业务单元之间的关系复杂，可能存在不同的业务类型。在经营业绩上，东边不亮西边亮，有一些业务单元的生命周期可能很短，另一些业务单元则发展良好，势头迅猛，渐渐地又成为了新一时期企业的中心业务之一。这方面的例子可参阅扩展案例3-1。

2. 为什么要多元化

企业在专业化经营的过程中，可能会产生多元化的经营需求。每个业务单元都需要分别进行独特的经营，因此，多元化经营的复杂度比专业化经营的复杂度高出许多。如果要对不同的业务单元进行分散决策、分散经营、分别进行战略管理，这必然会涉及组织内部的运转机制，增加组织管理的复杂度。那么，为什么企业要进行多元化经营呢？如果没有充分的理由或者益处，让组织面对这种复杂的转变，其意义何在？

（1）企业成长的内在动力。

伊迪丝·彭罗斯（Edith T. Penrose）认为，企业的成长是由企业内部的知识和创造所驱动的[6]。企业在不断发展的过程中，会不断引入新的资源，以更好地满足企业的生产和经营等活动。然而，任何资源都具有一种不可分割性（Indivisibility）特征，总会有一部分资源无法充分利用，从而形成一种闲置的资源。例如，购买了一台机器设备用于生产甲产品，但实际上，这台机器还具备了生产乙产品的功能。同样，人力资源也具有这样的特征。例如，企业雇用了一名从事产品生产活动的人员，但该人员可能还具有良好的沟通技能，有机会参与到销售活动中。于是，即使企业实际只需要某种单一的资源，但是在实际引进的时候，必然会“成捆地”（Bundle）获取到一些额外的资源，相当于批量购进时总会多形成一些暂时用不上的闲置资源。当这种闲置的资源越来越多时，还会形成一定程度的规模效应。

也就是说，企业内部总会存在未被利用的资源，而这通常会被认为是一种浪费。因此，只要任何资源在当前的运营中没有被充分利用，企业就存在利用它们的动机，如果能够利用这种闲置的资源，则有可能发现越来越多的新业务机会。因此，企业就会寻找能充分利用闲置资源的途径，在现有的业务中进行渗透扩张，或是开拓发展新的业务。

组织内的各种能力都有可能形成富余，从而存在闲置利用的可能。有的企业管理水平越来越强，它们甚至可以把这些管理能力非常强的组织和部门打造为一种对外提供专门服务的管理咨询队伍。例如，IBM公司在研发管理上有丰富的经验，使得华为公司在向 IBM 学习的时候，想请 IBM 以咨询服务的方式来为其培养团队，这等于促进了 IBM 公司建立起一种管理咨询的新型业务。

此外，企业在使用现有资源进行生产经营的过程中，还会不断创造出新的知识。例如，企业在生产甲产品的时候，可能还会掌握生产乙产品的某些技能。人力资源方面也是如此，现有的关于资源的物理特性的知识、关于使用资源的方法的知识、关于如何更高效地使用产品或是经营业务内容等方面的知识的应用会催生知识的增加，于是，更多的可利用知识的机会就会出现，以前未使用的知识机会就会被更多地利用起来，进而又会逐渐催生更多可利用的知识机会。

（2）多元化的动因。

按照彭罗斯的观点，为了有效利用现有的资源，利用企业源源不断产生的新的资源，企业也可能会选择多元化的成长方式，因此，这是一种主动开展多元化的方式。此外，企业也有可能出于被动的原因开展多元化。每个企业发展到一定程度，总会遇到一定的瓶颈，这时，也会考虑如何进一步扩张，考虑拓宽企业的业务范围。通过更大的经营范围来避免单一业务的经营风险，从而形成投资的分散。通过主动或被动的扩张方式，不断推动企业的成长。

理查德·雷德（Richard Reed）和乔治·卢夫曼（George A. Luffman）总结了前人的经验，归纳了影响企业多元化的主要因素为三个方面：企业成长、资源利用、适应需求[7]。企业通过这三个因素，能够带来协同效应，再通过抵御环境中的不利因素，保持稳定的收益，并降低企业的风险。因此，追求协同效应、稳定的收益和较低的风险就是企业进行多元化的基本动因。这不仅能解释企业的相关多元化，也能解释企业的不相关多元化；不仅能解释企业的主动多元化，也能解释企业的被动多元化[8]。

企业成长的问题是每个企业都会面临的问题，原来的业务发展到一定程度的时候可能会遇到瓶颈，这种瓶颈也许是因为市场的容量有限，也有可能是企业自身的能力难以再持续获得提升，或者是不同的企业之间的竞争越来越激烈，使得市场上不同厂商之间的市场份额达到了一种相对的均衡状态而难以打破，等等。这种时候，业务的增长就会遇到难以突破的瓶颈。另外，企业投资方的投资目标会反映业绩上的要求，包括营业额的要求、利润的要求等。瓶颈问题会导致现状与目标之间存在差距，这些差距都需要有新的增长的业务内容来弥补。需要通过开拓新的市场、开展新的业务内容来获得营业额上明显的持续增长。

资源利用方面也可能会让企业产生多元化发展的意愿，进而为企业的生产经营活动提供一种外在经济[9]。这与彭罗斯的观点也是一致的。钱德勒也认为，美国大企业的发展几乎都是遵循这样四个阶段的：资源的积累、资源的合理化利用、资源的扩张和再一次的资源合理化利用[10]。

一些资源类行业、化工类的行业在产品生产的过程中会产生许多副产品，这些副产品在早期也许是作为废料而抛售或丢弃的。但是，随着技术的持续发展，有些废料也许能够变废为宝，产生相当的销售价值。当这一类变废为宝的产品有足够的销量规模的时候，也许便能够催生一些新的业务。有不少行业都可能会通过这种方式来建立新的业务。例如，日本的味之素公司是一家历史悠久的生产味精的企业，该公司的一种副产品因被发现具有良好的耐热绝缘性而被制作成一种薄膜（Ajinomoto Build-up Film，ABF），广泛地应用于半导体行业，并因其对半导体发展的灵活性而被高度评价为划时代的产品[11]。另一个例子就是，碳酸饮料包括啤酒，在制作的过程中需要消耗二氧化碳，而那些碳排放大户企业，如煤炭化工行业，也许可以通过技术改造，将二氧化碳经过提纯改造成为食品级的添加剂，从而实现变废为宝[12, 13]。

还有的企业是因为现有的市场或者现有的客户产生了新的需求而开始尝试新的业务的。例如，改革开放以来，有许多从事外贸业务的企业，在跟国外的客户的合作过程中逐渐建立起了良好的合作关系和充分的信任，因此，客户会不断提出新的产品需求，从而让这些国内的企业不断扩充它们的产品和业务范围。另一些面向那些零售商（如超市、商场）的企业也存在类似的情形。由于零售商所需要的产品品类众多，当供应商取得了供货资质以后，他们会基于与这些零售商的良好的合作关系，不断发展出新的产品，从而使得企业的经营范围越来越广。

适应需求也是多元化的重要原因。例如，企业经营必然存在经营风险，因此，企业存在风险规避的需求。如果一个企业存在经营范围过于集中、客户过于集中或者产品过于集中等情况，当碰到一些突发的事件或风险时，企业可能很难承受这种风险，形成对主营业务的重大影响和冲击。所以，为了保证经营上的稳健性，需要设法配置成不同的业务内容来分散经营上的风险。

而从更长的周期看，正如第一章提到的企业的基本目标之一是活得久一样，由于任何一项业务都需要一定的培养周期，企业要想长期保持经营的良性状态，就需要不断尝试新的业务内容，培养新的增长业务。

二、多元化的时机

1. 多元化实践中的业务单元

企业有多种开展多元化战略的内在原因，因此，许多企业总会在各种恰当的时机进行业务的多元化尝试。实际上，即便是专业化经营的企业，在它的生命周期的各个阶段，都有可能会尝试一些新的业务，开发新的产品，引入新的人员，尝试新的组织结构等。这些尝试形成的经营的多样化，有可能只是通过零星的尝试，也有可能是通过有意识的循序渐进发展，或者是通过大规模的扩张而逐渐形成的。就广义概念来说，这些多种产品、多种业务、多种组织、多种人员等，都可以认为是多样化、多业务的概念。也就是说，从实践角度看，专业化经营与多元化经营之间可能没有一个绝对的分界线，它们是一组相对的概念。

但是，按照多元化战略的主要经验看，多元化战略中的经营管理模式，与专业化经营管理模式存在不同的要求。采用专业化的管理模式来管理多元化企业是难以达到好的经营效率的，反之亦然。因此，企业采用多元化战略时，需要在实践上，结合企业的实际情境，定义不同业务单元的边界，明确识别出可策划、可执行、可评价的业务单元，从而发挥其竞争优势，获得更好的经营效率和回报水平。

从市场营销的观点看，一般认为，企业的市场导向比企业的产品导向更重要。市场界定（Market Definitions）把一个业务看成一个让顾客满意的过程，而不是一个产品的生产过程。管理层必须认为自己不是在生产产品，而是在为客户创造满意的价值[14, 15]。因此，可以从三方面来确定一个业务领域：顾客、顾客需要和技术[16]。其中，技术就是包含产品本身和产品实现的一系列的各种技术、管理技能的集合。在每一个业务领域的经营活动，则可以看作一项业务。

也就是说，对一项业务而言，其通常应包含独立的经营范围，在独立的市场区域，服务独立的客户类型，提供独立的产品内容等。也正因如此，应该单独地分析其所面对的外部环境，分析自身在这项业务上的竞争优势，单独设定相应的战略、竞争、营销等方案，并能够单独地组织一套内部资源来执行这一项战略。我们将在第十一章进一步探讨业务单元的经营管理特征。

区分不同的业务单元，并对各单元进行管理是非常重要的。中国证监会发布的《公开发行证券的公司信息披露内容与格式准则第 2 号——年度报告的内容与格式（2016 年修订）》中指出，对于占公司营业收入或营业利润 10%以上的行业、产品或地区，应当分项列示其营业收入、营业成本、毛利率，并分析其变动情况。其中的分项要求，也可看作单独的一项业务内容。

2. 战略规划识别多元化时机

现代的管理越来越关注对不同的业务单元进行专门的管理，因此，多元化经营与专业化经营的管理模式会存在区别。从专业化经营转变到多元化经营，需要组织有意识地进行经营管理模式的变化，做出一系列的变革调整。而这种调整，就是从识别多元化的恰当的时机开始的。这也可以考虑多种不同的方法。

我们在第二章讨论过战略的规划过程，先分析外部环境中的机会与威胁，再评估企业自身的优势跟弱势，并且借助 SWOT 工具来进行信息的整合和匹配分析，并输出可选的备选战略。在识别企业开展多元化的时机时，也可以参考这种过程模型，结合多元化的企业成长、资源利用、适应需求等动因，综合评估。

从外部视角看，按照产业组织的观点，企业的战略应该重点基于产业的发展趋势进行选择，因为产业组织的环境因素是企业的战略成功的重要因素。当宏观产业中出现了新的行业机会、行业需求的时候，就可认为是企业在这个产业进行多元化尝试的好的时机。这种外部时机判断的方法需要关注产业中的潜在变量，判断产业的发展趋势。如果所关注的产业还处于导入期，产业中的潜在变量较为隐蔽，不易发现，因此，可以借助一些模型化的工具进行分析。

例如，通过 PEST 的模型收集政策方面的产业政策、经济发展中的热点板块，社会生活和消费方式的变化，前沿技术的发展趋势等方面的潜在机会；也可以借助 SCP 分析结构，分析某些目标行业的集中度情况、有无领导者厂商等，或者参考五力分析模型，分析某些行业中的潜在进入者的特征，潜在替代产品的特征，从而作为自身评估的参考依据等。

概括来看，通过对外部信息的收集和分析，当企业发现外部行业中存在明显的商业机会时，可认为是开展多元化战略的时机点。

从内部视角看，企业在经营过程中，会不断积累和形成内部的优势。这些优势可能体现在企业掌握的自然资源、关系资源、资本资源、技术资源或人力资源等方面。

例如，企业拥有的自然资源是否能够使企业在产业链中具备足够的谈判优势，具备强有力的定价权？企业所掌握的网络关系资源是否能够使它们在获得市场份额、保持客户关系、实现供应链整合等方面创造出足够的优势？企业掌握的资本资源是否能够使它们高效精准地把握投资机会？企业掌握的技术资源是否能够使企业在产品的研究设计、产品的生产、工程技术等方面创造出足够的优势？企业掌握的组织资源是否具备足够的能力水平和柔性水平，使得企业在具备强大的经营与执行能力的同时，还具备良好的应变能力？等等。

当这些不同的内部资源的优势逐渐形成，可以支撑企业进入新的行业领域，并实现一定程度的竞争水平，使得企业能够在该领域实现一定程度的利润空间的时候，也就形成了一种典型多元化机会点。

如果企业掌握的资源或组织能力的优势越来越显著，相较于别的竞争对手而言，甚至逐渐达到了稀缺、难以模仿等核心竞争力的程度，那么，这种情境可能会是更加明显的开展多元化战略的时机点。

更好的方式是同时从外部和内部两个视角的时机进行综合匹配分析。通常可以借助经典的 SWOT 分析结构，把外部的存在机会的时机特征与内部形成优势的时机特征结合起来，评估这种综合的情境是否可形成好的战略方案。如果外部和内部的时机都表明了显著的商机信号，那么，这便可认为是开展多元化的极佳的时机点。例如，近年来兴起了人工智能的热潮，有些互联网公司在多年积累中，已经在算法领域拥有一支强大的人才队伍，因此，它们可能会在把这种内外结合的良好时机作为企业开展人工智能业务的关键的决策依据。而如果这种匹配性不佳，仅仅是外部或内部的单方面存在时机点，则需要进一步分析这个时机的可利用性，评估企业开展多元化经营的成功可能性和相应的困难、风险，或等待更佳的时机点。

3. 多元化时机的指向性指标

由于对机会的特征或情境进行识别与描述时都很容易存在较强的主观偏差，随着整个组织在市场洞察方面的经验的持续积累，组织内部也可以寻找一些更加清晰的指标来做出辅助的判断。

在如图 3-5 所示的核心业务生命周期情境多元化战略模型中，核心业务的两项指标都能够较好地对多元化战略给出指向性的提示，也可以作为定量分析多元化时机的参考指标。

一个指标是核心业务的收益率水平。当核心业务的利润率水平超低（低于低门槛点）的时候，也就是当前企业最重要的、最好的那一块业务，也仍然处于入不敷出的时候，企业将难以实现良好的经营循环。因此，这个时候应优先考虑进行多元化的尝试，寻找能为企业带来利润的健康的业务。

另一个指标是核心业务本身所处的生命周期阶段。在核心业务的整个生命周期中，如果核心业务的利润率水平一直处在中等水平（介于高低两个门槛点之间），那么，当核心业务处于成长期时，由于核心业务一直未能在行业中占有领先的优势，因此此时是重要的开展多元化的时机点，因为这时的多元化战略有助于适当分散风险，避免因对核心业务的过度乐观而做出错误的判断；当核心业务处于衰退期时，也是重要的开展多元化的时机点，因为企业此时需要再次寻找新的核心业务，是企业必须主动开拓、进攻、进行二次创业的重要的转型阶段。

我们可以从企业的经营状况解读这些指标背后的经济含义。

如果企业的核心业务发展良好，有非常不错的收入水平，企业能在短期内积累丰厚的资金。这时的企业很容易沉浸在一种成功的喜悦中，它们可能会有快速扩张的动机。企业有两种扩张的方向，一种是采用主动多元化的方式进行积极扩张，进入更多的行业，甚至完全不相关的行业。但是，这种积极的扩张很有可能是过于草率和盲目的，最终导致新业务的成功率可能并不理想。另一种方向则是聚焦在核心业务上进行扩张，而由于核心业务的收入水平很好，这时反而能够获得更多的收益。也就是说，此时不采用多元化战略反而是更好的选择。

如果企业的核心业务发展得不好，例如，利润水平一直都很低或者是已经到了衰退期，这意味着企业的现有业务一直都缺乏足够的竞争优势。由于资金状况不佳，业务表现也不佳，能力也不够，企业会形成一种恶性循环。长此以往，保持不变，可能反而会存在生存的危机。如果这时采用多元战略，将一部分资源用于探索新的业务，可能反而让企业有了多种的可能性。

由于在新业务的早期尝试时可以适当控制投入，即便短期内新业务的尝试没有成功，企业的总体局面也不会比维持现状更加糟糕。如果新的业务机会收益水平一般，或者略好于当前的核心业务，那么，在收入上也能均衡总体的收支水平，相当于分散了当下的经营风险。如果恰好遇到了有发展前景的机会，处于快速成长的通道中，这便使得企业有机会借助这一业务实现主营业务的转型，并逐渐发展为新的核心业务。也就是说，在核心业务发展一直都很差的情况下，开展多元化并不能保证一定成功，但是相比不尝试而言，至少有更多的成功机会了。

所以，企业可以主动地、周期性地关注核心业务的收益水平和其所处的生命周期阶段。在监测这些指标的过程中，把握相应的时机点，把寻找和培育新业务作为对应时机下的重要的战略选项，提前布局和谋划转型，才能更好地让企业在产业变迁中活得更久。关于核心业务的指标指向多元化战略的案例，可参考扩展案例3-1。

第二节　企业成长的类型与路线

每个企业都会面临成长的问题。一般认为，企业的成长路线可以归结为两种最基本的类型。一种类型就是追求规模化的经济，这种规模化的经济实际上是基于专业化的背景来开展的，它是在专业化的基础上进行规模的扩张，在同一个业务范围中，设法获得尽可能多的经营规模、市场份额等，有时也叫一体化经济。

另一种类型是追求范围化的经济。这种方式通过追求更加多样化的产品、市场、客户等，通过多元化的经营方式来实现更好的经营规模和更好的经营收益。为了便于描述与沟通，人们常常从不同的角度对多元化进行分类，比较常见的成长类型有相关多元化与非相关多元化、外部多元化与内部多元化、横向多元化与纵向多元化等。

一、规模经济成长

在规模经济的发展方向上企业可以选择横向的规模扩张，这通常表现为在相同领域的业务扩张，包括从内部开始发起的横向扩张，也包括通过对外部并购活动而形成的横向扩张。企业也可以选择在纵向的价值链方向上进行规模扩张，同样，纵向的扩张也可以从组织内部或通过外部并购的方式进行。无论是哪一种，这些扩张都朝着同一种目标，就是在某一个业务领域内获得尽可能大的经营规模和尽可能多的市场份额，甚至逐渐成为在该业务领域内的领导者或垄断者。

1. 横向发展

企业的横向扩张是一种最常见的战略之一，因为这是企业早期扩张时比较容易执行的战略。企业可能会优先考虑在组织内部进行扩张。例如，开始增加招聘员工的数量，通过更多的人员，采用同样的管理方式，研发和生产更多的同类的产品，满足更多的有少量差异化的不同客户的需求。这些增加的产品型号的主要功能或特性，与原有产品的差别不会太大，总体来看，都属于同样的类型，所以，企业现有的知识、技能、产品、资源等方面都能够较大程度地利用起来，实现较好的共享。

从内部进行组织的扩张时，企业常常面临人才的不足，而人才的培养又无法一蹴而就。此外，企业也可能面临获取客户的困难，因为这通常需要相当长时间的积累。当自身的资源和能力都无法满足多元化战略需求的时候，企业可能会考虑收购外部的成熟团队，这样就间接获得了成熟团队的客户资源。

通过在现有的组织中进行同类功能的复制和裂变，或者是通过并购同行竞争对手来实现的横向的规模扩张，都会使得组织的规模日益壮大。为了保持企业的经营有序开展，企业可能会采用不同的组织管理模式，如图 8-1 所示。

（a）横向一体化（水平整合）　　　　（b）横向辅助一体化（水平整合）

● 原有核心业务　　　● 新业务单元　　　⬭ 辅助型单元

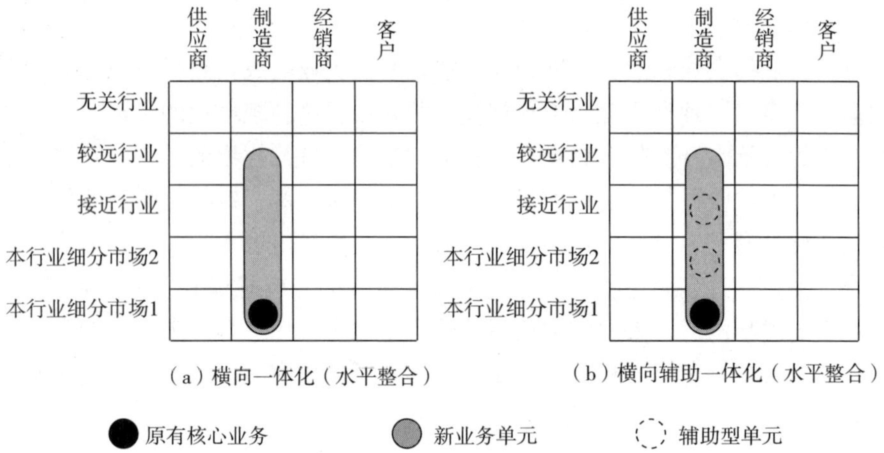

图 8-1　规模经济中的横向发展

资料来源：笔者结合规模经济横向发展时的典型特点整理。

（1）横向一体化。

有的企业会把横向扩展的组织纳入现有的组织，采用同一套经营管理班子进行统筹的经营管理，全部沿用统一的管理规则和运作模式。这一般称为横向一体化经营。虽然组织的规模有所扩张，但整个组织仍然是一个统一的经营主体，具有一个统一的决策中心。

横向一体化发展的好处是显而易见的。基于现有掌握的资源和经验，能够快速使公司的经营规模实现扩张，甚至是成倍增加。而且，组织现有的管理模式、运作模式都没有做出明显的改变，因此，这种集群效应非常明显，分摊下来的管理费用、隐性支出都比较低，能得到较好的规模效应。

然而，横向一体化的运作模式也有其不足。这种模式属于集权式管理，在规模扩张的同时，较少改变它的组织结构以及内部的工作模式工作流程。因此，整个组织也可能会存在效率上不足的问题。一方面，由于管理上存在幅宽效益，一套经营班子难以直接覆盖一个较大规模的全部团队。例如，整个团队都比较关心那些重要的市场和重要的客户，却很少有人关心那些对未来有重要影响的、潜在的市场或潜在的客户。负责人的时间和精力都很有限，也没有办法覆盖所有目标的市场和客户群体，因此，这便造成有些市场或者客户容易被遗漏。因此，这种一体化管理模式对管理层有较高的要求。另一方面，通过并购方式吸纳的外部团队成员原有的工作技能、团队的工作模式、组织的氛围习惯，甚至价值理念等方面也与现有的组织不匹配，难以真正融入。

（2）横向辅助一体化。

为了改善横向一体化中存在的问题，企业通常会自发寻求改善对策。在日常的工作中，企业常见的改善方案多数是运营级的或操作级的。例如，组织会强调每个人的工作技能应该满足某些条件；组织可能会定义一些协作的工作方式，例如会议应该如何召开；企业也会定义某些工具或者设备应该如何进行操作的标准化指南；企业也可能会定义那些不同岗位上的个人的绩效指标，以驱动他们努力地开展工作；等等。这些操作型的改进通常有助于改进个体成员的工作成效，但在促进组织绩效的提升方面的作用却是有限的。

因此，企业还可能需要进行结构性或者战略性的调整，从组织设计角度来寻找更加系统的解决方案。

企业可以把市场、客户、产品、技术等业务方面的内容进行横向分解，划分为不同的分类或区域，把现有组织成员和新的组织成员划分到不同的业务分类中，成为不同的小组，分别承担相应业务区域的工作内容，分别对相应区域的业务绩效负责，并开始试着独立运作。

例如，企业可以将市场划分为重点的细分市场、常规的细分市场和潜在的待开拓的细分市场，或者是按地理划分为不同的区域细分市场。这些不同的细分市场由不同的小组团队负责，对他们分别授权，各自负责这些不同的细分市场。这种拆分的市场是同一个类型的市场，因此，各个小组的功能也是类似的。每个小组的功能相同，都对其负责区域的经营成果负责，他们变成各自相对应的工作领域中的一个责任中心，或者是利润中心。

类似的分工可能也会体现在其他的领域。例如，产品开发领域可能会被划分为开发一部和开发二部，每个部门各自承担一些相似的开发任务，各自都承担相应的开发目标，企业分别对它们的工作绩效进行评价和激励。

但即便如此，那些负责现有的大市场、大客户或细分市场的团队，显然更容易产生好的工作业绩；而那些承担着潜在市场、潜在客户或新的细分市场的小组，即便他们在开拓方面取得了突破性的进展，在最终的财务绩效方面也很难与其他成熟的业务团队相比。

而从盈利能力看，负责不同细分市场的小组的工作所产生的财务绩效是不一样的，对公司经营的重要性也是不尽相同的。企业原本的主业，无论从业绩比重上还是从发展势头上都处于极为重要的地位，而新细分市场的业务短时间内无法达到稳健收益的状态。这就使得企业的高层决策者仍主要关注那些主要细分市场的业务板块，因为那里意味着丰裕的现金回报和投资回报，是企业的经营贡献的主要来源。他们很难有高的积极性把经济资源倾向于新细分市场中的业务内容。

此外，原有的业务团队，无论是在组织的熟悉程度上、与公司的信任基础上，还是在熟悉公司的运作模式等方面，都具有既定的成熟性与稳固性的特点，而新扩展的内部团队或并购进来的团队，在这些方面都远远达不到同等程度，这也使得企业对新团队还存在一个观望和磨合的过程。

基于这些原因，新扩展出来的团队或者业务内容，可能在一开始就是被有意或无意地定位于一种辅助功能的角色。对他们进行单独的定义和业绩评估，更主要的目的还是解决一体化经营中的职责不清、效率低下的问题。这些结构化的调整方案的目标，主要还是让新细分市场的业务间接帮助主要业务进一步扩大其影响力，对主要的业务内容形成一种有益的配合和辅助，从而使企业能够更好地抵御外部的在不同的差异化市场上的竞争对手。

也就是说，这个时期的企业，虽然在业务内容上已经开始了多元化的尝试，组织也进行了结构性的变革调整，甚至呈现出了多种业务分别管理的多元化特征，但是，在本质上它仍然是以关键的那些业务部门为中心的一体化组织，没有发展出适合多元化业务的管理结构。所以，我们把这称为横向辅助一体化的经营模式。

从问题驱动的视角看，可以认为横向辅助一体化是企业面向实际问题的一种应对方案。由于人才的成长和培养也需要时间，市场的培育和发展也需要时间，这些都使得企业无法在短时间内进行过于激烈的变革。这种管理模式有利于企业开始尝试进行组织的结构化调整，积累经验，逐渐发展出适合企业自身的多元化组织，因此，也可以说是一种多元化管理的雏形方式。这种逐渐过渡的方式也有利于减少不必要的动荡风险。

此外，对于那些长远定位是以专业化经营、一体化战略为中心的企业来说，辅助型一体化经营的模式确实也有利于组织在一定范围内激发不同组织成员的工作积极性，提升整个组织的平均效率，帮助企业提高总体的经营规模。

2. 纵向发展

纵向发展也是一种常见的战略。纵向发展常常指在企业的价值链的前端或者后端发展新的业务。例如，把原来上游供应商的业务作为一个新业务单元，纳入自身的经营范畴。通过把产业链的上下游的一些组织吸纳进来，对现有组织的短板环节进行弥补，增加企业在原有价值链环节上的掌控能力，甚至达到资源的垄断或者技术的垄断。于是，企业在整个价值链条的业务总和能够获得更大的规模效应。这种通过在纵向的价值链环节上的扩张就是我们所称的纵向的扩张，如图8-2所示。

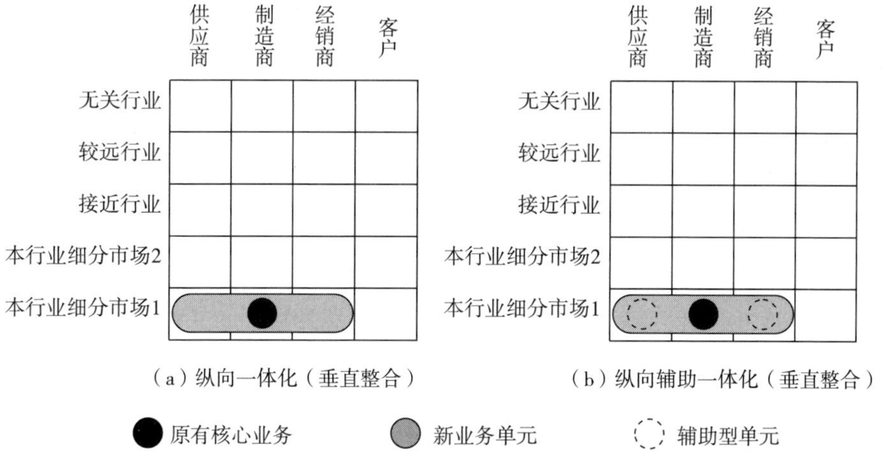

图 8-2 规模经济中的纵向发展

资料来源：笔者结合规模经济纵向发展时的典型特点整理。

纵向发展常常是从对价值链的经营的不满意开始的，这种不满意可能是价值链的响应周期问题，也可能是价值链的质量管控方面的问题，或者是来自成本方面的控制水平问题等。

为了应对这些问题，企业可能会优先从组织内部开始，针对价值链中的那些较为弱小的环节进行加强，补充投入。例如，有的企业营销能力非常强，但是它们生产环节的产能不足，成为企业价值链中的瓶颈，那么，可以考虑有针对性地对生产环节的工作进行进一步的分工和细化，定义出更加精准的生产作业、生产技术岗位、生产服务岗位等，调整或招聘更多匹配度高的人员，引入更多的技术、设备等来加强生产能力。

然而，随着价值链的进一步成长，基于现有组织的局部改善渐渐不能满足实际的需要，因此，企业也可能需要考虑增设全新的部门，增加企业内部价值链的环节。例如，原本从事贸易的企业开始增加自己的生产部门，就是增加了企业的价值链环节，这样，企业可以将原本需要外部购买的零部件或原材料纳入自己的生产经营的范围，可以通过自主的生产、存储、配送等管理系统更好地管理价值链的交付过程。这种调整能够帮助企业在成本控制方面、计划调度、过程控制和质量保证等方面都建立起新的组织能力。

在企业的外部领域，包括前端客户方向和后端的供应方向，也都可以采用类似的方式进行扩张。参与或收购一些上游或下游的价值链中与现有业务之间具有良好的互补关系的企业，把它们发展成为现有组织中的一部分。例如，有些企业原本通过第三方的销售渠道来销售产品，但是，它们可能会逐渐建立起自己的销售通道和销售途径，如发展出自己的经销商，甚至发展出直营的经销队伍。

（1）纵向一体化。

如果纵向发展出来的新的组织成员仍然纳入现有组织，管控模式也仍然保持一种单一型的组织结构，那么，虽然企业涉及或介入了更多的价值链环节，但它仍然是一个一体化的结构，也就是纵向一体化的组织。

纵向一体化运作的优点是，整个价值链条的连通性与扩张以前是一致的，整个企业的价值链工作流程、运作机制都保持一致，各个环节应发挥的主要功能并没有发生变化。因此，企业管理者们几乎可以以同样的工作方式来看待扩张活动增加的工作内容。他们甚至会觉得，这本就是他们最熟悉的工作内容，他们也会主观地认为他们能够轻松地胜任扩张以后的经营管理的工作。

与横向一体化的组织一样，纵向一体化也会面临组织的束缚效应。纵向一体化可能会形成一种越来越长、越来越复杂的价值链，因此，对各部门之间的互补性要求，对纵向的衔接和协调的要求也就更高。特别是纵向扩张的组织规模增加较多时，扩张带来的协调成本会越来越高。不同部门之间会存在明显的部门墙。基层工作人员的工作往往要通过上一级的管理者的横向协调和干预才能缓解。可是，因为组织规模的原因，每个管理者所管理的部门下属可能数量众多、事务繁杂，他们难以处理那些日益众多的事务，最终使得整个组织运作的效率下降。此外，对于新并购进来的组织，存在学习现有组织中的运作规则的学习成本和转换成本，要适应现有组织的企业文化并改变他们自身的工作习惯和工作模式，因此，也不容易融入进来。

（2）纵向辅助一体化。

为了改善纵向一体化中的运营效率，许多企业可能会自发地尝试内部的组织改造或变革，发展出运营级改善和结构性调整的解决方案。

运营级的改良更多的是解决个体之间的工作技能和工作效率，例如增加个别专职的岗位，对现有岗位的技能加以强化训练，新增一些沟通工具或信息化设施等，但这些方式难以真正解决组织协同的问题。

有些企业会采用结构性或战略性调整，将价值链中的某些部门定义为独立的业务部门，将其从原来的成本中心定义为一个新的利润中心。例如，把负责生产的环节定义为独立核算的生产中心，将其视作一个在内部价值链中介于上下游之间的中间商，就像企业在社会的价值链中扮演的中间商角色一样。这些部门在公司的内部向其他部门输出自身的工作成果，通过内部结算的价格机制，形成一种虚拟的营业额，并且通过财务的参与而估算出某种水平的虚拟经济利润。

然而，这种虚拟的结算只是一种内部的关联交易，从企业视角看，这种内部交易并不能为整个企业带来外部的经营收益，不能体现出市场上的经济价值。从内部视角看，内部交易有助于明确各个部门的贡献水平，但是在贡献的具体测量上，或者说内部的交易定价上，总会存在计量的各种困难，很难得到清晰准确的结论。也就是说，这些被定义为利润中心的部门与那些真正在市场上独立运作的经济单元（利润中心）相比，其性质仍然是有差别的，独立的经济地位也是不一样的。企业获利的业务仍然是扩展原有的价值链环节的核心业务。

可以说，这些新业务、新利润中心产生的核心目标并不是在内部结算中获得更大规模的虚拟利润，而是帮助原有核心业务在市场上获得更大的竞争优势，从而支持企业在整体上获得更好的利润水平和利润规模。也就是说，这些利润中心仍然是辅助型的角色，企业则形成了纵向辅助一体化的经营模式。

采用这种模式的原因是，明确了责权利的虚拟利润中心的定位，有助于增强这些部门的经营意识，有助于提高他们的工作积极性和主动性，促使他们不断提升工作效率，因此也就提升了内部价值链的总的运作效率。因此，也可以将其看作一种多元化管理的雏形。

二、范围经济成长

1. 发展范围经济的需要

在企业持续发展的过程中，采用规模经济的成长方式，可能也会渐渐地遇到瓶颈。它们在横向的规模扩张和纵向的规模扩张上，可能都难以突破现有行业的范围，增长乏力。即便企业也一定程度地开展了多样化的业务内容，但是一体化或辅助一体化的组织，仍然会对整个企业的发展形成约束。那些没有被定位于真正需要盈利，且被授予了足够的独立经营资源的虚拟业务单元，主要扮演的还是内部的组织单元的角色，它们存在的目标是改进内部的局部的效率，却很难获得与其他企业直接竞争的优势。对于那些长期定位于在一个主业中持续开展专业化经营的企业来说，这种状态可以说是预料之中。

然而，对于另一些希望不断突破企业的经营瓶颈，能够获得更加广阔的经营机会的企业来说，它们仍然需要思考，如何发掘更多的新的业务增长点，并采用更为适合的管理模式。从中长期来看，这种组织变革的目标是形成真正的多元化经营企业。多个业务单元之间，既可以形成竞争关系，又能够形成集群效应，每个单元内部的效率能够不断提升，又能够强化它们面向市场的竞争能力，能够直接面向市场中的其他组织进行交易，与那些竞争对手直接竞争并具备足够的优势，成为市场上的独立的经营主体，从而使企业完成多元化经营的一种转换。

从外部环境看，不同的行业存在不同的生命周期，不同的行业可能都涉及不同的行业经验、技术、知识、人才等要素，这些行业各自都会发生变迁，此起彼伏。有的新行业与企业现有的经营范围之间，在某些资源、能力方面可能存在一定的相似性或相关性。这种相关程度越高，那么企业已经拥有的各种资源和能力越有可能得到利用，企业越有可能轻松地参与其中的竞争。这种相关的程度越低，这个行业对企业来说则越发陌生，属于未知的领域，企业要参与其中所面临的困难就会更大。

当企业识别到环境中各种行业的新机遇时，如果自身具备某种内在的组织优势或资源优势，或者通过组织内部的重新配置、战略性的调整，便有能力抓住这些机遇的话，那么，企业便有可能突破现有行业的界限，找到新的增长空间，从而逐渐走向范围经济的成长方式。

2. 强相关的范围经济

典型的强相关的多元化，大多源自原有的一体化的或辅助型一体化的模式，企业在推动多元化的变革过程中，通过对组织的重新的授权定义而构成了多元化组织。由于这些新业务是在原有业务的基础上进行横向发展或纵向发展的，新的业务和组织与原有的业务通常具有高度的相关性，渐渐形成强相关的横向多元化或强相关的纵向多元化。这种发展也可称为强相关多元化的范围经济，如图 8-3 所示。

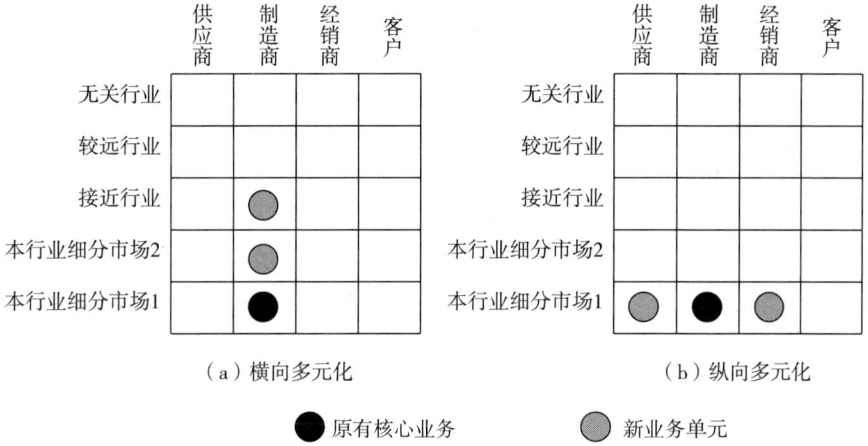

图 8-3　范围经济的强相关发展

资料来源：笔者结合范围经济在强相关领域发展时的典型特点整理。

强相关多元化的好处是显而易见的，新的业务单元与原有老业务单元之间的高度相关性使得企业在原有的资源、原有的能力等方面的利用都具备相应的优势。例如，横向的多元化中，原有通过组织规模的扩张，同类岗位的复制使得企业具备一定数量的同类人才，对这些同类的人才进行授权和分工，他们就可能能够快速地开展日常的业务活动，这就形成了多元化的组织的早期转变。纵向多元化也是如此，在价值链条上，新定义的业务单元与企业现有的业务有相当程度的交集，企业对这些领域的行业环境、行业信息、行业技术知识、行业中的竞争态势以及行业中的关键成功因素等，也具有一定程度的了解，因此，也能够较为顺利地开展早期的工作。

与辅助一体化方式的内部虚拟利润中心的定位不同的是，现在，企业要对每一个新的业务单元提出独立经营的要求，新的业务单元开始把目光放到外部市场环境中的那些企业，那些市场中的同类竞争对手，以它们为参照，与它们进行竞争。新的单元在一个相对狭小的市场范围中，应有足够的灵活性，也有较强的战斗能力，从而在这个相对狭小的市场竞争中生存。它们应该要成为真正意义上的自负盈亏的经营单元，成为一个真正的承担经营责任的利润中心。

这是一种真正的市场的考验。正是这种考验，才能磨炼、挖掘出这些部门真正的潜力，建立起真正的经营能力。为了让新的单元承担起这样的经营责任，企业需要对它们进行必要的授权，配置相应的激励机制，形成责权利的统一的治理结构。随着企业的精细化的管理逐渐变成组织的惯例，经营单元的性质越来越清晰，经营单元与公司总部之间的衔接与协同也越来越有序，逐渐形成越来越均衡的局面，就意味着企业多元化经营的模式真正地建立起来了。

然而，要在辅助型一体化的组织模式下发展出强相关的多元化管理模式，也存在一定的困难。例如，关于组织的决策方面，在一体化或辅助一体化的组织结构下，整个组织往往只有一个统一的决策中心，而在发展到多元化的过程中，要将公司原有的中央决策的权限分散到不同的业务单元，常常存在许多实际的问题难以回答。例如，工作中的哪些权限应该被定义？哪些权限应该向下授予？授予的权限达到何种程度？授予了权限以后如何规避代理人自利的问题？等等。

决策习惯也可能是实际操作中的障碍。强相关多元化中的业务相关性较高，这既是支撑企业能够快速进入这个领域的优点，同时也可能会成为企业变革的一种束缚。因为原有的决策者会认为，自己对这些新的领域、新的业务单元所面临的市场和行业竞争都同样熟悉，他们可能会出于工作习惯而对这些新的业务单元进行高度的干预。他们可能并不能意识到，当这些业务单元的日常事务随着时间的推移而持续变化的时候，中央决策的人员无论是在行业的经验上、信息的更新上还是工作负荷上，可能都难以满足这些新业务单元的实际需求了。高度的干预反而可能导致低效或错误的决策。

此外，决策者的授权意愿、代理人激励、组织结构等方面也可能存在问题。有关多元化经营的治理话题，我们在后续的章节中再进一步讨论。

（1）强相关的横向多元化。

在强相关领域进行横向发展的多元化，常常是以企业现有的主业、主营产品为基准，通过增加产品数量和规模、增加新的分支团队等，构成多个性质接近的经营单元，对整个市场进行渗透扩张。例如，餐饮行业中，有的企业在收购了不同的餐饮品牌的门店，或者收购那些新的饮料品牌以后，仍然保持新收购的店铺或饮料品牌独立进行业务的运营。从集团的角度看，这就是一种典型的横向多元化战略。

这种横向多元化经营的好处是，企业能够通过多个业务单元的联合经营，保证在一个品类或者一个目标的市场中形成集群性的规模优势，各个业务单元适当地侧重于不同的细分市场，从而对整个目标市场有较好的覆盖度，使得其他的竞争对手难以抗争。此外，各单元之间的竞争关系也能激发各自工作的积极性，保持各单元内部的活力。

这些优点同时也是缺点，从客户的角度看，这些不同的业务单元之间总会存在一定程度的竞争关系，可能会让用户产生困惑，产生选择困难。如果业务单元之间是以独立的经营主体开展业务的，客户也会把它们当作多个竞争对手进行比较，这促使同一企业的多个单元之间的竞争越来越激烈。例如，许多企业采用多品牌经营，就会让客户在不同品牌之间进行比较和选择。从企业内部看，这种自我竞争也会导致企业内耗，反映到资源层面就是内部的资源的浪费，导致整个企业不必要的效益损耗。

因此，在横向多元化的组织中，企业应该对市场进行必要的区隔和划分，清晰界定不同业务单元的经营范围，对它们的协同性和竞争性都做出必要的规范性指导，并采取监督性的措施，确保各单元尽量发挥出协同的优势，而设法规避不必要的竞争。

（2）强相关的纵向多元化。

纵向发展的多元化，往往是以原有的核心业务为中心，在价值链的前后环节进行发展。例如，在前端的原有客户或经销商的环节，发展出自己的销售公司，或者是在原有的供应链中发展出新的供应公司。从企业内部看，这些不同的经营单元之间，对内能够形成互相的关联交易，形成良好的互补效应，使得每一个业务单元自身的竞争能力都能够得以加强。从外部看，如果这些业务单元能够与市场上开展同样价值链活动的其他企业进行直接竞争，甚至形成明显的竞争优势，那么，它们就能够创造出新的盈利机会和盈利空间。

纵向多元化也能够帮助企业进行转型。纵向多元化的企业，相当于在社会的价值链中的多个环节同时经营。不同的价值链环节也往往会处于不同的行业。各个行业也会存在不同的生命周期。随着宏观环境的发展，不同的行业所面临的行业机遇可能也会有所不同。因此，当不同的行业出现了一些外部机遇的时候，企业有更多的可能碰到这些机遇，也就具有了更多捕捉到机遇的可能性。这有利于企业在原有核心业务处于生命周期的成熟期或衰退期，或者是因为外部的客观事件所导致的阶段性不景气的时候，有序地分散风险、稳健发展。

纵向一体化也存在相应的一些缺点。从资源的分配来说，无论是设备、资金，还是技术、人才、管理经验等，企业总体的投资资源是有限的。这些有限的资源分散在不同的价值链环节，则不能保证每个领域都能获得足够规模的资源，与各自领域的竞争对手相比则难以形成资源的优势。

从能力看，企业也不可能在价值链的各个环节都做到行业的领先水平。资源的有限性导致企业不可能汇集到足够多的专业人才、技术和设备等。这些又反过来导致企业无法在专业领域具备足够的深度。特别是对于一些上游的基础行业来说，基础技术的研究和积累很少能够在短时间内实现突破。企业原本是通过供应链交易来购买别的企业的商业成果的，这可以通过资金解决，但是现在，如果企业要自行组建一支队伍，并让其达到行业里的技术领先水平，难度较大，周期也较长。

此外，纵向方式的多元化转变过程也存在较大的实践困难。在原有的纵向的价值链环节上，有许多部门原本都是以成本中心而存在的，它们在经营者的意识、经营者的经验等方面都缺乏足够的积累，也缺乏完整的历练经历。当把他们定义为经营单元的时候，他们或许很难形成经营者应该具备的思考方式，如经营者应该思考的管理事务，以及经营者应该如何进行中期规划和战略决策。他们更擅长的是在明确的指令下开展工作，而现在，他们自己要作为一个决策者，可能并没有做好充分的准备来扮演好这个角色。原有的核心业务领域的经营管理人才虽然可能有较好的经营意识和经验，但从事处于不同的价值链环节的上下游行业的经营管理时，在行业竞争、技术背景等方面的经验也存在结构性的不足。所以，在纵向多元化的范围经济的变革过程中，培育出能够对新业务负责的经营管理者，在人才的选拔、能力训练、经营者的思维模式转变等方面都需要企业付出相当的努力。

3. *泛多元化经营*

随着企业在强相关的领域不断地开展多元化经营，企业中的经营人才、管理干部、技术专家等方面的数量也会越来越多，企业多元化运作方面的经验也会越来越多。正如彭罗斯指出的那样，这些积累渐渐又会产生能力的富余，企业出于资源和能力的利用进而需求更多的扩张。

在多元化扩张的新业务选择上，企业渐渐地不再局限于强相关的横向多元化和纵向多元化，而会开始慢慢地把视角向外拓展，关注那些相关度不高的领域的机会。这种状态持续地发展，对新业务的相关性的要求也会越来越低，甚至进入那些不相关的越来越广泛的领域，以投资与经营高度分离、高度授权的方式来进行多元化的经营管理，如图 8-4 所示，我们将这种多元化称为泛多元化。

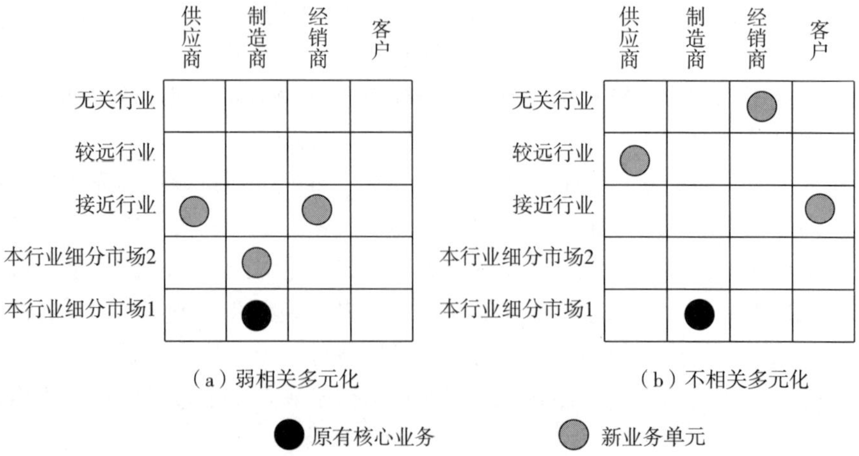

图 8-4 范围经济朝不相关方向的泛多元化发展

资料来源：笔者结合范围经济在弱相关领域和不相关领域发展时的典型特点整理。

（1）弱相关多元化。

弱相关是一种相对的程度，难以清晰地给出边界条件。我们考虑的识别条件是，与现有的核心业务相比，那些既不存在直接竞争的横向强相关性，也不存在业务往来的纵向强相关性，但是，它们之间又具有某些相似的行业特征、产品特征、技术特征，或者是在技术、队伍、资源或者设备等方面，在某一个方面或者少数的某几个方面具有一定的关联性的行业，可以称为弱相关性的行业。当企业多元化经验越来越丰富时，会将弱相关行业也纳入企业探索机会的扫描范围。

例如，从横向视角看，原本做家电产品的企业，可能也会开始关注便携手持类的电子产品，虽然它们的产品不一样，面向不同的用户群体，但是，这些产品的框架结构都是由结构部件、电气部件、内置运行的软件程序等基本的部分所组成的。它们具有类似的行业特征，可以视为一种弱相关性。

企业对这些弱相关领域是一些了解的，因为在日常的经营中，总会或多或少地涉及一些这样的信息。但是，这些信息可能并不足以让企业自认为在这个行业中具有丰富的经验，企业对这个行业的商业模式、关键的成功因素可能都还缺乏必要的了解。

因此，对这种机会的解读和判断是企业在开展多元化经营时重要的课题。企业必须决定，在这种有限关联的情况下，它们是否要进入这个新的市场，并且把它作为一项新的多元化业务来开始耕耘。

（2）不相关多元化。

如果新的领域与现有业务之间几乎没有联系，也没有可借鉴的内容，就可视为是一种不相关的陌生领域。一种极端的典型的情形是，一个全新的行业出现时，整个社会都没有任何前人的经验，企业自己作为探索者，可以认为是进入一个不相关的多元化。例如，近些年来逐渐出现的电子支付、人工智能等，对于大部分的企业来说都是陌生的领域，企业原有业务与这些领域之间都可认为是不相关的。当然，对于那些拥有互联网技术、拥有算法专家或软件开发基础的企业来说，它们可能仍然存在一定程度的相关性。

对于这些几乎没有相关性的行业来说，很少企业能够在这种大跨度的多元化经营中取得杰出的成绩，未知的东西太多导致投资的风险也很高。也正因如此，许多进入这种新领域的企业都会采用投资和经营分离的治理结构。

企业在投资管理方面的功能越来越强，高层管理者的投资管理能力、组织发展和授权的能力越来越强，它们会越来越乐于以资本为基础的度量单位，通过发掘那些真正有潜力的经营人才，在他们身上投入相应的资本，投资于他们所从事的那些业务，在对方的成长过程中获取相应的投资回报。

这些掌握了多元化经营经验的企业可能会设置一些专职的人员，或者成立一个强大的投资团队，对各个新的行业保持适当的关注，将目光放在大市场、大环境、大发展周期中，寻找、分析、挑选那些宏观环境大趋势中的新的潜在机会并做出前瞻性的战略布局。

（3）理性看待泛多元化。

总的来看，不管是弱相关还是不相关，这种泛多元化经营的方式有其明显的好处。企业可以突破现有行业的限制，在更大的产业范围内搜寻新的发展机会，因此，企业所能触碰的商业机会也就越来越多了，也相应地拥有了更多的选择空间。例如，从制造业转移到服务业，从服装业转移到电子产业等。特别是当一个大的行业进入了衰退期的时候，企业如果能够在一个新的行业中找到全新的发展机会，则有可能让企业从一个夕阳产业转入到一个朝阳型的产业，这种大跨度的新业务能够帮助企业转型，焕发新一轮的勃勃生机，甚至可能带领企业走向辉煌。也就是说，泛多元化经营一方面使企业有更多的潜在成功机会，另一方面也能让企业更好地抵御行业风险。

人们熟知的一个案例就是诺基亚公司，它最早是一个从事伐木、锯木、木材加工的企业，后来通过多元化进入了通信领域。这两个行业在技术、行业经验和资源上都存在比较大的差距，因此，可看作一种不相关的多元化战略。也正因为这种多元化的发展过程，让诺基亚公司发展成为了 21 世纪初的通信行业巨头。

但是，泛多元化战略也有其典型的不足。由于过宽的行业跨度，每个新业务都需要不低的投资水平，并且需要用到的技术、固定资产、人力资本等方面的资源，都相当于是专用的资源，难以有较高的利用率，也就会存在更多的闲置或者浪费，对企业有限的资源造成不小的实施负担。

此外，实施的风险也比较高。因为，企业的经验和能力可能都难以适应新业务的需求。在这些新的领域中，企业可能无法理解新业务所需要的商业模式，也不熟悉新领域中的行业成功因素，甚至连许多常识性的经验都不具备。新业务的相关程度越低，企业对新业务就越缺乏足够的理解。这些不足很有可能会让企业在选择进入或经营的时候犯下不应该出现的低级错误，使得新业务的不确定性更高，风险更大，导致企业投资的失败。

反之，在相关的领域开展多元化，意味着企业在市场、客户、技术、产品、人员、知识、技能、经验或设备等方面都具备一定的前期的积累，这些已有的资源、技术或者经验等都可以进行一定程度的共享和利用。于是，需要企业再次投入的更少了，原有的资本要素、技术要素或者人力资本要素等都产生了倍增的效应，能够获得更高的回报率水平。因此，一般认为，在没有积累到特别丰富的多元化经营经验时，企业不应过早地开展泛多元化经营，在相关性高的领域中开展多元化更容易获得成功。

值得说明的是，在实践中，要判断新的业务单元与原有的业务单元是相关的还是不相关的，这里面很难存在一个绝对的标准。例如，也许从产品类别来看它是不同的类别，但是，这些产品却可能使用了某一种共同的基础技术。也有可能两种产品、两个经营单元之间没有采用同样的经营技术，但是它们可能能够用到某一种共同的重要资源。而且，这种相关性也跟判断人有关。不同的人员可能会有不同的观点，公众认为的相关性与企业内部认为的相关性或许也不尽相同。对于企业家来说，也许他们也认为两种业务之间缺乏显性的关联，但是在他们的投资和经营经验中也许存在某些经营信条、价值准则是这些业务单元中的重要的成功因素。

各种因素结合起来，每个企业都不同，有些因素对某个企业是相关的，但对另一个企业或许便不相关了。例如，竞争对手进入了某一个领域，并且似乎轻松地获得了成功，但这不代表本企业也能如此，因为有一些因素是对手企业的强相关因素，但对本企业便未必如此。也就是说，借助相关性来进行机会选择时，仍然要结合企业自身的情境进行分析和判断。

三、企业成长的路线变化

通过前面讨论的规模经济和范围经济，以及分别在横向和纵向上的不同发展，并且其中还存在不同相关程度的多种选择，可以发现，企业的成长方式存在许多不同的战略组合的可能。我们归纳了这些典型的成长战略，如表 8-1 所示。作为一些典型的分类，这虽然不能代表所有可能的成长战略，但仍然有利于我们了解不同成长方式之间的联系，以及在不同的成长驱动方式下，它们之间可能的转化路径。

表 8-1　企业的成长方式

	横向	纵向
规模经济	横向一体化（水平整合）	纵向一体化（垂直整合）
	横向辅助型一体化（多元化管理雏形）	纵向辅助型一体化（多元化管理雏形）
范围经济	强相关多元化 （横向多元化）←→（纵向多元化）	
	泛多元化 ↕（弱相关多元化） （不相关多元化）	

资料来源：笔者结合企业的规模经济和范围经济在横向和纵向等不同方向上发展时的多种变化组合整理。

我们先考虑业务扩张驱动的多元化变革。所谓业务扩张驱动，指的是企业先发展出了多样化的业务内容，为了匹配业务需要，组织进行相应的多元化变革。

也可以把这称为自然发展的，或是被动式的多元化变革。

这样的业务扩张可能是从外部机会而形成的扩张。例如，在相关的行业中，企业可能会发现市场有新的需求，而企业恰好又有相应的资源和产品，稍加变化调整便能够参与其中。于是，企业就开始形成了横向的多样化的业务内容，但是，这时的组织仍然是一体化的组织。因此，组织成长的路线，可以先从横向一体化逐渐过渡到辅助型横向一体化，并逐渐实现成横向多元化的结构。然后，随着经验的积累，渐渐地向泛多元化发展。

如果是在产业链上下游发现的产业机会，企业则可考虑先从纵向一体化逐渐发展为辅助型纵向一体化，并逐渐实现纵向多元化的结构。同样，也可以朝着泛多元化的方向发展。

内部的一些资源和能力也可能会促使形成多样化的业务内容。例如，在那些以有形资源为基础的化工行业中，具有资源优势的企业常常可以发展多个不同类型的副产品。这些副产品基于某些便利的方式，也可能会形成一定的销售收入，因此，构成了多样化的业务内容。这种在现有的主产品中延伸出来的业务可以归属为与技术相关或资源相关的业务内容。因此，企业可以从一体化逐渐过渡到辅助型一体化，并逐渐发展为相关多元化。

有些无形资源形成的优势，如组织的价值链中产生的富余能力，渐渐形成足够的竞争优势、具备市场竞争力的时候，企业可以将原有的一体化经营逐渐发展为纵向辅助多元化，并渐渐转化为纵向多元化。还有一些特殊的无形资源，例如政企关系，当其具有明显优势并能够形成多样化的业务的时候，企业可以优先开展相关多元化经营，再结合实际经验，逐渐发展到泛多元化经营。

这种自然发展的多元化进程中，容易出现的典型问题就是组织的不适应。企业事实上开展了业务的多样化，但是管理上仍然采用了一体化的模式。采用现有的管理模式去兼容那些差距比较大的新业务，管理新团队，便总会存在一些不适应的情况。例如，组织结构不适应、决策管理未合理授权、公司治理责权利不对等、内部管理流程混乱或过于官僚等。

另一些企业则采用组织驱动的方式主动进行多元化发展，即企业在还没有发展出多样化业务的时候，或者是在新业务发展的早期就开始考虑组织的重组，主动搭建组织的多元化治理结构，主动孵化和培养经营团队和组织，通过组织能力的先行发展，培养出具有开拓新市场、新业务能力的组织单元。然后，由这些单元，分别主动地进行市场搜寻、分析比较、理性选择，以适合的多元化方式积极开拓多样化的业务。

然而，这种主动式的多元化进程依然面临组织成长的速度和成功率的问题。特别是那些原本没有经营经验的和经营意识的管理者，要让他们能够独立承担意向业务的经营责任，或者在没有足够业务活动的情况下，训练他们的经营能力，训练他们如何洞察市场机会、开拓市场客户、进行产品规划、带领团队执行和交付等，相当于需要培养许多具有创业能力的创业团队，也是相当困难的。

实践中，这两种驱动方式也并非有明显区分，业务的发展推动企业内部的管理变革，变革又推动业务的发展，相互之间交叉进行，互相影响。既要考虑业务如何开拓与发展，又要考虑各种业务如何管理与改进，同时，还需要结合实际的经营状况，适时进行动态的调整。

参考文献

［1］舒小豪，陈筱彦．从多元化发展规律看我国企业的多元化战略［J］．江西社会科学，2007，247（6）：140.

［2］邹昊，杨锡怀，才金正．多元化战略及其与企业绩效的关系［J］．经济管理，2007，419（11）：12.

［3］李敬．多元化战略［M］．上海：复旦大学出版社，2002.

［4］杨鑫，金占明，李鲲鹏．多种行业因素与多元化战略的关系研究［J］．南开管理评论，2010，13（6）：41.

［5］孙维峰，孙华平．多元化战略、企业研发支出与企业绩效的关系［J］．技术经济，2013，321（3）：18.

［6］Penrose E. The Theory of the Growth of the Firm［M］. Oxford University Press，2009.

［7］Reed R，Luffman G A. Diversification：The Growing Confusion［J］. Strategic Management Journal，1986，7（1）：29.

［8］李利霞，黎赔肆．企业多元化动因理论：既有理论和基于知识的视角［J］．商业研究，2008，371（3）：40.

［9］张辑．企业多元化经营的范围经济策略探析［J］．企业经济，2008，340（12）：5.

［10］钱德勒．战略与结构［M］．昆明：云南人民出版社，2002.

［11］味の素．ACCESS｜Ajinomoto Fine-Techno Co.，Inc.｜味の素ファインテクノ株式会社［EB/OL］．https：//www. aft-website. com/en/about/access.

［12］参考消息．心连心集团董事长刘兴旭：顺应“双碳”目标发展绿色农业［EB/OL］．http：//www. cankaoxiaoxi. com/pinpai/20210924/2454860. shtml.

［13］证券时报 E 公司．凯美特气：食品级二氧化碳国内市场未来需求保持持续稳定增长［EB/OL］．https：//baijiahao. baidu. com/s？id=1675355641788280937&wfr=spider&for=pc.

［14］Levitt T. Marketing Myopia［J］. Journal of Library Administration，1984，4（4）：59.

［15］菲利普·科特勒，凯文·莱恩·凯勒．营销管理（第 14 版）［M］．上海：格致出版社，上海人民出版社，2012.

［16］Abell D F. Defining the Business：The Starting Point of Strategic Planning［M］. Prentice Hall，1980.

第九章

发展新业务

第一节　规划新业务

一、新业务规划过程

1. 规划人员安排

当企业识别了开展多元化发展的时机，确定要进行多元化发展，初步明确了合适的成长路线时，企业仍然需要回答一些具体的问题。例如，进入哪个新的业务领域，新业务的边界是什么，新业务的商业模式如何设计，对标哪些竞争对手，如何获得竞争优势，如何制订有效的经营计划等。

对于大多数企业来说，这些问题都属于重大的经营问题。在多元化的早期，这类问题并不像日常任务那样频繁，因此，主要都由企业的最高领导者或企业的创始人团队，亲自进行相应的分析和决策。

由高层决策者亲自处理的另一个重要原因是，他们有早期创业的实战经验。在初次创业的时候，他们四处寻找潜在的机遇，认真识别和分析每一个潜在的商机，识别行业中的成功因素，识别企业应构建的资源和组织能力，构思如何与竞争对手竞争，如何构建创业团队的独特的优势等，他们曾凭借他们对创业方向的坚持，在市场上反复探索，不断地在走过的弯路中总结经验，及时调整，最终得以创业成功。

当企业持续开展多元化战略时，每发现一个新的业务机会，开展一项新的业务决策，就相当于企业要在这个领域进行一次全新的创业过程。这样的创业过程在相当程度上是创业人员对外部和内部环境的敏锐反应和直觉发现，同时投入大量的精力，面对具体的情境进行充分的分析、思考和果断的取舍，才有可能得到适合当时情境的决策。正因为他们已经在原有业务上有了一些成熟的创业和经营经验，他们也希望在进入新领域的时候，能少走弯路，平稳决策，能够更快地创业成功，实现更高的创业成功率。

然而，在持续开展多元化战略的过程中，企业可能会进入越来越多的陌生领域，每项业务都需要创业人员投入足够的时间和精力，以及相应的坚实的创业经验。这时候，依靠创始人团队来承担每一项新业务的创业就几乎是不可能的了。随着企业的持续发展和规模的壮大，他们有更多全局性的、统筹性的工作要开展，那么，他们的时间资源和精力资源都会变得越来越稀缺。虽然他们的商业经验非常丰富，但是，他们无法总是亲自识别和规划每一次的多元化机会，无法亲自参与到每一项业务的创业活动中，无法覆盖那么多的业务单元。

实际上，即便创始人团队不辞劳苦，亲自参与到新业务的创业中，也不一定能够保证新业务的成功。因为，在多年的经营过程中，企业的创始人团队、高层管理者会在自己不断成功的历程中，形成一种自身对成功的理解，他们可能会下意识地进行自我总结，自发地归纳出一些成功的经验要素。然而，这种成功的经验要素难免会带有一些强烈的个人主义色彩，带有创始人团队成员的个人偏好。这些经验并不一定能够适用于每一个领域，保证产生充分的竞争力并获得成功。正如詹姆斯·马奇（James G. March）指出的那样，即便优秀的企业家也常常难以复制自己的成功[1]。

也就是说，无论是从经验、精力，还是从时间等方面看，都难以要求创始人团队参与到每一项新业务中。这就客观上要求他们把一部分业务的创业规划和创业执行等活动委托给组织中的其他成员。企业的高层管理者还需要思考，如何才能让缺乏创业经验的团队成员有能力承担新业务的规划工作，提升他们对商业机会的洞察能力，让他们能够进行市场机会的分析判断，能够进行关键资源的识别或整合，能够构建新业务所需的关键竞争能力等。这就要求组织需要建立起一种结构化的、规范化的创业经验框架，使得更多的组织成员能够基于此进行新业务的规划活动，并在关键的活动中，与高层决策者进行充分沟通，或由高层决策者进行最终决策。

2. 新业务规划的一般过程

正如第二章讨论的那样，洞察力虽然是某种难以获得的能力，但是也可以通过模式的训练得到提升。战略规划的过程具有很好的训练意义和催化作用。因此，同样可以参考规划的过程方法，对新的业务机会进行分析与规划，分析外部环境和内部能力，寻找匹配的战略解决方案并比较择优。这一过程大致包含了如图 9-1 所示的几个基本步骤：

（1）机会洞察。

为了寻找潜在的有利的市场来发展新的业务，企业需要先建立一种对环境中的机会洞察机制。企业可以借助前述标准的行业目录分类、机构的行业研究分类，以及企业内部的资深专家的分类观点，建立起一个以现有的主营业务为中心，包含了不同的行业分布的市场地图或市场列表。这些基础数据有助于体现企业的成长路线的备选项，即企业在横向和纵向的不同方向、不同的相关程度上有可能进入的市场或行业。

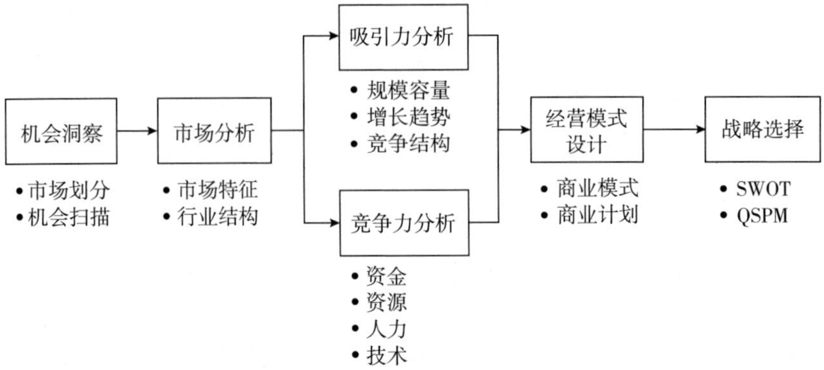

图 9-1　新业务规划的一般过程

资料来源：笔者结合战略规划的一般过程和新业务规划应用时的典型经验整理。

以这样的市场地图或市场列表为基础，企业可以对其中的每一个市场保持持续的关注，定期扫描市场的动态变化。借助典型的战略工具如 PEST 模型、五力模型等框架，识别出那些有可能产生新业务的线索。

值得留意的是，各个行业中出现的新业务机会，并非总是处在某个成熟的行业区间里，它们常常是一些新的细分领域，或处于不同行业的交叉位置的跨行业机会。例如，近年来出现的共享自行车的市场机会，可以认为是传统的自行车行业与出租车行业的短途出行领域两者之间的一个交叉领域。从 2015 年开始，原来由政府主导的固定停车桩式的“公共自行车”出行阶段逐渐发展为市场主导的“共享自行车”出行阶段，以 ofo 公司和摩拜公司为代表的企业开始大量投放融合了移动支付和卫星定位等新技术的无桩自行车。到 2017 年 8 月时，全国已经有超过两千万辆的共享自行车在运营，用户规模也超过 2 亿人[2]，形成了一个全新的市场空间。单独从传统的自行车行业来看，这种成熟的市场很难有如此的颠覆性的爆发式增长，单独从出租车行业来看短途出行的需求，也很难发现这样的市场机遇。只有那些同时关注多个领域的具有创业精神的创新企业家们才有可能洞察到这些不同领域之间的交叉处可能存在的新业务机会。

（2）市场分析。

从线索出发，企业接下来需要对其进行深入的挖掘。例如，识别和界定这一机会所处的市场或者行业是什么？这个市场的基本特征是什么？这个市场是由一些什么样的用户所组成的？他们的潜在需求是什么？他们想要解决什么问题？他们需要什么样的产品和服务？他们对产品的关注点是什么？他们对产品的使用价值的要求是什么？他们都是通过什么途径来满足他们的需求？他们愿意支付什么样的代价来购买这一类产品或者服务？这些需求的总量以及未来的变化是怎样的？等等。

如果面向的市场尚未形成，用户的需求还未被人发掘，企业自身作为一个新行业的耕耘者、开拓者，要率先准备识别用户并且理解他们的需求的难度是很高的。企业需要从更为宽泛的社会现象、生活方式、时代发展、文化背景等各种角度，对那些线索中的目标消费者进行充分的调研和研究，辅助识别潜在市场的各种特征。

也有一些企业并不直接面向最终的消费者，而是作为社会价值链的中间环节，为其他的企业或者机构提供产品或服务。它们通常把目光放在其直接客户上，主要关注这一客户群体的特征。然而，企业仍应通过直接客户，关注最终的消费者，了解消费者的真实需求，这也有助于企业为其直接客户提供更好的产品或服务。

此外，企业还应详细分析在该市场中经营的各种企业所构成的行业结构，或竞争结构。有的行业中有许多的竞争企业，处于一种松散的充分竞争的局面。也有的行业可能只有很少的企业，这可能是市场还未发展起来，或者是市场的容量很有限，也可能是行业已经过于集中形成了一定程度的垄断。行业中的企业各自有自己的优势和劣势，构成了一种动态的行业竞争态势。

（3）机会评估：吸引力和竞争力。

如果一个市场具有非常好的前景，那么在非垄断的情况下，这个市场则几乎总是会有许多企业在其中经营而形成一个行业。即便是全新的市场，也总会有不少企业准备进入其中。因此，企业需要决定是否进入这个市场，是否参与到该行业中与其他企业进行竞争。做出这一决策便需要对这个市场机会进行评估。波特提出，企业选择行业的标准在于：①有吸引力的行业；②企业在这个行业能够取得有利的地位[3]。这个标准兼顾了行业条件和企业能力，既强调市场决定也注重能力分工[4]。

首先，对于经济社会中的企业以及企业的经营单元而言，其中的一个重要目标就是获得好的经济回报，因此，这个行业应该在带来经济回报方面有好的吸引力，有较高的平均盈利水平。换言之，有吸引力的行业应该有高的投资回报率、快速的投资回报周期、持久的投资回报等。而从更长的周期看，这个行业要么在当下能够为企业带来丰厚的利润，要么在不久的将来能够为企业带来丰厚的利润。这就要求企业收集更多的信息来辅助判断其盈利的可能性，判断短期和长期高投资回报的可能性。

其次，企业自身要能够在这个行业获得有利地位。企业考虑多元化扩展时，所面临的市场可能是全新的市场，也可能是萌芽中的新市场，企业在过往积累的一些资本、技术、经验，虽然在原有的市场领域的竞争中已具备了相应的优势，但并非一定能够在这个新的市场领域的竞争中也发挥同样的作用。因此，评估自身的能力是否能在新领域中也获得竞争优势是一个非常重要的课题。如果企业自身现有的经验、技术和能力、人才都有所短缺的话，那么，企业能否快速地组织到相应的资源，快速掌握在这个新领域中的经营能力，也构成了企业在这个新行业中获得成功的重要评价条件。作为一种变化，如果企业的实力无法覆盖这一整个新的市场，那么企业还应分析这个市场中的一些细分领域，评估该细分领域与自身的优势是否匹配，从而判定是否进入、进入哪些细分领域。

这种吸引力—竞争力的分析框架，实际上还是 SWOT 匹配思想的一种具体应用。罗伯特认为，这也是商机规划与分析的过程。外部因素界定了机遇的性质特征，财务因素告诉我们它对机遇产生怎样的影响，内部因素决定一个企业是否应该抓住机遇（通过完成任务和目标来抓住机遇）进行投资及企业是否有能力把握机遇。因此，机会的分析和评估是一个过程，它试图通过对外部因素、财务因素和内部因素的分析，达到准确界定一个公司在其经营过程中所遇到的机遇的性质和特征这一目的[5]。

（4）经营模式设计。

战略规划和重要输出是寻求实现战略目标的解决方案。由于新业务机会的不确定性，其战略目标不像那些正在经营中的业务一样，能够清晰地确定中期或短期的目标，如年度营业收入目标应达到什么水平。因此，面对一项新业务的规划时，其战略目标就变成了“在目标市场上发展出一项可持续经营的新业务”。相应地，实现“可持续经营”目标的解决方案，就是这项业务的经营模式，有时候也常被称为商业模式，其本质就是回答这项业务应该如何经营。例如，在什么行业环境下，服务于什么样的客户，扮演什么样的竞争角色，采用什么竞争方式，与哪些组织或者机构进行合作等。我们在稍后的位置再讨论这一话题可参考的经验结构。

值得说明的是，评估一个商业机会是否可行的好的商业项目，以及这个商业机会应采用怎样的经营模式，这两者之间还存在相互的匹配关系。对同一个商业机会采用不同的经营模式可能会有不同的经营效果，将同一种经营模式应用于不同的商业机会也可能会产生不同的经营业绩。在某种经营模式下，这个商业机会是不可行的，但也许在另一种经营模式下，这个商业机会就是可行的。因此，应将这两个问题匹配起来分析，交互整合相关信息，甚至经过多个循环的探索调整，最终编制成完整的战略规划报告或商业计划，再交给投资方进行决策评估。

（5）战略选择。

当整个组织只能策划出一种经营模式时，企业的战略选项只有进入还是不进入。而当组织能够策划出多种可选的方案时，不同的经营模式各有不同的定位和主张、不同的侧重点，也具有不同的可行性、不同的资源要求、不同的投资回报的可能性等，因此，企业需要对这多种方案进行比较和选择。大多时候，简便易行的方式是由高层决策者或一些高层组成的决策团队进行充分的讨论和交流，比较各种方案的优缺点并做出选择。也可借助经典的SWOT模型对各种解决方案进行定性评估和比较。有时人们还会采用QSPM定量分析的方法，构造出一些定量指标对不同的战略方案进行评估和比较。

借助这些方法，企业设法寻找那些在满足获利要求、满足投资回收期要求、能为消费者降低交易成本、能为社会创造价值的基础上，具有综合效率最高、综合投资回报率更高、确定性程度更高、风险更小等特征的经营方案。

3. 基于情境的规划过程调整

从黑箱模型看，上述常见的商业机会的分析过程与一般的战略规划过程可以认为是一致的。但是，作为一项全新的业务的起点，这一过程又具有一定的特殊性。因此，在面对具体的规划内容时，需要以更宏观更全面的视角，结合不同的组织情境，进行必要的适当调整。

例如，从开展规划活动的人来看，企业可以安排不同的人员来开展规划活动。对于那些中小型的企业来说，能够参与到新业务规划的人，可能是高层的寥寥无几的几个人。他们与公司的创始人一同合作，共同分析这些不同的市场。他们在外部吸引力和内部竞争力以及经营模式设计等方面，都具有较为丰富的经验，因此，整个规划过程可能会比较紧凑，书面文件也写得较为精简。

反之，对于那些大型的企业，组织规模较大，企业常常会安排一个专门的部门（如规划部门），或临时安排一个专门负责规划的工作小组来开展规划工作。他们自身并不是公司的决策者，与公司的高层决策者之间并没有那么密切的联系，并且经营管理方面的经验也较为欠缺，因此，他们便需要把许多收集的信息和分析的过程都详细、完整地记录下来，作为规划报告的附件一同汇报给高层的领导者，以清晰地表明他们的观点以及依据。

此外，参与规划的人员数量的多少也会影响规划的过程。安排越多的人进入规划小组就意味着分工更细。多个成员之间涉及如何进行信息交换、意见协商、结论汇总等问题，这些都需要逐渐发展出更为完善的工作流程来支撑。

新业务与现有业务的相关程度也有重要的影响。对于那些强相关的业务机会来说，大家现有的经验和信息有许多内容都可以借鉴，因此，规划的过程和结论都可以做得比较精简；而对于那些大家都不太熟悉的全新的行业、那些几乎不相关的行业而言，即便是那个行业中常识性的问题，对于自己而言可能都是全新的知识，也都需要进行详细的说明、充分的论证。

以上这些都说明，在对新业务进行规划的过程中，每个企业的企业情境都有所区别，因此，新业务规划的过程也需要根据企业的实际情况进行调整，不断优化。

4. 规划过程中的决策

在新业务的战略规划的过程中，各个步骤都需要处理许多的信息，需要做出许多的判断与选择。例如，在进行市场范围定义时，要决定从哪些维度变量对市场进行划分；在进行市场吸引力分析时，要决定采用哪些信息或指标作为判断竞争力的依据；等等。

这些不同的问题各自都可能存在多种答案，这些不同的答案最终导向不同的解决方案的组合，筛选出的系统可行的解决方案通常也会有多个，为了在这多个的解决方案之间进行选择还可能涉及多种选择条件。

因此，整个规划过程可以认为是由一系列的选择，或一系列的决策所组成的。这些组合的决策过程，将外部的市场机会和内部的竞争力，以及战略方案等主题进行连续的漏斗式的筛选，最终获得可执行的解决方案。

这一系列的决策中，存在许多重要的决策点，我们重点探讨其中的两种决策内容。第一个重要的决策内容就是决定是否开展这项新业务。这个决策问题的实质，就是寻找到一项好的商业机会或业务机会。对于创始人、企业家、久经商场的人来说，他们往往是通过敏锐的洞察来判断一项商业机会是否足够好的，这相当于是采用了一种专家经验判断的方法。而从结构化的思考过程来说，我们则主要通过吸引力—竞争力框架来展开更为全面的理性评估，甚至可以以这个模型为基础，进一步发展出定量的评估工具。另一个重要决策内容就是如何经营这一项业务。这个问题的实质就是设计出一种适合的经营模式，一种能够帮助企业把握这项好的商业机会，成功实现经营的模式或解决方案。

二、审慎地选择商业机会

1. 评价商业机会的经典模型

为了更好地了解吸引力—竞争力框架在评价好的商业机会方面的应用，我们先回顾两个经典的模型，并分析其中的异同。

（1）BCG 矩阵。

为了研究产品组合，20 世纪 70 年代，波士顿咨询公司（Boston Consulting Group，BCG）提出了一种增长—份额矩阵（Growth-Share Matrix）[6]，也常被称为 BCG 矩阵，如图 9-2 所示。其中，市场增长率指的是该业务单元所在市场的年销售增长率；相对市场份额是以该业务单元与所在行业中市场份额最大的竞争者的市场份额之比。这两个指标分别可划分为高分区和低分区，两两组合便形成了一个四象限的分布区间。处于不同区间的业务单元，则体现出不同的业务特征，并将这些业务形象地比喻为问题业务、明星业务、金牛业务、瘦狗业务，从而为后续的战略规划提供一个指引的框架。

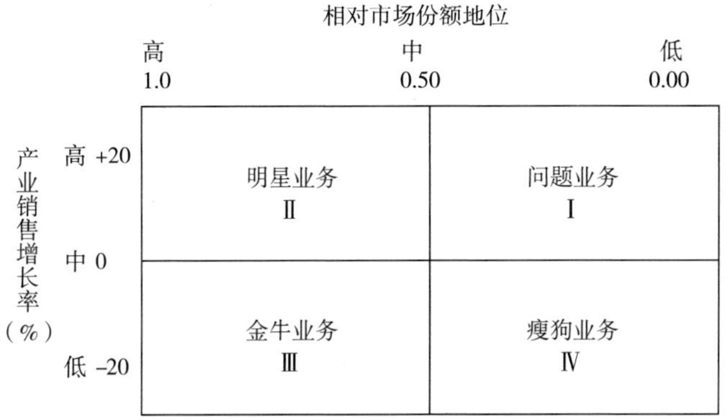

图 9-2　BCG 矩阵

资料来源：弗雷德·R. 戴维. 战略管理：概念与案例（第 13 版·全球版）[M]. 北京：中国人民大学出版社，2012.

这个分析结构蕴含了分析市场吸引力和企业竞争力的基本思想。从财务视角来看，如果一个市场有高的吸引力，那么应该会有良好的获利能力，而获利能力又与高的市场增长速度相关，因此，高市场增长可以近似地判定为高的吸引力；同样，高的市场份额反映了企业实际的竞争结果，因此市场份额也可以近似代表企业自身的综合竞争力。

BCG 矩阵的结构简单，易于使用，因此得到了广泛的传播。然而，由于其两个维度采用的都是单一指标，在实践中，渐渐难以满足企业日益复杂的评价需求，需要进行不同程度的扩展调整。

（2）GE 矩阵。

通用电气基于自身企业的特点发展出了 GE 矩阵。这个工具引入了更多的子因素指标，通过加权评分的方法，仍然汇集为吸引力和竞争力两大指标。同时，他们把这两个指标进一步细分为高、中、低三个区间，因此，两两组合构成 9 个象限区间，与 BCG 矩阵的 4 个象限区间相比，定义出了更加细致的区位特征，如图 9-3 所示，其中，两大指标的子因素指标如表 9-1 所示[7]。

从上述指标可以看出，虽然这两个模型的指标构成存在一定的差异，区间划分的颗粒度有所差别，但从内核来看，本质上都是为了评估外部吸引力和内部竞争力水平的应用，其评价的基本思想是一致的。

进一步来看，如果有需要，还可以把象限区间划分得再细一些，这样不同的业务单元能够进一步精确到不同的区间。但是这种不断细化的过程，对于业务机会选择和进行战略评估来说，或许并非总是有益的。特别是在评估一个全新的业务单元的时候，由于缺乏足够的可采集、可测量的各指标数据，许多分析更依赖于主观判断或者数据预测，无法保证必要的精度，因此，避免过细的划分刻度也有利于将关注点聚焦在业务单元的特征本身上，避免被看似精确但可能存在错误的数据而误导。

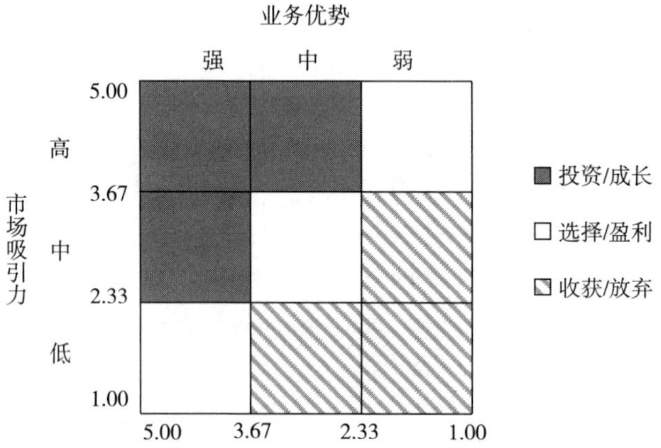

图 9-3　GE 矩阵

资料来源：George S. Day, Analysis for Strategic Marketing Decisions ［M］. West Publishing Company, 1986.

表 9-1　通用 GE 的一些典型的因素指标样例

市场吸引力	竞争优势
总体市场大小	市场份额
市场成长率	市场份额的成长性
历史毛利率	产品质量
竞争强度	品牌知名度
技术要求	分销网络
通货膨胀	促销效率
能源要求	生产能力
环境影响	生产效率
社会/政治/法律	单位成本
	物资供应
	开发研究绩效
	管理人员

资料来源：笔者改编自科特勒．营销管理（第 11 版）［M］．上海：上海人民出版社，2003.

2. 实践中的模型完善

在实践中，由于每个企业的实际情况都不相同，面向不同的业务机会时，考虑的因素也会不同，因此，企业可以结合 BCG 矩阵和 GE 矩阵的评价思想，构造出适合企业自身的吸引力—竞争力指标系统来对新业务进行评价。考虑到企业的“活得了、活得好、活得久”的目标结构，可以认为，一项新的业务应该是：短期内和长期内都具有高的吸引力，短期内和长期内都具有高的竞争力。

对于外部吸引力来说，短期内的吸引力应指向短期的经济收益的可能性。例如，经过调研认为用户的需求是真实存在的，这种需求就能够转化为真实的产品交易，形成收入；具有同样需求的用户数量多，就说明市场的规模很大，有机会获得更多的销售收入；市场的利润水平很高，说明企业也可能获得高的投资回报率；行业竞争的激烈程度低，说明企业可以更容易地获得相应的市场份额；等等。

长期的吸引力也应能够指向收益的可能性。例如，市场的增长率高，通常能反映未来的市场规模大；进入障碍高能反映未来的竞争激烈程度低；政府的产业规划能够反映出未来被鼓励、被扶持的程度；等等。

对于竞争优势来说，短期内的优势应指向短期获得经济收益的能力。例如，企业自身的资源方面的优势、资金方面的实力、销售方面的实力等，都有助于在较短的时间内创造出好的业绩。也有一些指标反映的是实际的经营表现，例如，市场占有率、行业技术地位、产品领先水平、成本控制能力、产品质量等，如果企业基于自身的现有资源和能力，推断认为能够在新业务中快速地形成优势，那么，这些指标也可以用于辅助的判断。

长期优势的判断，则更加依赖于企业自身的发展规划、实际投入的可能性以及形成优势的可能性。例如，企业能否提升在客户需求洞察方面的能力，能否保持在核心技术方面的领先水平，能否在供应交付系统中打造出强大的优势，能否打造出具有优势的管理系统；善于培养领导力和领军人才等。

总的来看，吸引力大，意味着“机会尽可能的大、威胁尽可能的小”，竞争力高，则意味着“人无我有，人有我优”。从短期进入看，如果一项业务具备这样的特征，可以认为是进入这项业务的一种良好的起点。如果从长期视角看，仍然符合这种判断，那么，这项业务机会则是非常好的机会了。

三、设计合适的商业模式

选择了一项目标业务之后，就需要考虑采用怎样的方式进行经营。日常工作中谈论到的企业的经营模式这一词语，其表示的概念似乎总会存在一定的模糊性。如同不同的成功的企业家描述他们的经营秘诀那样，有的企业家会说主要是提供了客户想要的产品，有的企业家可能认为主要是掌握了核心的技术，还有的企业家可能会说主要是内部的管理水平较高等，几乎没有相同的答案。

可以说，这些不同的秘诀都是经营模式中的一部分，但它们又不能完全反映经营模式的内容。甚至也可以说，一个企业经营中的各种各样的要素、各种各样的行动特征、各种各样的内部规则，以及不同情境下的权宜变化，都可以说是它经营模式中的一部分。从社会交易角度看，我们可以说，如果一个企业能够降低目标客户群体的社会交易成本，同时自身还能获得良好的收益方式，那么这个企业所采用的一切的做法、一切的方式所形成的总体的解决方案，都可以认为是经营模式的构成内容。

国外一般用商业模式（Business Models）来描述企业的经营模式。在多元化企业中，可能会在公司和业务单元这两个层次上产生描述商业模式的情境。例如，我们在中文语境下有时会把单一化（专业化）经营的企业和多元化经营的企业，在公司层次称为不同的经营模式[8]。而对于其中的一项单独业务来说，中文的经营模式与英文的商业模式（Business Models）则可认为是同一内涵，都是要帮助这项业务在特定市场上建立起竞争的优势[9]。本书中也将这两个词语看作同一概念。

许多人都试图对商业模式的内涵进行定义，但仍未取得一致的观点。原磊回顾了多达22种的商业模式定义，将它们归纳为四种类型[10]：①经济类的定义仅仅将商业模式描述为企业的经济模式，其本质内涵为企业获取利润的逻辑。与此相关的变量包括收入来源、定价方法、成本结构、最优产量等。②运营类定义把商业模式描述为企业的运营结构，重点在于说明企业通过何种内部流程和基本构造设计来创造价值。与此相关的变量包括产品/服务的交付方式、管理流程、资源流、知识管理和后勤流等。③战略类定义把商业模式描述为对不同企业战略方向的总体考察，涉及市场主张、组织行为、增长机会、竞争优势和可持续性等。与此相关的变量包括利益相关者识别、价值创造、差异化、愿景、价值、网络和联盟等。目前来看，国外对商业模式的定义大部分属于这个范畴。④整合类定义把商业模式说成是对企业商业系统如何很好运行的本质描述，是对企业经济模式、运营结构和战略方向的整合和提升。

在这些定义中，商业模式构成的要素有许多，其中提到最多的依次是：价值提供/主张、经济模式、顾客界面/关系、伙伴网络/角色、内部结构/关联行为和目标市场等。也就是说，的确有一些要素在相当范围内都被认为是商业模式的关键内容。

迈克尔·莫里斯（Michael Morris）和米内特·辛德胡特（Minet Schindehutte）等认为，本质上，一个精心设计的商业模式必须解决六个关键的问题[9]：产品方面，我们如何创造价值？市场方面，我们为谁创造价值？内部能力方面，我们的能力来源是什么？竞争战略方面，我们如何在竞争中定位自己？经济方面，我们如何赚钱？投资者方面，成长的时间、范围和规模等目标是什么？换言之，一个好的商业模式，无论如何对其进行描述，其内在的框架构成应该同时回答这些问题。

1. 哈默尔的商业模式框架

哈默尔试图培养一种直觉能力来思考完整的商业模式，他推荐了一个系统的商业模式框架[11]，如图 9-4 所示。这一框架首先包含了四个重要的组成部分：客户界面（Customer Interface）、核心战略（Core Strategy）、战略资源（Strategic Resources）、价值网络（Value Network）。在这四个组成部分之间，哈默尔用三个要素将它们联系起来，其中"客户界面"通过"客户利益"与企业的"核心战略"相连，再通过行动的"配置"与公司的"战略资源"相连接，并且通过"公司边界"与公司外部的"价值网络"进行连接。此外，整个框架中，还有四个重要的因素，分别是效率（Efficient）、独特性（Unique）、匹配（Fit）、利润助推因素（Profit Boosters）。这些要素的优秀程度会直接影响整个模式的盈利潜力大小。

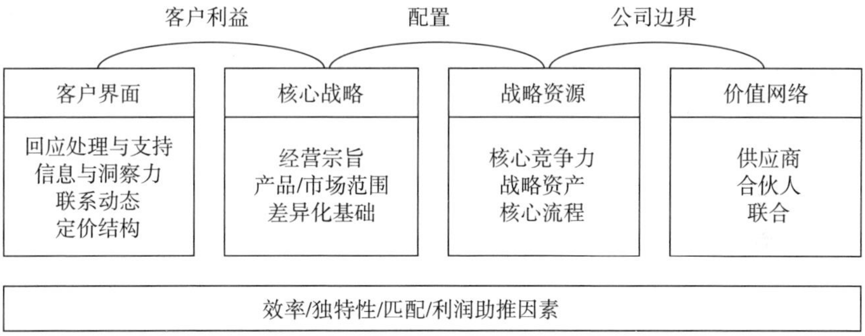

图 9-4　哈默尔的商业模式框架

资料来源：加里·哈默尔．领导企业变革［M］．北京：人民邮电出版社，2002.

整个模型的要素内容比较多，我们可以把这个模型看作一种归纳得比较抽象的价值链流程。整个价值链的需求从左向右传递、从右向左满足。

在客户界面部分，主要包含的内容有回应处理与支持、信息与洞察力、联系动态、定价结构等内容。这些内容需要定义公司如何与客户进行实际的联系，使用哪些渠道，提供怎样的客户支持，提供的服务水平如何。企业能否在收集客户信息及使用产品信息的时候，洞察信息背后的用户的真实需求，帮助公司为客户更好地进行产品或服务的创新。同时，企业应如何与客户进行联系与互动，如何定义好客户的价值和交易的价格等。

客户界面上的这些内容，旨在让企业能够真正获悉客户的基本需求，以及让他们的需求得到满足。所以，客户的需求也就是客户的核心利益，会传递到企业的内部，作为企业核心战略的输入。按照社会交易的观点看，客户的利益是以最小的交易成本来满足他们的需求，而这正是企业需要追求效率的原因。因此，企业的战略的设定应在满足客户要求、保证客户的利益的同时，具有应有的效率。

在核心战略部分，主要包含了企业的经营宗旨、产品和市场范围、差异化基础等内容。也就是说，企业应在战略层面清晰地定义出，为客户交付和完成的目标是什么，包括理解用户的价值、实现公司的战略意图。实现公司最终的经营效果或者那些总的行动目标等。在此基础上，企业从哪些市场范围、通过什么样的产品来满足客户的需求？企业如何保证与其他的竞争对手相比，具有自身独到的差异化优势，使得自身在满足客户需求的同时，也是客户优先选择的对象。因为企业和客户都同时追求满足需求时的工作效率，应该让企业的满足客户需求的各种商业活动成为客户的一种最佳选择。也就是说，公司的战略应该有其独特性的价值以及独特性的优势。

核心战略的执行需要通过各项配置转化成可执行的内容，这种配置会体现在公司的战略资源上。也可以认为，这种配置过程就是一种战略目标的分解过程、战略目标的执行过程和实现过程。

在战略资源部分，主要包括战略资产、核心竞争力以及核心的流程等。那些有形的资源或者无形的资源，特别是一些稀少而又颇有价值的资源，包括商标、专利、基础设施、专业标准等，都可认为是公司的战略资产。核心竞争力则是那些经过长期积累而形成的、难以复制的稀缺的能力。企业应能通过内部的核心流程，将企业的战略资产、核心竞争力以及其他的投入转化为客户的价值。

商业模式具有长期规划的特征，战略资产和核心竞争力也需要长期的积累才能形成。因此，从核心战略到战略资源的配置过程，也可以认为是企业战略的部署和实施的过程。而且，这个过程是一种中长周期中的持续性的过程。这种特征则要求，核心战略和战略资源两者之间要保持高度的一致性或匹配性。也就是说，核心战略配置为战略资源，在配置以前和配置以后，它们在驱动关系、内容承接、工作开展程序等方面都应该是一致的、匹配协调的整体。

在价值网络部分，主要指的是以公司为中心，补足和扩大公司的自有资源。因为有许多关键的资源都存在于公司能够直接控制的范围以外，企业需要通过价值网络涵盖那些供应商、合伙人和相应的一些联合组织和机构。它们有些是向企业直接提供产品和原材料的供应商，有一些则是向企业提供解决方案的技术合伙伙伴，甚至可能有些是竞争对手——它们可能由于在投资或者技术上存在某些巨大的困难而需要在一定程度上结成联盟关系，形成一种竞争与协作并存的竞合关系。

企业要与价值网络中的成员进行有序的合作，就需要建立起相应的公司边界之处的管理手段。例如，如何进行外包的管理和合作的管理，如何进行双方之间的协调与合作。特别是对于那些竞争与协作并存的竞合关系而言，如何让双方在保持平等、友好、互惠互利的基础上进行公平的竞争与合作，都是企业的商业模式需要解决的问题。企业也正是通过与外部的双向管理与联系，才能促使企业在自有资源的基础上，有效协同外部更多的关键资源，共同满足客户的需求。这些外部的价值网络因此而构成了一种利润助推的战略因素。

2. 商业模式画布

为了更好地帮助企业进行商业模式的设计，亚历山大·奥斯特瓦德（Alexander Osterwalder）和伊夫·皮尼厄（Yves Pigneur）发展了一种被称为商业模式画布（The Business Models Canvas）的工具[12]，如图 9-5 所示。

他们从客户、提供物（产品/服务）、基础设施和财务生存能力四个方面着手，构建了九个互相关联的构造块（Building Blocks），分别按一定的次序组织在画布中，以展示企业创造收入的逻辑。其中：

（1）客户细分（Customer Segments，CS），所想要接触和服务的一个或多个人群或组织。客户构成了商业模式的核心，细分客户则意味着企业需要有针对性地理解他们的群体需求，以便仔细地设计相应的模式。

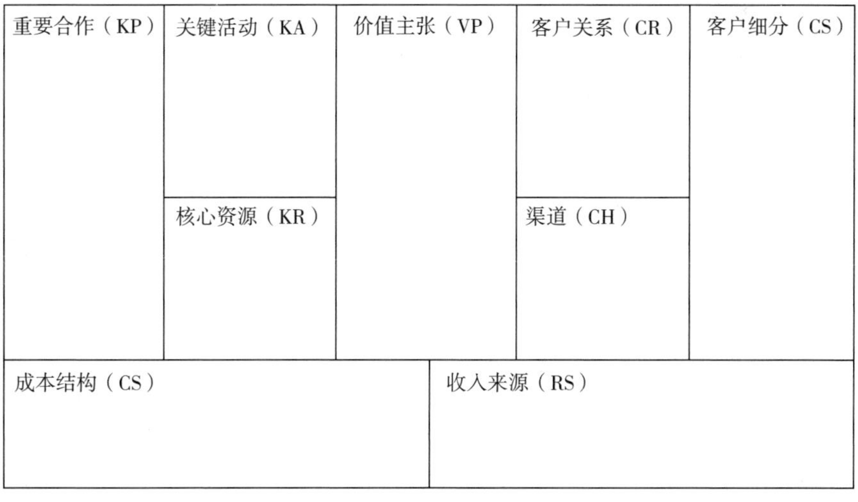

图 9-5　商业模式画布

资料来源：奥斯特瓦德，皮尼厄．商业模式新生代［M］．北京：机械工业出版社，2011.

（2）价值主张（Value Propositions，VP），解决客户难题和满足客户需求。这通常对应着企业为客户创造价值所提供的系列产品或服务。

（3）渠道（Channels，CH），如何沟通、接触细分客户而向客户传递价值主张。从早期的传播认知，到价值的交换，再到后期的服务支持都可考虑进来。

（4）客户关系（Customer Relationships，CR），在每一个客户细分市场建立和维护客户关系，让客户满意。

（5）收入来源（Revenue Streams，RS），收入来源产生于客户的价值主张。这既要促使企业思考什么样的价值能让细分群体的客户愿意付款，也还可能涉及到不同的定价、付款机制。

（6）核心资源（Key Resources，KR），是提供和交付先前描述要素所必需的各项资产。通常包括实体资产、金融资产、知识资产或人力资源等，以及企业的核心竞争力。

（7）关键活动（Key Activities，KA），企业为了运转商业模式所需要执行的一些关键业务活动，这些活动是创造和提供价值主张的基础，是企业成功运营所必需的最重要的动作。

（8）重要合作（Key Partnerships，KP），是企业与外部衔接的价值网络的重要构成。企业有些业务要外包，而另外一些资源需要从企业外部获得。那些供应关系、合作关系、联盟的个人、组织或机构都可纳入进来。

（9）成本结构（Cost Structure，CS），商业模式上述要素所引发的成本构成。

商业画布的这九个构成块之间具有一定的内在关系。从位于中间位置的“价值主张”向右看，“价值主张”通过“渠道”与“客户细分”相连接，在提供产品和服务、满足客户需求的同时，与客户构成一种良好的“客户关系”。这也可以看作与客户进行价值交换的客户界面处的关键内容。这部分的核心是价值，通过价值主张的实现，为企业获得“收入来源”。

从中间位置向左看，企业通过与“重要合作”进行协同，通过对“关键资源”的利用，开展“关键活动”，从而在企业内部创造出“价值主张”的产品或服务。也正因如此，企业的价值主张才能够得以向右边进行传递。这也可以看作企业的内部的核心战略到战略资源的配置过程，以及在公司边界处与外部的价值网络进行协同的过程。这部分的核心是效率。通过内部配置运转和价值网络的效率的持续提升，为企业获得了良好的“成本结构”。

由于商业模式画布工具采用的类似画布的样式，预留了九个空格区间供使用者填写，对使用者的友好度较高。作者推荐的典型用法，是在大的背景上投影出来，这样，一群人可以通过便利贴纸、马克笔等工具，直接在画布上进行绘制，并在讨论商业模式的过程中随时进行修订。

3. 商业计划

在模型化的思考和设计之外，我们还常常需要进一步地描述商业模式，这时，通常会采用另一个典型的工具——商业计划书。一般来说，商业计划书应该覆盖商业模式中的那些关键问题，也可以按照新业务规划的全过程进行分析、思考和编制，或是结合实际的需求补充必要的说明信息。

马克·多林格（Marc J. Dollinger）介绍了一个创业经营计划的大纲结构[13]，如图 9-6 所示。这份大纲应该能够诠释创业者的愿望和梦想，也应该能够论证战略和运营的执行过程，而且还可以作为融资建议书和投资说明书。

预备部分
1. 封面
2. 目录
3. 经营综合报告
　① 经营类型
　② 公司概述
　③ 管理
　④ 产品/服务和竞争状况
　⑤ 所需资金，抵押担保，收入的使用
　⑥ 财务历史，财务计划
　⑦ 交易结构，退出

主体部分
1. 背景和意图
　① 历史
　② 现状
　③ 资源基础理念
2. 目标
　① 短期目标
　② 长期目标
3. 市场分析
　① 一般市场
　② 特定市场
　③ 竞争因素
　④ 宏观环境影响
4. 产品开发和生产
　① 生产工艺
　② 资源需求
　③ 质量保证
5. 营销
　① 一般概念和市场定位
　② 营销策略和资源
　③ 销售预测
6. 财务计划
　① 财务报表
　② 财务资源
　③ 财务战略
7. 组织和管理
　① 关键的人力资源
　② 人力资源管理战略
8. 所有权
　① 经营类型
　② 权益状况
　③ 交易构造
9. 主要风险和或有事件
10. 概要和结论
11. 时间进度和主要标志
附录

图 9-6　创业经营计划

资料来源：马克·J. 多林格. 创业学：战略与资源（第 3 版）［M］. 北京：中国人民大学出版社，2006.

整个大纲的预备部分，除了必要的说明信息外，主要是通过“经营综合报告”对整个计划书进行简要的总体概括。从编写次序看，这实际上应该是最后才写的，但是，如果需要给时间宝贵的投资人评估商业可行性的话，给出一份简短的总体概括是非常有必要的。

主体部分的章节1（背景和意图），应该对本创业计划的背景进行必要的说明，包括为什么要开展本次规划活动？过去曾经开展过的创业活动及成绩或经验教训是怎样的？当前的现状是怎样的？拥有怎样的关键资源？存在什么样的困境？与期望中的目标存在什么差距？期望通过本报告获得什么结论？等等。

章节2（目标）则表明了本创业计划的目标，这些目标包含企业或新业务的创建、生存、获利等基本目标。这些目标有些是以定量的方式体现的，如销售收入目标，有些则是以定性的方式体现的，如达成某个特定的事件。这些目标可以分别从短期、长期等不同的阶段进行描述。对应不同阶段的目标内容也会有所差别，但互相之间又应该保持必要的连贯性，呈现出合理的成长梯次。

章节3（市场分析）应该说明这是一项怎样的业务机会。这一部分通常应从外部环境出发，包括描述该商业机会所处的宏观环境情况，商机面临的行业竞争格局，理解市场和客户的细分群体的需求和特征，识别环境中的机会与威胁分别都有哪些？也应评估自身的优势和劣势，以及采用哪些策略组合能够更好地把握机会、规避威胁或风险，从而说明本商业机会的进入价值。

章节4（产品开发与生产）与章节5（营销），则分别描述本商业计划的内部运行的价值创造的过程及如何与外部的客户进行价值交换的内容。前者通常应包括需要哪些资源，如何利用资源进行产品或服务的开发，如何有效地进行品质保证等。后者则包括如何设定总体的营销策略，识别和评估市场的短期和长期需求，与目标市场中的关键客户建立联系，识别客户的准确需求并设法满足，与客户建立起稳定的、良好的客户关系等。

章节6（财务计划）表明，在既定的商业计划情形下，企业的财务表现的预测水平如何。这可能包括基本的投资信息及回报的预测，资金的来源规划、资金使用配置、经营收益分配，企业运营过程中的安全措施、监控体系等。

章节7（组织和管理）则特别表明组织所需的关键人才和相应的资源，如何进行人力资源的规划、配置、开发等，通过切实可行的人力资源战略来构建人力资源的整体优势，实现有竞争优势的效率水平并如何保持可持续发展等。

章节8（所有权）应反映过去和当前的所有权结构，包括权益状况、债务结构、偿债计划等，也可阐述未来经营中的所有权结构调整的基本策略构想，还应表明公司的治理结构，包括决策机构、执行机构、监督机构及相应的运行机制等。

章节9（主要风险和或有事件）应遵循完全披露的原则，提供给小心谨慎的投资者所需的所有材料和相关信息，列出那些影响投资人投资意愿的或难以预见的产业趋势以及由此带来的可能的风险，从而履行自己在法律和道德上的义务。

章节 10（概要和结论）应简要概括报告中最精彩的部分以及最为关键的特征和结论。例如对商业机会的价值判定，如何将企业的独特资源转变为竞争优势，如何满足客户的价值，如何让创业获得成功等。

章节 11（时间进度和主要标志）则应列出创业过程中的关键里程碑。这既是呈现创业者的宏大规划是否具备可执行性的重要呈现，也有利于投资人评估其投资计划是如何有序开展的。

在编写过程中，这个大纲的不同章节通常可能会交叉进行，有些内容可能需要相互关联。例如，组织和计划的内容可能会影响财务计划的表现，营销计划可能会影响短期目标的形成。因此，这些内容在进行书面编制时，应确保前后内容的内在连贯性和一致性。

此外，计划中的许多观点或结论都依赖于外部信息或数据基础，这些通常要求有详细的调查研究或有足够影响力的第三方的数据为依据。

4. 不同的经营模式工具对比应用

无论是采用哈默尔的商业模式、商业模式画布，还是商业计划书，总体来看，都是希望对新的业务如何经营进行更好的思考和计划。

相较而言，这些不同的工具各自有不同的侧重点。例如，哈默尔的模型强调了核心战略的经营宗旨和新业务运行的总目标，这些目标中包括了“价值曲线”“战略意图”等总的行动目标，对整个业务给出了一种方向感和用以衡量进步的标准。并且强调应如何配置为公司的“核心竞争力”以确保核心战略能够执行。商业模式画布则强调了公司如何与客户交换价值而获得好的“客户关系”，也强调了公司与价值网络成员进行价值创造时的效率对成本结构的意义。商业计划书则强调了商业计划如何执行的更多细节，并且考虑到实际读者的需求，更翔实有序地组织相关信息。

尽管这些不同的工具呈现出不同的侧重点，采用了不同的概念术语，但是它们的构成内容有许多都是一致的，这些不同的工具的功能也是一致的，都是通过相对简单的方式来描述一个复杂的商业规划方案。由于任何一种概括性的方式都无法精确完整地描述真实的想法，因此，为了更好地阐述一个真实情境下的商业机会及对应的商业模式，在实践中也可以将多种工具相互对照或相互补充。并且，就像专业化阶段的企业其核心业务的商业模式要不断地进行试错和调整一样，这个新的业务的商业模式也同样需要在不断的试错过程中调整。

第二节　内外部开展新业务

一、内部创业

1. 在内部开展新业务

当企业决定进入某一个领域开展新的业务时，便需要开始组织相应的各种资源，包括资本资源、人力资源等。其中，资本资源由于具有高的流动性，只要企业在前期的经营中有相应的资金储备，或者在筹集资金方面有较为丰富的经验或资源，便可根据项目的风险投资计划按部就班地逐渐开展。人力资源具有不可分割的特征，存在代理成本的问题，因此，需要斟酌团队的具体构成。

在大部分企业中，即便保持原有业务不变，企业也总会尝试开发一些新的客户和一些新的产品，因此，面向一个新领域的业务机会时，不少企业也会自发地考虑在组织内部挑选适合的人员进行业务开拓，就像当初创业一样。在经济领域，管理学家们用 Entrepreneurship 一词来表达新业务的创业，也就是一个创建企业的过程。多林格认为，创业就是在风险和不确定性条件下，为了获利或成长而创建创新型经济组织（或者组织网络）的过程；内部创业（Internal Corporate Venturing，ICV）就是在现有企业的内部的创业，建立内部市场或者自主或半自主的经营部门，以一种独特的方式生产产品，提供服务和技术[13]。可见，内部创业是在企业内部投资于一项有风险的业务，使其能够独立地运转并发展为一个企业的过程。也可以说，内部创业的目标也是将这项业务发展为一个能够持续运营的业务单元的。

实际上，在内部进行创业有许多的优势。例如，在资金方面，由于企业已经在原有业务上经过一定时间的经营，积累了相当程度的资本，这种资金基础对于创业型的新业务来说，是一种非常有力的保障。在新业务早期，市场的推广方面、新产品早期的试验方面、早期团队的人员成本方面等，都需要花费相当的资金。对于一个新业务而言，这些资金也是一个不小的负担。依托于企业的资金基础，这些新业务能够将更多的精力聚焦于如何把业务做好，而不需要在这些基本的保障条件方面花费太多的精力。

企业也有非常好的外部资源基础。对于新业务来说，为了打开局面，常常需要寻找一些能够进行探索性合作的早期客户。企业在成熟的业务上可能已经积累了相当丰富的客户基础，或者培育了相当广泛的忠诚用户。这些资源对于新业务的早期尝试可能能够提供有益的帮助。后端的资源方面也会存在相应的可能。由于每一项业务都需要有自身的供应链系统，企业在多年的经营中积累了相当多的供应链、合作伙伴，甚至一些外部的第三方的联合机构。这些外部的价值网络都有可能成为这项新业务早期的合作伙伴，在新业务需要的时候以快速、高效、低成本的方式提供有力的支持。

组织内部的资源也可能会存在优势。例如，在组织的财务管理方面、人力资源管理方面，新业务都能够在一定程度上获得一些便利的资源。当他们需要招聘新员工的时候，他们借助公司的名义能够更容易吸引那些处于观望中的新人进来。当他们需要一些财务分析或者或其他专业领域的一些技能和方法的时候，组织内部那些积累的知识、培训课程或者相应的基础制度、工作规范等，都能够快速地对新业务形成一定的帮助。

还有重要的优势在于企业对经营的理解。由于企业已经成功地经营了一定的时间，经历了许多市场磨炼，他们已经拥有了成功经营一家企业的宝贵经验。这些经验在帮助新的业务单元如何少走弯路、如何避免一些低级或不必要的错误等方面，都具有非常好的参考价值。尤其是原有的高层经营管理者，有意识地将如何经营好企业的经验进行归纳和提炼，识别出企业获得成功经营的一些关键要素，形成一些框架性的经验结构时，便能够将这种宝贵经验传播到这些新的业务单元中。即便这种经验并不能完全复制到另一个新的业务单元之中，但也总会在某些方面为新的业务提供重要的借鉴和指引。

2. 内部创业的主要活动

内部创业的过程中需要开展大量的各种各样的工作。严格来看，整个内部创业过程就是一个专业化企业的创业过程。这项业务有自己的生命周期，并且，创业阶段大多处于导入期以及成长期的前段。正如专业化企业在其生命周期中需要考虑各种情境、需要开展各种工作，特别是价值链方面的各种活动一样，新业务的创业活动也应根据业务本身的具体情境开展实际所需的各种工作。

多林格还介绍了一个内部创业过程框架，将内部创业过程主要分为确定问题、建立联合体、调遣资源、实施项目和创业完成五个阶段[13]。这几个阶段的划分并不是严格按照时间顺序展开的，并且其时间跨度也可能较长，甚至长达好几年。有些工作是一开始就要准备的，也有一些工作则需要时常回顾，反复调整。因此，这些阶段也可以看作创业过程中的一些重要的管理主题。

（1）确定问题。

这个阶段的核心就是确定新创业务的范围是什么，在这个业务上的创业团队担负着什么样的使命和愿景，这项业务在企业中的定位是什么等。有许多企业家在自己创业的时候就确立了企业未来的终极目标是什么，但是在企业内部在进行创业的时候，人们可能很少为这些新的业务单元设立同样的清晰宏伟的目标。他们更多的只是在把这种企业的内部创业看作一种可有可无的尝试，而没有当初新创企业时那样的使命必达的坚定决心。这些问题也应该是在新业务的规划过程中，通过商业模式、商业计划等方式提前回答的问题。

（2）建立联合体。

这一阶段的核心就是搭建一个完整的创业团队，也就是组织相应的人力资源。这应该包含新业务单元所必需的决策层次的组织成员，也包含必要的价值链成员。为了让新业务能够有序开展，企业必须寻找那些有开拓精神、能够吃苦耐劳、永不言败的高贵品质，能够承受创业压力、不屈不挠的具有潜在的企业家特质的人选。他们渴望成功，自我驱动，由他们来承载这项新业务未来的愿景和目标，这样，新业务的组织目标和他们个人的发展目标就能够有机地结合在一起。

当企业的长期战略是坚持聚焦经营时，涉足新的业务单元的目的主要是让公司在必要的时候能进行主业的调整或进行产业转型，因此，这种新业务创业的频率较低，企业的原有的高层决策团队仍然能够花费充足的时间牵头负责新业务的创业。但是在多元化战略背景下，无论是时间还是精力，都不允许他们总是如此。因此，有必要将内部的创业主体向下授权，在中基层物色那些有创业精神的候选人，由他们构成这项业务的联合体的核心。

此外，为了让新业务能够完成客户价值的交付，这项新业务的联合体还应该包括能够完成价值链的功能的完整的组织。即便实际配置的人员数量不多，那他们也应该是把有限的人员在合理的分工条件下覆盖整个价值链功能角色。通俗地说，这一个团队应该具备从获得客户的订单开始，到组织生产交付，最终与客户完成价值交换的这样全流程的能力。有一些工作是由他们自己亲自完成的，有一些工作是委托给第三方的，但是，他们自己仍需亲自负责沟通和委派事宜，并保证委派成果是符合价值链流程所需要实现的功能的。

（3）调遣资源。

这一阶段的核心就是通过资金的分配利用，部署各种所需的生产资料或相关资源。这涉及不仅资金、设备、材料等方面的有形资源，可能还包括一些品牌、客户关系、知识产权等无形的资源，甚至是一些资金特征比较隐秘的员工工作时间、组织管理制度等。无论这些资源是通过企业内部配置，还是按照市场价格与外部进行交换而获得，它们都应该是满足这项新业务的创业所需要的资源。它们应该在恰当的时间、地点上得到恰当的配置，也要保留必要的缓存空间，以应对创业中的不确定性。特别是新业务在未能按计划顺利度过导入期的时候，保留必要的持续的资源投入也非常重要。

有些资源需要持续性的支持和投入，需要管理者保持长时间的关注并及时干预。例如，新业务团队可能需要公司提供关于市场经验方面的支持，为写作分析和判断提供指导，参与某些技术分析并协助其攻克难关，提供管理支持，训练商业洞察力等。另一些资源可能容易被遗漏或忽略，例如组织的制度资源、文化资源，面对新业务的责、权、利安排，决策机制，审批流程，鼓励创业等。这些资源常常因为未被重视而得不到真正的有效配置，但却在事实上对创业团队存在潜移默化的影响，甚至很大程度上制约了创业的成功。

（4）实施项目。

创业项目的实施阶段是一个真正的长期过程，这个过程充满了各种困难，也充满了各种的不确定因素。为了真正把业务、市场份额成功发展出来，让整个新业务项目团队能够独立生存下去，新业务团队需要在这个项目的实施过程中，不断结合实际的情况，对现有的商业模式进行反思，做出相应的调整，不断优化商业模式中那些可能存在的缺陷或者漏洞。

例如，从价值交付看，为了确认市场上的用户需求是否真实存在，创业团队可以通过提供一些早期的市场调研或者早期的一些产品样品，对那些客户进行调查，收集他们的反馈意见，评估他们的需求是否真实存在，这些需求是否是他们真正的关键需求，他们的需求是否具有相应的足够的规模，企业提供的产品和企业所宣称的价值主张是否能够真正满足用户的需求。

从价值创造视角看，企业也需要确认，为了实现价值主张所定义的那些产品的功能与性能是否具备实际的可执行的可能性，是否能够被快速、高效、低成本地开发出来，并且能够快速、低成本、高质量地完成交付，在低的交易成本的基础上满足客户的需求。

在价值创造和价值交付的过程中，诸如企业自身是如何盈利的，成本结构和价格结构是否能够保持足够的盈利空间，是否能够满足预期的要求，是否具备持续的盈利能力等问题，都需要在新业务实际的执行过程中不断检验和完善。

（5）创业完成。

这一阶段通常代表企业进入了生命周期的快速成长期，前期对新业务价值的持续摸索、对商业模式的试错和调整、对业务活动的实际和持续改善等方面，都已经逐渐形成了可行的经验和行动的惯例。这代表创业获得了成功，通俗地说，这项业务活下来了。从财务视角看，收支平衡了，甚至逐渐盈利了。因此，这也可以说是新的经营状态的起点。

成长期的业务，在规模、效率各方面都需要面对新的挑战，组织对这项业务的管理模式可能也会出现调整，甚至可能需要调整整个业务的组织结构。因此，组织需要进行必要的变革，使得整体的运营进入一种新常态。例如，重新设定其合理的经济目标，重新配置常态经营中的组织资源，包括人力、财力、物力等方面的资源。同时，为了追求进一步的竞争优势，可能还要参照企业对成熟业务的经营管理方面的经验，进一步进行规范化，进行持续提高效率、降低成本的综合的运营改良。

但在这之前，应该对在创业阶段所做出过贡献的人员，在某种程度上以某种方式对他们进行必要的贡献确认，给予充足的激励。正是因为他们在创业期的努力付出，才使得企业能够获得新的一项业务。正因为对创业过程中做出贡献的人给予相应的鼓励，企业才能建立起不断在内部进行创业并奋勇拼搏的创业文化。

二、外部并购

1. 外部发展新业务

内部创业虽然有不少优势，但同样也可能存在不足。例如，发展新业务所需要的新客户、新产品方面，都需要一定的时间，难以快速实现；真正能在新业务领域全面运转的价值链团队，也需要学习和试错，难以在短期内建立起来，这些都可能会导致内部创业失败的风险。

因此，也有一些企业将目光放在已经在这个领域中有了一定的经营基础的企业或团队，以收购、参股、兼并等方式进入这个目标市场。这种并购的本质是购买从零开始建立客户、技术、组织等所需要的时间[14]。通过支付资本的价值交换，参与到已经有了一定的市场技术基础的一些团队中，能够规避早期探索的风险投入，间接地获得他们已经获得的商业成果。相比于企业内部创业而言，这种方式能够显著地缩短新业务的进入周期。

2. 一般并购过程

与内部创业相比，内部创业的生命周期是从导入期开始的，并通过创业活动实现进入快速成长的阶段的目标，然而，外部并购有多种不同的可能性，企业既可以并购那些处于创业中的企业或者团队，也可以并购那些已经进入成长期，或是成熟期甚至衰退期的企业或组织。这些不同的并购对象处于不同的发展阶段，具有不同的组织规模，涉及的并购交易金额也明显不同，因此，并购交易所付出的代价以及并购的风险也不相同。这就说明，企业在考虑并购方式的时候，如何妥善地选择并购对象，收集他们必要的信息，进行恰当的价值评估，并且做好购后管理等，都变得尤为重要。

一般认为，为了让一项并购尽可能地成功，应设法争取在并购交易过程中做出尽可能理性的决策，因此，并购交易应大致遵循一些基本程序，如图 9-7 所示。

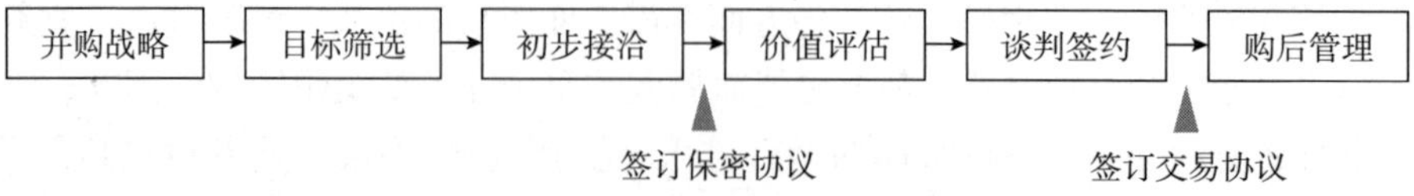

图 9-7　并购流程

资料来源：德硕管理咨询．成功并购：商业尽职调查实务手册［M］．北京：中国金融出版社，2011.

（1）并购战略。这也是企业进入新业务的规划方案中应体现的内容。例如，企业开展并购的情境和理由，并购希望达成的目标，被并购的业务将如何定位，其与企业原有的各项业务之间将是什么关系，企业在并购中预计付出怎样的代价，对并购的目标对象有哪些明确的要求，并购过程应遵循哪些基本原则，等等。

（2）目标筛选。这一环节大多以收集信息并进行初步筛查为主，目标是尽可能全面地搜寻潜在的并购对象及其相关信息。搜寻范围可以是企业现有的竞争对手、上下游的合作伙伴，也可以是一些第三方的还未有过实际接触的企业，甚至是那些别的企业内部已有的创业团队。通过搜寻的信息建立起资本的资料库，例如，对方的行业口碑、在市场上的历史业绩、人员的规模、所从事的具体的产品、产品的核心优势、产品的市场表现、客户对他们的总体评价、他们的供应商对双方合作的感受与评价等。然后，结合并购战略的要求，对这些潜在对象进行比较和排序，逐渐策划出后续的接洽计划。

（3）初步接洽。这一阶段开始通过实际的接洽行动，向那些符合期望的并购对象传递出并购的意愿，并进行双方的基本的信息交流。例如，对方的业务发展是否存在困难、连续一段时间以来的业务的增长情况、经营的财务表现和运营效率、掌握的关键资源和关键能力等。同时，试探了解他们的股东是否有洽谈并购的意愿、他们大致的估值策略、交易价格策略、大致的交易价格区间目标等，以评估是否存在并购交易的可能性。考虑到有许多企业可能没有被并购的意愿，为了确保可以寻找到真正的并购对象，这个阶段需要多接洽一些不同的目标对象。

（4）价值评估。当双方都有进行并购交易的初步意向时，则可以展开进一步的正式调查，收集对方内部的详细而周全的各种信息和资料（有时也称为尽职调查）。通常这时候需要同时签订相关的保密协议，确保这些信息除了用于收购本身以外，不会用作其他的用途，也不会泄露出去。这种调查活动可以由买方亲自进行，也可以委托第三方团队进行。在收集到足够信息的情况下，便可对目标对象的内在价值进行充分全面的评估，并基于此设定合理的交易策略和交易价格。实际的交易价格虽然受双方的价格协商的影响，但其重要的基础仍然在于对企业的价值评估。我们稍后再讨论有关估值的话题。

（5）谈判签约。就谈判的目标而言，双方都希望能够达成一种互惠互利的双赢局面，哪怕这个过程可能会持续很久。因此，在合同的内容设定上应进行充分的协商与斟酌，确保交易中涉及的相关的资产、价格、支付、权利、义务、时间等方面的合约条款均取得公平一致的意见，并合乎法律框架的要求。

（6）购后管理。就外部开展多元化而言，并购只是开始而不是结束。真正的重心在于并购以后，如何让这项业务保持持续的经营，并符合并购的预期。然而，在许多情况下，并购交易完成以后，企业并没有进行良好的并购后的业务整合管理（Post Management Integration，PMI）。一项调查表明[14]，很少有公司能够自信地宣称自己在PMI阶段倾尽了全力。调查中有许多诸如“多少有点疏忽了，可以做的事情很多，但却没有做”，或者“并购后只顾着分析协同效应了，却没有采取具体行动”等声音。他们没有实现成功的PMI的主要原因是“沟通问题”和“买方企业的战略缺失”。

因此，可以说，购后管理面临的最直接的问题就是如何运作的问题。是否独立运作、由谁对经营业绩负责、责权利如何设计等，都是多元化企业的治理问题。如果在并购过程中没有明确地设计匹配的治理结构和治理机制，并购失败的可能性则会很大。我们在第十一章中再讨论多元化企业的治理问题。

3. 并购中的价值评估

（1）典型的估值方法。

在整个并购过程中，价值评估是一个非常重要的主题。价值评估的核心就是，一个企业从创业开始发展到了某一个阶段时，这个企业的价值是多少？这个价值对应的就是并购的交易价格。对于买卖双方来说，都希望在这个并购的交易价格之中，获得对自己有利的价格水平。并购中的谈判和议价的过程，就是互相争取对自己价格有利的理由陈述和论证的过程。要想促成尽快的合作，双方都需要能够快速建立起一种公平的、互惠互利的价格评估的方法，来促成这场等价的价值交换。这时的价值评估问题也是通常说的企业估值的问题。

价值评估是一种历史悠久的金融方法。它的知识源自资本预算中的现值方法和默顿·米勒（Merton Miller）与弗兰克·莫迪格利亚尼（Franco Modigliani）教授在1961年《商业杂志》上名为“股息政策、增长和股票的价值评估”的文章中建立的价值评估方法[15]。这种价值评估的方法，本质上可以说都是基于原始的价值交换和价值补偿发展起来的。这种估值方法的基本原理是：

由于资金内在的增值需求使得资金具有时间的价值，这是通过利率来体现的。资金所有者每借出一笔资金，便期望在未来的某个时间，按照时间长短和利率大小，获得相应的利息收入。

一个企业在持续的经营过程中，未来会持续产生现金流，因此，可以通过利率与时间的关系，将未来的某个经营周期的收入折算成当前的金额，即现值，这种方法也叫折现现金流方法（Discounted Cash Flow，DCF），折现所用的利率称为折现率，也称为贴现率。

如果企业能够永续经营，那么未来的每一个经营周期都会产生收入，于是，可以用同样的方法，将未来无数个经营周期的收入都折算为现值，因此，这个企业当前的价值就是这无数个现值的总和。从数学上看，越是遥远的将来的收入折算的现值就越小，因此，这无穷多个现值是无穷数列。企业本身还可能会存在增长，假设企业能保持一个稳定的增长率，那么未来的每期收入也在增长，对应的折算的现金也会比没有增长时的现值大。数学上已经证明，如果企业的增长率大于或等于贴现率时，这个数列是越来越大的，其总和趋向于无穷大，当企业的增长率小于贴现率时，无穷数列是不断缩小的，总和会收敛为一个常数[16]。这个常数就是企业当前的总价值。也可以采用分段计算的方法，将前期能够预测的年份的收入预测出具体的收入，再对难以预测的年份采用上述数列方法估计，然后将两部分累加[15]，就是企业当前的总价值。

在实际生活中，即便仅仅考虑边际效应，企业也不可能永远保持高的增长率。更何况还有许多因素都会影响企业未来的收入。例如，宏观环境、技术革命、货币变动、政治危机、经济危机、内乱、战争、GDP 总值等各种因素，都会不同程度地影响企业未来增长的可能。因此，企业实际的价值是一个有限大的常数。

上述的估值方法主要是从收益的视角展开的，这种方法一般都要求目标企业有较为成熟的会计数据基础和其他的经营数据基础，以支撑历史分析和未来预测。

然而，对于那些处于创业早期、还没有稳定收益的团队来说，从收益的视角进行分析则几乎是不可能的，无论是历史的业绩，还是未来的预测，都没有令人信服的数据基础。

这时，按照成本的视角来进行估值，也是一种常用的思路。例如，评估一个目标企业过去的总投入及其资产和债务结构，包括有形的资产和无形的投入数据，对已投入的部分进行统计，对已消耗的部分进行统计，对留存部分的残值也进行统计，等等。然后，按照重置成本方法评估，为了重新获得一个达到当前的资产状况、经营水平的企业，需要投入最少多少的资金。把这种重置成本作为对这个企业的整体的估值参考。

有些新兴的企业是公认的高成长公司。历史财务数据对预测未来绩效没有太大的帮助，而采用重置成本可能也难以达成双方共识。特别是目标公司采用的技术属于高、精、尖的前沿技术时，这些方法都难以奏效。此外，如果他们拥有的人才非常稀缺，受供需关系的影响特别明显，或者是他们拥有某些特殊的难以替代的独特资源，那么，双方更应该就估值的方法和依据进行充分的沟通协商。通常，这时需要双方充分考虑未来的市场规模、增长速度、潜在收益水平等多方面的信息，进行综合的价值评估。

（2）达到交易的估值均衡。

无论采用怎样的估值技术，我们都必须理解，估值的结果总是会因人而异的。不同的企业家，基于自身的经验，总可能会得出不同的结论。也正因如此，交易双方在面对同一项交易的时候，必须达成价格上的认可，这应该是一个“等价交换”。在这个双方认可的价格上，在他们各自的内心都会认为这应该是一项划算的交易，自己都能在这项交易中获得满意程度的好处。

所谓划算，就是对他自己而言，这项交易的内在价值应该是超过自己原本的别的交易的。由于不同的企业家对同一个企业未来的经营状况存在不同的关注重点，存在不同的乐观程度，也会形成不同的估值观点。从买方看，企业的内在价值高于交易价格，所以他更愿意购买。从卖方看，交易价格高于企业的内在价值，所以他更愿意出售。正是因为在这个交易价格上形成了一个均衡点，双方都能存在对自己划算的估计，才构成了双方达成交易的基础。从这个意义上看，并购活动对并购的双方应该是一种双赢的交易，是一种创造价值的交易，人们在并购中获得了价值。否则，如果双方都认为这个价格是绝对的等价交换的，那么，对于双方而言，这项交易其实并不能带来额外的好处，因此是可有可无的。

4. 协同效应分析

收购时，我们必须采取措施以改善业务合并后的未来现金流，这些改善机会叫作协同效应[15]。通俗地说，协同效应的意思是，同样的两个团队，并购后所创造的价值之和可以大于并购以前的双方创造的价值之和，即“1+1>2”。

由于交易双方都会通过估值给自己争取最优价格，而基于 DCF 方法估算的交易价格中又存在企业增长率的判断，增长率受到不同的管理经验和管理模式所影响，收购方正是认为自己的管理经验和管理模式能够提升目标团队的盈利水平才产生收购意愿的。这部分提升的增量其实就是协同效应中的一部分。因此，可以说，真正驱动并购形成价值创造的，其实正是协同效应产生的价值和相应的价格溢价，也就是收购方支付的高于市场价值的那一部分的金额[15]。也正是因为协同效应的存在，购买方才会认为这是一项划算的交易。

进一步来看，通过收购所获得的价值增加，其构成内容实际上只能来自更好的收入增长率、更高的利润率、更有效的资本利用率，或更低的资本成本四个方面[15]。这就说明，协同效应实际上取决于公司的战略与能力。例如，当我们具备高效的经营能力，那么协同效应则可能来自提升目标公司的收益水平；如果公司战略是整合某个领域的众多小业务，那么，协同效益可能来自降低成本，包括从采购、销售或者行政方面所降低的成本。

这些不同的协同价值来源，存在不同的信心等级次序，有的内容更容易实现，有些则很难。例如，在麦肯锡合并购后的管理咨询业务所分析的 90 起收购的结果中，88%的收购方可至少实现成本节约估算值的 70%；收入方面的协同效应则与此相反，仅有半数的收购方实现的收入协同效应在目标值的 70%以上，几乎有 1/4 的收购方实现的收入协同效应还不到目标值的 30%[15]。

（1）典型的协同因素。

不同的因素有不同的影响，因此，在并购前进行价值估值的时候，应对协同效应进行分析。应重点识别那些可能存在协同效应的项目，无论这种项目是公司的资金资源、技术资源、人力资源，还是外部的网络关系资源。

这些不同领域内的因素都可能产生协同效应，但其协同的效果可能有所不同。一般而言，协同效应可分为互补性协同效应和交互性协同效应。

例如，在产品销售方面，收购方和目标企业双方的产品线及营销覆盖区域互相补充，通过营销覆盖范围的扩张，双方的营销效率同时得以提升，这种就是互补性的协同效应。如果在采购、生产设备、研发等与成本费用相关方面所拥有的经营资源发生重合的情况下，双方的整合可以实现资源共享、技术共享、经营资源共享，互相延伸，避免资源的浪费，这些则可看作交叉性的协同效应。

蒂姆·科勒（Tim Koller）和马克·戈德哈特（Marc Goedhart）等列出了一些常见的协同因素[15]，如表 9-2 所示。

表 9-2　协同效应举例

领域	典型协同效应
研发	终止多余项目 消除研究人员的重叠 用转移的技术开发新产品
采购	共同采购（扩大数量） 实现产品标准化
制造	消除过剩产能 转移最佳经营做法
销售和营销	交叉销售产品 使用共同的渠道 传授最佳的做法 降低合并的营销预算
配送	整合仓库与货车路线
行政	利用财务/会计和其他后台职能的规模效应 整合战略与领导职能

资料来源：科勒，戈德哈特，威赛尔斯．价值评估：公司价值的衡量与管理（第 4 版）［M］．北京：电子工业出版社，2007.

（2）协同效应的估算。

分析协同效应，不仅仅是想知道是否存在协同效应，还想要知道，当这种协同效应存在时，对经营有什么样的影响？这种影响会怎样体现到企业的财务绩效中？

由于企业经营的财务绩效受许多因素的影响，即便不考虑协同效应，要预估企业未来的绩效水平，也需要进行许许多多定性的、定量的分析，需要许多基于历史的数据、基于未来的预测数据而进行的综合评估。当考虑到不同领域的互补性协同效应和交互性协同效应时，这种综合评估则会更加复杂。不同的人员、不同的经验结构、不同的专业方向、不同的组织重组的设计，都可能会导致不同的协同效应。所以，要精确地评估协同效应，可以说是不可能的。但是，在一定的可接受的精度范围内，仍然是可操作的。

简单来说，估算协同效应的基本计算思路是，先要对收购过程中的重组方案进行设计，当形成多种重组方案时，为每种特定的重组方案估算相应的协同效应，分别评估每个方案最可能的经营成果，然后再进行汇总。也就是说，协同效应是通过与经营计划匹配的一种构想的预算，然后再将这种包含了经营方案的预算结果与收购前双方各自的基于历史的预算数据进行比较，则可以获得不同方案的协同效应的结果。

我们通过一个精简过的关于收购研发团队的协同效应分析案例来说明这一思路。

某次收购前的两家公司，它们都有各自的研发团队，这两个研发团队在技术上具备一定的互补性。人员在学历、工作年限、年龄等方面存在一些差异。在考虑收购后重组方案时，团队讨论了两种重组方案。

方案 A，采用人员重组，将双方的人员重新根据相关的专业技能、经验、学历以及过往的工作业绩等可参考的因素，重新分配到双方公司，作为两个分别独立的研发团队，各自按照公司所需要的经营需求，分别开展新产品开发的相关工作。总的来说，这种方案的研发更能够匹配业务的需要，都能匹配各公司的市场和销售的需要，因此，具有更高的灵活性和更快的响应速度。

方案 B，采用人员合并，将原有的两支研发团队组建为一个大的研发中心。原有的两个公司所需要的研发资源都通过矩阵的方式，借助研发中心开展相应的研发工作。业绩数据上分别核算，但是在开发资源上，由研发中心对研发资源进行灵活的调度。这种方式能够精减更多的人员，在资源的利用率方面能够有一些更好的表现。但缺点则在于，矩阵的研发组织会存在一定程度的多头管理，在响应速度方面、流程效率方面会存在一些损失。

把两种重组方案与原有收购前的情况进行对比，分别计算在不同的组织结构情境下，每一个公司的研发团队，基于过往的历史数据、基于管理者的业务构想和管理信心、基于管理者预见的未来业务发展预测等相关的数据，估算出未来最可能的研发成果以及所能够产生的新产品利润总量的折现值。这两个方案的评估数据列出如表 9-3 所示。

表 9-3　研发新品预算利润折现值　　单位：万元

	无收购交易	收购后重组方案 A	收购后重组方案 B
收购方	1200	1420	1330
被收购方	480	680	560
合计	1680	2100	1890

资料来源：笔者根据实践中的协同管理经验整理。

从表中可以发现，重组后的两个方案，相比于无收购交易的情况来说，都具有明显的协同效应，其中方案 A 的协同效应更大。

三、内外部多元化的选择

内部创业和外部并购这两种方式各有其优缺点，不能简单地认为一种方式必然比另一种方式好。具体选择哪种方式，应结合企业的实际情况进行综合的评估。一般来看，有一些典型的情境因素可能有助于在两者之间做出更为恰当的选择。

1. 新业务的核心团队

从新业务的核心团队看，如果企业原有的组织中，已经培养了许多富有创业精神的骨干型的经营人才，他们富有冲劲和闯劲，也具有敏锐的市场洞察力和坚定有力的执行力。那么，由他们从内部进行创业是一种不错的选择。如果企业内部缺乏这样的人才，并且通过常规的市场招聘也很难发现既掌握企业家才能又能让企业高层决策者足够信任的潜在候选人，这时，也可以考虑通过外部并购来进入新领域。

企业在外部掌握的团队资源也是重要的考虑因素。通常企业在考察外部的目标团队时，为了提升企业选择候选人的成功率和准确率，通常会优先考虑以历史业绩作为重要的参考依据。因此，如果目标团队是通过一些值得信任的网络关系推荐的候选人，他们具有被人熟知的过往经历或成功经验，这有利于降低企业对这些经营型人才的背景考察的难度，更容易形成较好的信任基础。在这些情况下，选择收购以他们为基础的团队，仍然是一种可以优先考虑的选项。

考虑外部团队时，还有必要考虑目标团队的发展阶段。对于企业能寻找到的目标团队而言，如果他们仍然处于独立创业的导入期阶段，他们的商业模式还没有成型，没有形成良好的市场份额和良好的经济收益，那么，收购这样的团队的代价可能不会太高。但是，这样的收购也意味着收购后的团队继续开展的创业活动是否能够走向成功也同样面临较大的不确定性。相比这种状态而言，即便企业采取招聘人才的方式，决定从内部进行创业管理，无论是创业的起步状态，还是创业的成功概率和风险方面，外部收购和内部创业的情形都会较为接近。那么，综合来看，选择内部创业反而可能是一种更好的方式。即便是因为人才资源的稀缺性而考虑收购这个目标团队，企业也应优先考虑以重置成本法为价值评估和收购谈判的基础，并且在收购完以后，优先兼并到内部现有的组织体系中，仍然采用内部创业的管理模式来开展相应的创业活动。

如果目标团队已经进入了快速成长的阶段，他们的商业模式已经通过了市场的检验，也有了一定的客户订单、一定的市场份额。就创业成功而言，他们已经经过了最严酷的考验阶段，这时，对他们进行收购的益处显然在于这种确定的投资收益和确定的商业模式。就投资安全性来说，这是一项相对稳妥的投资。但是，就收购的代价而言，这个时候的目标团队往往因为既有的成功而高度自信，他们对未来存在美好的憧憬，因此，他们要求的被收购条件往往较高，而这可能会降低买方的获利水平，降低投资的收益水平。然而，如果放弃这个目标团队而选择内部创业，则相当于保留了一个有先发优势的强大的竞争对手，这也会增加内部创业成功的不确定性风险。

2. 可利用资源的多寡

从企业的资源方面看，过往积累的当前可用的资源也会明显影响公司在多元化进入路径上的选择。典型的资源往往体现在价值链的营销、研发、生产等相关环节上。这些资源包括客户资源、渠道关系资源、供应商资源、固定的资产、物质资源、行业的技术相关性、人才的经验相关性等。如果这些资源都存在明显的可再利用的空间，而且有利于企业在目标领域中发展新业务，那么，通过内部创业就是合理利用资源的一种优先选择。企业可以以自身的各种资源、组织能力等为基础，充分挖掘资源中的潜在优势，在内部孵化新的业务单元。

反之，如果这些可应用到新的多元化业务领域中的资源数量并不多，为了捕捉新业务机会需要更多的投入，或者是新的业务机会对网络关系要求非常高，有明显的进入门槛、特殊的资质要求等，通过外部收购反而能更好地解决这些问题，这时，选择外部收购的方式可能更为适合一些。

3. 成长类型

从企业的成长类型看，对于范围经济来说，由于更广泛的经营范围通常意味着相关度更低，这对行业经验、人才经验等都有更多的差异化要求。现有的组织中，原有人才在行业经验的多样性方面肯定会存在不足，面对这种新识别出来的多元化机会常常难以直接胜任。因此，广泛的范围经济可以优先考虑在外部收购团队，特别是那些已经成型并且有效运转的团队是一种较为理想的目标团队。因为，无论是从成功率而言，还是从重置成本而言，想从内部发展出这样一支成型的、具有战斗力的团队，相比较而言可能都是不够经济的。

对于规模经济来说，由于规模经济中多数是在同样的领域中进行规模的扩张，形成多业务单元之间的集群优势。这种特征意味着在行业经验、运作模式、市场资源和客户关系、关键技术、资产设备等方面的资源和能力都是较为成型的、可充分利用的。在这种情况下，从内部抽调精兵强将进行内部创业，也不失为一种好的选择，有望获得更快的成功。而如果考虑快速的扩张，通过短期的资本投入来整合行业中的直接竞争对手也是可行的。企业可以考虑通过并购活动，兼并到现有的组织中整体运作，实现更大的经营规模。也可以以独立的单元经营，既与原有业务单元存在竞争关系，互相进步，也在细分领域上形成一定的互补，获得整体市场的更大份额。

企业的成长方式中还包括辅助型的多元化。这些新业务单元是以主业为基础，通过横向或者纵向的一体化而设置的。它们的核心定位是作为一种侧翼型的辅助性单元。这种情况下，当企业想要强化这些单元的创业精神、责任意识和运营效率时，选择在内部配置相应的组织资源，选择那些在某些领域中具有较好表现的骨干型人员来进行内部创业，可能是一种更适宜的选择。

4. 行业生命周期的阶段情境

从目标行业的生命周期看，行业生命周期的阶段情境也会影响企业选择进入的方式和途径。

如果目标行业处于导入期，整个行业都还没有形成足够的需求规模，行业中的成功因素还不清晰，大多企业的商业模式也都未成型。这时，在组织内部配置人才，或者是物色外部的一些关键性人才，并入公司现有的体系中，以内部创业的方式来开展创业活动，是一种典型的常规做法。因为，这种方式可以合理控制新业务创业时不同阶段的资源投入，也有利于在设计和检验新业务的商业模式的同时，让新业务单元与企业的整个组织更好地形成协调。

当目标行业显现出快速成长的迹象，或者已经进入了快速成长的通道时，如果选择以内部创业的方式，虽然在时间上不至于晚得太多，但是在成功率方面可能面临较大的压力。如果内部创业缺乏必要的资源，缺乏那些能在这个行业中把握时机、抓住机会的关键人员，那么创业失败、错过时机的风险则可能会很高。正所谓机不可失，时不再来，一旦错过了这个时间窗口，则意味着企业可能会失去这一次的行业机会。所以，如果发现外部有合适的目标团队，则可以及时果断地把他们收购进来，以最大概率的方式捕捉这样的行业机会。这个时期的投资核心在于对行业时机的把握和对增长空间的把握。即便收购需要付出不菲的代价，如果能够以更高的成功率、更及时地抓住这些产业的机会，那么，这种代价也是值得的。

有些企业习惯于在行业的成熟期或者衰退期才开始进入这个领域。这样的企业通常具备强大的市场整合与资源整合的能力。如果企业内部拥有这样整合型的经营人才，可以考虑由他们负责新业务的内部创业活动。企业也可考虑物色那些行业中的具有成功业绩的目标团队，以收购或兼并的方式来接管他们已有的成熟的市场份额和经营经验，通过自身的整合能力为原有团队进行赋能，提升团队的竞争优势，从而能够在激烈的竞争环境中，以一个较高的起点来参与竞争。这个时期的投资核心就在于那些真正掌握市场整合和资源整合的经验。只有在既定的行业中经过了摸爬滚打的历练的人员，才有可能胜任这种激烈的商业竞争。而且，由于这个阶段的行业竞争变得激烈，有些企业原本也有退出的意愿，这对于收购方来说，有机会以更为有利的收购条件来完成收购。

5. 多元化经营经验

从多元化经营的经验看，企业的多元化经验也会影响企业进入途径的选择。对于那些很少进行多元化，或者刚开始尝试多元化的企业来说，它们还不太具备如何对多个业务单元进行有序管理的经验。例如，如何与那些尚未建立起充分信任的创业者共事，如何形成恰当的授权关系，如何平衡所有权和经营权分离时的责权利关系等。因此，如果采用外部收购的方式，企业往往面临并购以后的治理问题，甚至可能导致那些原本能够有效运营的目标团队在被收购以后反而失去了原有的经营水平。

而在组织的内部，虽然现有组织中的那些骨干人员在创业和经营方面的经验都有所欠缺，但是，他们与企业的创始人团队已经经过了长久的磨合，建立了良好的信任基础。在工作方式、企业文化、价值观等方面都已经达到了一种较高程度的融洽水平。所以，由他们来承担这种内部创业活动，反而是一种令投资方较为放心的选择。

有些企业在多元化经营中，积累了丰富的多元化经营管理经验。无论是内部创业还是外部并购，他们都能够很好地处理总部与业务单元之间的治理关系，都能够较好地处理投资方与经营方的责权利关系。内外部创业的差异并不构成管理上的难点。他们会根据新业务本身的各种特征，包括业务的时机、行业趋势、竞争态势等多方面的信息，进行合理的评估和修订。这种情况下，内部创业或外部收购都有可能是适当的选择。

参考文献

[1] 詹姆斯·G. 马奇. 决策是如何产生的 [M]. 北京：机械工业出版社，2007.

［2］靳镇通，刘红．中国共享单车发展历程及协同治理研究［J］．科技促进发展，2020，16（8）：6.

［3］迈克尔·波特．竞争战略［M］．北京：华夏出版社，2005.

［4］周三多，邹统钎．战略管理思想史［M］．上海：复旦大学出版社，2002.

［5］罗伯特·E. 史蒂文斯，菲利普·K. 舍伍德，L·保罗·邓恩．市场投资分析：如何评估您的商机［M］．北京：机械工业出版社，2000.

［6］菲利普·科特勒，凯文·莱恩·凯勒．营销管理（第 14 版）［M］．上海：格致出版社，上海人民出版社，2012.

［7］科特勒．营销管理（第 11 版）［M］．上海：上海人民出版社，2003.

［8］钱颜文，孙林岩．对经营模式的分类研究［J］．科学学与科学技术管理，2003（9）：117-119.

［9］Morris M，Schindehutte M，Allen J. The Entrepreneur's Business Model：Toward a Unified Perspective［J］．Journal of Business Research，2005，58（6）：726-735.

［10］原磊．国外商业模式理论研究评介［J］．外国经济与管理，2007，344（10）：17-25.

［11］加里·哈默尔．领导企业变革［M］．北京：人民邮电出版社，2002.

［12］奥斯特瓦德，皮尼厄．商业模式新生代［M］．北京：机械工业出版社，2011.

［13］马克·J. 多林格．创业学：战略与资源（第 3 版）［M］．北京：中国人民大学出版社，2006.

［14］德硕管理咨询．成功并购：商业尽职调查实务手册［M］．北京：中国金融出版社，2011.

［15］科勒，戈德哈特，威赛尔斯．价值评估：公司价值的衡量与管理（第 4 版）［M］．北京：电子工业出版社，2007.

［16］斯蒂芬 A. 罗斯，伦道夫 W. 威斯特菲尔德，杰弗利 F. 杰富．公司理财（英文版第 9 版）［M］．北京：机械工业出版社，2012.

第十章

多元化转变的心路历程

第一节　社会科学发展的启示

企业是社会中的经济组织，企业的经营活动主要是通过自然人开展的，自然人又构成了人类社会。社会、组织、人之间，总是存在相互的作用，互相碰撞，融合发展。社会中的每一个个体都逐渐形成了自己的世界观、人生观、价值观，许多个体之间，既存在竞争，又存在合作。现代的社会科学的发展揭示了不少关于人的因素，我们试着涉猎一二，希望能更好地理解经济组织中的人的因素带来的影响。

一、学习理论

为了了解人和动物学习的性质、过程和影响学习的因素等，社会学家发展了一些与学习有关的理论，或简称"学习论"。学习论一般可分为两大理论体系：刺激—反应理论（Stimulus-response Theory，S-R）和认知理论（Cognitive Theory）。

1. 刺激—反应理论

刺激—反应理论一般把学习看作刺激与反应之间联结的建立或习惯的形成，认为学习是自发的"尝试是否错误"（以下简称试错或试误）的过程。有时候也称为行为主义学习理论，或者联想主义。

生命体的学习，包括人类的学习，几乎都包含这种刺激—反应的学习过程。例如，我们触摸带刺的玫瑰时会发现，玫瑰刺扎到手会导致疼痛，这种疼痛是一种刺激因素，面对这个刺激的反应是，不再去触摸花刺；为了通过调节水龙头来获得适合温度的温水时，我们会先用手感知水的温度，感知到的水温也是一种刺激因素，我们接下来的反应是，根据刺激来重新调整冷热水管的阀门大小。从学习论的角度看，这些正是学习的过程。

在企业的运营过程中也有大量的刺激—反应的情况。在新的产品开发的过程中，要评估开发的成果是否符合初始的设计需求，人们要对产品的样品进行一些测试，测试的结果就是一种刺激因素，面对这样的刺激，我们得到的反应就是，这个产品是否已经满足了设计要求，并安排下一步的行动。同样，要评估一个产品是否能够畅销，人们会把产品投放到市场上，市场的销量反馈数据就是刺激因素，我们得到的反应就是，这种产品是否实际达到了畅销的水平。这些刺激—反应的过程能够帮助我们改善产品开发和产品营销。

有一些刺激—反应的过程相对比较隐蔽、抽象，不那么直接，或者是学习周期较长，不容易察觉。例如，要开展一项新的业务，往往需要设计一种适合的商业模式。为了评估商业模式是否有效，企业也需要构思出一些经营的解决方案，并且在付诸于实施的过程中，会获得一些相对应的反馈信息或数据，这些都可以视作一种刺激因素，我们对此的反应就是得以评估商业模式是否有效，并在此基础上进行必要的调整。

同样，在面对多元化管理的过程中，要知道怎样的多元化经营模式是符合企业实际情况的，企业也会不断尝试不同的经营方案，在尝试的过程中，对运营中反馈的刺激因素进行反应，从而调整经营的方案。也就是说，企业的持续经营也是一种学习过程。

2. 认知理论

与刺激—反应理论不同的是，认知理论认为，学习不是在外部环境的支配下被动地形成刺激—反应联结，而是主动地在头脑内部构造认知结构；学习不是通过练习与强化形成反应习惯，而是通过顿悟与理解获得期待；有机体当前的学习依赖于他原有的认知结构和当前的刺激情境，学习受主体的预期所引导，而不受习惯所支配。

进一步来看，在认知学习的基础上发展起来的建构主义观点认为，学习是在现有框架中不断填充新的知识、不断在内部同化新知识的过程。在不断学习的过程中，人们并不能直接处理所有的外部信息，而是在接触外部信息的同时，也在自身逐步建立起一种知识的连接，建立起一种认知框架。当面对新知识的时候，人们会试着把这些知识放入现有的结构化框架，用自身的现有框架来理解它们，并且通过理解将这些新的知识又变成每个人的知识框架系统的一部分，从而使自身构建的系统的认知框架也在不断发展和演变。通俗地说，就是每个人都在用自己的理解来解释和消化他学习的新知识。这也是结构化学习的一种体现。

例如，对于“投资就要获得有效的投资回报”这样一种框架概念，人们会通过这个框架来学习和了解那些经营中的知识，了解它们是如何在这个框架中发生作用的，当成功地把这些知识与这个框架结合在一起时，便有可能更加灵活地运用这个框架概念。同样，许多结构化的知识、结构化的模型，包括第二章中讨论的洞察力训练的各种模式，也是类似的某种框架。这种理论能够很好地解释，为什么同一个班级上的学生，在同样的学习环境、同样的教室环境下，即便是面对同样的教材、同样的教师、同样的课程安排，也会产生大相径庭的学习效果。这是因为，他们各自建立起来的内在的认知结构总是不可避免地存在个体的偏差，因而在结构不断扩展的过程中，也就同样存在区别。

但实际上，认知学习与刺激—反应学习，并不是完全对立的，它们还常常并存。例如，要设计一种新的商业模式，人们也不完全是漫无目的、从头开始的。人们先是在某种自身的认知结构基础上，做出了某种预设的构想解决方案，将其投入到实际的执行中，获取外界的反馈刺激，再加以反应，形成最终调整后的有效方案。

让·皮亚杰（Jean Piaget）认为，人本身是一个高度适应环境的、具有复杂结构的主体，主体的认知活动和相应的经验分为两种：个别动作直接作用于客体，对它的简单抽象产生物理经验，此时知识来自客体；由个别动作协调组织的反思抽象产生逻辑数学经验，此时知识来源于主体的活动，而非直接来源于客体。认识发展的任何阶段，逻辑数学经验都是物理经验的前提条件，物理经验内容只有在逻辑数学经验的形式中组织起来，才能成为关于客体的真正知识，甚至物理经验本身的形式也需要以逻辑数学经验作为框架[1]。

也就是说，建构主义表达了一种融合的学习观点，既有以认知为基础的学习，又有不断地叠加刺激—反应的学习。人们在学习时，先是认识了解和掌握某种框架模型，再将实际经历的各种各样的刺激—反应的经验与这种框架结合起来，最终形成有效的知识。经营过程中的许多知识，如商业模式、企业管理、战略规划等内容，都包含了这种以认知框架来学习，通过刺激和反应来获得知识的学习过程。

二、需求理论

1. 需求层次

每个人从出生开始，就一直处在学习的过程中，不断地学习认知这个世界，学习认知人类社会，也学习认识自己，认知自己的内心。也正是在这种学习的过程中，人们会逐渐发展出自己人生中各种各样的需求。例如，人们认知到美食的美味以后便可能会产生对美味的追求，认知体验到音乐的情感共鸣以后便可能会对美妙的音乐产生持续的需求。

亚伯拉罕·马斯洛（Abraham H. Maslow）将人的需求分为五个层次，分别是生理需要、安全和安全感、爱和归属感、得到尊重和自尊、自我实现[2]。按照马斯洛的观点，这五个层次的需求大体上的发展顺序是从低到高。通常情况下，低层次的需求被满足以后，才会追求高层次的需求。也就是说，生存与安全是人在社会中最基础的需求，对于那些生活在贫困地区、生存在温饱线之下的人员，他们大多无暇于顾及自我实现的需求，或者是社会尊重的需求，解决温饱延续生命才是首要的。而对于那些已经实现了温饱问题的人们而言，他们会开始关注更多的娱乐、社交、尊重、自我实现等方面的需求，这些需求大多是精神层面的。

实际上，马克思和恩格斯也论述过人的需要层次。他们在《雇佣劳动与资本》中指出，“在人人都必须劳动的条件下，人人也都将同等地、愈益丰富地得到生活资料、享受资料、发展和表现一切体力和智力所需的资料”。[3] 也就是说，需求层次可以分为基本的生活需要、享受需要和发展需要等。马斯洛的需求观点与马克思和恩格斯的需求观点基本上是吻合的。

2. 双因素

赫茨伯格（Herzberg）在面向企业的研究时提出了双因素理论，在考虑影响人们满意的因素的同时，还考察了这些因素产生的影响的差异性。赫茨伯格认为，有两类企业环境的因素会对员工的满意程度产生影响：一类是保健因素，主要对人产生不满意的影响，这些因素无论如何提升只会减少人们的不满意程度，但很难让他们获得显著的满意愉悦的感受；另一类是激励因素，是让人们感到满意的因素。如果不提供这些要素，他们也很少不满意[4]。如图 10-1 所示。

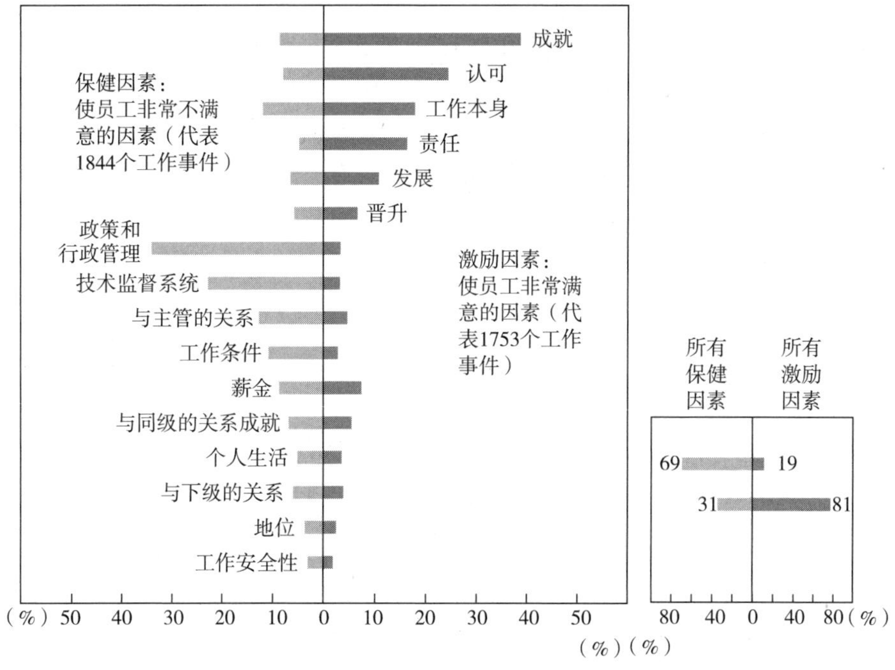

图 10-1　双因素理论

资料来源：罗宾斯，贾奇．组织行为学（第 12 版）［M］．北京：中国人民大学出版社，2008.

例如，“薪金”就被归到了保健因素中。也就是说，无论薪酬如何调整，员工都是不满意的，正如有许多已经获得了巨大财富的人员，他们也依然不满意他们的收入现状，他们依然在努力工作，努力地再去获取财富。

“晋升”被归类到激励因素中。例如，有些人员，如果你不让他当管理者，他也许并不会提出自己的发展意愿，也不会表达不满。但是，如果试着让他承担更多的管理责任，让他有更大的职位施展空间，可能对他会有很好的激励作用。

双因素理论表明，在激励人们工作时，应考虑不同因素的影响。但是，需要注意的是，这两类因素并非是完全孤立的，它们只是基于统计学研究的一种分析结论，而不是一种绝对的归类。如果设法对这些要素进行量化之后再进行对比，可能会发现，保健因素产生的不满意情绪会抵消激励因素带来的激励效果。换言之，如果让员工承担更多的责任，对他们给予更多的授权，而没有给予他们相应的回报，那么，前者产生的激励效果会被后者产生的不满而抵消，从而无法产生相应的激励效果，甚至会有不满意水平更高的负激励效果。

需求层次理论和双因素理论等需求理论能够解释许多员工的工作积极性的问题。例如，在中国刚刚从计划经济转向市场经济的时候，整个中国的社会财富都是匮乏的，人们的温饱问题都没有解决，职业安全也缺乏充足的保障，因此，在那个阶段的市场化企业中，打工潮中的打工人需要获取基本工资来养家糊口，生存需求构成了他们最主要的需求。而随着整个国家的社会财富不断积累，年轻人的物质条件不断得到改善，人们的需求开始慢慢转向精神层面，原有的较低的薪酬水平、安全需求等，渐渐变得无法让人满足。越来越多的员工对薪酬是不满意的，他们需要更高的薪酬水平来减少他们的不满意程度。此外，他们希望有更多的职场空间，渴望得到更多人的尊重，渴望实现更大的人生价值。

三、激励理论

1. 期望理论

(1) 期望理论内容。

维克托·弗鲁姆（Victor H. Vroom）于 1964 年在《工作与激励》中提出了期望理论（Expectancy Theory）。这一理论考察了人们的努力行为与其所获得的最终奖酬之间的因果关系。期望理论认为，当人们有需要，又有达到目标的可能，并且能够获得满意的奖酬时，积极性才会高。这种积极性就是动机（Motivation，M），有时也可称为激励或激励水平[5]。动机就是为了达到高绩效而努力的程度。达到目标并获得奖酬的可能性就是期望（Expectancy，E），或者称为期望值，是每个人主观上对达成目标的一种概率的评估。得到的奖酬的满意程度就是效价（Valence，V），就是对奖酬的一种价值的评价。这几个要素之间的关系如式（10-1）所示。

动机(M)=期望(E)×效价(V)　　(10-1)

期望理论能够一定程度上描述动机的衡量过程和行为的决策过程。人们会基于自己内在的某种模糊的评价框架和尺度，衡量自己参与某一个行为之后成功的概率、当行为获得成功以后能够带来什么样的成果，以及这种成果多大程度上满足自身的需求。

例如，面对某项工作时，我们会评估：我们是否具备相应的能力来完成这项工作？如果工作达到了相应的绩效水平，工作绩效与奖酬是否有关联性？奖酬具体是工资、提升、赞赏还是其他什么样的奖酬？这些奖酬是我们想要的奖酬吗？对我们的价值大吗？等等。这一衡量过程如图 10-2 所示。在这个过程中，如果最终评估的结论是较高概率的工作成果、高报酬概率和报酬价值高，那么人们执行这项工作的动机会越强，反之则动机很弱甚至拒绝。

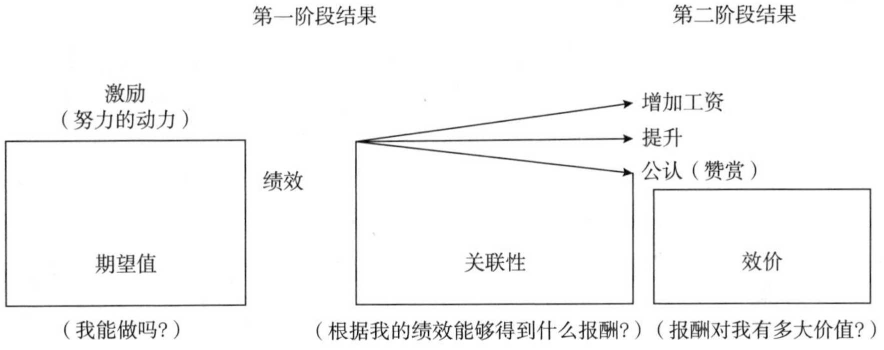

图 10-2　期望理论的基本模式

资料来源：苏东水．管理心理学［M］．上海：复旦大学出版社，2002.

（2）生活中的期望与行动。

实际上，期望理论描述的作用机制在生活中也很常见。例如，在教育方面，如果家长预期孩子在某些方面的能力有机会不断进步，具备取得巨大成功的特质或者潜力，那么，他们就愿意在这方面投入更多的资源，如资金和时间等，为孩子提供更多训练的机会。但是，如果家长认为孩子在这方面不会有太大的发展，难以达到那个领域最低限度的要求，甚至考虑到这种投入还会有其他的机会成本，于是，持续的投入只能换回极为有限的成绩，很不划算，那么，他们便会停止训练投入。特别是在音乐、绘画等艺术方面的启蒙教育上，有许多这样的例子。

家庭理财方面也是一样的。家庭购买理财资产时，也会评估某种理财产品未来的收益以及它所存在的可能的风险。当营销人员宣称的某种理财产品具有保本和高回报率的时候，人们通常会表现出比较高的兴趣，即便这种理财产品也有某种程度上的损失风险。但是，如果理财产品的回报率甚至达不到银行储蓄率的时候，人们则宁愿把资金存在银行，既能获得利息收益，安全程度还更高。也就是说，在风险一定的情况下，人们当然倾向于更高的收益。这个风险其实就是期望理论中的不成功的概率，那回报就是预期的满意的收益。

把理财的思路放到资本的专业投资方面，则发展出了更加专业的方法，以更加精准、更加细致地评估那些做大生意的机会。这时，期望理论则会反映在某一个商业项目的成功与汇报上。他们通过分析大量的数据来评估成功的概率，运用不同的算法模型来评估成功的结果及资本收益水平，运用各种风险评估技术评估风险的概率和风险发生后的损失，最终趋利而避害，选择更高投资回报率的项目。

（3）劳动者的投入与期望。

期望理论同样也能用于解释劳动者——人力资本拥有者的积极工作的动机。对于某个劳动者个体而言，他所拥有的人力资本就是他在过去所接受过的一系列的教育的结果，也包含他当下所拥有的身体体能、时间和精力等。他们会衡量，如果把自身的人力资本投入到一个具体的雇佣的环境或者工作中，他们是否能够做出相应的成绩，并获得他们想要的回报？这种回报可能包括他们对职业的稳定需求、对物质财富的需求、对个人理想的实现程度等。这些回报有许多都是模糊的，几乎不可能准确量化，但是，每个人会用他自身的心理尺度来衡量，并最终体现为他在这个职位上努力工作的动机、积极程度等。

随着人生的经历越来越多，每个人都在不断学习，不断获得新的知识和技能，也不断增进对自己的认识，理解并调整自己对未来的需求和期望。因此，每个人追求理想、满足需求的动机的衡量过程，也是一个不断刷新、不断进行再衡量的动态过程。

当每个人都处于这样一种动态循环的时候，每个人与他周围的人或者与他有一些利益相关的人，则可能会构成一种事实上的博弈。有时候，这种博弈现象是互斥的，就是一方的需求得到更多满足的时候，另一方的需求可能就满足得更少了，这种属于一种零和博弈。例如，当一个确定的蛋糕由两个人分的时候，如果一人分得更多，则意味着另一人会分得更少。另一些时候，一方的需求满足得比原来更多，而另一方的需求也比原来满足得更多或至少不会受到损失，这种时候，则是一种互补的博弈，或称为正和博弈。例如，当这个蛋糕由两个人共同做的时候，如果两个人共同努力把这个蛋糕做得更大，则双方都能够获得比原来更多的蛋糕总量。

在企业中看，人们各自追求期望的动机所形成的博弈问题，正是企业内部的价值分配问题。这种零和博弈或正和博弈，便应该推动企业内部的价值分配系统的不断调整和优化，最终实现一种均衡。在这个均衡水平上，整个企业的群体成员各自期望的回报和效价都达到了最佳的水平，各自的动机也都达到了最佳的水平，于是，企业的经营绩效也就达到最佳的水平。

2. 社会比较与公平

除了期望理论解释的动机，在人类社会中普遍存在的社会比较现象，也会影响人的努力的动机。利昂·费斯汀格（Leon Festinger）分析了社会中比较常见的现象，提出了经典的社会比较理论[6]。该理论认为，个体有评估自身能力、观点的需求或动机，在这种动机的驱使下，人们会努力寻求各种信息资料来评估自己。当缺乏自我评价的客观信息时，人们便会搜集社会性的信息资料，即将自己的情况与他人进行对比，进行自我评价和判断[6]。

人们选择社会比较对象必须具备相似性（Relevance）和可获得性（Availability）这两个基本特征[7]。也就是说，人们通常与那些相似岗位上的人进行比较，而且这些相似岗位的工作难度、工作特征、工作要求的技能以及可能产生的回报，都是自身能够胜任，能够有效开展工作，甚至认为自己能够做得更好的。因此，这些岗位通常对应了同一种工作的类型或者官僚组织上的同一个层级。例如，不同的部门经理之间，在互相比较的攀比行为上会存在不同的可能性。生产领域的部门经理较少与研发部门的部门经理进行比较，因为他们的相似程度可能较低，而负责国内华东片区的销售经理，则可能会跟国内华北片区的销售经理进行比较，因为他们相似程度较高。此外，人们还常常会与组织外部的人员进行比较。例如，与外部的同类型企业中的人进行比较，与自己熟悉的朋友进行比较等，因为他们可获得这些易于比较的必要信息。

约翰·亚当斯（John S. Adams）提出的公平理论认为，在社会比较的结果中，如果得失比例与他人大致相当，心理上就会感受到公平，而得失比例有明显差距时，则会感受到不公平[8]。这种心理上的公平与否的感知，进而会对个体心理产生积极或消极的影响[9]。这与孔子说的“不患寡而患不均”是同样的道理。

公平感会让人们内心感到愉悦，内心得到尊重。人们总会自发地运用期望理论描述的模式去评估他们工作成功的可能性和获得有价值的回报的可能性。越是公平的工作氛围和分配机制，他们越相信自己能通过努力获得物质上和精神上的回报，因此工作的动机就越强，也就是说，公平感也会产生激励的作用。而那些不公平的感受，会让人们感到内心苦闷、紧张和不安，甚至与人发生冲突。也有些人则采用消极抵抗的方式，缓解他们内心的不公平的感受。这时，不公平感便产生了负激励的作用。

四、小结

在日常的生活和工作中，学习理论、需求理论和激励理论描述的各种因素以及其作用机制，几乎都是同时存在的，持续地对人产生影响。人们总是处于学习的过程中，周遭的一切都是人们的刺激源，人们对刺激做出某种反应，获得了一些新的知识，并逐渐形成了自己的认知结构，进而通过认知结构来吸纳更多的刺激—反应的新知识。

通过学习，人们越来越了解自己，了解自己的各种类型的需求，对需求的重要性和紧迫性都能做出合理的排序，那些高层次的自我实现的需求，或个人的长远目标，总能在最大程度上激发自己的努力动机。人们常说，人生具有无限的可能。而由无数人生所构成的人类社会，也就有了无限的可能。就像马丁·路德·金于 1963 年 8 月 28 日在华盛顿林肯纪念堂发表《我有一个梦想》（I have a dream）的演讲时说的那样，“人因梦想而伟大，因筑梦而踏实”。

通过学习，人们也越来越了解企业的运行规则，包括其存在的理由、企业获得增值的原理、增值需要投入的要素、不同要素发生的作用、对不同要素的价值分配等。人们通过自己的期望，评估自己在企业中做出贡献的可能，以及获得相应回报的可能。同时，人们还会通过社会比较，评估自己回报的公平程度，最终自发地调节自己的工作动机，或努力的水平。自身需求牵引的动机，与企业环境塑造的动机之间形成一种均衡的水平，这就形成了人们在工作中的实际的动机水平。

从企业的视角看，要鼓励人们积极地开展工作，就应熟悉这些因素发生作用的机制，在组织发展、个人发展之间，寻求目标的统一、分配的均衡，建立并不断完善共同进步的基础。

第二节　生命周期中的心理发展

一、家庭发展中的心理变化

1. 以自己为中心

在人的一生中，绝大多数人都经历着这样的过程：从出生开始的一个没有自我认知的懵懂个体，逐渐成长为有独立的行动能力和自主思想的成年人，然后开始抚育下一代，并在作为下一代的监护人过程中逐渐放手，让下一代能够再进一步地成长为一个独立的个体。

个体的人在早期几乎是从零开始学习的，通过对这个世界的持续探索，学习和理解这个世界的自然规则、生存规则，学习和了解食物、生命、生存，学习如何趋利避害，选择对自身的生命延续更有利的要素。

随着年龄的增长，到了成年阶段，大多人已经能够掌握人在自然界中的生存规则，能够独立开始应对基本的物质需求和精神需求。他们也大多能够了解人类社会的生存规则，大多能够在经济上独立，并通过自己的努力，不断应对更多的物质需求和精神需求，朝着自己的人生理想方向不断发展。这个时期的人们是充满热情的，具有独立意志又有高效行动力。他们以自己为中心，行动与意识高度统一，因而能够综合思考、快速决策、迅速行动，他们能够做许多想做的事情。

随着人们步入婚姻，养育孩子，人们则进入了一种新的人生状态。一方面，人们还需要同时保持自己独立的行为以维持生存，继续应对自己人生中的各种需求。另一方面，作为父母，人们同时需要扮演监护人的角色，需要抚养教育自己的孩子，直到将他们养育成新的独立个体。

2. 不再以自己为中心

终于有一天，孩子长大了，成为新一代的成年人。他们也有了独立和完整的自主行动能力，独立而完整的自我意识，有自己独立的发展规划，正如当初他们的父母成年时的状态一样。现在新一代的成年人渐渐不再听从逐渐老去的老一代成年人的要求，不再接受老一代成年人的安排，他们要用他们自己的理解方式，选择对他们最好的人生方向，走向属于他们自己的成功。

这一阶段中，老一代的成年人常常面临某些心理上的阻碍，如内心的失落感、沮丧感、无力感等。因为他们开始感到自己不再是一个主宰者，不再能作为一个权威人员，他们甚至不能理解新一代成年人的人生目标和信条，不了解他们的世界观和价值观。如果他们不能在内心坦然地接受这种新的局面，不能明确地告诉自己到了放手的时间，放手让孩子去追求自己的人生，那么，新老两代成年人之间总会存在家庭的摩擦或情感的矛盾，变得越来越疏远，无法达到一种融洽相处的平衡状态。甚至在一些极端的情况下，还会导致两代人之间反目成仇，拒绝来往。

二、人生历程中的同一性变化

1. 同一概念

约翰·洛克（John Locke）在《人类理解论》中引入了“同一”概念[10]，他说：“我们如果把一种事物在某个时间和地点存在的情形，同其在另一种时间和地点时的情形加以比较，则我们便形成同一性（identity）和差异性（diversity）的观念。”“凡具有一个发端的东西，就是有同一的东西，至于别的东西的发端，如果在时间、地点方面都与此一种东西不同，则那种东西便与此种东西不相同，而是相异的。”洛克指的同一，可以认为是具有某种内在的一致起源的、连贯的东西。

爱利克·艾里克森（Erik H. Erikson）在其人格理论中尤其强调“同一性”这个概念，他认为，同一性提供了一种能力，人们知道自己是谁，人们可以成为自我，能将自我体验成具有连续性和相同性的东西，并据此采取行动[11]。通俗地说，人格化中的同一性，是指包含了人的需要、情感、能力、目标、价值观等特质的统一的、内在一致的人格框架，具有自我一致的情感与态度，自我贯通的需要和能力，自我恒定的目标和信仰，并且体现为知行合一、言行一致。

从人们的人格特征的发展看，大多数人在经过了婴幼儿时期、童年期，一直到了青年的早期，才真正地形成了自我同一性[11]。在整个过程中，他们的人格特征不断受到环境的影响及自主的学习过程的影响而逐渐形成。例如，他们对周遭是否有足够的信任？是独立自主地控制自己的生活还是过度依赖其他的人？对世界的探索是自主性的还是胆怯性的？对自我的行为是认可的还是内疚和否定的？等等。如果没有在这个过程中建立起同一性，他们可能会处于一种自我的角色混乱的局面。

2. 人生阶段的四种状态

结合前述人在家庭中的发展以及同一性的概念，我们从决策、控制、主宰的角度来看待同一性的变化，这种同一性变化大致可以分为四个阶段，并且，这些阶段并不完全由年龄决定，而是与自我的体验和感悟有关的。

建立自我阶段。这个阶段实际周期很长，个体通过学习来建立起自我同一性，一般至少都要延续到青春期，甚至有可能进入青中年时期。个体不断学习如何独立，从早期控制自己的肢体，到逐渐控制自己的行为方式，进而能够控制自己的思考方式、思考内容和思考强度，并最终能够自如地应对各种来自外界的刺激，选择一种合乎自身需求的平和的处理方式，真正成为独立的自我主宰。

承认他人阶段。这个阶段是要开始试着将自身的同一性与他人的同一性进行融合。在保持自身同一性的同时，也开始试着承认其他人的同一性，包容其他人的同一性，以及在别人保持同一性的基础上与他友好相处。通俗地说，就是承认他们的一切言与行都是知行合一的，也是合理的，自己保持自己的言行，也认可他人自己的言行，还能友好相处。

让内心真正地承认这些并不是一开始就能做到的。例如，如果父母觉得孩子还没有到寻求自主和独立性的恰当时，而孩子又表现出自主和独立性的要求，父母和孩子就会发生冲突，父母会试图说服甚至强制孩子按照父母的意见或意愿去生活。直到父母开始意识到，孩子的观点可能是有其内在缘由的，也不是那么的不合理，而且事实上可以信任子女，可以给予他们更多的自由时，父母可能才会开始变得更容易说服，承认并允许孩子的独立。

成就他人阶段。这一阶段与承认他人的阶段接近，但是，状态上却更进了一步。承认他人阶段的核心在于自己能够放手，能够包容，能够做到不干预、不强求。而成就他人的阶段，他们开始进入一种培育者的角色和心理状态，开始愿意变为一个幕后的辅助者，他们甘愿付出许多的努力去培育更多的成功者，并且在这个培育的过程中，分享对方成功的喜悦，获得自身作为一个培育者的成就价值。

超然忘我阶段。这个阶段通常对应到了成年的成熟期，随着身体的衰老，体力、心力方面都慢慢开始出现变弱的现象，有时会出现一些自我绝望感。人们发现，有些努力并不一定能导致成功，有些失败也会带来感悟的价值。人们需要面对这种现象进行自我的调整。这种调整也包含了对自我绝望感的一种心理冲突的调整。自我调整是一种接受自我、承认现实的感受，一种超脱的智慧之感。如果一个人的自我调整大于绝望，他将获得智慧的品质，艾里克森把它定义为："以超然的态度对待生活和死亡。"在这种超然的状态下，人们既努力拼搏追求成功，又顺其自然能接受平淡和失败；既自我同一、锐意进取，又承认和成就他人、甘当绿叶和乐于付出、不计较得失。自己的人生及周遭的人生，对他们而言，无论怎样，都是自然，都能超然处之。

3. 渐修到顿悟

这些不同阶段的同一性状态的变化，并不会自动发生，而且，每个人的人生体验和感悟也不会相同。就像建构主义提到的那样，人们会逐渐建立起一种自我的认识框架，不断地在人生体验过程中填充新的内容和感悟。理解人生是一个持续的渐修和顿悟的过程。只有当他在这种自我的认识框架中意识到，自己受到了某种局限是因为自己的同一性状态所导致的，他才会主动去努力调整和跨越这种状态。

例如，在许多家庭中，老人一直以来都是以自己为中心，以自己为决策者，他们习惯性地要控制孩子甚至孙辈。当他们不断地在与儿孙们发生争吵和摩擦的过程中，能够不断地反思自己的行为，反思自己可能是发生这种矛盾中的一种重要力量，能够意识到是自己的过度干预、没有放手而导致了这种不和睦的局面，那么，他们才有可能改变自己的生活方式和行为习惯。

但是，值得说明的是，并不是每个老年人都能达到这种豁达智慧的心理状态。也就是说，这种顿悟的境界并不是每一个人都能够达到的。如果没有一种长期渐修的反思来促进顿悟，人们很难从一个以自我为中心的自我主宰者转变为一个成就他人的幕后英雄。对于企业家来说，也是如此。

三、多元化经营中企业家的心理变化

我们可以用同一性的状态变化来看待企业的发展过程，看待企业家在企业发展过程中的心理变化。如果把一个经营单元视为一个个体的人员，那么，多元化企业的整个发展过程，就可以类似于一个个体的人，从自身发展到独立，再到自己培育出多个小孩，并且让他们慢慢独立，走向自我决策的过程，并形成一种融合相处、共同发展的良性状态。这样就构成了一种初代企业家与新生代企业家之间的磨合发展过程，如图 10-3 所示。

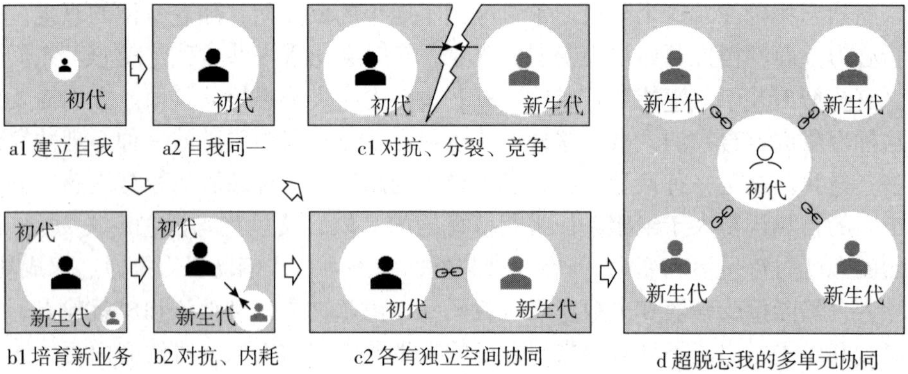

图 10-3　初代企业家与新生代企业家的磨合过程

资料来源：笔者结合企业发展过程中企业内不同经营者的关系及初代企业家的心理同一性变化过程整理。

1. 建立自我

在企业的创业阶段，初代的企业家与初代的创业单元，就像是年青一代的成年人一样，在图中的 a1 到 a2 的过程中，他们从零开始学习，探索整个企业经营的商业模式，学习与企业经营有关的一切知识，理解与市场和用户的需要，并在这种学习过程中，通过实践的尝试，不断修正自身的商业模式，完善自身的资源和能力，不断提升经营管理水平。

直到企业逐渐度过萌芽期，进入快速成长期，在价值创造和价值交换方面都积累起了相应的经验，并且能够良好地运作起来。这时，可以说，企业在经营上逐渐达到了一种自我的同一性。企业现在已经能够在市场环境中生存和发展，能够将市场、客户和自身的各种需求的内在连贯的一致性逐渐融合在一起。

这种良好的同一状态会持续发展，渐入佳境。越来越成熟的商业模式支撑着企业的业绩不断提升。在这期间，无论从市场认可的角度，还是从财务回报的角度看，企业都已经获得了一般意义上的成功。创始人团队也开始获得更多人的尊重，外部被客户和供应商认可，内部则成为企业的掌舵人。他们逐渐形成自己的行事风格和经营意识，培养出对市场的敏感的洞察力，越来越对自己形成一种强烈的自我认知，就是自身的能力是超乎常人的，并越来越强化自身作为商业组织的领导人的才能和自我定位。也正因如此，企业才可能会关注更多的商业机会，进军更多的业务领域，向着多样化经营发展。

2. 承认他人

当企业开始培育新业务的时候，如图 10-3 中 b1 所示，新的业务单元就像新的孩子一样需要父母的呵护与关爱。导入期的新的经营单元也需要结合自身所处的行业环境和自身的特点，学习和探索适合自己的成功的方式和方法。这时，因为老一代的企业家有丰富的生存经验，新业务在很大程度上都是按照老一代企业家的意见甚至指引、要求等来开展工作。

新生代的经营主体自身也在不断加深对业务单元的理解，积累自身的经营经验。他们开始慢慢有一些自己的想法，慢慢寻找那些更适合新业务的经营模式或进行一定程度的改良。这些新的想法与初代的企业家的想法总会存在某些方面的差别，不可能完全一样。初代企业家可能会由于自我同一的惯性，不由自主地把自身的经验和意见强加给新生代。这时，双方可能进入了一种 b2 的状态，两代企业家之间可能会开始出现冲突，就像父母与孩子之间的冲突一样。

如果这种冲突的对抗性越来越强，就会导致新的业务一直难以形成明确的经营模式，难以形成一致的决策，也难以有自己的强力执行水平，也就无法形成新业务自身的同一性，从而无法在市场上真正生存下来。也有可能是，新业务的创业人员不愿放弃这种良好的商业机会，选择离开企业加入竞争对手，或另行创业变成新的竞争对手。双方发展成图 c1 的关系。这几种情况显然都不是企业在开展多元化战略中期望的局面。

企业开展多元化战略，通常都希望初代业务与新一代业务能够各司其职，齐头并进，互相促进。所以，这一阶段的重要的心理挑战是，初代企业家，也就是当前的掌权者，是否能够调整自己的心态，是否能够理解和认同新生代的创业者也有自身的同一性的自我要求而接纳他们；是否能够承认新生代的探索、想法、尝试等各方面的合理性而允许他们；是否能够有意识地不断松绑，不断放权，不断地让新生代慢慢地遵循自身的新一代的成功经验，允许他们按照自己的想法，开展他们独立的经营活动，而不是过多地把来自集团的经验和约束变成对下属经营单元的一种强制性约束。

许多初代企业家也往往如此宣称，但从同一性看，他们大多是言不由衷的，在实际的内心认知和经营中方方面面的决策安排仍然是没有真正进入“承认”的状态。正所谓知易行难，的确存在一些这一转变过程中的真正障碍。

首先，面对失败心理承受存在障碍。尽管人们做出了许多的努力，但仍不能避免失败。在许多家庭中，即使孩子真的因为个人的好奇或者失误，或者是不听教导而导致了一些重要损失，甚至有的损失极为严重让家庭难以承受，大多数的父母最终仍然会选择接受孩子造成的损失，原谅他们，甚至安慰和鼓励他们，说没关系，我们还可以重新再来。

然而，把这种失败情境放到多元化企业中，则很少能够见到这种开放和包容的心理状态。如果某个创业单元的经营策略经过时间证明是失败的，那么由谁来承担这种经济损失的责任？对于新创企业而言，创始人当然是这种损失的承担者，他们无可推卸。然而，对于企业内部的创业来说，谁应该作为创业失败的承担者呢？是公司代表投资方来坦然接受这种失败的投资，还是让创业的执行团队来承担这种失败的责任？这种失败的责任如何估量？是否要涉及经济方面的惩罚？惩罚力度如何设定？

也正因为对失败及其损失的抗拒，人们常常有另一种典型的期望就是项目的成功率要高。或者说，难以接受低的成功率，最好是保证成功，绝不失败。作为一种信念和决心而言，这样的想法是有激励作用的，但是作为执行的评价标准，这样的要求便显得不切实际。虽然初代企业家当初的创业获得了成功，但同期的其他创业企业又有多少是成功的呢？现在企业内部在不同领域的创业，总是必然会存在失败的可能。初代的领导人可以做出许多努力，包括选择更加优秀的创业团队，配置更加充分的资源，提供更加周全详细的服务支持，提升更高的管理水平，尽一切努力提高创业的成功率。但他们仍然必须接受，新创的业务可能会失败，甚至是有不小的失败概率。

内部创业成功的困难还体现在漫长的周期上。我们从学习的角度看，每个新业务都需要通过长时间的学习，并与现有的企业内部的组织之间有效磨合，逐步形成业务自身的同一性，具备足够的市场竞争力。这一过程需要不断试错和调整，也需要不短的周期。所以，如果过早设定短期的严格的财务指标并以此作为创业是否成功或是否继续投入的主要依据，也会导致创业人员为了应付短期的要求而缺乏长远眼光和战略部署。

其次，是否乐见、接受原有的下属比自己更成功的可能或事实。有些新的业务发展不错，运营良好，其中的创业人员表现出一些超出常人的特质，他们可能采用了某些独特的理念、策略和方法，确实在某些方面、某些领域取得了不错的业绩水平，甚至可能超越了原有业务的水平。而这可能也会给初代企业家们造成一种心理情感上的不适。

他们常常停留在过去的社会比较惯性中，将这些表现优异的创业人员仅仅看作无知无能的下属。这些人员或许曾经十分稚嫩、不起眼，在自己的眼里满是缺点，但是他们竟然可以获得让人惊讶的成绩，这简直不可思议，令人难以置信。

他们可能在内心里嘀咕着说，“他凭什么能够获得这种成功？也许是碰运气罢了，机缘巧合罢了”。

这种内心的不平衡常常对初代企业家的理性造成干扰。特别是当这些创业人员在经营理念或日常决策方面跟自己还存在一定的争执，或者存在一些与自身喜好不一致的摩擦时，这种情感可能会演变为抵触甚至敌对，甚至可能会对其做出某些约束性的控制。他们内心甚至可能会说：“我可不愿意让你超过我；如果出了什么乱子，我看你怎么收拾；我可就等着看你的笑话了。”

如果初代企业家的确存在这些困扰，哪怕他们隐蔽得很好，那些新业务中的创业人员也会在许多具体的事项、微小的细节上，逐渐感受到这种微妙的情绪，模糊地意识到一种不允许他成功、不承认他成功的敌对情绪。如果这种情况不断恶化，那些创业人员要么选择与原有的企业家进行对抗，消极抵抗，要么则可能会拉起队伍，另立门户，变成原有企业家真正的竞争对手。而当出现了这种局面以后，初代的企业家可能还会心想“你瞧，没错吧，我果然是看错了他”，他们可能很少会想，正是因为自己没有容纳他人成功的宽阔胸怀，导致企业形成一种容纳不了其他人员成功的组织氛围。

这是一种非常矛盾的心理，从投资的角度看，企业家希望内部创业的每项业务都能获得成功。可是从情感上看，他们或许不能接受那些新业务单元所获得的成功、所达到的成就，是高出自己的。他们可能更希望获得另一种感受，就是业务本身的成功是初代企业家自己的领导有方、公司治理有效而达成的，不是由那些新生代企业家们所造就的成功。他们大多只有在面对自己的孩子时，才能真正地乐见孩子获得成功，孩子比自己更成功。

真正地承认他人还有一种更为艰巨的心理挑战，那就是价值分配的问题。有的企业家能够通过日常的自省，意识到自己应该接纳并容许别人成功，但是这种同一性是需要通过实实在在的利益分配来实现的。自己是否能够在内心真正承认他人的能力？是否承认他人有足够的贡献？是否能够在内心愿意真正分享经济上的收益？分配给他们更多是否是值得的？等等。

这种挑战的核心在于，人与人之间终究是不同的利益个体。初代企业家总是难免担忧，如果他们培育了下一代的企业家，是否会要求分配得越来越多。而如果新一代企业家有了越来越多的各种资本，他们是否可能仍然会离开自己，变成潜在的重要的竞争对手，而这时，自己只不过是“替人做嫁衣”而已。给予更少的分配，至少这种担忧也就更少吧。

此外，从情感上看，投入产出也会带来不平衡的感受。由于创业有失败的风险，失败时的经济损失是由初代企业家或初代业务单元来承担的。初代企业家不但要承担新创业人员创业失败的风险损失，还要与他们分享经济上的许多收益，这简直是太令人难以接受了。他们毕竟不是新生代创业人员的父母，很难真正做到像父母对待孩子那样，只讲付出，不计得失，乐见其成功。

3. 成就他人

实际上，在多元化经营过程中，仅仅是承认其他人也可以获得成功、允许他们获得成功的组织氛围还是不够的，企业对新创业务还应提供实质有用的各种帮助。

按照需求理论的激励理论来看，在企业里的每个人都会存在自身的需求，有自己的发展愿望，他努力工作的动机来自他认为的成功概率和回报概率。面对创业过程中的各种挑战，如果企业不能提供有效的各种帮助，提升他们创业成功的可能性，他们可能会考虑采用其他方式，如自行创业或到竞争对手企业进行创业，因为那有可能会有更高的成功概率。

从家庭中的视角看，大多数的家长都望子成龙，因此，他们会为孩子们做出许多铺垫，提供许多支持。给他们提供资源，让他们在试错—调整中成长；发掘他们的优点，为他们设计适合他们的事业方向；帮助他们克服困难，加速成功的步伐；分享他们成功中的喜悦，为他们的成功而由衷地感到自豪。然而，在家庭之外，并非所有人都能总是希望别人过得很好，这里面既有传统社会中所形成的攀比关系、竞争意识，也有人类社会中或自然界中的丛林法则的竞争的影响。

因此，从企业中看，初代企业家们也面临这种心理挑战：是否愿意正视每个人所需要的梦想，是否愿意给他们提供舞台的同时，为他们的成功提供许多帮助，为他们提供必要的指导和指引，无论是经验的传递、技能的训练，还是资源的保证，让员工以更为有利的条件去追逐梦想。

如果初代企业家真的能够有这种宽广胸怀，突破心理障碍，新生代企业家与初代企业家之间，便能够形成一种良好的、融洽的、互惠互利的工作关系，各自都有自己业务上的经营空间，如图 10-3 中 c2 所示。新生代企业家在自己的空间内去追求成功，初代的企业家也在帮助新生代企业家成功的同时，获得自己进一步的成功。

4. 超然忘我

当初代企业家能够与新生代企业家达到一种协调融洽、互惠互利的状态时，企业会将这种经验进一步地进行推广，逐渐形成多元化经营的稳定局面。初代企业家慢慢地不再担任某项业务的直接经营，原来的核心业务也可能交给合适的经营团队负责。初代企业家可能会开始退居二线，进入一种以培养新生代企业家为主的工作状态，他们把大部分的时间精力都放在选择更多的企业家候选人上，给他们搭建舞台、配置资源、传授经验、提供支持和服务，培养他们、帮助他们、成就他们。如图 10-3 中 d 所示。

这时，企业就变成了一种孵化机构，不断发展出多样化的新业务。在业务的更迭发展中，企业不再依赖个体企业家和单一的业务单元，形成了一种循环发展的企业生态。整个组织形成了多元化的同一性，在组织、责任、权限、价值分配等方面，都达到了一种新的统一。整个企业能够在更为广阔的空间中具有无限想象的可能。

第三节　管理企业中的人性假设

一、人性假设的典型观点

1. 传统文化中的人性善恶观

中国的传统文化为我们留下了许多宝贵的财富。其中，关于人性本善还是人性本恶的讨论，一直以来都是一个焦点话题。例如，孟子就认为人性是善的。“乃若其情，则可以为善矣，乃所谓善也。若夫为不善，非才之罪也。”“仁义礼智，非由外铄我也，我固有之也，弗思耳矣。”其大意是说，从人的天赋资质来看，是可以使它善良的，也就是人性善良，至于有些人做坏事，不是天赋资质的错；仁、义、礼、智，不是外人教我的，是我原本就有的，只是没深入思考过罢了[12]。

荀子则认为，人性本是恶的，善则是后天人为而成的。“人之性恶，其善者伪也。今人之性，生而有好利焉；生而有疾恶焉；生而有耳目之欲，有好声色焉；然则从人之性，顺人之情，必出于争夺，合于犯分乱理而归于暴。”其大意是说，人天性是恶的，善只是一种勉励矫正的人为的东西。人的天性，生来就喜好利益；生来就会嫉妒憎恶；生来就有耳目之欲，喜好声色；因此，放纵人的天性，顺着人的性情，就必然会造成争夺，出现违反等级名分、破坏礼义的事情而导致社会暴乱[13]。

可以说，一直以来，关于人性善恶的争论从未停止过。但总的来看，传统文化和社会伦理道德多是宣扬真、善、美的一面，鼓励人们积极向善。例如，党的十八大提出：倡导富强、民主、文明、和谐，倡导自由、平等、公正、法治，倡导爱国、敬业、诚信、友善，积极培育和践行社会主义核心价值观。这与中国特色社会主义发展要求相契合，与中华优秀传统文化和人类文明优秀成果相承接，是中国共产党凝聚全党全社会价值共识作出的重要论断。富强、民主、文明、和谐是国家层面的价值目标，自由、平等、公正、法治是社会层面的价值取向，爱国、敬业、诚信、友善是公民个人层面的价值准则，这 24 个字是社会主义核心价值观的基本内容，为培育和践行社会主义核心价值观提供了基本遵循。

从企业的角度看，一方面，企业是社会的一部分，企业的理念便会受到社会的传统观念和价值观的影响。另一方面，企业自身又是一个相对封闭的圈子，企业内部也会形成一种圈子文化，具有圈子内主流的价值理念。此外，企业家受到传统文化、国家、社会的价值观的影响，逐渐形成了自己的价值认知体系，形成了自己对人的认识、对人的本性的假设。同时，企业家作为企业中的核心决策人员，他们自己的价值观体系，包括人性假设，又成为这个封闭圈子中的核心基石。因此，企业中的企业文化可以说主要就是以企业家的价值认知体系为核心基准的。

企业在实际经营中，基于企业家的核心价值体系开展创造价值的活动，也基于他们核心的价值体系来进行价值分配。例如秉承“信”的理念的企业，在经营的过程中，无论是面对客户还是面对员工，都会贯穿着这种诚信的基本原则。而相反地，如果企业是否定“信”的理念的，则可能会在经营过程中将诚信仅仅作为一种宣传的手段，而在实际的经营过程中却往往违背这种价值理念，做出许多“伪信”的经营活动。

这种不同的经营方式，浅层次来看，反映了人们在追求利益过程中所采取的不同的手段，而深层次来看，这些做法则取决于他们如何看待他们的竞争对手、合作伙伴和内部组织成员，取决于他们对于人性的认识或对人性善恶的基本假设。他们其实是基于内心的人性假设而做出不同的行为安排的。例如，如果企业家认为周围所有的人员都是与他争利的，那么，他们则会倾向于采用对抗的心理，博弈的策略，与对方进行对抗性的竞争。而如果企业家采用协作的方式来看待周围的人员，包括商场中的竞争对手和企业内部的组织成员，那么他们则可能会采用互惠互利的方式来寻求合作。也就是说，人性假设和价值观一样，都会影响人们的行为方式。

2. X 理论—Y 理论

道格拉斯·麦格雷戈（Douglas McGregor）通过观察管理者对待员工的方式，得出结论：管理者内心会建立一种具体的人性假设，并倾向于根据这些假设形成自己对待下级的行为模式。因此，他提出了两种完全不同的人性假设，一种基本上是消极的，称为 X 理论；另一种基本上是积极的，称为 Y 理论[4]。

X 理论指的是管理者持有以下消极的假设：员工生来不喜欢工作，只要有可能，他们就会逃避工作；由于员工不喜欢工作，因此必须采取强制和控制措施，或采用惩罚威胁他们从而实现目标；只要有可能，员工就会逃避承担责任，并寻求正式的命令；大多数员工把安全感视为高于其他所有工作相关的因素，并且没有雄心壮志；等等。

Y 理论指的是管理者持有以下积极的人性假设：员工视工作如同休息、娱乐那样自然；如果员工承诺完成某个目标，他会进行自我引导和自我控制；通常人们都能学会承担责任，甚至会主动寻求责任；人们普遍具有做出创造性决策的能力，并不仅仅是管理者才具备这种能力；等等。

罗宾斯和贾奇等认为，将麦格雷戈的分析放在马斯洛的需求框架来进行阐述能更好地理解，Y 理论假设可以认为是较高级的需要决定（Dominate）个体行为[14]。也就是说，诸如社交、尊重、自我实现等高层次的需求，会使得人们更加愿意积极工作，自我承诺和自我驱动。相应地，为了较低等级的生理和安全需求而进行工作的动机则不强，人们可能会对工作产生厌恶，缺乏积极的工作热情。麦格雷戈本人坚信 Y 理论比 X 理论更实用也更有效，因此，他提倡使用一些办法以尽可能调动员工的工作动机，如让员工参与决策过程，为员工提供富有责任感和挑战性的工作、建立融洽的群体关系等。

二、人性假设中的组织演变

1. 不同假设下的组织系统变化

我们在讨论代理关系时讨论到人存在自利的倾向。但实际上，人也会有利他的行为，并且两者之间也有联系。这可以从人类在自然界的生存法则中看到。例如，人类在与自然界的其他物种斗争的过程（例如，通过合作狩猎来取得大型的猎物），逐渐衍生了一种群体的协作关系，通过利他的途径来最终实现利己，进而实现群体的总效益的放大，从而获得群体的增长效应。而在仅有食物不足时，为了分得更多的份额，自利的倾向就更为明显。这就是说，自利和利他也是与情境有关的不同倾向。

企业中也是如此，当企业中的人认为合作更有益时，人们可能倾向于利他的观点，而企业中的人认为竞争更为有益时，人们可能倾向于自利的观点。因此，每个人从不同的视角看待不同的问题时，便可能会存在不同的人性假设观点。

但是在企业中，整个组织中的人性假设，主要是由企业家或高层决策者的人性假设决定的。企业家或高层的人性假设，既可能是不自觉的观点，也可能是在自身同一状态下的一种自认为理性的判断。他们判定他所信奉的人性假设是哪一种类型，或者是哪种为主导地位，或者在不同的事例上有各自的不同比重，应该选择什么样的博弈策略，采取怎样的行动，等等。并按照这种假设对组织施加各种影响，发展成组织中核心的人性假设。

组织的人性假设会影响到企业中的许多方面，它们互相关联，还会产生连贯的作用。实际情况中往往像布莱克（Robert R. Blake）和穆顿（Jane S. Mouton）指出的那样：许多管理者认为，员工罢工的案例证明了他的信念，也就是人会干一切事情来逃避工作。管理者也许并没有想到，他的“人是懒惰的”这种假设，可能恰恰是引起员工消极怠工甚至罢工的原因[15]。

我们用图 10-4 所示的系统动力图来表示组织中的消极人性假设和积极人性假设两种典型的循环过程，并试着讨论组织的演变是如何发生的。

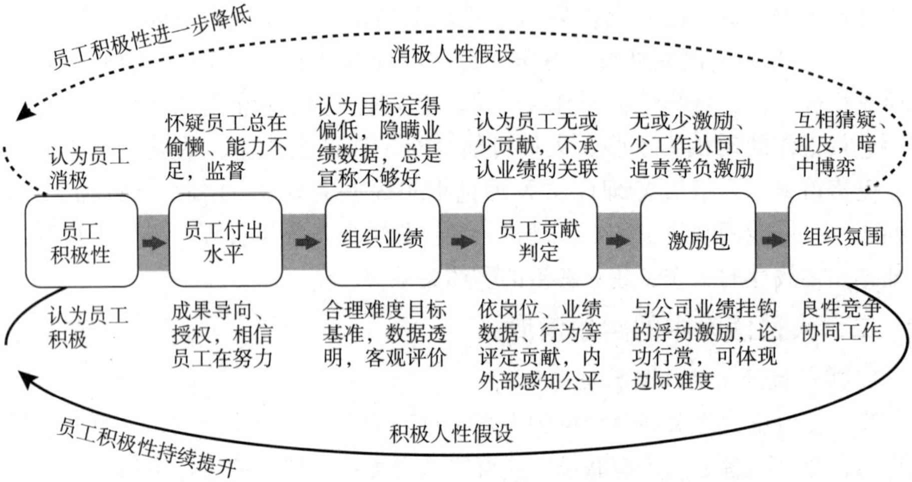

图 10-4　不同人性假设下的系统循环

资料来源：笔者结合不同人性假设下的心理认知和行为演变的典型过程整理。

（1）消极的人性假设。

在以 X 理论为代表的消极的人性假设的情况下，管理者认为员工们主观上是会偷懒的，他们是不愿意工作的。因此，可以推断出，他们实际工作的努力水平、投入程度必然是非常有限的。他们在各种场合都不会尽全力工作，即便是激励也没有用，因为他们在得到激励以后仍然会趁机偷懒。因此，对他们的管理必须辅以更加全面的监督手段。那些有能力的人，他们会恃才自傲，也不会努力工作；而那些能力欠缺的人，他们既不努力工作也没有工作的才能，非常容易犯错，会为企业带来一些损失，所以都需要全面的监督。

按照这种观点看，当组织达到了某种业绩水平并进行回顾时，可以推断，当初组织与员工协商组织的工作目标时，他们也必然是非常保守的，他们只是选择那些能够轻易完成的业绩目标；此外，既然他们是有偷懒的，所以他们所实现的业绩水平应该是低于他们正常应该达到的水平的，因此，整个企业所实现的业绩水平应该也不是企业真实的业绩水平，本应该可以做得更好的。而实际上，无论实现的是任何的业绩水平，管理者都可以这样进行推断，得出业绩本应可以做得更好的结论。

如果企业确实做到了让企业的高层、投资方感到还不错的满意的成绩水平，那么，为了防止员工们邀功，或者避免员工紧盯公司的利润想要参与得到更多的收益分配（因为消极假设中的员工会倾向于自利，甚至是没有原则的自利），那么，最好的策略就是选择报忧不报喜，只让大家看到企业中存在的问题，而不能让企业经营不错的业绩公开出来，不能让大家都知道公司获利丰厚。这样，大家就没有太多的机会和理由去争抢利润，从而让企业保持一种比较平稳的工作状态。

此外，员工只是有所保留地参与工作，那么，即便这些业绩很不错，也应该不会与员工有太多的贡献关联，必然是由员工以外的原因实现的。例如，企业业绩好，也许是由外部的行业环境或市场环境所决定的，是由企业家施展其管理才能和英明决策而实现的。而员工们，因为他们一直都有偷懒的动机，那么他们一定会在各种场合都存在偷懒，他们对企业的贡献必然是非常有限的。

既然员工的贡献非常有限，那么对他们也就谈不上什么额外的奖励了，也许支付给他们的固定劳动报酬，相对于他们的优先付出而言，已经是非常充裕的了，那些报酬就已抵消了他们所有的努力水平，甚至也许都超过了他们应有的报酬水平。因为，按照他们会偷懒的本性，如果报酬达不到他们满意的水平，他们应该会离开企业另谋高就的。既然他们还在这里，说明他们也认为公司给他的报酬已经是足够的，所以也就不需要再支付什么奖励了。相反，因为企业的业绩本来可以做得更好，可是就是因为员工在偷懒而导致没有做到，所以，他们反而应该受到责骂，受到批评。由于员工有偷懒的嫌疑，一些普通的批评可能难以驱动他们，所以，甚至需要对他们进行强烈的责备，甚至要对一些工作中的错误进行严厉追责，这样才能确保他们能认真地对待工作。

按照这种模式不断的循环演变，整个企业的组织氛围则可能会变得越来越消极：员工之间工作没有奖励报酬，所以他们没有工作的积极性；他们有努力，但是他们无法参与业绩的分享；他们做了许多工作，但是并不被认可，并且，只要犯了错就会获得更加严厉的惩罚。所以，对员工而言，最好的策略就是：少做事情、少犯错，表面上接受任务，但是暗地里却消极地对待工作，实在是迫不得已的时候会完成一部分，但也尽量少接任务、推迟任务，把任务推到别的部门，因为做得越多越容易出错，出错反而要承担责任；如此种种。

这种工作氛围就导致了一种组织的内耗，形成一种零和博弈。领导总是担心员工的工作积极性，采用各种监督方式强制员工努力工作；员工处在弱势一方，只能阳奉阴违，或消极抵抗。

也许会出现一些有能力的管理者试图改变整个局面，他们可能会尝试扮演中间的监督者角色。但是，对于企业的决策者来说，在消极的人性假设下，那些监督者也是可能会偷懒的。所以，监督者的监督工作也被纳入顶层的监督范围。从企业的顶层看，中层的监督者也可能是工作不力的，他们也不会有贡献，也不会有额外的奖励，也应该对其不断地施压和追责。于是，这些管理者，既是作为监督者的一员，也是被监督的一员，他们处于一种双重角色中，他们也会感觉到角色的模糊。他们监督的越多，则会出现越多的工作中的错误，然后又被追责。做与不做，都脱离不了这样的一种局面。

当这样的组织氛围越来越清晰、越来越强烈的时候，会明显削弱员工的工作积极性，进一步打消他们在工作上的热情。出于一种基本利益的自我保护，他们也会开始提防所有人，他们也会相信，原来整个组织内部都是在互相斗争、互相对抗、互相博弈的。于是，这种消极的人性假设就变成了一种组织演化的结果，而不是原因。组织逐渐形成一种恶性的循环，整个组织的发展便遇到了难以逾越的瓶颈。

要打破这种循环，企业可以主动分析循环过程中的关键环节，采取干预的措施。例如，选择相信员工有积极工作的动机、更好地对员工进行激励。企业也可能是以被动的方式来改变这种循环，但这可能需要付出更加巨大的代价，而且不一定能够成功突破。例如，2010 年以后，社会中逐渐出现了“用工荒”的现象，这表明，劳动力市场的供需关系在逐渐发生变化，劳动者一方的博弈力量比以前更强了，他们要求有更好的物质回报、更好的工作环境条件。而雇佣方即企业，则需要比原来付出更高的代价才能获得原有的劳动者的时间和努力水平。

（2）积极的人性假设。

而在以 Y 理论为代表的积极的人性假设的情况下，企业内的循环会呈现出另一种状态。积极的人性假设意味着管理者认为员工们都会努力地、自觉地、积极地工作，因此，他们工作的投入水平和付出水平肯定也是在他们能力范围内的最大限度。

既然他们在主观上能够努力地、积极地工作，他们把组织里的事情就当成是自己的事情一样，那么，他们有高度的自觉性，并不需要太多的监督，因此，对他们可以给予充分的授权，关注他们的工作结果，即便在工作的过程方面减少干预也相信他们能够对结果负责。所以，企业在与员工协商目标的时候，相信员工会设定他们所能够做到的最好程度的目标。这样，从定好工作的目标时就开始授权，到工作完成时便进行检验，期间给予充分的便宜行事的施展空间。

员工们都在尽自己的最大努力工作，因此，如果组织业绩实现过程中存在什么样的困难，它们应该需要被真实地、客观地剖析出来，以便让大家群策群力寻找解决方案。也就是说，有必要把企业的经营状况真实地知会给员工。不同的人员都能恰当地获得那些重要的信息，获得那些能够反映出问题原因的信息，包括经营利润不佳的原因、客户丢失的原因、产品销售不佳的原因等，只有把这些信息都公开透明地在组织中进行沟通和分享，大家才能找到组织业绩问题的真正根源，真正找到有效的解决方案。

如果企业的业绩不够好，大家可以找到真正的问题，反复协商，尽最大的努力去改进，因此，企业的业绩会变得更好。如果企业的业绩是好的，其中的成功经验能得到分享和传播，企业的业绩也会越来越好。信息透明变成一种重要的问题分析、改善和业绩提升的手段。考虑到不同的组织员工的授权水平，这些信息也可以分门别类地，有规划、有秩序地分享到不同的层级和部门中。

在企业整体业绩持续进步时，在积极的人性假设下，大家并不会为了争抢利益而大打出手，不会出现为了追逐利益而产生相互争抢功劳的局面，大家都能够客观地看待企业的成长，看待各自在企业的业绩中的相应贡献。

为了评估不同的人在工作中的贡献水平，通常需要由不同的任务管理者、不同的部门管理者或者高层的管理人员来对员工进行业绩评价。由于积极的人性假设，人们相信管理者会尽他们最大的努力去开展评估活动，他们能够公平、公正、客观、合理地评估大家的贡献，评估的方法也能够体现大家工作中的投入水平、工作难度、工作技能等方面的差别。例如，他们能够设计一些复杂的加权方法，采用必要的贡献系数体现不同人的工作难度；在目标设定方面能够合理考虑工作中存在的挑战，当这种挑战存在边际难度时，制定者也认可其需要额外的努力投入，并能够在贡献评价上体现出这种额外的努力投入。

同样，在评价过程中，评价人员也会获取大家客观的、没有争议的工作记录、业绩数据，程序上也不会采用暗箱操作，而是以公开的规则对客观数据开展评价。即便有一些数据无法采集或达不到足够的精度（例如，某一项工作需要由张三、李四共同完成，但是，大家的工作是难以区分、不可测量的，这时候，很难用一个准确的数据表示某一方的努力与另一方的具体差距），管理者或者评价者也能够结合员工的反馈信息，考虑他们的工种、技术等级等多种信息，做出某种具有模糊性的评价结果，并且这种模糊性还能给员工带来可感知、可获得的外部公平感和内部公平感。

于是，不同的人在组织中都有他自己相应的贡献水平，因为企业最终实现的经营结果的的确确是由整个团队共同来完成的。而对于那些能力的差异、努力程度的差异，不同的责任和不同的权限上的差异，也已经通过这种公平、公正的评价机制和评价系统实现修订，而且避免了那种绝对的平均主义。因此，组织中的不同的人与公司的贡献都能够形成一种有效的关联。

这种关联的结果就是，企业可以对这些不同贡献的人员实施有效的差异化的激励。这些激励既包括了物质上的奖励，也包括了精神上的鼓励，因为他们的贡献已经与企业的业绩形成了关联，所以他们可以共同分享企业成长获得的收益。

在日常工作中，由于员工总体来说是积极努力的，他们的努力对企业做出了贡献，也就间接地为投资方、为股东带来了经济的回报，所以，投资方、股东会在内心由衷地感谢这些员工，感谢他们对企业的成长所付出的努力。即便是员工在工作的过程中，因为某些原因产生了某种错误，企业也很少相信这些错误是员工刻意而为的，他们只是在努力工作的过程中不小心导致了某些错误，而且，从整个经营的循环看，企业的员工总体而言仍然是创造了利润和价值的。于是，企业也主要是鼓励员工而很少需要进行负面激励。

当企业中的成员都在努力工作，互相都能跟着企业积极成长，客观看待真正的问题根源，努力解决真正的问题时，企业就会形成一种积极的组织工作氛围。管理者也能理性看待人和事的区别，如果问题是由于管理不善而导致的，那么管理者就会对管理的机制做出改变；如果问题是由于员工的能力不足导致的，管理者则会积极提升员工的技能水平。管理者自身虽然较少直接参与生产活动本身，但是，因为他们的努力才得以让整个团队实现有效的产出，因此，管理者的工作努力和工作价值也是值得承认和鼓励的。

在这种运行模式下，组织的积极气氛也会越来越强，员工们互相相信每个人都是友好的，每个人都在为了大家的共同利益而自发地、尽最大程度地努力工作，所以，员工之间也是互相协同、共同努力的。员工对整个组织感受到的是，整个组织的人性都是积极的、善良的。所以，积极人性假设中的循环过程也强化了积极的人性假设，人性假设变成了组织演化的结果而不是原因。

2. 构建良性的循环系统

上述的分析和推导过程是基于消极和积极两种极端的典型来展开的。在真实的世界中，在人性本善还是人性本恶的话题中，人们辩论了几千年，也仍然没有统一的结论，这是因为，人性本恶还是人性本善是基于不同的状态而存在依存关系，甚至互相影响和转变。例如，孟子认为，“其所以放其良心者，亦犹斧斤之于木也，旦旦而伐之，可以为美乎?”“梏之反覆，则其夜气不足以存”。大意是说，人们之所以失去善心，就像天天用斧子砍树而让其无法茂盛一样，内心萌生的善良在反复泯灭时便难以留存[12]。

也可以用马斯洛的需求层次理论来对照着理解，当人与人之间不存在利益上的纠纷，特别是没有影响到人与人之间的基础的安全需求和生存需求的时候，人与人之间总体而言是可以与人为善的，互相之间的结盟能够产生更多的好处。也就是说，非零和博弈能够放大人的善的、积极的部分，让大家都愿意互相合作。

而在零和博弈中，由于一方获得更多则必然会导致另一方获得更少，这种利益上的冲突如果很强烈，可能会让人们感到安全方面甚至生存方面受到威胁。所以，即便冲突是无意中发生的，感到威胁的一方也会自发地进行抵御或反抗。在外界看来，这种抵抗似乎是一种谋取私利的行为，因而给人一种消极的恶的感知。

所以，单纯地讲人性本善还是人性本恶，或是消极人性还是积极人性，并不符合我们实际工作中的需求。这两种假设可能会出现不同的倾向，或者表现为主要的但不是唯一的特征。对于消极的假设来说，他们倾向于以利己为主导地位的观点来解释人的动机和行为，而积极人性的假设则倾向于以利他的方式为主导来解释。

这就对我们在企业组织中的管理提出了一些挑战。我们需要基于不同的人性假设去选择不同的影响组织氛围的因素，有序地管理好这些因素，让这些因素在组织发展中形成良性的循环。

例如，令员工不满的因素通常有基础的生存与安全，那么，这些因素造成的不满可能会导致员工之间的对抗。如果企业中设计了某种相关的制度，倡导那些积极的企业文化，排斥那些互相指责、互相对抗的消极行为，特别是，将一些恶意的、破坏性的消极行为列入企业的组织红线，这样，就能让员工免受职业安全的担忧和影响，促使他们敢于表达真实的想法，敢于发表对企业改善真正有效的建议。同样，对那些在企业职务中的一些工作错误，如果没有确凿的证据表明他们是出于恶意而故意造成的工作错误，企业也不应对他们进行追责，而应更多地寻求办法帮助他们少犯错误，那么员工们才会以越来越积极的心态，承担越来越多的工作任务。让他们不必害怕失败，尤其是不用担心因为工作责任而导致自身的基本利益受到损失。

也就是说，为了构建起一种良性的组织循环，应尽量减少那些让员工不满意的因素，减少会造成员工与员工之间形成零和博弈的那些因素，发扬那些让员工满意的因素，发扬让员工们互相协同、形成零和博弈的那些组织因素。对这些要素的有序管理，有助于形成企业中的人性假设的基调。当这种基调是倾向于人性本善的、积极的，那么企业中的组织内部运动则有机会朝着积极的演变路线去循环发展，从而支撑企业不断获得新的成功。

参考文献

[1] 高文，徐斌艳，吴刚．建构主义教育研究［M］．北京：教育科学出版社，2008.

[2] Coon D, Mitterer J O. 心理学导论：思想与行为的认识之路［M］．北京：中国轻工业出版社，2007.

[3] 中共中央马克思恩格斯列宁斯大林著作编译局．马克思恩格斯选集［M］．北京：人民出版社，2012.

[4] 罗宾斯，贾奇．组织行为学（第 12 版）[M]．北京：中国人民大学出版社，2008.

[5] 苏东水．管理心理学 [M]．上海：复旦大学出版社，2002.

[6] Festinger L. A Theory of Social Comparison Processes [J]. Human Relations, 1954, 7 (2): 117.

[7] Levine J M, Moreland R L. Social Comparison and Outcome Evaluation in Group Contexts [J]. 1987.

[8] 孙伟，黄培伦．公平理论研究评述 [J]．科技管理研究，2004，24（4）：102.

[9] 李绍龙，龙立荣，贺伟．高管团队薪酬差异与企业绩效关系研究：行业特征的跨层调节作用 [J]．南开管理评论，2012，15（4）：55.

[10] 洛克．人类理解论 [M]．关文运译．北京：商务印书馆，1983.

[11] Erikson E H. Childhood and Society [M]. London: Paladin Books, 1987.

[12] 万丽华，蓝旭．中华经典藏书：全套典藏装 [M]．北京：中华书局，2012.

[13] 宋小兰．中华经典藏书：全套典藏装 [M]．北京：中华书局，2012.

[14] Robbins S P, Judge T A. Organizational Behavior [M]. Pearson Education, Inc., 2013.

[15] 布莱克，穆顿．新管理方格 [M]．北京：中国社会科学出版社，1986.

第十一章

多元化企业的治理

第一节 经营单元的定义

一、多元化转变时的治理问题

许多企业在专业化经营的过程中，随着业务的发展、规模的扩大，可能会不断改变其组织架构。例如，为了开拓新领域的客户，可能会设立一些新的销售办事处、销售分公司或者销售子公司；为了服务不同区域的客户，可能会成立不同地理区域的分支机构、办事处或区域公司；有的企业生产规模不断扩大，可能会建立多个生产基地、单独注册成为分公司，或定义为生产型事业部；为了开发更多数量和类型的新产品，也可能形成一些研发的分支机构，注册专门的研发公司；为了适应不同地区的各种法规要求，企业可能会成立不同定位、不同股权结构、不同人员构成的各种分子公司；或与其他的一些外部公司或者外部的其他战略投资者，通过合作、参股或者合资的方式，成立分公司或子公司等。这些变化都可能会改变企业内部的治理关系。

这些单独注册成立的公司在法律上是一个独立的个体，它们具有自己完整的股东结构，拥有自己的董事会、监事会、经营班子等相关的治理结构。总公司或集团对这些分公司或子公司的控制主要是通过委派董事会成员、监事会成员、关键的经营班子成员等来进行的。

然而，从职能来看，这些分公司、子公司或者合资公司，显然并非全部都是为了开展新的业务经营而设立的。也正因如此，我们在第四章提到过，这样的企业仍然应该看作专业化经营的企业。

当企业逐渐开展多元化业务时，为了将某项新业务的经营职责委托给某个代理人团队，企业的总部可能会有多种备用的选择。他们可能会考虑将新业务的经营职责委托给那些已经成立的分公司或子公司，如销售公司、研发公司或者生产公司等。然而，由于那些公司当初成立的初衷，只是承担某一种专门的价值链职能，即便他们可以变更公司的经营范围，但他们内部的部门结构、人员构成、能力结构以及相关的资源配置可能都是不完整的，不能很好地适应这项新的业务。从治理的角度说，这样的一个代理人团队可能并不是一个胜任新业务的代理人团队。

有时候，考虑到从企业内部创业的时候，新业务的早期规模不大，因此，可以在现有的总部企业中抽调出部分的销售人员、研发人员以及相关的其他的人员或者部门，形成一个由若干成员组成的创业团队。企业以书面或口头的方式授予他们对这项业务的经营职责负责。但是，从所有权结构看，大家都可能没有持有法律意义上的股份。

在相当多的时候，由于这个团队本身并不具备完整的价值链资源，他们这若干个成员通常也不能完成所有的价值链活动，所以他们也还需要将新业务经营过程中的许多任务重新委派给其他成员。在调用其他周边部门相应资源的时候，也会显得相当困难，很少有人能够服从他们的调度安排。有时候还有更为典型的困难，例如，当他们所要调度的资源涉及其他已经设立的分公司或子公司里面的那些专门的资源的时候，由于那些分公司或子公司里的决策者已经拥有一定的所有权，或得到了股东的正式委任，他们的决策权限以及影响力都比这些以临时团队的身份承接了创业任务的创业团队更大，因此，创业团队在实际的组织资源、调度资源、行使业务决策方面都会缺乏足够的影响力，同样也不是一个能够承担新业务经营职责的代理人团队。

也有些时候，企业对某项业务的发展前景非常看好，企业会考虑在这项业务上设立专门的公司实体来单独进行运作。这时候，原有的那些分公司或子公司的各种股东、经理人员或者重要的相关成员，可能也都希望参与到这一个新设立的公司中，希望在这个新的公司中拥有一定的表决权以及未来收益的一定的分配权。由于他们在已有的分公司或子公司中已经形成了许多方面的优势和影响力，很有可能会在这项业务中也争取到更多的控制权限，甚至成为主要的控制人或者决策者。在这种情况下，新设立的公司虽然有其自身独立的所有权结构，但是其内部的决策成员或经营成员的结构，却未必是最适合这一项新业务需要的，因为他们可能在新业务的行业经验方面、业务发展模式方面、产品了解方面，都不如那些直接承担这项新业务的创业人员那么熟悉，或像他们那样有充足的创业热情。也就是说，在这种情况下，作为新业务经营职责的代理人而言，这个新成立的公司可能也不是一个完全胜任的代理人团队。

还有的时候，企业会跟另一些企业以参股或者共同出资的方式参与到这项新的业务中。在这种情况下，这项新业务又面临不同股东之间的利益博弈。无论是由现有总部的人员扮演的控制股东还是其他企业或股东扮演了控制股东，这一个新设立的子公司都可能面临大股东代理人的自利问题。多方股东在控制权方面的较强的博弈，可能会导致这项新业务的运行效率过低。日常的工作中，为了完成经营所需的各项决策，公司都面临决策链条过长、决策速度过慢的困境。这也相当于，这一个公司作为承担新业务经营职责的代理人，同样存在某种程度的不胜任，并不是最佳的新业务经营职责的代理人。

如此种种的典型现象表明，在多元化业务经营的过程中，企业现有的治理结构，可能对多元化的业务经营存在实质性的影响，并且这些影响并非总是积极的影响。出现这些现象的重要原因可能在于，企业对多元化业务经营的内在的委托代理关系缺乏足够的重视和了解，从而忽略了对经营职责的委托代理关系的有效治理。

二、市场需要有效的经营单元

从竞争战略的视角看，每项业务都有其独特的目标客户和市场，有对应的竞争对手，既处在行业生命周期的某个阶段，也有业务自身的生命周期特点。对每一项业务而言，要想在市场上获得足够的竞争优势，就必须在社会交易的过程中实现快速高效的价值创造与价值交付。如果这一过程是低效的，这些业务则可能无法有效存活下来。

例如，当某个新的客户需要与企业新业务部门建立起某种合作时，他们通常会提出某些商务方面的条款要求，或者提出某些产品方面的特殊要求，并希望快速得到回复，同时快速完成交付。在专业化经营的企业中，高层决策者能够快速给予并调集相应资源完成交付。但是，在多样化的业务范围下，当业务需要由总部决策者才能做出反应，或者内部的决策链条过长、效率过低时，这对于某项业务的客户而言，通常是难以满意的。执行过程也会存在效率不足的可能。例如，那些新设立的销售分支、研发分部、区域分布的部门机构，由于各部门本身只对单一领域负责，缺乏全价值链的权限和视角，并且要服务众多的业务领域，难以快速地对每一项新的业务进行响应，难以实现快速的价值创造与价值交付。这同样也是让客户难以满意的。

钱德勒指出，结构应该匹配战略需求[1]，组织的内部结构应该适应业务的需求。从经营视角看，在多样化的业务背景下，每项业务都应该配置相应的组织资源，组织内部的责权利关系、人员配置、制度设计等方面的合理配置，使得这项业务能够满足社会交易中的价值创造和价值链交付的基本需求。无论这些要素以什么方式来配置，其应该得到的效果就是这个经营单元应该能够对这项业务的最终经营结果负责。

所谓的能够负责，也可以借用德才兼备的框架来看，既不应存在“不积极”的问题，也不应存在“不称职”的问题。前者要有对待新业务的充分的热情，后者要具备在新业务经营方面的资源、技能、权限等各种符合要求的要素。

也正因如此，也有人认为公司治理所要解决的管理问题可以大致分为两类[2]：一类是经理层的激励机制（The Incentive Issue），简单地说，就是由于“代理人行为”和“短期行为”引起的经理人员不积极不努力和滥用职权的问题。另一类就是经理层的管理能力（The Competency Issue），要解决的主要是领导班子的管理能力与环境要求不对称、思想方法错位所引起的决策失误问题。前者是利益动机问题，后者主要是认识和能力的问题。

企业必须思考，一项业务需要哪些资源的组合才能实现完整的价值链功能。这就带来了实践中重要的治理问题，如何合理地定义组织的经营单元。可以说，在多样化业务发展的过程中，明确组织的经营单元，并对多个经营单元进行有效的治理，是企业是否能够达到多元化经营的同一性状态的核心问题。

总的来看，多元化企业中的治理，相比专业化经营中的治理复杂度更高。企业内部的各种复杂的所有权结构并不能简单等同于良好的多元化治理。甚至从某种程度上来说，企业获得收益是凭借着各个经营单元具有足够的竞争优势、在市场竞争中赚取经济利润才能实现的，因此，明确经营单元的整体角色、明确集团总部与经营单元之间的代理关系，并且明确总部与单元之间的委托代理关系中的责权利安排，反而是更为重要的治理问题。其中，这个代理关系当中的代理人就是具有经营能力的经营单元，委托事项就是这项业务的经营职责，权就是与经营职责对应的权限授予，利就是总部与单元之间的利益分配。

三、如何定义经营单元

1. 典型实践中的经验

通用电气很早就在多元化经营方面积累了丰富的经验。它将所经营的业务划分为49个战略业务单元（Strategic Business Units，SBU）。其中，一个战略业务单元通常包含三个基本的特征：首先它是一项独立业务和相关业务的结合体，但在计划工作时能与公司其他业务分开而单独作业；其次它有自己的竞争者；最后它有一位经理负责战略计划、利润业绩，并且控制了影响利润的大多数因素[3]。这就表明，影响利润的各种生产要素的组织安排、影响运营的制度设计等也应是其中的一些特征。

稻盛和夫分享过一种称为阿米巴经营的宝贵经验[4]。他把“应在追求全体员工物质与精神两方面幸福的同时，为人类和社会的进步与发展做出贡献”确定为京瓷公司的经营理念，并致力于总结“能够使全体员工毫无疑义的全力埋头工作的经营理念和经营哲学”。

为了实现全体员工共同参与经营，他把组织划分为一个个独立的小的组织单元，并把这种组织单元类比于一种叫作“阿米巴”（Amoeba）的原生动物，一种能向各个方向伸出伪足，使得体型不定的一种变形虫。他表达的理念是，每个组织单元都要像阿米巴那样，能够随着环境的变化而变化，具备良好的生存能力。

每个符合阿米巴特征的组织单元应该具备三个条件：独立核算（单位时间核算制），必须能够计算收支，准确地掌握独立组织的收入和支出情况；能够独立完成业务，拥有最小限度职能的单位；能够贯彻组织整体的目标和方针，不能妨碍公司整体，造成支离破碎而导致无法完成公司的使命。

关于组织经营单元定义的实践，读者可参考扩展案例 3-2 海尔公司的人单合一模式中的宝贵经验。

2. 经营单元的典型特征

通用电气的战略业务单元（SBU）和阿米巴经营、海尔的人单合一模式，都可以认为是多元化经营中典型的实践经验。它们之间也存在一些共性，我们可以试着进行一些归纳和扩展。

从社会交易角度看，一个真正的经济组织单元应该是能够完成社会交易所需的价值链流程的闭环的一个经济组织。无论是一个注册的法人实体还是组织内部的组织部门，都应该能够独立组织资源，开展价值链的各项活动，实现价值创造，为客户完成价值交换，并在社会价值交换中为股东和相关利益方创造价值。也正因如此，这个单元能够直接承担经营目标，对收入和利润目标负责。

从市场角度看，实现社会价值交换则必须能够满足特定的市场需要。因此，一个经济组织单元应该有自己界定的目标顾客，能够识别顾客群体的需求，明确自己的营销战略，能够组织相应的技术和资源，建立起自身在行业中的竞争优势，为客户提供相应的产品或服务，满足客户的需求，获得客户高的满意水平。

从战略角度看，为了让这项业务能够有序地开展，这个单元应该具备自己的战略规划与战略管理的能力。组织应该深刻地理解这项业务所面对的市场环境，熟悉自己面对的竞争对手，理解这个行业和这个市场所需要的成功因素，理解这个行业所适合的组织运作模式，拥有行业中需要的关键人才、技术和技能等，应该具备自己独立的决策中心，从而能够制定出真正有效的竞争战略和经营战略。

从组织角度看，为了保证组织实现战略的效率和能力，这个经营单元通常需要一个独立的组织。这里的独立，有的时候指的是自己的一套独立的队伍班子，另一些时候，特别是在那些资源有限的企业中，则可能只是一个临时组建的兼职团队。这就必然要求组织内部配置相应的机制，能够定义跨部门的虚拟组织，明确定义这种兼职的班子应如何在身兼多职、多领域代理的情况下，分别面对不同的业务单元还能够完成其所必要的经营任务。当组织是独立的班子的时候，内部的运作机制侧重于合理的分工，当组织的班子是兼职的时候，则必须要解决横向的跨部门沟通与协调问题。需要对多领域的工作关系进行清晰的定义，对多领域的业绩进行分别的考察和评价，并为多领域分别设定对应的激励和监督。

从财务角度看，组织内部的不同部门常常可以根据其性质分别定义为不同的角色，或不同的责任中心。有些部门是成本中心，有些部门是利润中心，有些部门是投资中心[5]。对于经营单元来说，如果组织希望这个单元能够在一个特定的市场上，面向客户完成价值交换，那么，这个经营单元应该是一个利润中心或者是投资中心，但不是成本中心。特别是在那些临时组建的虚拟组织中，内部定义的经营单元可能常常面临组织角色的模糊问题，这时候，明确这种定位显得非常重要。

概括来看，每个经营单元都有其服务的行业市场，有自己独立的经营目标。这个经营单元的整个组织应该能够对自己的经营目标负责。相应地，这个组织应该有自己独立的经营战略和工作计划，有自己独立的决策中心，并且拥有配套的财务资源、物资资源、技术资源、人力资源，以及相对应的制度资源（如运作机制、流程机制、责任机制，甚至必要的治理奖惩机制）等。所以，每个经营单元都有自己相应的责权利体系，是一个真正完整的独立运作的综合体。甚至可以说，一个真正的经营单元就相当于一个能够独立进行完整的经营活动的专业化经营企业。

3. 实践中的经营单元定义

借助上述特征来重新看待复杂的企业组织，我们则能更容易识别其真正的结构。很多企业都会以图形或文字的方式描述其内部的组织结构，包括定义一些事业部、分公司或子公司、职能中心或部门、分支机构等组织单位，如果某个单位确实符合这些主要特征，就可以认为是多元化经营中的一个经营单元。反之，即便企业自己声称某些单元是独立的经营单元，但是明显不符合这些特征，在事实上无法真正进行独立完整的有效经营，则不应被视为真正的经营单元。因为，这种描述与现实的偏差会导致企业的多元化战略难以真正有效地执行。我们试着讨论一些实践中的典型情境。

第一，业务规模太小。许多企业常常都会在销售方面进行一些零星的新的业务尝试，当这些业务还没有形成一定规模、占到一定比重的时候，它们通常会缺乏独立的整套资源、组织团队和匹配的流程机制，因此，一般不把它们看成独立的业务单元。不过也有的企业将其看作发展新业务单元的早期尝试，是一种处于导入期的孵化、培养过程中的业务，因此，也可以为其设置单独的管理机制。

第二，业务未真正分离。有的企业已经发展了多种业务，同时销售不同的产品，并且都具有相当的销售规模，但是，这些业务在内部组织上并没有进行分离，既没有分别定义这些业务所需要的战略，也没有区分它们的组织和工作流程。这些工作都是由同一套队伍班子以几乎无差别的方式来经营的。这种情况也不应将每种业务视为独立的经营单元。

第三，缺乏配套措施。有一些企业对组织进行了尝试性的调整，他们可能会借鉴 SBU 或阿米巴的经验，将一些部门、工作小组或者某些功能团队也定义为一个 SBU 或阿米巴单元，但是，并没有明确定义他们的经营角色，也没有为他们进行经营所需的责权利的配置。这种经营单元的定义常常是口头的，或者即便是书面的但也仅仅是概念上的定义，并未形成事实上的运作规则。这种概念定义虽然也能够增强这个团队的主人翁意识和责任感，促进他们为了达成目标而努力工作，但是，他们并不能独立承担业务活动上的经营责任，难以获得完整的各种相关资源的支持。因此，这种宣称的经营单元也不应看作真正的经营单元。

第四，价值链功能不完整。一些企业在组织结构的探索上走得更远。它们不但明确地定义了组织的经营单元，还分别定义了不同单元的经营班子，配置了一些必要的执行成员，使得每个单元能够经营自己的业务。但是，由于资源的约束，这些不同业务的经营班子的功能并不齐全，不能实现全部的价值链活动。单元中的许多工作都需要与其他的业务单元进行资源共享，协同工作。组织中存在许多需要同时服务于多个业务领域的兼职人员，但是，组织仍然缺乏清晰的职责定义和流程设计，这些兼职人员并不能清晰地了解不同业务所需要完成的任务的目标和细节，也常常无法同时在各个业务期待的水平上完成那些任务。因此，这些经营单元仍然不能视为真正有效运转的经营单元。

第五，法人实体。一种更加正式但也更容易产生错觉的情形是，有的企业出于工作开展的便利性，会注册一些诸如销售公司或者生产公司的分支机构。注册公司构成了法律上的实体，因此，这很容易被看作多元化的经营单元。然而，如果这些销售公司或者生产公司在本质上只是企业内部价值链的一个环节，或者仅仅是一个职能型部门，没有独立自主的经营权限，没有独立面向市场的营销活动，也没有独立的业绩核算，那么，它们仍然不能称为是一个真正的业务单元。

这些不同的情形都表明，许多企业可能的确处于多元化的尝试和转变的变革过程中，然而，要真正开展多元化战略，这些变革中的企业仍然需要做出更多的努力。

第二节　总部的定位

一、总部的价值

如果企业内部是由多个真正的经营单元组成时，企业就变成了真正意义上的多元化企业。有些企业的业务单元也是独立注册的公司，这时，公司的集合则组成了我们通常意义上的集团型企业，虽然在法律上它们是各自独立的法人组织，但是在管理架构上，它们仍然可以视为一个多元化企业，所以，企业与集团两个词语则是统一含义了。

在总部对经营单元充分授权的极端情况下，经营单元是独立完成全部的经营贡献的。从各种生产要素的来源看，除了总部投入的资本要素外（包括可用资本要素交换的土地和其他必要要素），劳动要素包括企业家才能以及其他的劳动者的知识和技能等，都是经营单元内部的成员拥有的人力资本。显然，在这项业务上，投资与经营的完全分离会带来价值分配上的矛盾。如果按照资本来源进行价值分配，资本要素获得资金资本投资的回报，人力资本要素获得人力资本投资的回报，就面临价值衡量、孰多孰少的问题。

与专业化阶段的治理面临的问题不同的是，专业化阶段的企业家才能要素与资本要素在大多时候是一个阵营，甚至集中在同一人身上的，因此，他可以运用其对企业的控制，以双重要素的名义获得更高的价值分配。然而，在投资与经营完全分离的时候，资本要素与人力资本要素（包括企业家才能以及其他劳动者的知识和技能）的价值分配矛盾则更为直接。如果资本要素要求获得更高的资本收益，人力资本要素后续的经营积极性会降低，从而减少未来的经营收益，如果人力资本要素要求获得更高的收益，则资本要素后续的投资积极性也会降低。

从人力资本一方，即经营团队的角度看，如果除了资本要素外，经营成功完全来自自身团队的人力资本，那么，他们就有动机选择其他的更低代价的资本要素，使得自身的人力资本回报最大化。例如，单独创立一个新的企业，通过各种融资方式寻求其他的资本来源，包括银行贷款、民间借贷等，只要这些融资方式中，资本提供方要求的资本回报更接近一般的资本回报率，那么，这种新创企业融资经营的方式对创业团队而言就是经济的。除非，只有在总部的各种支持下才能创业成功。只有当总部能够提供其他的资本提供方无法提供的各种有价值的帮助，扮演其他资本提供方无法替代的有独特价值的角色时，创业团队才会愿意在总部的帮助下，接受总部的管理和控制，在获得成功的同时，双方分享创业的收益，因为这对创业团队而言，同样是经济的。

明茨伯格也讨论了这种现象，当经营单元不断成长，越来越成熟，他们的能力能够覆盖自身的成长与生存时，说明他们并不需要一个额外的总部。从成本角度看，由于代理问题的存在，必然存在代理成本，当一个集团总部的定位不清、管控模式混乱、未进行匹配的总部组织能力建设时，集团化的结构与完全集权的单体组织相比，其实际的效率反而是更低的。从增长来看，无论企业的集权程度是高还是低，如果总部既脱离了业务，又不能为业务的成功提供有价值的帮助，总部就在事实上没有带来集群化效应，没有发挥出增值的功能，也没有为整个集团产生经济上的价值。这时的总部组织就是无效的，在整体的社会层面而言是增加社会成本的，这时的总部经济反而是不经济的[6]。

因此，对多元化企业来说，总部应该明确自身存在的意义，明确自身应如何创造价值。正如第十章讨论到的企业家自身的心理发展的过程一样，初代的企业家除了承认他人、成就他人的心态之外，也应该在帮助新生代企业家的成功过程中发挥自己助力的价值。就新生代来说，在初代企业家的指导和带领下，他们才能获得这种成功。因此，双方在利益关系上存在密不可分的联系。正因如此，双方应该形成一种互惠互利、利益共享的融洽的局面。总部组织与经营单元之间也是如此。

二、总部的典型功能

按照管理的基本定义，管理活动主要发挥计划、组织、领导和控制等典型的职能。这些职能都需要由人员或机构来承担。总部处在整个企业的顶层，也是各类新业务的资本提供方或参与方，拥有足够的权限，处于信息的中心，拥有全局的视野，因此，能够协调处理企业内部的不同成员之间、不同利益相关人之间的利益关系、完成各种各样的决策等，天然具有中央统筹的宏观管理功能。

具体来看，一般认为，总部应该发挥企业的至少五大中心功能，包括战略中心、资本中心、人力资源中心、制度中心和文化中心等。我们试着概述其内在需求。

1. 战略中心

由于企业的整体的经营管理的计划职能非常重要。经营的计划管理工作通常是总部的重点工作。公司整体的计划管理功能就是公司的战略规划、战略管理功能，是战略决策的核心。因此，总部应该扮演企业的战略中心角色。

典型的战略功能包括分析企业的内外部环境，对企业发展进行规划，制订发展目标和发展计划以及进行战略回顾进行差距分析等。总部也可能会直接执行一些重要的战略事项，例如，实施扩张、兼并、对外投资等战略举措，直接推动整个企业的发展。

除了企业顶层的战略外，总部还可对经营单元的战略进行管理。即便在经营单元独立经营的背景下，他们在战略管理方面的经验、能力或信息都可能存在不足，也可能需要总部在战略管理方面提供支持。例如，分析经营单元所处的市场，面临的外部环境、行业特征、竞争对手等，还需要分析公司自身在该领域所具备的竞争实力。通过分析营销方面、研发方面、供应链方面的现状差距，形成后续的改善规划，识别所需的配套资源，拟定合理的战略规划路线，并且分解成可执行的中短期计划，并监控计划的执行情况。

不同的业务单元存在不同的特征，存在个体差异性，因此，战略管理还应针对每一个业务单元分别进行适合各自情境的战略管理。此外，各业务单元之间如果存在一定的业务联系、资源共享、技术协作等，则可以通过总部的决策中心进行横向的协调、沟通或统筹的指挥与调度。

通过各个视角的战略管理，总部在整个企业的战略和各个单元的战略进行统筹的指引和协同，使得整个多元化的组织能够达到最好的集群效应。这样，总部就成功地扮演了企业的战略中心角色，产生了独特的价值。

2. 资本中心

为了保证企业的正常经营，实施公司的战略方案，获得持续的经营成功，企业普遍面临资金方面的问题，因此，总部应扮演企业的资本中心角色。

从资金筹集看，企业以及其中的各个经营单元都有筹资融资的需求。是进行外部的融资，还是由企业在内部设置企业投资中心，向各经营单元提供融资服务？哪一种方式更佳？这其中涉及资金的时间成本、负债结构带来的收益率、资金的风险如何管控等问题。从资金利用看，由于资金作为一种资本资源，其额度总是有限的，具备天然的紧缺性。在多元化经营时，各业务单元分别有自己的资金需求。重要的是，如何让这些资本资源能够获得有效的利用，在不同的业务单元之间进行合理的、有效的分配，从而实现总的资本投入回报的最大化。其他可能还包括一些重要的投资融资项目、产权管理、招商引资、完成企业的资本运作和实现资本增值等事项。

在资本中心角色发挥越来越多的作用时，整个企业的多元化业务结构可以不断改良，多元化战略在产业的相关程度上受到的约束会越来越小，通过资本的扩展能力和管理经验的持续积累，企业能够逐渐介入更多的非相关行业，从而让自己的业务范围越来越宽，能够捕捉到更广阔范围内的投资机会。

3. 人力资源中心

企业的生产要素除了资本要素，另一大生产要素就是人力资源。因此，总部还应扮演企业的人力资源中心角色。

从企业整体视角看，企业人力资源既包含拥有企业家才能的经营管理者，也包括了各个专业领域的各类劳动者；既包括总部的各个部门的劳动者，也包括了各经营单元中的各类劳动者。所以，如何对整个企业的人力资源群体进行有效的管理，对这些不同层级、不同类型的人员进行合理规划和选育用留，充分发挥人力资源的生产效率，不断提升人力资本投入的回报率，也是重要的战略内容。

例如，典型的活动包括分析人力资源需求，引进、培养人才，向下属事业部和子公司输入人才，完成后备人才队伍的管理和建设，保持企业发展的人才需要等。考虑到人的心理诉求，企业还需要制定一些有效的政策，涉及人员的薪酬水平、人员的激励制度、员工晋升、职业规划、改善企业的内部公平和外部公平等。

4. 制度中心

当各个经营单元分别独立运作的时候，具体运作中总会面临过程的管理和控制，需要形成有序的流程和制度规范。各单元要么自己形成了一些潜在的运行制度和规则，要么形成了一些显性的制度文件。此外，总部在扮演战略中心、资本中心还有人力资源中心等角色时，也会对各个部门提出相关的管理和控制的要求。

由于企业的各种制度有内在的一致性要求，各种业务单元之间、部门之间、不同人员之间的代理关系、工作分工、利益关系等方面都越来越复杂。总体来看，企业内部的制度设计上，一方面，各部门设计制度的能力水平有偏差，可能在形成制度方面存在不同的困难；另一方面，可能存在各自为政的现象，互相之间缺乏有效的协同；此外，还可能由于缺乏整体设计和系统规划，使得各部门的制度出现结构性的失衡。这些现象都要求企业在制度方面进行统筹的管理，因而，总部还应扮演企业的制度中心角色。

制度中心应管理整个企业的运行规则，特别是企业的一些核心运行规则。例如，企业的治理、投资管理、资金的管理、战略管理、价值链过程管理、客户管理、供应商管理、质量管控、财务管理、绩效评估、价值分配、员工关系、职业规划等。各种相关制度内容的形成、内容显性化、传播等方面，都应由总部进行统筹的管理，或至少在核心内容上进行指导和规范。

5. 文化中心

总部作为制度中心运转的过程中，由于面向的对象有不同的多个层级，有些制度的内容比较宏观、抽象，有些制度内容比较微观、具体，这可称为颗粒度大小的差别。总部的制度中心必然无法管理所有颗粒度的制度内容。有一些较小颗粒度，例如，一些局部的规则、工作规范、某些初级岗位的用人标准、一些辅助性岗位的工作流程制度、非关键控制点的一些质量活动和质量标准等，可能无法总是由总部来编制和管控的，因此，总有一些制度内容需要逐渐授权给经营单元，甚至授权至经营单元内部的部门或者班组，由那些基层的组织成员来进行设计、编写和维护。

在这种管理方式下，不同部门之间的不同制度仍然会存在一些矛盾或分裂，形成内在的不一致。例如，不同经营单元的激励原则可能会存在差异，他们对员工的管理是以激励为主、监督为主还是某种均衡的策略为主？当这种基本的管控原则也发生了变化后，不同部门或班组的二级决策者或者三级决策者们的个人喜好会逐渐反映到他们的制度中，这样就形成了企业范围内的制度上的矛盾或分裂，逐渐影响整个企业的工作氛围。

为了避免这种不同部门之间的制度的根本性差异，总部需要对各种制度的设计提出总体的原则要求和指导要求，或者寻找有效的价值理念的指引，以确保各部门内部的制度设计、流程设计、亚文化的形成都在一个统一的受控框架之中。也就是说，总部还应扮演企业的文化中心角色。

其实每个企业都会自发地在演变中形成企业范围内的企业文化，其形成过程就像第十章讨论的人性假设循环的演变一样。企业文化通常体现了整个组织的最高领导者的价值理念，体现了他们的行动宗旨和做事的原则。当组织成员的价值理念和行为准则与最高领导者的价值理念和准则有明显的冲突与矛盾的时候，这些与高层相悖的价值观和行为很容易受到排斥和压制。员工为了能与公司的领导者保持一致的行动，通常也会不同程度地调整自己的行事风格，逐渐形成一种自发的企业文化氛围。

即便最高领导者出于管理员工的需求，常常表里不一地、选择性地只宣扬鼓励员工工作的价值理念，但时间久了以后，员工也能够发现领导者们真正的价值取向和价值理念，从而识别出企业内部真正有效的潜规则：哪些事情是可以做的，哪些事情是不可以做的，哪些事情是被鼓励的，而哪些事情是被禁止的，等等。

当自发形成的企业文化处在一种还没有达成同一性状态的时候，倡导的文化与事实上的文化也可能是表里不一的，甚至是自相矛盾、难以解释的。例如，高层可能倡导一种“诚信”的氛围，但是，企业内部对许多不诚信的严重行为却没有约束，那么，“诚信”究竟是真的意图还是随口说说呢？这就会造成事实上的混乱。

所以，企业应该主动地、有意识地把企业文化作为一项重要的专题来进行研究，朝着企业真正想要的方向去塑造，让企业文化也能成为组织的核心竞争力[7]。特瑞斯·迪尔（Terrence E. Deal）和阿兰·肯尼迪（Allan A. Kennedy）认为企业文化是一种精神力量，它约束员工的日常行为，使其产生凝聚力，进而影响管理实践。企业文化包括企业环境、价值观、英雄人物、仪式与礼仪和文化网络等关键部分[8]，其中，企业环境是基础，价值观是核心，英雄人物、仪式与礼仪是表现形式，文化网络是传播途径。这些要素可以归纳成三个层次的内容[9]，如图 11-1 所示。

居于中央位置的是企业的精神文化，包括企业的核心理念、价值观等。这种价值观会外显为中间层的制度文化，包括责权利、流程、规范等方面的制度内容。制度文化再辐射影响了企业最外层的表现层文化，即物质文化，包括行为方式、物质呈现等内容。内圈层次对外圈层次的内容会产生辐射影响。

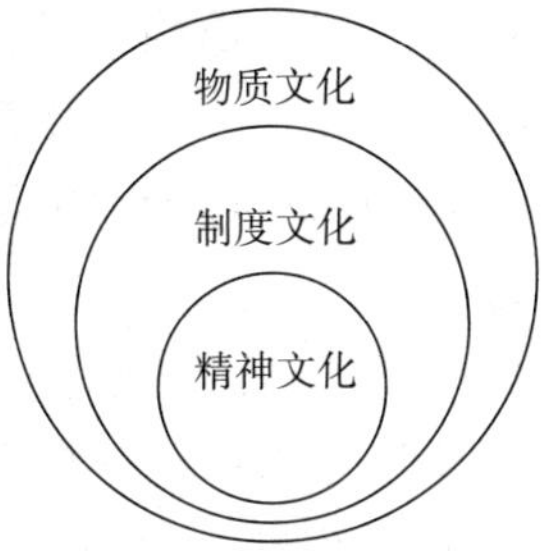

图 11-1　企业文化的构成

资料来源：全国管理咨询师考试教材编写委员会．企业管理咨询实务与案例分析［M］．北京：企业管理出版社，2012.

例如，华为公司的内部纲领强调奋斗者精神——不能让奋斗者吃亏，不能让雷锋吃亏。这就成了一种制度设计的要求。所以，在具体的激励制度上，有一些部门虽然具有调整激励内容的调配权限，但是也应该遵循这种纲领所倡导的指导精神，保证设计的具体的激励细则是与前面的理念相一致的。

总部作为企业的文化中心，通过这种内在的精神文化的统领和有意识的管理，对整个企业的各个方面都产生辐射影响，就像场效应一样。

例如，在多元化经营战略下，企业需要不断发掘新的业务，进行新业务的创业活动，因此，企业应该建立一种鼓励创业的企业文化。

创业文化指的不是那些粘贴在墙上的或者停留在口头的空洞口号，而是一种真正地鼓励创业的价值理念，并通过相应的规章制度体现出来。对创业的鼓励必须真正地体现在创业人员的价值回报上。企业应该真正地愿意与他们分享创业成果，并且形成明确的激励机制，设计恰当的价值分配的制度规则。激励水平方面应该保证足够的激励力度，为创业人员提供与成功程度密切关联的回报，让创业人员在期望评估过程中能够产生强劲的创业动机和创业热情，真正把创业活动视为自己人生的一种创业而全力以赴。

创业文化还应体现在具体的扶持和过程管理上，例如，有明确的扶持制度、孵化的资源来帮助这些创业者，弥补他们的能力短板，解决他们在创业过程中实际遇到的困难，解答他们面临的困惑；允许他们进行必要性的试错和调整，容许他们犯下错误所需要承担的成本，减少他们在创业过程中的约束性条件，特别是应避免套用原有的面向成熟业务的那些约束性的规则。应该让这些创新者在没有过多的心理负担和约束的情况下，发挥他们的聪明才智，把握好新的业务机会。

为了营造创业文化，企业就需要有坚定的决心在组织中去塑造一种认知，让大家相信：企业的高层决策者现在愿意将经营权下放，也愿意真正地与大家分享价值，他们已经做好了心理准备。

这种信任基础要真正建立起来，必须依赖于可发生或已发生的事实。也就是说，企业家的授权意愿，除了口头的陈述，还应该在书面的描述方面进行清楚的定义，而且更应该保证的是在实际的执行过程中坚定地遵守和执行。这也就是我们常说的“说、写、做一致”的观点，也是言行一致的同一性的体现。如果这些不同层面的内容总是存在事实上的不一致，都会导致整个团队对这家企业的授权主张的怀疑，让组织内部的人难以全力以赴地投入新的业务的奋斗。

有的企业受限于自身的资源或书面表达能力，缺乏将这些授权与价值分配的信息整理成书面文件的技能，因此，他们很少有详尽的书面材料来记录和说明这些治理机制。但这并不意味着这种信任的建立是不重要的。哪怕是企业家对这些新创业者的口头承诺、阶段性的口头承诺，也应该在阶段性的、标志性的业绩，或者哪怕仅仅是标志性的事件的完成时，坚定地兑现。也就是说，在早期，即便是人治不是法治，那么人治也应该是言而有信的。只有通过这种持续的信任建设，创业者们持续的有贡献价值的创业热情才能得以维护，创业所需要付出的努力行为才能够被维持。

也就是说，为了塑造一种鼓励创业的企业文化以及相应的组织的信任氛围，企业的文化中心有太多的工作需要进行整体的筹划和安排。并且，这些问题都具有长期性。企业文化的构建需要有长期建设的心理准备。例如，杰克·韦尔奇（Jack Welch）在通用电气花费了大约10年的时间才建立起坦诚和信任的企业文化[10]。也可以说，这个长期的过程也是总部持续的创造价值的过程。总部通过长期的坚持，在组织范围内建立起鼓励创业的精神文化、制度文化和物质文化等，从而让整个组织的新业务的创业团队焕发出勃勃生机，从而真正地支撑了企业的多元化战略。

除了创业文化外，还有许多其他对企业经营有重要意义的价值理念值得企业不断探索和总结。例如，托马斯·彼得斯（Thomas Peters）和罗伯特·沃特曼（Robert H. Waterman）等在《追求卓越》中介绍了他们对43家优秀企业的研究，发现这些优秀的企业虽然有各自不同的特点，但都拥有许多相同的品质理念，包括：崇尚行动、贴近顾客、自主创新、以人促产、价值驱动、不离本行、精兵简政、宽严并济等[11]。

第三节　总部与经营单元的关系

一、不同集分权程度的管控模式

为了让每个经营单元能够承担起经营的责任，独立面向市场进行价值创造和价值交换，就要求在经营单元层次配置相应的决策功能。即便是处于孵化中的新的经营单元，在尚不具备条件配置足够的资源，必须借调企业中的其他部门的资源的条件下，这个新的经营单元也需要配置相应的决策功能。同时，总部为了发挥总部存在的独特价值，在企业的集团层面进行统一的管理，也要对经营单元进行有序的管理和控制，也必然保留相应的决策功能。这样，集团化的企业就至少构成了两个层次的决策机构。

进一步来看，企业的一些经营单元在逐渐壮大以后，其内部可能还逐渐建立起新业务的孵化功能，孵化出新的业务团队、新的业务单元。这时候，企业就产生了三层甚至更多的决策机构。虽然，这会导致企业内部的管控结构变得非常复杂，但是，其内在的治理结构和思想仍然是一致的。

在多层次的决策机构中，当强调总部的决策权时，企业是倾向于集权的，当强调经营单元的决策权时，企业是倾向于授权或分权的。但无论这些决策层次间的决策权限和决策内容如何配置，整个企业包括各个经营单元，都应以降低社会交易成本为基本目标来开展经营管理活动。因此，各层决策机构之间如何进行合理的责权利配置，设置合适程度的集分权结构或管控模式，就成为多元化企业中的典型治理问题。

极端的集权结构，其实就是一个决策中心的 U 型组织。极端的分权结构，其实就是几乎没有互相管理关系的不同的企业，或是不存在股权交叉关系的不同公司。因此，在多元化结构中，几乎不存在极端的集权和分权。实际上，管控模式通常介于两者之间的某种中间程度。常见的管控模式分为财务管控型、战略管控型和运营管控型三种典型的类型，财务管控型更倾向于分权，运营管控型更倾向于集权，战略管控型则处于折中水平，如图 11-2 所示[9]。此外，虚线中的战略财务型、战略操作型也是常见的过渡形态的管控模式。

1. 运营管控型

运营管控型是一种常见的管控模式。尤其是在企业多元化的早期较为常见。在这种模式下，总部对经营单元的控制水平很强，接近于中央集权的管理模式。总部常常会干预甚至直接处理经营单元中的一些具体的业务事项，这些事项有许多都是日常运营层面的。例如，重要客户的识别、商业合同的谈判、存货周转的分析和控制、产品价格的审批、产品的功能框架定义甚至产品技术规格的定义、工作过程中的人员监督和人员管理等。

总部决策者在过去的经营管理中积累了丰富的经营经验，在面对许多具体的客户问题、市场问题、产品问题、内部管理问题时，他们可能很快发现这些问题背后的真正原因，能快速地找到有效的解决方案。而且，由于总部决策者处于组织的顶层位置，他们在信息的掌握、资源的调度方面具有明显的优势，能够快速处理那些需要信息或资源的运营问题。

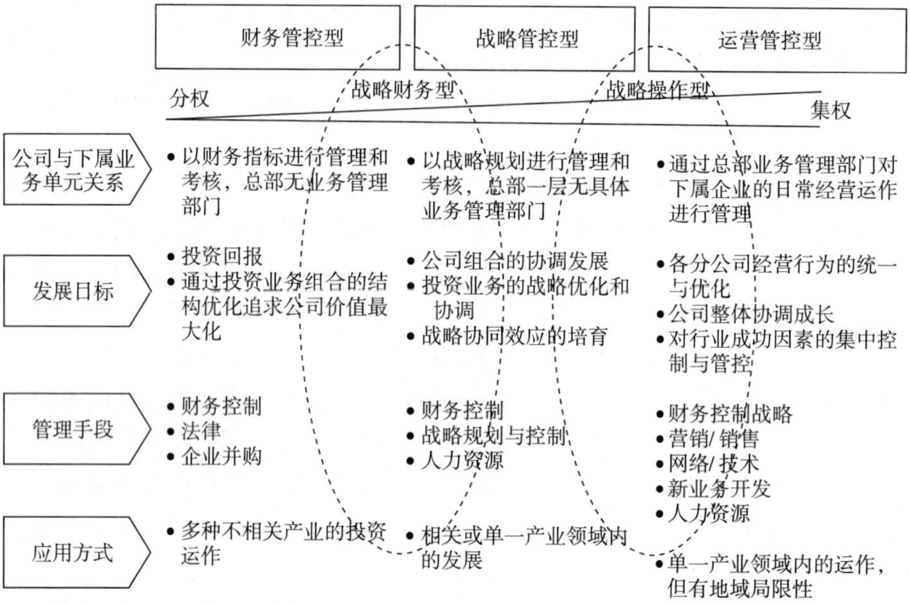

图 11-2　集团管控模式

资料来源：全国管理咨询师考试教材编写委员会．企业管理咨询实务与案例分析［M］．北京：企业管理出版社，2012.

然而，由于运营型管控的控制程度比较高，经营单元所掌握的自主权非常少，组织成员的聪明才智会受到很大程度的约束，他们没有太多的思考空间和调整空间，更多的只是扮演总部经营方案中的执行者角色，执行具体的操作活动。此外，如果经营单元数量较多，总部实际上很难兼顾多个经营单元的日常运营活动。因此，当组织成员都习惯于大量的日常运营决策都要汇报请示到总部时，他们便常常处于等候总部决策的状态中，既不敢轻易地就业务的紧急需要做出决策，也很难清楚地判断有哪些事务是可以由他们自己决定的，因为一旦某个决定是错误的，他们将可能在经营单元遭受损失时而受到责罚。因此，运营型的管控模式也常常被人诟病，认为这在很大程度上会降低经营单元的经营效率。

2. 战略管控型

战略管控型则是一种集权程度较低的管控模式。在这种模式下，总部不再干预经营单元的日常运营，但是，为了确保经营单元的经营活动符合总部的期望，总部会在战略层面对经营单元进行控制，干预经营过程中的关键环节和重要决策，例如经营方向、经营方案、资源配置、经营人才任命、监督审计方案，以及如何创造价值、如何获得竞争优势等。这些重要的内容大多以战略规划、经营方案等方式呈现出来，经过总部的审批、指示、修订之后，作为经营单元运营的框架要求，并作为后续阶段性的业绩验收的标准。

相对于运营管控型来说，战略管控模式下，总部对经营单元的战略管理能力要求并不太高，因为即便他们自身的战略管理经验和能力有所欠缺，也能够在总部的战略管理和控制下，保证经营单元的总体方向与总部一致。此外，经营单元受到的约束更少了，他们有了相对独立的自主权，能够在目标被公司认可、战略被公司批准的前提下，在策略层面、战术层面灵活运用，选择自己的方式来进行日常的经营活动，因而，他们能够基于自身对市场的洞察、对客户的需求等快速做出响应。

但是，战略管控型也存在实践中的困难。正如第二章讨论过的那样，战略一词的宽广含义会带来一定的困惑：哪些事项属于战略层次，哪些又属于策略层次，如果无法有效地区分战略内容与非战略内容，那么，与总部在战略层面的交流和决策则会难以顺畅开展。在实际工作中，这些概念和实务存在的模糊界限常常会带来实际的工作分工和授权等方面的问题。即便企业试图将各类情形和条件进行书面化的定义和描述，也可能因为缺乏切实、清晰、可靠的划分标准，存在操作上的差别，从而变成了事实上的运营管控型或财务管控型。

3. 财务管控型

财务管控型是分权程度较高的管控模式。所谓的财务管控，主要是在财务指标上对经营单元进行管理和控制，总部仅仅要求经营单元对财务指标方面的业绩负责。对于他们是如何经营、如何实现业绩的，几乎没有管控。总部对经营单元施加的影响较弱，在为客户进行价值创造和价值交换方面的控制程度都不高。这也是投资与经营高度分离的一种模式。

在一些跨行业或相关程度较低的多元化业务，或者在一些大型的合资企业、参股企业，或者是并购整合中，财务管控型较为常见。这是因为，一方面，那些不相关的多元化业务并非都是总部所熟悉的、有丰富经验的领域，另一方面，在组织单元越来越多以后，总部的管理精力也是有限的，他们需要更高的授权水平，以减少对具体业务干预的管理负担。

财务管控型模式下，总部与分部的高度分离使得各自的组织结构也相对更清晰。经营单元自身更接近 U 型组织，是一个较为完整的组织结构。这种模式的真正难点在于责权利配置的真实意愿方面。高度的权力分散和相应的价值分配，是否是总部决策者们发自内心的意愿，是否是他们处于承认他人、成就他人甚至是超然忘我状态下的豁达意愿，正如在第十章的心理历程中所分析的那样。

二、确定合适的管控模式

1. 选择怎样的集分权结构

对于多元化经营的企业来说，实践中面临管控模式的选择问题。应该采用集权的管理模式还是分权的管理模式，哪种模式是更好的模式，这样的问题并不存在唯一的答案。例如，原有的专业化企业向多元化转变的过程中，企业总体而言会从集权走向一定程度的分权；在并购过程中，对于被收购的企业来说，其内部的管理反而是从分权走向集权，因为被收购的企业原本是有完全独立自主的权限的，而现在他们的权限被减弱了。所以，并不能简单地说集权更好还是分权更好。德鲁克也给出了一个通用汽车公司的案例：费希尔分部生产单一的体积庞大的产品，采用的是集权的模式。雪佛兰分部是多品种多样化的，采用的是分权的原则。而且，它们都是有效的[12]。

实际上，要考虑集分权的具体安排，需要结合企业的实际情况，考虑更多的影响因素。有的影响因素非常重要，可能会构成决定性的因素；有些因素虽然很重要，但却只对某些特定的经营单元有意义；有些因素还会随时间推移而变得越来越重要；还有些因素，可能存在相互的关联，需要同时考虑；等等。因此，我们选择几种典型因素，分析其一般情况下对集分权配置方面的影响。

2. 影响集分权的重要因素

多元化治理经验。企业在多元化方面的治理经验是不断积累起来的。在早期治理经验不多的时候，为了避免分权方式下的代理问题带来的困惑，企业通常会加强监督措施。而监督本身又有成本，因此，集权化的运营管控模式更有利于消除激励不足和监督成本过高所带来的困难。随着治理经验积累得越来越丰富，面对代理问题时，在授权管理、激励与监督等方面的相关机制越来越规范、越来越系统时，运营型管控的不足可以通过进一步的分权结构来改善，也就是说，可以更多地采用战略管控型或者策略管控型。

业务相关性。业务的相关性也会影响集分权的模式选择。对于与原有业务高度相关的行业，无论是在业务上的关联，还是在经验上的关联，又或者是管控习惯上的关联，企业都会倾向于选择现有的治理方式（在多元化初期，这大多是运营管控型）。因为这种模式是最简单、最快速、最容易实现的。而对于那些不相关的行业来说，运营管控型的结构意味着要让总部决策者花费大量的时间和精力去了解一个全新的行业，了解其中各种各样的行业知识甚至是行业常识，这一模式是难以满足实际要求的。战略管控型或者财务管控型能够对事情抓大放小，弱化一些经营中的细节问题，聚焦于经营的战略和成果本身，会更加有效地对经营单元进行整体的管理。

多元化程度。多元化的程度通常对应了多元化的经营单元的数量的多与少。在少量的多元化业务中，由于其工作复杂度不会太高，对管理者的经验和精力的负担程度也不会太高。这种情况下，企业维持专业化结构中的集权结构的困难也是不大的，企业也倾向于采用集权化的结构，因为这能得到更加快速的决策响应。但是，随着经营单元的数量越来越多，每个业务单元都存在不同的业务内容、不同的经营信息。而且，经营过程中的信息瞬息万变，需要快速地进行有效的决策。这样，继续采用集权的结构则难以满足业务的需求，甚至可能变成一种阻碍。为了更有效地开展经营活动，充分发挥各个经营单元的经营管理人才的主观积极性和聪明才智，应考虑采用战略管控型或者财务管控型的分权结构。

内外部进入途径。企业既可以在现有团队中孵化新的业务，也可以收购外部的团队来进入新业务领域。在现有团队中孵化的时候，由于管理惯性的存在，组织内部已经形成一种日常的管理模式，并不容易发生改变，因此，采用运营型的管控是常见的管控模式。

但是，在外部收购的整合过程中，则应考虑不同的选择。由于实际控制人的变化会打破被收购企业原本的运行轨迹，打破其原来的决策链条、工作流程。如果采用运营管控模式，强行将对方纳入现有的管理体系，由于要处理更多的人际关系、人员的业绩贡献，以及新业务与老业务之间的责任分工和权限，这种运营层面的集权管理则会形成大量不必要的管理约束，从而改变被收购企业现有的运营状态。这种影响如果是积极的，可能有助于帮助被收购企业走出泥潭，获得提升。但是如果这种影响是消极的，则可能会导致被收购企业难以适应收购方的管控模式，日常运营被破坏，形成经营的亏损，从而导致收购后整合的失败。因此，战略型的管控或者财务型的管控，应是更为合适的选择。特别是对于那些已经进入成熟期的收购目标来说，财务型的管控方式可能是一种更佳的选择。

总部决策者的主观授权意愿。结合第十章讨论的心理发展历程看，由于人的心理状态存在同一性的不同阶段，对于那些仍然以自我为中心，处于无法承认他人、无法用一种开放的心态去成就他人的阶段的决策者来说，无论如何定义管控模式，事实上都可能会回到真正的运营管控模式。因为，他们会对经营单元设定太多的约束条件，设立太多的经营过程中、任务开展过程中的细节要求，这些要求都会构成事实上的运营型管控。而对于那些已经拥有更加成熟的心理状态，愿意承认他人、成就他人，甚至在幕后帮助他人成功的企业家来说，进行更高程度的分权，让各个经营单元承担起相应的职责，各自对经营成果负责，也是他们真实的意愿。这时候，战略管控型甚至是财务管控型，常常是不错的选择。

人性假设。人性假设也会影响到企业的管控模式，并且这种影响往往是深层次的。因为，在日常工作中，人性假设几乎影响了方方面面的经营管理决策和行为方式。然而，很少有企业会把人性假设作为一个开放的、公共的话题来讨论，即便有的企业的确在讨论人性假设，讨论的焦点也常常是看起来较为积极的假设，并非是真正的遵循内心的实际认知的。

所以，对于那些持有消极人性假设的企业来说，它们认为所有的人都是潜在的以自利为主的，不积极工作的。所以，大量的监督手段会贯穿在整个企业的方方面面中，这带来的影响就直接体现为在日常工作中的一些任务干预，客观上形成一种越来越强烈的“不信任人，也不允许过多的工作权限”的组织氛围。所以，这就形成了事实上的运营级别的管控模式。而持有积极人性假设的企业则相反，它们倾向于相信每个人在他们的责任范围内都会努力工作，如果把一个经营单元授权给他们来承担经营成果，那么他们也会是积极努力工作的。因此，组织比较容易采用较高分权的战略管控型或财务管控型的管控模式。

除了上面讨论到的因素，影响集分权的因素可能还有很多。例如，人才的数量和结构、经营者对业务单元的经营水平、不同经营单元的产品的技术特征、业务单元互相之间的资源共享等。对这些不同的要素分别考察，可能会得到不一样的结论。有些要素指向集权的运营管控型，有些要素指向均衡的战略管控型，有些则指向分权的财务管控型。因此，具体的选择仍应在特定的企业情境中进行试错和调整。

第四节　完善多元化治理

一、总部与经营单元的关系完善

1. 与管控模式匹配的所有权结构

通过前述的经营单元、总部以及两者之间的责权关系，便可更为清晰地看待总部与经营单元之间的所有权的安排。在一种较为理想的状态下，总部与分公司或子公司之间的所有权结构应该跟管控模式保持匹配关系，这样能更好地减少经营单元的实际控制权与期望的管控模式之间的差异，也就能够减少这种差异所产生的代理成本。多元化经营中的重要治理任务就是不断完善总部与经营单元的责权利关系，不断完善企业多元化经营的同一性。

对于企业设立子公司来经营新业务的情境而言，依据管控模式的差别，企业可以配置不同的所有权结构。当采用如运营型的集权型管控模式时，子公司的所有权结构设计、董事会和监事会的成员安排、经营班子和关键人才的任命和职责安排，都应纳入总部的直接管控。总部的决策者通过这些决策成员行使集权管控的模式，并建立起各种相关的集权管控机制。而当总部愿意对分子公司采用偏向于分权的管控模式时，子公司的所有权结构可以更加分散，可以吸纳更多的外部股东，配置更加分散的董事会成员结构，允许子公司内部的表决结果更为分散、更为民主。

这种思路也同样适用于通过参股或合资的方式进入新业务领域。当企业愿意以松散的方式来管理某项新业务的时候，也可以选择参股到别的企业，甚至作为小股东参与到其他企业中，尽量少地干预对方的经营过程，只要保证获得投资者相应份额的收益即可。

对于不设立子公司的情况来说，这通常表明企业想要保持完整的所有权，可能会考虑作为后续发展的主要业务。但在内部委托经营职责时，企业仍然可以选择集权的方式或是分权的方式，在不同程度上对代理人团队进行授权。但需要考虑的配套措施是，由于没有成立单独的子公司，代理人团队中的经营决策人员可能在事实上缺乏足够的内部管理的决策权力，因此，在内部的治理机制，如委托关系的正式程度、权限授予的正式程度等方面，都应该更为系统、更为全面地进行一系列的制度安排，以确保这个经营班子能够在事实上承接起这项新业务的经营职责。

2. 对经营单元的激励与监督

在经营的收益分配方面，总部与经营单元之间也应考虑更为合理的分配比例。例如，当采用偏向于集权的管控模式，大多的经营决策都是通过总部来做出的，可以认为总部的经营贡献占比更高；反之，当偏向于分权的管控模式，大部分的经营决策都是由经营单元自身做出的，因此，经营单元自身的贡献占比更高。而无论哪种模式，价值链活动的实际开展的执行者大多是由经营单元扮演的，因此，劳动者团队的人力资本所做出的贡献也应该设法进行合理的评估。同样，总部提供了资金的资本，因此，资本所应获得的回报份额也应设法进行合理的估算。如此一来，多种要素都会影响到经营收益的实际分配。总部与经营单元之间应进行充分的沟通、友好的协商，本着责权利对等的方式进行合理的安排。

此外，实际的价值分配还应考虑新业务的发展阶段。例如，当新创业务处于早期开拓阶段时，财务上的收益数额可能较少，那么，为了保持这一时期的创业热情，其贡献评估与收益分配便不应完全基于财务收益，因为那可能意味着没有实质性的激励内容。这时，是否可以考虑一些中长期的激励措施如股权或期权，或者是在由总部提供的创业基金中基于某些创业的里程碑事件的达成进行鼓励。同样，当新业务处于成熟期时，为了鼓励经营单元勇于挑战，可以在经营目标的设定和利润分配上，将边际难度也作为重要的分配依据，设计随难度递增的分配方式，让经营单元有更强的积极性去发挥其最大的潜力。

为了让经营单元能够保持长时间的健康发展，总部对经营单元的评价应考虑多方面的均衡因素，作为价值分配的重要基础。例如，可以借助一个经典的平衡计分卡（Balanced Score Card，BSC）[13] 工具，这既可作为一个均衡的目标系统，也在一定程度上对经营成果产生一定的约束作用。这个工具强调了经营者应避免过度的短视和窄视，在财务指标之外还应同时考虑更多的目标，包括外部客户的需求、内部流程的发展需求，以及团队的学习与成长性等方面的目标。

在经营单元的监督方面，同样也应考虑管控模式的差别。当采用偏向于集权的管控模式时，总部对经营单元的监督可多聚焦于执行过程中的监督，特别是对执行中的一致性、合规性等方面的监督，确保经营单元能够按照总部的运营要求开展各项经营活动。而当采用偏分权的管控模式时，总部对经营单元的监督可多聚焦于执行过程中的风险管控和事后的经营审计方面，如腐败、渎职、滥用权力等。

二、经营单元内部的治理

由于经营单元是一个具备承担职责所需的各种能力的综合体，当经营单元承接了总部委托的经营职责后，在经营单元的内部，也就需要进一步地将经营职责分解为各类任务，分别委托给单元内部的不同部门和成员。不过，经营单元的内部结构存在不同的松散程度，因此，其内部的代理关系及相应的治理仍然存在一定的差别。

当经营单元本身就是一个完整独立的法人公司、拥有经营业务所需的完整的价值链部门以及必要的参谋部门，也拥有总部配置的各种相关的生产要素时，这个经营单元就像一个真正的专业化企业一样，整个单元的内部治理就像专业化企业的内部治理一样。识别内部的纵向与横向的委托关系，明确各委托关系中的责权利安排，并进行相应的激励与监督。与专业化企业不同的地方在于，经营单元还要结合总部的管控模式，不同程度地接受总部的决策管理和过程控制等。

当经营单元本身虽然是法人公司，但是其内部的价值链和资源配置都不完整时，经营单元自身的资源并不足以独立承担经营职责，需要与另外一些子公司或部门进行必要的合作与协同。

由于这种情况可能会存在多个子公司自身的所有权结构的差别，各子公司内部的控制权限也不一样。为了让经营单元对应的这一公司能够有效地调度其他子公司的资源，在条件允许的情况下，一种处理方式是重新梳理各子公司的所有权结构，调整各股东的表决权，或者调整各自的董事会、经营班子成员等，使得各公司的实际经营决策权限的配置与这一业务获得竞争优势所需要的权限配置是一致的。

另一种处理方式是将经营单元公司与其他子公司的任务委托事项转化为公司

间的交易委托，在各个分子公司之间建立起关联交易的工作流程和结算规则。其中，参考公开市场的同类产品或服务的价格，对那些需要委托的事项进行定价。这个价格最好是包含了一定的增值利润的价格，从而可以作为委托关系中的激励内容。考虑到双方都存在自利倾向，为了各自利益在议价方面可能会产生过高的成本，因此，总部也可以在集团的内部进行统一的指导定价，减少议价活动带来的交易成本。

当经营单元没有注册为子公司独立运作时，经营单元是由各个部门抽调的人员临时组成的。由于整个单元的人员结构过于松散，整个单元对新业务的经营职责的承担能力就较为薄弱，因此，对经营单元的内部的代理关系的有序管理，以及建立相关的保障措施，就更为重要了。例如，企业选择更加强力的经营管理者来带领经营单元，投入更多的管理资源，明确界定单元内的各项委托事务，明确各类典型的任务代理关系，明确其中的责权利关系，设置更为清晰的纵向工作流程和横向工作流程，配置更有吸引力的激励资源、更为精准的过程控制措施，等等。

经营单元内部的激励与监督也可主要参照专业化经营的企业那样进行针对性的设计。不过，考虑到各个经营单元出于不同的发展阶段，面临不同的发展困难，各单元内部的具体措施可以根据自己的情况做一些调整。从总部视角看，各单元的激励理念应保持一致，这应该通过总部的指导或干预，或建立起组织的价值分配纲领或企业文化，以避免各单位的激励理念偏差。此外，各经营单元的激励方案也可能会存在明显的差别，虽然单元间的激励差别可能有利于鼓励各单位成员积极向前，但激励差别过大时也有可能带来内部不公平的消极氛围，因此，总部也可根据实际情况，适当地进行一定程度的均衡处理。

三、总部内部的治理

当把各项业务的经营职责都委托给各个经营单元以后，总部本身也仍然可能是一个由多个部门组成的综合体。也有些企业将总部单独注册为法人公司，自身并不直接经营某项具体的业务，而是对企业集团内的其他子公司进行统筹管理。不管哪种形式，总部自身都可以看作一个整体，也存在内部的委托代理关系，需要进行相应的责权利配置。

从整个企业的股东会的视角看，总部仍然扮演着整个企业集团的总体的经营决策角色，就像是专业化企业的经营班子一样。因此，总部就是股东对整个集团的经营职责的代理人。但与专业化企业不同的是，多元化企业中的总部可以把某些业务领域或全部业务领域的经营责任委托给经营单元的经营班子。这时，总部的经营班子同时也是各业务领域经营职责的委托人。作为委托人，他们有责任也有义务选择合适的经营单元的代理人，对经营单元的代理人进行激励与监督，确保委托的事项符合股东的要求。因此，总部经营班子作为股东的代理人，便代理了选择和培养更多经营人员的职责。由此也可以说，如果总部经营班子没有在发掘和培养经营单元经理人方面做出相应的努力，那么，他们便可能是不称职的代理人。

虽然总部可以将许多经营职责按领域划分，整体委托给不同的经营单元，甚至采用极端的分权方式进行松散的管理，但是总有一些职责是无法直接委托出去的，承担这些职责也正是总部的独特价值。例如，前述的战略中心、资本中心、人力资源中心、制度中心和文化中心等职能，总部很难将其中的某一项完整地委托给某个职能部门，就像是委托某项业务的完整的经营职责一样。即便总部将这些职责拆分为具体的任务，委托给一些具体的执行人员，也依然需要对这些分拆的任务进行整合管理。例如，企业的总体战略规划工作，虽然可以分拆出收集信息、编制文件、组织研讨等具体的任务，但最终的有效的战略规划方案仍然必须在总部的经营决策者亲自参与、亲自权衡、亲自整合的情况下才能获得。如果总部将战略规划的整个过程和最终方案都委托给其他成员，那么，他们显然无法得到真正符合实际情况的战略方案。出于同样的原因，我们很难看到哪个企业的制度中心、文化中心是由某个子公司或部门，在脱离总部决策者的情况下独立进行管理的。所以，这些职责的实际执行情况也可以反映出企业总部作为股东的代理人时的称职程度。

总部将某项业务的经营职责委托给某个经营单元后，不管采用哪种集分权管控模式，总会在不同程度上参与这一项业务的经营。这时，也可以看作经营单元存在某些不足，选择相应的管控模式也正是为了弥补这种不足，所以，总部通过管控模式的选择代理了这项业务单元的经营职责中的某部分责任。例如，在运营管控型下，总部代理了该经营单元的一些日常的执行任务；在战略管控型下，总部代理了该单元的一部分战略管理职责；在财务管控型下，总部代理了该单元的一部分资金运动过程的管理职责。这种视角有助于更好地理解，总部在某个经营单元中的贡献水平，有助于更为合理地讨论总部与经营单元之间的价值分配。

企业的股东希望每项业务都能够获得更好的竞争优势，都能够不断取得进步，因此，总部还常常代理了另一些职能，即帮助经营单元提升经营管理水平。就实践层面而言，这种帮助的内容范围可能是广泛的，具体的安排又是根据业务需求的轻重缓急而动态调整的。例如，提供管理改善的管理咨询服务、营销改善的营销咨询服务、战略管理方面的战略辅导服务等。

以上这些职责表明，总部作为企业集团中的一个机构，也是股东会的代理人，总部接受了股东会的委托，也必须承担起自己的代理人职责。因此，总部是否是称职的代理人，是否尽到了代理人的职责与义务，也是多元化集团治理中不可忽视的问题。

此外，总部承担的这些职责也需要通过任务分解的方式，分解成不同类型的子任务，分别委托给总部内部的不同成员。这些成员中，有一些是经营决策层的决策者，有一些是职能部门的专门事务的执行者，有一些是掌握丰富经验的咨询参谋者，这就意味着，总部内部的这些成员之间所需要的委托代理关系也应该被清晰地识别出来，以确保他们清楚地了解自己代理的职责内容，确保他们具有所需要的职务权限，并对他们进行合理的激励与监督。

在具体的治理的制度安排方面，还应该考察不同成员之间的差异性。例如，对于那些高层的经营决策者们，他们可能大多都有机会参与到集团的剩余价值分配中，因此，总体而言，他们作为代理人的工作积极性具有较好的激励基础。但是，对于那些总部内部的其他执行人员、专业人员、参谋人员等，他们可能缺乏参与到剩余价值分配的机会，因此，应有针对性地设计更为适合的工作成绩激励与过程监督机制。例如，通过对工作本身的成果进行价值评估，或采用岗位的价值评估等方法，也有的企业会采用多元化的管理经验对虚拟的经营单元进行管理。例如，将总部的一些典型的任务或参谋支持的服务转化为具有某种计价基础的解决方案项目，参照市场上的同类服务进行定价，以企业内部交易的方式来完成成果的价值衡量。

参考文献

［1］钱德勒．战略与结构［M］．昆明：云南人民出版社，2002.

［2］梁能．公司治理结构：中国的实践与美国的经验［M］．北京：中国人民大学出版社，2000.

［3］菲利普·科特勒，凯文·莱恩·凯勒．营销管理（第 14 版）［M］．上海：格致出版社，上海人民出版社，2012.

［4］稻盛和夫．阿米巴经营［M］．北京：中国大百科全书出版社，2009.

［5］查尔斯·T. 亨格瑞，加里·L. 森登，威廉姆·O. 斯特尔顿，等．管理会计（第 14 版）［M］．北京：北京大学出版社，2011.

［6］亨利·明茨伯格．卓有成效的组织［M］．北京：中国人民大学出版社，2007.

［7］刘刚，殷建瓴，刘静．中国企业文化 70 年：实践发展与理论构建［J］．经济管理，2019，41（10）：194-208.

［8］Deal T E，Kennedy A A. Corporate Cultures：The Rites and Rituals of Corporate Life［J］. Contemporary Sociology，1982（2）：98.

［9］全国管理咨询师考试教材编写委员会．企业管理咨询实务与案例分析［M］．北京：企业管理出版社，2012.

［10］杰克·韦尔奇．赢［M］．北京：中信出版社，2005.

［11］彼得斯，沃特曼．追求卓越：美国优秀企业的管理圣经［M］．北京：中央编译出版社，2000.

［12］德鲁克．公司的概念［M］．上海：上海人民出版社，2002.

［13］罗伯特·卡普兰，大卫·诺顿．战略地图：化无行资产为有形成果［M］．广州：广东经济出版社，2005.

第十二章

多元化企业组织再造

第一节 集团型组织优化

一、组织结构的发展

由于公司治理通常包括治理结构和治理机制，是对企业能够完成股东委托职责的一系列的制度安排，多元化企业治理中的重要内容又包括了总部和经营单元等层次的治理结构和治理机制，为了让对企业内部的各种委托关系进行有效的治理，便需要对组织内部的各种治理结构及相关的运作机制进行描述，因此，可以说，企业的组织结构和组织内部的各种相互关系也是公司治理的一部分体现。企业组织结构的发展，也基本体现了公司治理随企业发展而变化的过程。

早期进行多元化业务尝试的企业，大多都保持专业化阶段的 U 型组织结构，如第六章讨论到的直线型、职能分权型或者直线参谋型等几种类型。

随着业务的发展，组织的规模也会越来越大，U 型组织结构内部的价值链的分工可能会越来越细。当横向分工过细的时候，横向的协调成本会越来越高，越来越没有灵活性。因此，组织无法永远保持持续的增长，组织的发展在规模上应该会存在某个最优的边界，当超出这个边界的时候，组织的协调成本最终会吞噬掉规模带来的经济效益。既然更小的组织能具备更好的灵活性，那么成长到一定程度的大公司，则应该分为多个小的公司来经营[1]。特别是当企业开展了多样化的业务内容时，由于竞争需要，逐渐会形成事实上的分散的决策中心，这时，名义上的 U 型组织结构已经不能适应多种业务的经营需要。从治理视角看，U 型组织结构的单一的经营决策团队无法在同时代理多个业务领域的经营职责时，还能具备良好的代理能力，因此，必须将一部分业务的经营职责委托出去。正是这个过程导致组织不再能够总是维持 U 型组织结构。

委托某项经营职责的过程中，便开始形成总部经营决策层和经营单元的经营决策层。当每个经营单元都采用单独注册的法人公司，且能够独立完整地承担该业务领域的经营职责时，经营单元公司就拥有自己的经营班子、完整的价值链部门以及必要的参谋部门，这个经营单元自身就是一个 U 型组织结构。企业集权的组织结构就形成了至少 2 个层次的母子公司的关系，人们也常称为控股式（Holding Company，H）的组织结构，如图 12-1 所示。总部母公司既可能会同时经营某项业务，也可能逐渐剥离具体的业务，从而成为一种典型意义的集团总部，主要扮演整个集团的战略规划、资源管理等统筹的管理角色。

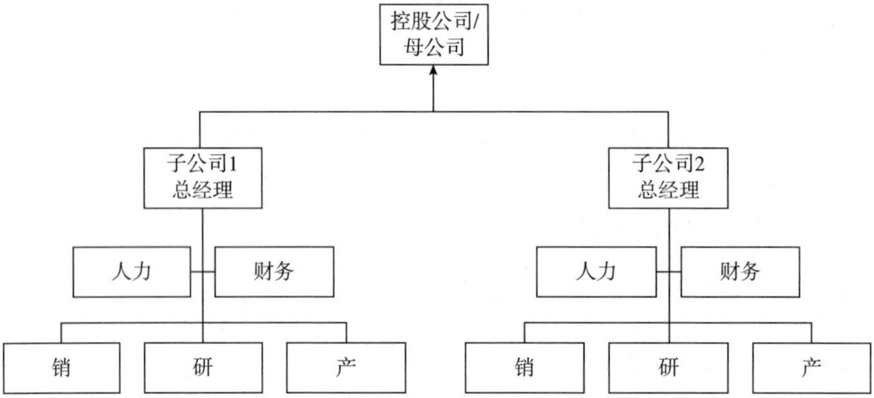

图 12-1　H 型组织结构

资料来源：笔者结合 H 控股型组织结构的典型特点整理。

然而，将经营单位注册为独立的法人公司并配置完整的价值链资源，虽然能够形成更为清晰的委托代理关系，但是，这种代理关系在所有权管理、人员配置、制度设计等方面都需要投入管理资源，总的代理成本也较高，并非适合各种各样的业务，特别是那些尚处于创业中的小规模的新业务。而且，拥有优秀的企业家才能的经营决策者通常是稀缺的，总部常常不得不对某些重要的经营单元采用运营型的管控模式，这时候，单独注册子公司也并非总是必需的。

因此，不少企业会选择在现有的法人公司内部抽调人员，组建成能够代理某些业务经营职责的内部经营单元。这样，就形成多种分部的事业部结构（Multidivisional Structure，M）。一般认为，M 型组织结构是在单个企业的内部定义其二级经营单位的模式。这样可以实现“集中决策，分散经营”，是一种集权和分权相结合的组织结构[2]。随着企业集团越来越多，这种定义更强调二级经营单元的组织形式而不再过于强调经营单元本身是否是法人公司。例如，有些企业既设立了单独的子公司为经营单元，也设立了内部的事业部为经营单元，也可视为 M 型组织，或者泛称为混合型组织。

一般认为，U 型组织结构、H 型组织结构和 M 型组织结构构成了现代企业中的三种基本组织结构。大多数企业组织的基本变化都是从 U 型组织结构转变为 M

型组织结构，其中M型中有多个经营单元，每个经营单元都是以业务为中心的一个U型组织结构[2]，每个U型组织结构中都有其需要的价值链部门和参谋部门。H型组织结构也有类似的特征。所以，H型组织结构和M型组织结构都可以认为是典型的多元化组织结构。

然而，H型和M型各有优缺点，H型的代理关系更清晰，但代理成本也更高，M型则更为灵活，代理成本更低，但相应地，对企业的治理能力要求较高。总的来看，随着企业多元化经营中的治理经验越来越丰富，M型组织更能在运营效率和治理成本方面取得平衡。根据钱德勒的观察，美国的大企业采用了这种M型组织结构以后，几乎一直都在沿用。到第二次世界大战时，大部分扩展到新的地区或相关产品市场的工业企业都采用了类似的组织结构[3]。

现在通常认为，M型组织比U型和H型组织具有更好的绩效水平。由于企业对经营单元相当于是100%的全资控股，企业作为内部的投资者既不会存在信息不对称的不利地位，还拥有管控经理人的工具，因此，M型组织结构具有最小化交易成本的特征，能够较为有效地解决企业扩张过程中的集中战略控制和经营决策混淆的问题[4]。正如威廉姆森指出的那样，在许多大型组织中，U型结构所特有的那种职能交叉、权责不明的做法，现在已经被强调准自治的、互相分设的各种事业部的结构所取代。其结果是，各事业部都具有明确的目标，也节省了信息成本[5]。

二、集团中的组织设计

1. 一般的组织设计原则

实践中，虽然组织结构是公司治理的一部分体现，但许多企业定义的组织结构，并非总是跟实际的公司治理完全匹配。例如，有些企业设置了子公司，但却并未配置完整的价值链资源；有些企业设置了内部经营单元，但却未明确其承担经营职责所需要的责权利安排。造成这种偏差的原因，通常是对委托代理关系及公司治理缺乏足够的了解和重视。也正是因为有这种差距，企业有必要不断审视公司治理并进行相应的组织优化。

为了让组织结构能够适应业务的战略，组织应该有相对独立的运作模式和运作机制，能够保证其对应的战略高效运转，从而保证该业务单元在市场上的竞争优势。当企业因为实际业务需要而逐渐形成了前述的业务决策组合的时候，也有一些企业以业务决策需要为基础，进行相应的组织结构调整，从而开始向多元化经营的组织结构发展。

也就是说，组织结构设计的核心思想是以组织战略为基础，以战略分析、环境分析、生命周期分析、技术分析、组织价值链分析、职能依赖关系分析和集分权管理模式分析等为手段，对组织的纵向控制与横向沟通进行有效的平衡[6]。

这里说的纵向控制，指的是组织分几个层次的结构，组织内部各层级的指挥关系、代理关系、决策权限如何设置等。通过对纵向控制模式的设计，能降低组织在运营过程中的决策风险。横向沟通指的是，组织需要完成哪些工作（或价值链环节），配置怎样的职能结构，相互之间如何分工与协作等。横向结构反映了企业价值链的要素和工作流程的核心流程要素，与横向匹配的职能设置决定了组织内部的横向沟通模式。这种模式能降低组织在战略实现过程中的内耗。

对横向沟通与纵向控制的有效平衡，就是为了提升决策水平、降低组织损耗、降低组织在战略实现过程中出现组织无效的可能性，从而为组织效能中的流程要素、角色要素、心态要素的建立和调整奠定坚实的基础，最终提升整个组织的效能。

通过横向和纵向均衡来匹配业务的需求的组织设计思路，一般应该满足精简、高效与制衡的原则。精简原则是在组织层面解决投入与回报之间的效能问题。精简的组织结构可以避免组织在人力资源方面的过量投入，降低组织内部的协调成本和控制成本，强化组织的核心竞争力，提高组织应对外界环境变化的灵活性。高效原则需要在组织层面解决投入与回报之间的效率问题。通过对各组织部门和职位，以及集分权管理模式等进行合理的设计，努力压缩在战略实现过程中决策、执行等的时间延迟，提高组织整体的运营效率。制衡原则需要解决组织层面投入和回报之间的合理性问题，需要有效平衡横向沟通协调和纵向控制之间的关系，使得组织能够按照既定的战略方向进行运营管理，保证战略规划，在有效地实施完成战略目标的同时，提高组织在复杂环境中持续发展的能力，取得一种合理的投入与回报。

在一些规模较大的复杂组织中，高层决策者难以对整个组织进行完整的详细设计，因此，他们也可能会将一些不同经营单元的内部组织委托给经营单元的决策者来进行详细的设计。如果担心他们在组织设计上的经验不足、考虑不周或者过于随意，企业高层决策者也可以在一些组织设计的关键架构、关键角色上，例如与决策、分配、激励和监督有关的组织关系和组织角色方面进行深度参与，进行必要的指导和审批控制。

2. 总部组织设计

总部既是企业集团总的经营决策的代理人，又是经营单元的委托人，自己还扮演了五大中心的角色，总部与经营单元还存在不同的集权分权管控模式，因此，总部的组织设计应充分结合这些需要来进行具体的设计。

当总部定位于运营型总部时，那么它需要面向不同的业务单元，面向不同的运营层级，配置一些相应的领域专家和执行骨干。这些专家能够进行销售的管理、研发的统筹管理、供应链的统筹管理、人力的统筹管理、财务的统筹管理等。例如，生产型企业中，由于物资采购是企业中的一个重大的资本占用的环节，那么公司可能会成立一些专门的采购委员会，聚集一些高水平的采购专家、供应链专家等，为不同的经营单元进行整体的规划和日常的运营。也就是说，运营管控型的总部的组织，相当于把各个领域的一些专家人才都纳入总部的组织。

对于一些发展迅猛的企业，或者在企业的快速成长期就开始涉足多元化管理的企业，由于其还没有培养出足够多的人才，也还没有积累出足够多的经营管理经验，这个时候，越高的授权则意味着越高的风险。把这种风险控制在总部的层级上，让总部的高管团队能够根据自己的经验和洞察力对一些关键环节进行控制，有时反而是一种能够提升效率又能降低风险的解决方案。

当总部定位于偏向于分权的财务管控型时，常常表明企业想将面向具体业务的战略规划、市场营销、产品研发、供应链管理等价值链上的功能活动都逐步配置到经营单元的内部，或者企业已经这么做了。这时，总部通常只需要配置以财务功能为主的财务管理团队。同时，企业可能也需要避免一些经济纠纷，所以会保留一些审计的团队，规避和应对一些经济违规事务的法律团队、税务团队等。

动态地看，运营型管控的总部是可以逐渐向财务管控型演变的。也就是说，企业发展阶段的早期，总部管理者在管理经验、全局观、能力和素养等方面都具有明显的优势，因此，大部分权力放在总部是更加合适的。随着组织中的一些骨干成员的逐渐成长，他们慢慢地能够成为一个独当一面的经营者，这时候则可以把这些骨干成员逐渐委派到经营单元中，授予他们更大的权限空间。这时候，总部的组织结构则逐渐地开始精简，经过持续的转变和调整，最后慢慢演化成财务管控型的总部组织结构。

此外，无论采用哪种管控模式，企业都应重视战略中心、资本中心、人力资源中心、制度中心和文化中心等职能的建设。逐步成立一些专门的部门或工作小组，明确定义其相应的职责和权限，并由最高决策层亲自负责带领。早期的人选则可以先由一些委员会机构或兼职人员来担任，并逐渐配置一些事务执行的岗位编制。这样，总部的组织既承担了基本的业务经营层面的管理功能，又能承担职能服务方面的服务和控制功能。

在总部的组织设计和建设的过程中，也应经常对总部进行必要的组织诊断，回顾自身的各种功能定位和资源配置，设法避免实际的组织与总部的定位不一致，从而使得总部成为不称职的代理人。

例如，许多采用运营型管控的企业，实际上并没有完整的总部组织，没有配置相应的人员编制。因此，总部的高层决策者为了管控运营级的事务细节，不得不花费大量的时间在琐碎的事项上。反之，有的经营单元还没有建立起自身完整的组织结构和价值链功能，还没有发掘和培养出能够担此重任的经营团队，还未能对价值链的过程进行全面的管控，也还不能从经营层面上负责从战略到执行的闭环管理，但是，公司可能就已经采用了一种高度分权的财务管控型模式，这很可能导致业务单元完全暴露于高度的经营风险中，而总部也没有能力对这种经营风险进行有效的防范和应对。

3. 经营单元组织设计

经营单元的组织设计，也应考虑一些基本的因素。

首先，经营单元的核心职责是在该业务领域取得竞争优势，保证稳健的经营活动，因此，为了实现经营，它们应有自己的决策中心，即自身的经营班子，也应有完整的价值链条的人才队伍，包括营销人员、供应链人员、必要的研发人员、人力资源或财务等相关领域的参谋人员等。

其次，总部与经营单元之间存在不同的管控模式，总部已经进行了相应的结构配置，因此，经营单元也应与管控模式匹配。一般来看，在那些采用运营管控型的集权结构的组织中，公司的总部会对很多运营层面的事务进行具体的管理，因此，业务单元则可以采用轻量化的组织结构和队伍编制，仅少量配置一些必要的负责执行的岗位人员，而将那些谋划型的、思考和管理型的工作都交由公司总部来承担。当集团采用财务型的分权管控模式时，集团的总部采用了最精简的组织结构，几乎没有太多运营层面的人员配置，因此，经营单元需要执行经营所需的各种各样的功能，包括管理的、执行的、参谋的功能等，这些功能都需要在经营单元内部配置相应的人员。

总而言之，如果总部管得越细致，则经营单元层面的人员配置可以越少；反之，总部管得越粗放，经营单元则需要完善的组织机构和人员配置来承担那些经营所需要的工作内容。并且，由于不同的经营单元还存在业务、专业、资源、成熟度等方面的差别。上述的组织差别，也可以根据每个单元分别进行不同的设计。只有同时考虑经营单元与总部之间的分工和组织配置，才能使得经营单元与总部之间形成一种有序的分工和协同。

4. 资源共享形成的矩阵式组织

保证每个经营单元的职能完整是必要的，但是，为每个经营单元配置完整的价值链成员和参谋成员，则常常是存在困难的。特别是对于新创的业务单元而言，无论是业务的盈利能力，还是业务所需要的工作量，都无法支撑复杂分工下的大规模团队。

这时，就必然存在某些成员身兼多职的情况，以最精简的团队构成来承担全部的经营活动。例如，销售员既要负责商务合同的洽谈又要负责商务单据的跟进，而对有些成熟的组织来说，这些工作通常可以分为售前和跟单这样的不同岗位。但是，受经营单元成员自身的时间、精力、能力与经验等方面的局限，单元内的某些必需的但是工作量较小的职能，或者是一些专业化程度要求高而自身无法具备的职能任务，可能还需要由单元外部的人员如总部机构或其他经营单元中的成员等来兼任。

实际上，在多元化企业中，这种兼职的现象是必然存在的。例如，在极端分权的情况下，即便是每个子公司都是一套独立的运营班子，只要企业仍然是统一的企业集团，企业的总部仍然是统一的总部。每个经营单元在接受总部的管控时，总部就可以看作兼职为多个子公司提供管理服务的部门。总部作为战略中心、资本中心等角色时，对于每个经营单元而言，便是一种兼职的管控角色，如图 12-2 所示。这就构成了一种矩阵形态的组织关系。

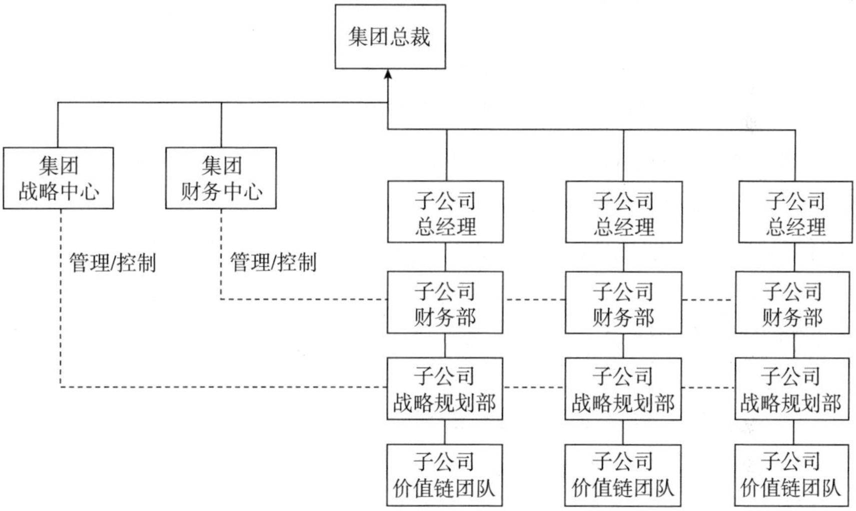

图 12-2　集团层面的矩阵型组织

资料来源：笔者结合集团组织结构典型特点与内在的矩阵关系整理。

同样，当经营单元中的一些任务是通过其他部门或机构成员的兼职的时候，经营单元与其他部门之间也构成了一种矩阵的组织关系。在这种情况下，经营单元内部可以配置更为精简的团队成员，承担经营职责中的某些重要内容，如制定单元的经营战略、营销规划、客户关系、商务单据对接等。其他的职责如研发的软件设计、生产工艺设计等，则通过兼职的人员来完成，如图 12-3 所示。

经营单元与这些外部兼职的成员的关系，也可以看作以各种任务外包的委托关系。这意味着经营单元可以在需要的时候，临时借用需要的专业资源，只需要为临时使用的工作量或使用的比例承担少量的费用。这样，经营单元既免除了固定的人员编制负担，又能获得实现经营所需的各种资源。

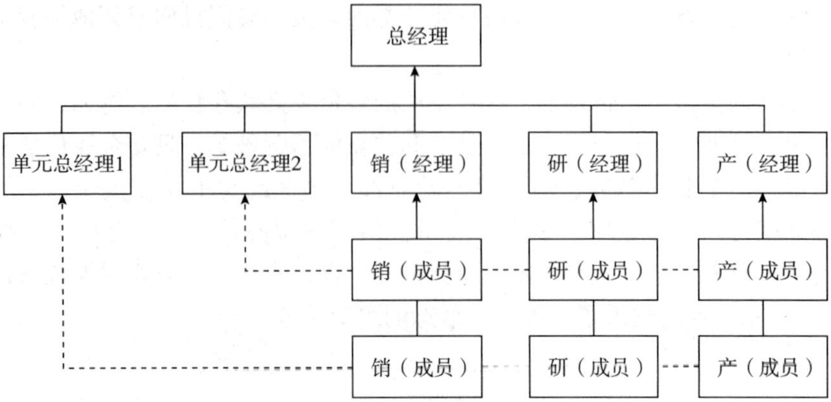

图 12-3　经营单元共享资源的矩阵组织

资料来源：笔者结合直线型组织结构与内在的矩阵关系整理。

进一步来看，现代企业中有许多常见的具有项目特征的职责都是通过矩阵组织来实现的。例如，某个新产品研发项目通常需要同时调用多个部门的资源才能完成；获取某个大客户的某个重要的订单也需要调集多个职能部门人员参与才能完成；推进某项管理变革，也需要组织多个部门的成员才能完成。因此，也可以说，矩阵组织广泛存在于 U 型、H 型和 M 型的组织中，是一种资源共享而形成的内在的组织结构。

不过，矩阵组织会存在多头管理的现象。执行人员通常面临两个方向的管理者的指挥，一种指挥来自调用人员的委托方，正是他们存在借用人员的业务需求，所以，他们对执行者存在调度和决策的需要，以便完成他们期望的任务；另一种指挥来自执行者的日常管理方，即直接上级，他们在人员的日常任务安排、训练、评价等方面都具有组织授权的管理权限。这两者构成了对执行者的两种指挥关系，因此，可能会导致委托代理关系模糊，使得执行者难以分辨应该按照谁的指挥来开展工作。

因此，虽然矩阵组织能够提升资源利用率，提高人才队伍的效率，但是，组织需要识别和定义执行者承接的各种任务的代理关系的性质，明确不同任务对应的指挥关系和责权利安排，并不断改善互相之间的协同方式，才有可能发挥出组织期望的工作效率。

第二节　匹配组织的流程再造

一、专业化分工的发展

亚当·斯密在《国富论》中提出的分工能够增加社会效率的观点，深远地影响了整个工业社会的发展。现代社会许多企业的组织扩张都是建立在这种分工的理念基础上的。无论是生产型的组织，还是研究型的组织，几乎都是通过社会分工来寻求更高的经营效率的。许多复杂的难以由个人来完成的工作，都是通过分工，由不同的人分别完成其中的一部分的。这样，整个组织便能够完成那些个人难以完成的任务。经过长期的社会分工的发展，现代的许多企业在人员的数量上都已经远远地超过了工业化早期的大型企业。

然而，既然分工能够提高效率，那么，是否持续不断的分工就能持续地提高效率呢？许多组织发现，组织在某个时候会遇到扩张的瓶颈，分工的边际效应在递减，进一步的分工可能会导致效率的损失，在某些特定的情形下，适当减少分工，反而能够增加团队的工作效率。而且，在这种情形下，团队有更好的灵活性、响应能力。例如，当某个任务完全可以由一个人完成的时候，组织通过分工拆分成多个人来完成，甚至由不同部门的人来完成，必然存在沟通协调的成本。当这种沟通协调成本过大的时候，实际上就导致了总的效率的损失。

同样，当一个人身上兼着多份工作内容的时候，为了在不同的工作任务之间进行切换，也会存在任务切换的成本。例如，当一项任务完成一半时，切换到另一项任务，等之后再重新切换回原先的任务时，执行者可能需要重新回忆原有的任务状态，重新回忆任务执行的思路、计划，或者进行必要的准备工作。即便原来的任务已经提前做好了暂停的记录和文档说明，但再次重新启动时，也需要阅读这些记录和文档。这时，填写记录文档以及重启时阅读文档和重新准备等方面的投入，都是损失的成本之一，所以，任务切换就造成了效率的损失。这种现象正是在强调资源共享、人员复用的基础上形成的矩阵组织中必然存在的现象。

决策方面也会存在类似的分工降低效率的问题。例如，某项工作需要由多个不同的部门进行审批，每个审批人员都根据专业分工只审批其中的一部分内容，这样，要让所有的人分别把所有的内容都审批完成，所需要的时间往往是比较长的。如果减少审批的分工，让更少的人来审批这些内容，完成所有审批的活动所需要的时间就更少了。

矩阵组织中的多头管理，也可以看作一种决策者在决策内容上的分工问题，因此，也有可能带来效率的损失。当这些不同的决策者分别处在不同的部门中，特别是在不同的经营单元中时，横跨多个部门的工作流程所需涉及的各类工作决策，以及各种协调成本非常高，造成的效率损失可能是巨大的。

类似的问题可能存在于企业的价值链的全部过程中，各个环节上的效率损失就构成了企业在创造价值、为客户提供价值的整个价值链的效率损失。整个价值链的效率是企业完成社会交易、降低交易成本所必需的重要条件，因此企业就有必要从客户的视角审视整个价值链过程，审视那些影响效率的因素并进行改进。

二、企业流程再造

为了应对过度分工导致的效率损失，提升客户价值实现流程的整体效率，在20世纪90年代，迈克尔·哈默（Michael Hammer）和詹姆斯·钱皮（James Champy）提出企业再造（Reengineering）的思想，主张“针对企业业务流程的基本问题进行反思，并对它进行彻底的重新设计，以便在成本、质量、服务和速度等当前衡量企业业绩的这些重要的尺度上取得显著的进展”[7]。企业再造的核心是再造企业的业务流程，或者说是价值创造的价值链流程，因此，应尽可能地减少流程中的不增值活动，包括检查、控制活动或其他的调整活动等，除非它们的确具有经济上的意义。此外，再造又不能仅仅停留在流程上，其他的如工作职位的设计、组织结构形式、管理制度、人的价值观和信念等，总之，与业务流程相关联的一切，都必须重新安排。这种以流程为中心进行变革的思想也被称为业务流程再造（Business Process Reengineering，BPR）。

企业再造的思想，对于现代企业而言有重要的意义。由于企业的资源总是有限的，企业总会存在资源利用的需求，因此形成复杂的组织结构，用更少的人、更少的资源，去满足更多的生产力需求。这种复杂的组织又形成各种复杂的内部分工。满足客户需求的价值链流程需要将不同分工的成员进行有效的衔接，这就又导致各种各样的工作流程的复杂路径。组织的复杂性，使得组织的内部可能存在许多效率损耗的环节，提升效率就是要对这些环节的组织或工作流程进行改进，也可能需要调整一些不合理的组织分工，甚至减少一些不必要的分工。因此，企业流程再造也被誉为自亚当·斯密的分工理念以来的第二次革命。

1. 已有业务的流程再造

在多元化企业中，企业满足目标客户的需求，完成价值交换的价值链过程，是通过面向该领域的经营单元来实现的。在经营单元中，价值链过程的各种内部流程可以分为两种基本类型：

一类是在经营单元内部的流程。或者叫部门内流程。这些流程从发起到结束，整个流程中的执行环节都是在经营单元内部来实现的。流程的实现过程中涉及的流程的执行以及流程的决策，也都可以在经营单元的内部全部得以实现。有些流程可能会涉及外部的客户或者外部的供应商。但是那些与外部进行联络的人员也是处于本经营单元内部的。也就是说，这些流程的负责人以及流程涉及的决策人都同属于一个决策中心，因此，这些流程所面临的各种困难都可以由这个统一的决策中心来进行决策。决策中心的决策效率也决定了这些流程的最终效率。

另一类则是跨部门的流程。这里的跨部门指的是，有些内容要在经营单元的外部（包括其他经营单元、部门或总部）来实现。例如，在典型的矩阵组织中，流程中的有些执行人员是其他的经营单元或者是其他的职能部门的成员，流程中的有些决策内容是由跨部门的决策者来决定的。这种多头管理中的复杂决策也会影响流程的最终效率。相比部门内的决策流程而言，这类流程的效率往往不尽如人意，而且难以得到有效的改善。

按照流程再造的基本理念，面向内部流程的基本的改造策略主要是剔除不增值的活动，调整或减少内部的分工，重组业务过程和业务的价值链设计。在满足专业知识与技能以及考虑到人们的工作负荷水平的前提下，尽可能让更少的人来从事一个流程中的连贯性活动，以减少流程过程中的衔接和协调的成本，也可以优化流程过程中的任务安排，减少那些不必要的流程任务等。还可以在流程过程中减少流程冗余的检查点和决策点，通过适当的授权，让流程能够更快速地完成闭环的运行。

对于跨部门的流程来说，再造的基本策略则是尽可能地缩短流程的长度，尽可能避免不同部门的决策者分别决策的现象。可以设置某种机制，让各部门的决策者能够在最短的时间内达成决策意见的共识，这样可以减少流程在审批过程中所产生的决策矛盾和循环审批。在流程的执行方面，应尽可能地选择那些具备完整的专业知识与技能的人员来承担流程中的任务，提升每个任务的一次性成功率。在流程的决策方面，调整流程中的决策成员和决策机制，让整个流程具有唯一的决策中心，就像是内部流程一样。特别是对矩阵型组织结构、虚拟团队来说，这种唯一的决策中心将非常有利于建立整个团队的工作秩序，有利于提升整个工作流程的效率。

总体来看，无论是哪种流程，都应从各种不同的视角发现问题，不断分析其内在的原因和各种相关的影响因素，并对流程过程中的各种规则如流程定义、活动说明、责权利定义等进行不断的改进。通过流程再造的不断努力，应使经营单元在使用自身资源和集团内的跨部门资源时，各项业务的实际展开都能取得更高的工作效率，就像一个扁平化的 U 型组织一样。

2. 新业务的流程策略

在多元化战略下，企业会不断进行新业务的尝试，因此，在新业务发展的过程中，一开始就应该基于流程再造的思想，更好地搭建和定义其业务流程。

许多企业有这样的经验：企业最早处于创业阶段时，常常受制于各种外部的行政管理部门，或者困扰于一些外部的客户或者合作伙伴的内部审批的官僚程序。然而企业成熟以后，企业内部的新的业务单元也面临同样的局面，企业内已经慢慢成熟起来的内部的管控系统就变成了困扰新业务的官僚程序。

然而，这些官僚程序的问题非常容易被忽略。许多企业家认为，企业能够发展到现在的规模，正是因为它们建立起了这样一种良好的业务经营的官僚系统。如果一项新的业务没有成功发展起来，企业家们会认为这都是新创业务本身的问题。要么是它不具备足够的市场前景和市场潜力，要么是那些从事内部创业的团队不具备在市场上获得竞争优势的能力，总之，这很难归结为企业现有的官僚程序或管理系统的错误。

造成这种错觉的原因在于，他们总是认为新业务必须遵照某些成熟业务单元的工作规范才能成功，而非应基于业务本身的具体情境配置合理的工作规范。

实际上，新老业务是有显著差别的。制定出督导一家成熟企业的种种制度不一定会适合一项新风险业务的需要。维系核心业务至关重要的企业文化和管理方式可能同刚兴办的新业务水火不容。例如，老业务力求不断增大营业额，提高质量和服务，还有不断降低成本。而新业务正好相反，必须白手起家，创造收入和提供利润可能还需要好几年。它当前的目标不是马上盈利，而是实现计划中的关键任务，最后才实现高收入增长。用对现有企业同样的方法来管理新的业务是危险的，要求新业务领导人对他们无法实现的短期的利润目标负责，可能会成为最快速地扼杀一项风险业务的方法，很容易把那些真正需要灵活服务的业务单元扼杀在摇篮之中。

要改变这种已有的观念是非常困难的，但又是非常重要的。梅尔达德·巴格海（Mehrdad Baghai）和斯蒂芬·科利（Stephen Coley）等指出[8]，“或许唯一一件比建立一项新业务更难的事，是在老牌大公司的内部创建新业务。他们要用‘良好管理’，用在核心业务中证明选择有效的那套标准和手段，来迫使一架新的增长阶梯受制就范”。“新业务需要管理层要有这样的指导思想，即老是怕担风险反而会误事。答案不是彻底检修全公司的管理制度，还是要让新业务免受公司方针中有潜在可能的破坏因素之害。换言之，不要让他们死守某些公司的阻碍增长的规则。”

也就是说，要真正建立起适合新业务的管理模式，就应该为创业团队精简流程，为创业团队提供符合创业阶段的管理的规章制度，避免让他们进入一种烦冗的流程系统。现有成熟业务中，那些烦冗的流程系统是建立在复杂的分工基础之上，长时间逐步建立起来的。对于一个早期创立的创业团队来说，他们更精简的人员结构就应该有更精简的工作流程。他们要面向市场上高度的不确定性，那么他们的工作规范就应该有高度的灵活性，不应有过多的枷锁式的制度约束。在保留必要的风险管控措施之外，公司的要求总体应该是偏原则性的、指导性的，或更多采用战略管控式的指引。只有这种粗放的管控，才能为创业团队提供相对宽松的制度空间，让他们能够快速地响应市场的需求，快速地做出反应。

概括来看，整个企业的再造是全方位的。一方面，在组织结构上，通过对总部的明确定位和组织设计，选择适合的集分权管控模式以及匹配的经营单元组织设计，总部具备了经营单元所不具备的统筹的管理能力，包括战略管理上的能力、人力资源方面的管理能力、财务管理方面的这种能力等。而经营单元也在最为精简的资源水平上，配备了全部的价值链功能。另一方面，在流程再造上，通过不断改善各组织单元的内部流程和跨单元、跨部门的协作流程，总部的管控权限得以保证，经营单元的工作效率又能保持高效灵活。

多元化企业经过合理的组织重组和流程重组之后，总部与业务单元之间也就形成了一种良好的协同关系。单个的业务单元能够在市场上获得足够的竞争优势，整个企业也能够获得综合的集群优势。

第三节　培养人才梯队

一、多元化中的人才需求

1. 多元化经营人才的需要

在多元化经营中，要让每个经营单元都能够在相应的业务领域中进行价值创造和价值交换，承担起经营职责，就需要经营团队具有足够的团队能力，需要劳动要素、知识和技能、企业家才能等，因此，经营团队，即人才因素，仍然是不断推进多元化企业组织完善的重要主题。

从投资的覆盖范围看，一个经营团队能覆盖的业务范围是有限的。如果有多个经营者团队，企业则能覆盖更宽的经营范围。从投资的成功率看，如果只有一个经营团队，只要某种原因导致了经营的失败，整个企业就陷入了失败的困境；如果有多个经营团队，即便某项业务失败了，企业还有其他的经营团队能够争取其他领域的成功。也就是说，风险分散的需求也要求多元化企业应具备一定数量的经营者或经营团队，或经营管理人才，分别承担不同业务范围的经营责任。

除了对人才的数量要求外，企业对人才还有素质能力的要求。企业希望经营团队能够真正承担起对应领域的完整的经营职责。这就表明，他们应该能够洞察经营过程中的外部市场环境，理解客户的真实需求，也能结合组织内部的竞争力水平在外部环境与内部现状之间寻找适合的经营模式，在获得和保持竞争优势方面能找到合适的解决方案，使得业务能够持续地健康发展。

此外，由于每个企业都有其自身的特殊性，企业内部的不同经营单元也有其特殊性，因此，人才还应与组织形成良好的匹配关系。例如，有些成长期的业务单元，特别需要在销售方面有强烈的进攻能力；有些成熟的经营单元，则可能需要在综合的经营管理方面具有丰富的经验；有些技术主导型的企业，则要求团队具有丰厚的技术背景；有些资源主导型的企业则要求管理者善于处理社会组织间的网络关系；等等。

2. 培养人才的心理准备

虽然企业有获得更多的优秀经营人才的需求，但这些需求并不容易得到满足。由于劳动者的知识与技能不可直接观察，特别是企业家才能还可能存在过去的成功难以复制的特点，这使得企业在选择经营团队的时候面临实际的困难。例如，那些已经有成功经营业绩的人员，虽然可以认为其拥有优秀的经营能力，但是，他们未必愿意放弃现有的成功环境参与到本企业中来，或者要求的代价较高；即便他们加入本企业，由于更换了不同的环境，他们也未必能够获得持续的成功；如果是本企业中的已经成功的人员，他们本身也肩负着一部分经营职责，同样存在时间和精力不够的情况；如果是那些还未有成功业绩证明的创业人员，他们并不能保证其具备成功的潜力，也无法证明其真正拥有可获得成功的综合能力；等等。这些表明，企业在获得足够数量足够能力的经营团队或关键人才方面，面临必然的不确定性。

从学习的视角看，由于人们可以通过刺激—反应逐渐构造出自己的认知结构，并基于认知结构不断填充新的知识内容，不断完善自己的认知结构，形成自己的素质能力结构，因此，积极的观点认为，企业所需要的人才是可以培养出来的。人们可以设法识别和选拔那些具有某些特征的潜在候选人，对他们加以必要的训练。所谓的潜在特征，就包含了某种可识别的认知框架或理论框架，必要的训练则包括各种理论教育和实践练习，从而不断地完善其认知框架。

但是，由于学习是一个长期的循序渐进的过程，企业通过培养的方式来获得人才时，需要有长时间的培养投入。例如，韦尔奇从加入通用电气到晋升为公司CEO，经历了整整 20 年的时间，期间经常被上司告诫[9]。也正因如此，在培养人才的行动方面，企业需要有尽早的安排。赫尔曼·西蒙认为，领导人一旦过了 55 岁，就应该十分清楚地知道应该由谁来接自己的班[1]。而且，在尽可能早地开始且长时间坚持的培养过程中，企业还应有充分的心理准备，即为了培养人才所做的各种投入并不能保证培养的成功。

二、定义人才的特征

1. 胜任能力

人们在探索人才的素质能力结构方面，也积累了许多的经验。一般认为，能力可看作个体能够成功完成工作中各项任务的可能性，它是对个体体现在所能做的事情的一种评估。一个人的总体能力一般可以分为体质能力和心理能力两大类[10]。体质能力包括协调性、平衡和耐力等方面的能力。不同的工作对体质方面的能力要求也有所不同，因此，管理者有时也需要对员工的体质能力做出判断。心理能力指从事那些如思考、推理和解决问题等心理活动所需要的能力，常常包括算术、言语理解、知觉速度、归纳推理、演绎推理、空间视知觉以及记忆力等方面的因素。不同的工作要求员工运用不同的心理能力，从信息加工要求的角度看，越是复杂的工作，成功完成此项工作所必需的总体智力水平和语言能力就越高。因此，人们常常采用智力测验来确定个体总体的心理能力。许多企业都会采用智力方面的测试来帮助筛选候选人。

不过，高智商并非是所有工作的前提。在有些工作中，员工的行为具有高度规范性，很少有机会表现出差异，这时，高智力水平对工作成果的影响并不大。例如，在一些较为成熟的官僚企业中的精细化分工下，每个人员都承担了比较标准化的一些分工内容，此时，这些员工的个体对组织的影响就较为有限。

戴维·麦克利兰（David C. McClelland）认为，传统的以智力测试和能力倾向测试为代表的测试方法并不总是能够有效区分出不同的人员，他提出用胜任能力（Competence）测试来代替传统的智力测试有助于获得更有效的评估结果[11]。测试选取的样本应该选择与人们从事的具体工作相关联，评估那些更为一般的有用的成果信息，不仅应包括职业中的产出结果，还应包括社会结果，如领导力、人际关系技能等。也就是说，人们的胜任能力除了包含一些传统的认知能力，包括阅读、写作和计算技能外，还应该涉及一些被称为人格变量的因素，如沟通、耐心、自我发展、思维模式等。

在进行测试时，胜任能力应该具有某些典型的特征，其必须是可以衡量和比较的，即把任何一个胜任特征指标拿出来放到人群中进行评价，应能发现在不同个体身上存在不同的评价结论。例如，“成就欲”在不同个体身上应呈现出高、中、低等不同水平。胜任能力可以包含单个的特征指标，也可以包含一组特征指标。因此，胜任能力也可以认为是确保劳动者能顺利完成任务或达成目标，并能区分绩优者和绩差者的潜在的、深层次的各种特质。

莱尔·斯潘塞（Lyle M. Spencer）和塞尼·斯潘塞（Signe M. Spencer）在胜任能力的基础上提出了冰山能力模型，以描述更为一般的胜任能力的结构。他们认为，人的胜任能力中，有一些就像浮在水面上的冰山一样是可见的，如知识与技能，有一些则像水面下的冰山一样是隐藏的，如自我概念和动机[12]。随着管理学家的持续探索，这种模型逐渐成为一种广泛传播的经典结构，如图 12-4 所示。

在冰山模型中，可见表象的能力主要包含上面的两层能力，分别是知识、技能。知识常泛指人们的认知，大多体现为在一些特定的知识范畴内的那些相关的经验、认识或抽象的理解。而技能大多指的是能够开展某一些特定的活动的行为能力。这两者的界限有时并不是那么清晰，可以认为，能力就是基于已有的知识，可以对客观现象中发生的动态数据进行分析、排查、验证，采用一些相应的方法和工具，朝着预期的目标，对任务进行推进和执行，不断测量和改进，直到最终完成任务的胜任特征的某种描述。可见表层的能力大多可以通过一定的观察

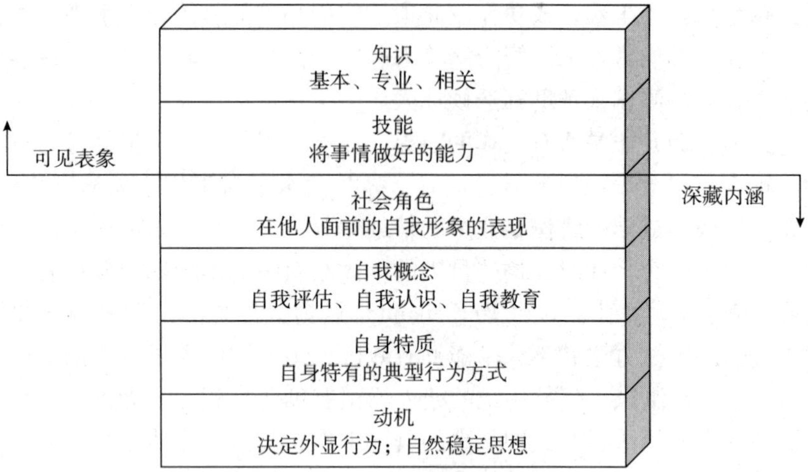

图 12-4　胜任特征的冰山模型

资料来源：中国就业培训技术指导中心组织．企业人力资源管理师（一级）［M］．北京：中国劳动社会保障出版社，2014.

或者借助某种容易实现的测试来发现。例如，受教育程度就是一种较为容易得到判断的能力。人们可以借助学校的教育履历来进行简单的判断。即便是那些在生活和工作中学习的知识，也可以围绕某一个知识领域，借助该领域中的知识结构或一些典型的专业问题来进行测试，获得基本的判断。

深藏内涵则是指那些深藏在冰山之下的隐藏能力，一般认为，处于最深层的动机层特征是决定外显行为的稳定的核心因素。我们在第十章讨论过人的需求理论、期望理论和公平理论等表明，动机是为了满足自身不同层次的需要而呈现出来的一种愿望和行动的强烈程度。需要越强烈，动机则越强。不同层次的需要反映在不同的诉求内容上，其动机也会有所不同。对于那些物质财富比较匮乏的人来说，追求物质的动机越强；对于物质方面拥有一些基本保障的人而言，他们追求精神方面的动机则越强。除了需求会影响动机以外，期望理论也揭示出，人们对未来获得成功的可能性的判断，以及他们获得成功以后所能得到的回报的可能性，都会影响他们的动机。同样，人们与企业内部的人员的比较和与社会环境中的人员的比较，以及他们对公平的感知，都会进一步影响他们的动机。

对这些影响动机的因素的考虑常常都是自发的，也可能是不自知的。他们大多遵循自己的本能需求来对外部的环境进行评估，通过评估自身对物质的需求，对精神的感受、体验，对未来成功性的判断等，做出最基本的自我衡量，并由此自发地调节他们自己的动机水平。

自身特质层特征指的是自身特有的行为方式，也常被称为性格或人格（Personality）。每个人的性格中都可能包含一些特有的特质（Trait），这些不同的特质也就导致了不同人的不同的行为方式。

人们一直都在尝试从不同角度对人的性格进行分类研究。例如，关于气质分类的研究最早可以追溯到公元前 5 世纪的希腊医生希波克拉底（Hippocrates）。他认为人体内含有四种基本的血液，每一种血液也与一种特定的气质类型相对应。其中，多血质的人大多是快乐的、好动的；黏液质的人是缺乏感情的、行动迟缓的；抑郁质的人是悲伤的、易哀愁的；胆汁质的人是易激怒、易兴奋的[13]。汉斯·艾森克（Hans J. Eysenck）认为，许多特质都跟两个维度有关：稳定程度（稳定—不稳定）和外倾程度（外倾—内倾）。这两个维度可以构成四种典型的特质：稳定又外倾的特质是多血质的；稳定但内倾的是黏液质的；不稳定又外倾的是胆汁质的；不稳定又内倾的是抑郁质的。如此便与希波克拉底的气质类型相对应[14]。

现代的心理学家也渐渐发展了一种基于英语词汇的定量研究方法。戈登·阿尔波特（Gordon W. Allport）与亨利·奥波特（Henry S. Odbert）开创性地从《韦波斯特新国际词典》选出“能够将个人与其他人的行为区分开立的词汇”共 17953 个词汇并加以分析，分为四个组别[15]。雷蒙德·卡特尔（Raymond B. Cattell）则在此基础上，将现代的定量研究的方法，如多元统计中的因素分析方法、聚类方法等引入性格特质研究。他将那些特质形容词归纳为 171 个同义词组，然后合并为 35 个称为表面特质的组群，最后采用因素分析法得到 12 种“根源特质”（Source traits），并逐渐发展出 16 种人格特征的结构[16]。

这种基于英语词汇的定量研究方法得到了较为广泛的认可，许多研究者一致认为，人格特征可以分为五种相对显著而且稳定的因素[17]，这五种因素提供了丰富的概念架构，能整合许多研究成果和人格心理学理论，其精妙之处在于，几乎我们能想到的任何特质都与这五种因素中的一种有关，因此，这也被认为是具有心理学量表基本结构的个性特征[14]。现在一般将其称为五因素模型，或大五型人格模型。其基本内容为[14]：

（1）外倾性（Extroversion）。评估一个人是内向还是外向。高分者通常较为主动、热情，喜欢参加集体活动，而低分者更倾向于孤独、不合群、安静、被动等。

（2）宜人性（Agreeableness）。评估对人的友好程度。高分者对人比较友好、有教养、关心他人，而低分者则较为冷漠、刻薄、以自我为中心，或者对人抱有敌意、容易发怒等。

（3）责任心（Conscientiousness）。评估责任心的强度。责任心强者一般自律性也很强，他们工作努力、认真、守时，办事井井有条，而缺乏责任心者往往办事马虎、不可靠、杂乱无章等。

（4）情绪稳定性（Neuroticism）。评估情绪的不稳定程度。高分者情绪消极、有神经过敏倾向、大多是坏脾气，低分者情绪稳定性较为冷静、不愠不火、感情淡漠等。

（5）开放性（Openness to Experience）。评估心理的开放程度。得高分者较为聪明、标新立异、不拘泥于过去的经验、对新思想持开放态度，而低分者则较为呆板、创新性差、墨守成规、缺乏好奇心等。

在特质方面的研究还有许多，其他不同的研究领域和研究方法也有其价值和意义[17]。总的来说，特质方面的研究对企业管理的启示在于，特质会影响个体的胜任能力，在不同的国家情境、社会情境、时代情境背景下，个人的特质会影响其工作中的行为方式，也就可能影响到其工作的成果。因此，自我特质因素也是识别和培养人才队伍时的重要考察因素。

自我概念层的特征指的是自我评估或对自我的认识。对于一个个体来说，无论是深层的动机还是个人的特质以及特质所影响的行为，在早期可能都是一种不自知的状态，自己也不了解自己原来是这样的人。有些心理可能是与生俱来的，是一种个人无意识的部分，有一些则是受到其他的环境影响而形成的。所以，每个人在自我成长过程中，都是在不断进行自我的认识，表现出不同的同一性状态。

卡尔·荣格（Carl G. Jung）分析了这种自我认识的形成原因。他将人的精神分为三个层次：意识、个人无意识和集体无意识，并用一个被照亮的球体来描述它们之间的关系[18]。球体的透光的表面就是我们的思维层次，我们通过思维与外部进行交互。这些交互首先是通过感觉、思维、情感、直觉等方式来进行的。此外，还通过一种有意识的自我情结（Ego-complex），包括记忆、主观因素、情绪等方式。这些方式介于受意识控制又不完全控制之间。没有一个与意识相关的自我，或是某物不是关涉到自我，就不会有什么被意识到。因此，当这些印象进入自我并与自我发生联系，它们就成为意识（Consciousness）的一部分。

球体的更内层的部分则是逐渐减弱的部分，也是我们相对意识不到的部分。这与每个人的个体经历有关，由那些冲动和愿望、模糊的知觉以及无数的其他经验所组成的来源于个人的、可被认识的材料，以及那些被遗忘、被压抑的内容和创造性内容所组成。这些内容并无特异之处，在有些人那里是可意识到的，但在另一些人那里可能是意识不到的。这些可称为下意识（Subconscious）或个人无意识（The Personal Unconscious）。

球体的最深处是我们无法意识到的核心层次——原型心灵的领域。这个领域所包含的内容是以原始意象（Primordial Images）的形式出现的，它们来源于人类祖先重复了无数次的同一类型的经验，有些是通过外在的方式，通过前人的物质财富、生产资料、精神资料（主要是书籍）的承继而延续下来，有些是通过内在的方式，经由种族遗传，经由人类贮存信息的大脑保留下来。它们是在这些经验的基础上形成的人类心理结构的产物，是人类种族长时间的历史文化的心理积淀。这些可称为非个人的无意识或集体无意识（Collective Unconscious）。对个体来说，它是一种先天的存在，人类无法从后天获得它，但是，它又影响着个体的无意识和意识，在相当程度上规范着个体的心理活动。

也就是说，人们在较早的时候往往难以意识到自己是怎样的个体。随着年龄的增长和阅历的丰富，许多人会开始逐渐思考与自己有关的事情，常常会思考和探索自己是谁、是怎样的人。他也可能会逐渐发现，自己具备某些特质，有些特质是难以改变的，似乎是与生俱来的，也有些特质受民族传统、国家社会、历史文化的无形影响。各种因素交织在一起，形成了自己完整的世界观、人生观、价值观，越来越理解自己内心的需求、奋斗的动机等，于是，他也就会开始越来越全面地认识自己。这样，自身的同一性状态就会逐渐发生变化，越来越让自己变成一个认识自己的、成熟的、充满智慧的人，逐渐达到一种睿智的状态，于是，其自我的行为方式也就更加沉稳，更加理性，相应地，也就更容易做出更好的成绩。

社会角色层的特征指的是在他人面前的自我表现的形式。这也可以看作自我概念同一性的状态所显现出来的外在特质，或者是我们常说的气质，周围的人的某种感受。例如，某人在人际交往中给人的感觉可能是一个友好、温和的人，或是一个睿智、有魅力、有影响力的人。

那些在自我同一性概念上更加成熟的人，甚至可能会有意识地去塑造自己的社会角色，朝着自己想要发展的方向，有意识地塑造自己的特质和行为。荣格把这种情况称为人格面具（Persona）[18]。这种塑造过程其实就是一种自我修炼的过程。正如孔子推崇的“日三省吾身”一样，这种修炼越多，人的感悟也可能会越来越多。这种修炼又在更大的程度上影响自我的外在的行为表现，同时也影响自我对其他人的影响力。

在企业环境中，组织的分工会存在各种各样的组织角色，那些成熟的人员能够熟知自己所处的角色，并能够扮演好该角色，按照该角色要求而行动。例如，经营管理者常常需要扮演决策者角色，那么，他们是否能够在需要决策的情境下果断地给出决策意见，就能够反映出他们对角色及角色行为的真正的同一性状态。优秀的经营管理者常常熟知，他们什么时候应扮演决策者角色，什么时候应扮演沟通者角色，什么时候应扮演分析者角色，什么时候应扮演协调者角色，等等。

2. 领导力模型

胜任力模型应用很广，广泛应用于人力资源管理上，可以认为是一种较为通行的框架。也有一些研究者将研究的对象聚焦于领导者，想要了解领导者的胜任特征模型。

一类研究是关注领导者的特质。这方面的例子可追溯至英国文学家托马斯·卡莱尔（Tomas Carlyle）在 1840 年的演讲集《论历史上的英雄、英雄崇拜和英雄业绩》。卡莱尔认为，世界历史是伟人们的历史，他们的外貌尽管不同，却都拥有区别于一般人的独特特质[19]。1938 年，巴纳德在其著作《经理人员的职能》一书中认为，最普遍和最重要的资质就是忠诚，即组织人格占支配地位。这种作为一种个人资质在世俗组织中叫作“责任心”，在政治组织中叫作“稳定性”，在政府组织中叫作“忠实”。忠诚资质之后是较为特殊的个人能力，包括一般的能力，如机敏性、适应性、调节能力、平静、勇气等以及一些在组织中训练而成的特殊的素质和技能[20]。

另一类研究则更强调领导者的行为模式。例如，库尔特·勒温（Kurt Lewin）和诺那德·利比特（Ronald Lippitt）等提出了领导风格类型理论，将领导者的行为方式分为专制型、民主型、放任型等风格[21]。

拉尔夫·斯托格蒂尔（Ralph M. Stogdill）和阿尔文·库恩斯（Alvin E. Coons）分析了 1000 多种描述领导行为的因素后将领导行为划分为两个维度：制定规则、关怀，其中，制定规则强调下属要按时完成任务，关怀则强调尊重下属、彼此信任[22]。布莱克和穆顿在此基础上，进一步提出管理方格理论[23]，他们在对人友好的关心程度上，将对人友好的定义为高水平，对人不友好的定义为低水平；在对生产的关心程度上，将那些立志于要把事情做到最好、最高效的情况定义为高水平，那些不太关心生产的行为定义为低水平。这两个维度分别都划分为九个程度区间，因此构成了一个矩阵结构的管理方格区间，不同领导者的行为方式是关心人的程度和关心生产的程度的不同组合，这种不同的组合对组织的氛围会产生重要的影响，也会间接地对组织的绩效产生影响。

（1）GE 领导力模型。

实践方面，一个典型的例子是韦尔奇介绍的在通用电气公司进行人员招聘的一种框架经验，这包括了面向通用人员的三个严格考验和“4E1P”的计划，以及面向高层人士而补充的四个特征[9]。这被认为是一种实践中典型的胜任素质模型结构[24]。

韦尔奇介绍，在招聘前应该对候选人进行三个严格的考验。第一个考验是正直。他认为正直是指那些说真话、守信，能对自己做过的事情负责、勇于承认错误并改正的品行。正直的人能了解自己国家的法律、行业的规范以及公司的制度——既包括书面的规定，也包括法规的精神——而且自觉遵守。他们尊重游戏规则，用光明正大的手段来争取胜利。这种品行也反映了一种深层的价值取向和动机。

第二个考验是智慧。这是指他们有一种强烈的求知欲、宽广的知识面（受正规教育的程度只是其中的一部分），可以在复杂的世界里与其他优秀的人一起工作，或者领导他们。这里可以认为包含了胜任力模型中的基础的知识和技能。

第三个考验是成熟。他指的成熟不是与年龄绝对关联的，任何年龄的人都可能成熟，也可能不成熟，但有些标志的特征可以作为是否成熟的评判。例如，能够控制怒火、承受压力和挫折，或者在自己功成名就的美妙时刻能够喜悦但不失谦逊地享受成功的乐趣。他们尊重别人，充满自信但并不傲慢无礼。这可认为是自我概念中的某种同一性状态。

韦尔奇提出的“4E1P”指的是面向通用人员的五个重要的特质。其中：

第一个 E 是积极向上的活力（Energy），这是一种有所作为的精神，渴望行动、喜欢变革的特质。有活力的人通常都是外向的、乐观的。他们善于与人交流、结交朋友，总是满怀热情地开始一天的工作，直到结束。他们既热爱工作也热爱生活。

第二个 E 是指激励别人的能力（Energize）。这种能力可以让其他人加速行动起来。他能鼓舞自己的团队，承担起看似不能完成的任务，并且享受战胜困难的喜悦。实际上，人们会因为有机会与他们共事感到万分荣幸。激励别人不仅仅是慷慨激昂的演讲，而是需要对业务有精深的了解，并且掌握出色的说服技巧，创造能够唤醒他人的氛围。

第三个 E 是决断力（Edge）。这是一种对麻烦的是非问题做出决定的勇气。由决断力的人有自己的主观判断，他们会分析问题，但却不会无休止地从不同角度来分析，他们知道什么时候应该停止评论。即使他们并没有得到全部的信息，也要做出坚决的决定。

第四个 E 是执行力（Execute）。这是一种专门的独特的技能，它意味着一个人要知道怎样把决定付诸行动，并继续向前推进，直到最终完成目标。这其中还要经历阻力、混乱或者意外的干扰。有执行力的人非常明白，“赢”才是结果。

P 指的是激情（Passion）。激情是指对工作有一种衷心的、强烈的、真实的兴奋感。有激情的人特别在乎别人——发自内心地在乎——如同事、员工和朋友们是否取得了成功。他们热爱学习，热爱进步。他们不仅仅对工作感到兴奋，他们对周围的一切都充满激情。

除了通用人员的特质外，面对招聘公司的高层人士时，他还补充了四个额外的特征，相当于是对经营人才的素质模型的补充内容。

第一个特征就是真诚。这是一种有关自信和信念的品质，它能使一个领导者变得勇敢而果断，使领导者显得和蔼可亲。他们的“真诚”体现在同别人的交流过程中，体现在他们的感情里。他们的话语令别人感动，他们传达的信息能够触动人们内心深处的某种东西。

第二个特征是对变化来临的敏感性。他们在残酷的竞争环境中对市场变化有第六感，也能感知现有的竞争者和后来者的动向。这种敏感性是那种能想象出不可想象的事物的能力。

第三个特征是爱才。那是一种强烈的倾向，领导者希望周围的人能够比自己更优秀、更聪明。他们敢于把最优秀的人集中到自己的团队里，而不怕把自己变成会议室里看上去最傻的人。

第四个特征是坚韧的弹性。他们能够从自己的错误中得到教训并重新振作起来，以全新的速度、理想和自信心持续前进。他们可能曾经经历挫折，曾经被击倒，却又能够重新站立起来，并且在下一个回合里以更强的姿态出现。

（2）AMA 美国管理协会（中国）领导力模型。

各种对领导者的研究，慢慢形成了一些关于领导力模型的成果，其内容大多都会覆盖企业中常见的一些领域所需要的胜任特征，例如战略管理、营销管理、人力资源、财务管理等多方面的知识和技能。这方面的一个典型例子是美国管理协会编制的包含四大方面 12 种特征的领导力模型[25]，其主要内容为：

第一，凝聚人心。这包括开放的心态，能接受他人，与人建立起信任关系；能促进团队协作，用团队的方式解决问题；能理解他人的思想、感受和关注点，能调整自己的沟通方式以适应对方；能清晰准确地表达自己，影响他人；能通过有效的协商寻求双赢；能表现出对他人的尊重，鼓励人们发表不同的意见；能与人们一起建立和实现共同目标，激励人们共同行动。

第二，发展能力。领导者清楚业务发展对能力的需求，能保证在合理的时间和地点以合理的成本拥有所需的能力，并正确评估他人的能力；他们致力于个人成长，鼓励不断学习；愿意授权他人行动，有效地授予职责和职权；能有效地给予他人反馈和肯定。

第三，管理运营。领导者把远景和目标联结到运营层面，能有效地计划、组织、执行项目和日常工作；他们能明确沟通绩效要求，跟踪执行情况；能建立和不断改进流程；能有效克服变革阻力，执行变革；不断地优化使用资源。

第四，经营企业。领导者常表现出经营者的勇气，敢于不断挑战现状，主导变革和创新；他们具有战略思维，理解业务和财务运作，不断地寻求扩大利润，发展业务和提升企业竞争力；他们以客户为导向，能够洞察当地和全球市场，洞察行业和技术发展态势，洞察竞争对手动向；等等。

对于一个具体的企业而言，由于每个企业都有其独特的组织情境和人才结构，因此，这些框架的领导力模型常常不能符合内部的实际需求。这时，企业也可根据企业的需要，采用科学的研究方法开发适合自己的领导力模型[26,27]。

3. 胜任的工作内容

明茨伯格从另一个视角来看待胜任能力，他认为，所有的内在能力都应反映在具体的工作内容中，那些长时间处于经营岗位，取得良好的经营业绩的企业家，他们日常工作中从事的都应该是那些重要的、适当的工作内容。如果他们能够很好地完成这些应该被完成的工作，说明他们就具备了经营者应有的综合能力，那么，这些候选人则是具备胜任能力的候选人。

按照这一思路，明茨伯格对那些正式负责一个机构或其下属单位的人们进行了实证研究，具体的研究对象不包括那些中层管理者，但是包括担任总统、首相、车间主任、教务长、系主任、主教等职务的人，其研究结果认为，经理人主要从事三类工作[28]：

第一类是与人际关系有关的工作内容。这包括那些挂名的首脑角色，如担任许多法律性或者社会性的象征性的发言人；领导者角色，负责对下属激励和鼓励，负责在用人训练和交际方面的领导者；还有联络者角色，以维持与外界的联系，维持对提供优惠和信息的人的自我发展的网络。

第二类是与信息有关的工作内容。例如，由监听者角色负责接收各种类别的实时的信息，以便对组织和环境有彻底的了解，并因此而扮演组织内外部的信息的神经中枢；由传播者角色把企业内外的各种信息根据不同的需要传播给不同的人员或组织；通过发言人角色把组织的计划、政策、行动结果等信息传递给组织以外的人，为组织所在的产业部门的专家提供服务等。

第三类是与决策有关的工作内容。他们需要扮演企业家角色，以便在组织与环境中寻找商业的机会，并制定改进型的方案，从事组织的变革或者某些变革方案的执行与监督；他们还需要扮演故障的处理者角色，处理那些组织中出现的重大的未曾预料的故障，视需要采取补救行动；他们还需要扮演资源的分配者角色，对组织中各类不同的资源需求进行分配，批准重大的组织决定；担任在重大谈判中代表组织所进行的谈判者角色等。

也就是说，经理人承担经营职责时，日常便需要承担这三类的具体工作内容，扮演不同的角色。无论他们是怎样的特质类型、行为表现或者拥有某些独特的素质结构，都应该能够很好地完成这些工作内容。因此，人们便可通过在这些方面的工作表现来衡量他们是否具备了承担经营职责所需要的特质、素质、知识与技能等。

在这种观点的基础上，戴维·贝赞可（David Besanko）和戴维·德雷诺夫

（David Dranove）等认为[29]，经营管理者远不是思考的、系统的计划者，他们的实际行动是以短期、不连续的互动为基础的，根本很少思考。同样，他们也远不是喜欢书面的、加总的和分析得很好的数量信息，而是更喜欢非正式的、非加总的和口头媒介来交流和获取信息。虽然很多经营管理者的工作是程序化的，但却不倾向于明文确定或标准化的。相反，他们依照更为非正式的角色来组织他们的工作，并且依赖直觉和判断来做决策。

此外，贝赞可还补充了一些经营管理者应扮演的其他角色。例如，他们应该是整个企业价值的创造者，应该是组织人员来从事商业活动的组织者和商业活动的实施者，也应该是促进商业活动能够有效完成的促进者，是企业不断适应环境变化而需要做出变革的那些变革推动者，等等。好的经营管理者应该能够胜任这些角色，胜任这些角色需要承担典型的工作内容。

三、培养人才梯队

1. 人才培养策略

为了培养企业所需的经营管理人才，一种典型的途径就是采用理论教育。理论实际上也可以看作前人的经验的总结，因此，通过理论学习有助于系统性地学习更多人的宝贵经验。因此，应围绕候选人所处岗位的胜任特征和他们应该从事的各种工作内容，组织企业内部和外部的各种培训资源，为他们提供对应的各种理论知识的培训机会，并且鼓励他们将学到的知识不断尝试运用到现有的工作中。

除了规范化的理论教育之外，还应该在实战中进行训练。特别是那些高层的经营管理人才的经营能力，大多都需要在实战中加以磨炼才能形成。考虑到每个人的实际工作经历总是有限的，完全依赖经历来获得的经验也是有限的，因此，应该对培训方案进行更为系统的设计，尽量在有限的培训课程中配置尽可能多的工作所需的知识和技能，以使候选人在有限的培训经历中获得尽可能多的有用经验。此外，真正的实战，也应作为一种重要的训练补充，哪怕其中可能会带来一些错误和损失。例如，在一些又复杂而又有实战意义的真实的商业情境中，让这些人员真正地去独立承担这种责任，去做出他们的决定和行动。

无论是理论训练还是实战训练，总体的训练方案通常从内容的广度、深度和高度等多种维度展开。所谓的广度，就是应让候选人获得更为宽广的知识结构。例如，采用轮岗的方式，让销售人员先参与一些市场分析的工作，再让他们参与一些生产计划管理的工作，也让他们参与一些质量管理的工作，还可以让他们学习一些盈利分析方面的工作，从而建立起经营过程中的全方位的知识结构。所谓深度，就是在专业领域达到更为精深的水平。例如，为了对未来的销售进行预测，除常规的与客户进行交流，或是基于客户的历史交易和他们提供的信息进行估计以外，还可通过更为详细的调查方案设计，更加系统地采集多种数据，借助数理工具或统计方法进行综合分析。所谓高度，就是以更高的视野和全局观来看待企业的经营活动。例如，从日常销售活动中的客户需求，能够联系到市场营销的推广策略，进而能够联系到企业的总体竞争战略，并能结合企业内的多种业务单元之间的战略协同，为客户策划基于场景甚至是基于生态化场景的产品组合设计。

还有一种更为重要的能力则在于学习本身的能力。企业所能提供的实践是有限的，所能提供的训练环境也是有限的，候选人在这种训练中所能经历的实践也是有限的，因此，按照建构理论的观点，应让他们在此过程中逐渐形成一种自我的认知框架。他们能够在训练中不断反思，一方面能填充框架中的认知，另一方面还能完善其认知框架本身。如此循环，逐渐让他们形成一种潜在的分析能力和判断能力，一种能够面对一些未知的问题，能够解决一些新出现的问题的能力，以及面向未知问题的洞察力。

2. 人才梯队

在企业的实践中，许多经营管理者的成长是长期的、动态的，其成长的过程也是逐步的、分层次的。在早期的经验和能力比较欠缺时，他们能担任的职务范围通常都比较小，而随着经验和能力的提升，他们能够担任的职务范围越来越大。拉姆·查兰（Ram Charan）和斯蒂芬·德罗特（Stephen Drotter）等提出了领导梯队模型[30]，如图 12-5 所示。这一模型具体而系统地表明了经营人员的成长过程和成长路线，而且与现代的许多中大型的多元化企业的岗位设置有许多相似之处，也体现了典型的人才培养的过程。

处于领导梯队模型的初始水平的人员是个人管理者，他们以自我管理为主，不需要去管理其他人。但是，如果他们在日常工作中能够展现出一种非凡的、超群的对周围人员的影响力，也许表明他们在一定程度上具备领导者的某种潜质。所以，对这个层次的人员也应该保持适当的关注，对展现出领导者潜质的人员试着进行选拔，尝试让他们担任小范围的管理工作。

进入了阶段 1 和阶段 2 的人员已经是典型的中基层管理者，因此，除了训练他们应掌握的知识和技能外，还要观察和评估他们是否能够胜任该岗位的各种管理任务。例如，一方面，他们应该能够把自己部门的事务管理得井然有序，又能够妥善处理本部门与周边部门的衔接关系；另一方面，可以把他们放在同一个水平线上进行比较，发现不同的优缺点并加以针对性地补充训练。对于那些显露出优良特征的人员，企业可以试着用横向轮岗的方式，把他们陆续安排到其他不同的岗位上，进一步磨炼他们，打造他们的能力结构，完善他们的全局视野，并逐渐考虑将他们晋升到阶段 3 和阶段 4 的位置。

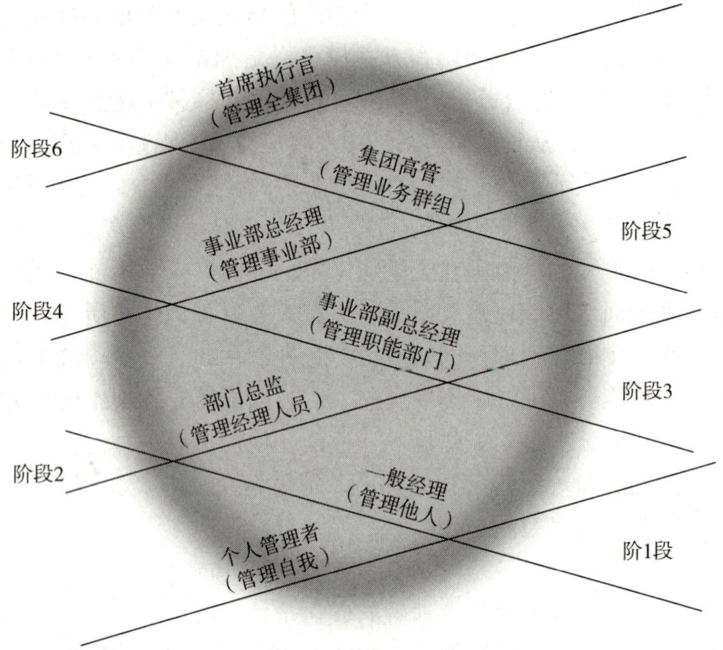

图 12-5　领导梯队

资料来源：拉姆·查兰，斯蒂芬·德罗特，詹姆斯·诺埃尔．领导梯队：全面打造领导力驱动型公司［M］．北京：机械工业出版社，2011.

那些成长到阶段 3 和阶段 4 位置的人员，其实就是要对某个经营单元负责的经营人才。他们需要开始承担经营业绩上的职责和压力。但是，他们是否真正具备完整的战斗力和市场竞争力？他们是否能妥善处理好经营过程中所需要解决的方方面面的问题？这些问题有的来自市场和客户，有的来自内部的管理，有的来自部门的发展规划，而有的则来自团队的发展和内部构成，每个问题可能都具有相当的复杂程度，对于经营单元的经营者来说，都是不小的考验。

随着他们在经营上的能力的逐渐形成，他们的业绩逐渐稳定，他们个人的发展目标和个人潜在的自我需求会逐渐真实地显现出来。他们或许会开始强调自身的能力或价值，强调自身所带来的经济贡献，他们也有可能会抱怨企业给他们提供的空间有限，甚至可能由于这种限制而开始考虑其他的发展途径。特别是当他们自身能力足够强大，又掌握了前端的客户资源和后端的供应资源时，他们的这种自利的诉求可能会越发强烈。

也就是说，对这个阶段的人员不仅仅是考察他们的能力是否足够，是否胜任岗位的工作的问题，更要特别考虑对他们进行合理激励的问题。企业的高层对这些经营单元层次的经营人才，是表现出一种强烈的上下级关系，还是表现出一种互惠互利、双赢的合作关系，这种不同的心态和关系都将深刻地影响这个层级上的人员，影响他们在为公司未来持续发展、为公司未来持续创造效益的意愿和效率。因此，企业的高层如何看待这一群体，如何从内心转变心态，包容他们、鼓励他们、成就他们，则开始变为企业治理中的重要话题。

对于一些具备优秀品质的经营者，企业可能逐渐让他们迈入阶段 5 以上。这时，他们可能也开始培养自己的一些新的业务单元，因而成为事业群的管理者。他们开始扮演更高层次的复合型业务的决策者，能够开始试着管理一些复杂的业务。在这一层级的经营管理者中，真正具有卓越眼光、具有长期战略构想的人员，则可以考虑将其作为企业顶层的真正的接班人来进行培养，以接替初代企业家来管理整个企业或集团。这样，就促成了初代企业家在从专业化阶段发展到多元化阶段的过程中，从企业集团的实际控制人逐渐退居到幕后的导师和精神领袖。

参考文献

［1］赫尔曼·西蒙．隐形冠军：全球 500 佳无名公司的成功之道［M］．北京：新华出版社，2001.

［2］周三多，邹统钎．战略管理思想史［M］．上海：复旦大学出版社，2002.

［3］钱德勒．战略与结构［M］．昆明：云南人民出版社，2002.

［4］宋旭琴，蓝海林．事业部制与多元化企业集团绩效的关系研究［J］．软科学，2008，100（4）：122.

［5］奥利弗·E. 威廉姆森．资本主义经济制度——论企业签约与市场签约［M］．北京：商务印书馆，2002.

［6］全国管理咨询师考试教材编写委员会．企业管理咨询实务与案例分析［M］．北京：企业管理出版社，2012.

［7］迈克尔·哈默，詹姆斯·钱皮．企业再造：企业革命的宣言书［M］．上海：上海世纪出版股份有限公司，2007.

［8］梅尔达德·巴格海，斯蒂芬·科利，戴维·怀特．增长炼金术：企业启动和持续增长之秘诀［M］．北京：经济科学出版社，1999.

［9］杰克·韦尔奇．赢［M］．北京：中信出版社，2005.

［10］罗宾斯，贾奇．组织行为学（第 12 版）［M］．北京：中国人民大学出版社，2008.

［11］Mcclelland D C. Testing for Competence Rather Than for “Intelligence”［J］. American Psychologist，1973，28（1）：1.

［12］Spencer L M，Spencer P S M. Competence at Work Models for Superior Performance［M］. John Wiley & Sons，2008.

［13］理查德·格里格，菲利普·津巴多．心理学与生活［M］．北京：人民邮电出版

社，2003.

［14］Coon D，Mitterer J O. 心理学导论：思想与行为的认识之路［M］. 北京：中国轻工业出版社，2007.

［15］Allport G W，Odbert H S. Trait-names：A Psycho-lexical Study［J］. Psychological Monographs，1936，47（1）：1.

［16］Cattell R B. The Description of Personality：Principles and Findings in A Factor Analysis［J］. The American Journal of Psychology，1945，58（1）：69.

［17］王登峰. 人格特质研究的大五因素分类［J］. 心理学动态，1994（1）：34.

［18］荣格. 荣格作品集：心理学与文学［M］. 北京；译林出版社. 2014.

［19］卡莱尔. 论历史上的英雄，英雄崇拜和英雄业绩［M］. 北京：商务印书馆，2005.

［20］巴纳德. 经理人员的职能［M］. 北京：中国社会科学出版社，1997.

［21］Lewin K，Lippitt R，White R K. Patterns of Aggressive Behavior in Experimentally Created "Social Climates"［J］. The Journal of Social Psychology，1939，10（2）：269.

［22］谢克海. 5M 视角下的领导力理论［J］. 南开管理评论，2018，21（4）：219.

［23］布莱克，穆顿. 新管理方格［M］. 北京：中国社会科学出版社，1986.

［24］张芝和. GE 领导力模型对领导力提升的借鉴作用［J］. 领导科学，2010，448（35）：38.

［25］AMA 美国管理协会（中国）. AMA 领导力模型［EB/OL］. http：//www. amachina. com/course/leadership. html.

［26］高东升，戴维阳. 领导梯队模型构建与应用——以 APC 公司为案例［J］. 中国人力资源开发，2014，305（11）：64.

［27］霍颖颖. 中央企业领导力模型的构建与应用——以 H 集团公司为例［J］. 中国人力资源开发，2013，287（17）：93.

［28］亨利·明茨伯格. 经理工作的性质［M］. 北京：中国社会科学出版社，1986.

［29］戴维·贝赞可，戴维·德雷诺夫，马克·尚利. 公司战略经济学［M］. 北京：北京大学出版社，1999.

［30］拉姆·查兰，斯蒂芬·德罗特，詹姆斯·诺埃尔. 领导梯队：全面打造领导力驱动型公司［M］. 北京：机械工业出版社，2011.

扩展案例

案例 3-1：威远实业的产业转型和多元化布局

河北威远实业股份有限公司是 1992 年注册登记，1994 年在上海证券交易所挂牌交易的一家化工企业（现已更名为新奥股份）。经过 1997 年和 2003 年的两次资产重组，公司的主营业务变更为农药及兽药两大业务内容。近年来，公司一直处于积极寻求转变的扩张发展进程中，其扩张历程如表 1 所示。

2009 年和 2010 年，公司总的营业收入分别是 6.61 亿元和 7.04 亿元。两项业务中，农药业务占比将近 80%，是公司的核心业务板块，然而这项业务在这两年中的毛利率分别是 16.0%和 17.5%，盈利能力并不算高，而且，农药业务的收入增长也非常缓慢，受到 2008 年金融危机的影响，2009 年的收入较上年下降了 20%，2010 年有 6.8%的小幅回升，2011 年基本维持在 0.8%的增长率。另一项业务是兽药，这项业务所占的比重较低，其营业收入只占总收入的 1/5，而且，其收入增长率和营业利润率也不高，与农药业务也处于接近的水平。

受国际市场农化产品需求下降、主导产品价格下滑、人民币升值，以及国内种植区域虫情和持续低温、干旱、暴雨等灾害性气候等诸多不利因素的共同影响，公司产品的市场需求不旺、制剂产品销售下滑，在可预期的 3~5 年内，这两项业务都难以有良好的发展空间，公司的经营发展面临严峻的形势，迫切地需要新的增长点。

表 1 河北威远实业股份有限公司的多元化扩张

业务	项目	2009 年	2010 年	2011 年	2012 年	2013 年	2014 年	2015 年	2016 年	2017 年	2018 年
业务 1	业务名	农药	农药	农药	农药	农兽药（合并）	农兽药	农兽药	生物制药	生物制药	生物制药
	营业收入（亿元）	5.23	5.59	5.63	6.15	8.32	10.68	11.40	12.76	15.06	18.70
	收入增长率（%）	-20.0	6.8	0.8	9.1	9.4	28.3	6.8	11.9	18.1	24.2
	营业收入占比（%）	79.2	79.5	31.7	34.1	17.0	17.5	20.1	19.9	15.0	13.7
	营业利润率（%）	16.0	17.5	12.0	16.3	20.0	17.3	18.3	17.6	20.8	22.9
业务 2	业务名	兽药	兽药	兽药	兽药	并入农兽药					
	营业收入（亿元）	1.26	1.29	1.38	1.46						
	收入增长率（%）	10.3	2.4	7.0	6.0						
	营业收入占比（%）	19.0	18.3	7.8	8.1						
	营业利润率（%）	18.4	17.0	20.8	21.1						
业务 3	业务名			二甲醚（购入）	二甲醚	化工行业（重组）	化工行业	化工行业	能源化工	能源化工	能源化工
	营业收入（亿元）			10.61	10.09	25.31	21.83	15.53	18.42	31.93	49.45
	收入增长率（%）			22.8	-5.2	11.5	-13.7	-28.9	18.6	73.4	54.9
	营业收入占比（%）			60.0	56.0	52.0	36.0	27.0	29.0	32.0	36.0
	营业利润率（%）			14.1	14.1	27.1	30.4	30.0	20.5	14.8	13.1

续表

业务	项目	2009 年	2010 年	2011 年	2012 年	2013 年	2014 年	2015 年	2016 年	2017 年	2018 年
业务 4	业务名					煤炭行业（购入）	煤炭行业	煤炭行业	煤炭行业	煤炭行业	煤炭行业
	营业收入（亿元）					12.19	10.95	6.69	9.84	22.71	31.74
	收入增长率（%）					23.8	-10.2	-38.9	47.0	130.8	39.8
	营业收入占比（%）					25.0	18.0	12.0	15.0	23.0	23.0
	营业利润率（%）					61.5	59.8	49.4	52.2	45.5	31.3
业务 5	业务名						液化天然气（购入）	液化天然气	LNG	LNG	LNG
	营业收入（亿元）						3.44	2.99	2.51	3.27	3.96
	收入增长率（%）						85.2	-13.1	-16.1	30.6	21.1
	营业收入占比（%）						6.0	5.0	3.9	3.3	2.9
	营业利润率（%）						20.3	6.5	6.8	28.1	23.1
业务 6	业务名							能源工程（购入）	能源工程	能源工程	能源工程
	营业收入（亿元）							18.62	19.51	26.97	31.77
	收入增长率（%）							48.8	4.8	38.2	17.8
	营业收入占比（%）							33.0	31.0	27.0	23.0
	营业利润率（%）							37.1	28.0	21.8	23.6
汇总	营业收入（亿元）	6.61	7.04	17.78	18.04	48.93	61.16	56.59	63.96	100.36	136.32
	总资产（亿元）	11.04	8.47	16.85	82.91	89.16	119.94	113.75	183.76	215.55	235.14
	归母净利润（亿元）	-0.39	0.04	0.27	6.68	7.09	10.33	8.06	5.19	6.31	13.21
	ROA（%）	-3.5	0.5	1.6	8.1	8.0	8.6	7.1	2.8	2.9	5.6
	归母净利润率（%）	-5.9	0.6	1.5	37.0	14.5	16.9	14.2	8.1	6.3	9.7

在这样的背景下，2011 年公司再次进行了资产重组，完成了能源化工资产注入工作，增加了化工行业的二甲醚产品的生产与销售。在当年的收入结构上，化工行业的二甲醚产品业务的营业收入达到了 10.61 亿元，占年度总营业收入的 60%，成为了公司新的核心业务内容。

受多方面因素的影响，公司的能源化工二甲醚业务在重组后的两年中，其业务增长水平和营业利润率都并不高。例如，资产重组需要较长的时间才能重新理顺新业务的治理和经营战略；行业竞争加剧也导致产品价格的波动，影响了行业的平均利润率；受原油价格走势影响，原料甲醇的价格也可能提高；甲醇期货的推出，加大了甲醇产品的金融属性；与产品密切相关两项国标列入修改计划但迟迟未出台，在一定程度上制约了二甲醚产品的发展。这些因素都使得二甲醚产品盈利能力存在不确定性。

这项占比最大的核心业务，需要公司投入更多的管理精力。为此，公司战略上将积极开拓二甲醚产品工业市场范围，推广精醚应用范围的同时，重点摸索粗醚的工业应用，还注重国外市场的开拓，保持对《液化石油气二甲醚混合燃气标准》国标发布进展的关注，借助国标的出台，合理规划二甲醚的发展布局。

同时，为了更好地提升经营管理的效率，优化公司的业务结构，2013 年，公司以“调结构、促转型、拓渠道、降成本”为中心思想，以重大资产重组和搬迁的实施为契机，寻求产业转型，进行产品结构调整，将原有的农药业务和兽药业务合并为农兽药业务，进行统一的管理。调整后的农兽药业务逐渐呈现出良好的发展势头，2013 年的收入增长率为 9.4%，营业利润率也达到了 20%，比合并以前两项业务 2009 年以来的加权水平还要更好一些。在随后的年份中，农兽药业务的营业收入稳步增长，营业利润率也不断获得小幅的改善。

由于公司在过去多次的重组过程中积累了不少的重组经验，在增加新的业务内容、业务内容结构性调整，甚至改变公司的核心业务等方面，都积累了宝贵的经验，公司继续进行多元化的扩张，不断调整产业结构，构建产业发展的资本平台。

2013 年，公司通过发行股份购买资产进行重组，实现了煤炭和能源化工业务的注入，主营业务增加了煤炭业务。这一业务在重组当年为公司贡献了 12.19 亿元的营业收入。尽管这项业务在 2014 年和 2015 年出现了一定程度的收入衰退，但一直到 2018 年，这项业务年均复合增长率达到了两位数以上，毛利率水平从 61.5%逐年回落到 31.3%，也仍然处于一个较高的毛利率水平，是一项成功的购入业务。新注入的甲醇业务与原有的二甲醚业务合并为化工行业业务，在购入当年共贡献了 25.31 亿元的营业收入，综合营业利润率也达到了 27.1%，属于不错的水平。煤炭业务与能源化工业务之间是上下游的关系，通过这一系列的调整，公司的产业链结构得到了完善，能源化工业务也取得了高速的发展，到了 2018 年，能源化工的营业收入达到了 49.45 亿元，比 2013 年的 25.31 亿元翻了一番。

2014 年，公司认为，由于国家对环保治理标准的提高以及民众对于保护生存环境、治理雾霾的需求，作为清洁能源产品之一的天然气需求将快速增长，为公司所处的能源业务领域带来挑战和发展机遇，因此，公司通过股权收购，开始介入液化天然气（LNG）产品生产领域，迈出了向清洁能源产业方向转型的步伐。这进一步推动了公司产业结构的战略转型，公司开始形成较为完整的“煤—

煤化工”一体化的循环经济体系，公司的产业布局和发展模式越来越契合国家产业政策的要求。

2015 年，为了提升整体工程服务能力，奠定公司在清洁能源产业的市场竞争优势，在提升公司盈利能力的同时进一步拓宽公司的发展空间，公司又以现金方式收购了一项能源工程业务，为公司的战略转型迈出坚实的一步。这项业务采用“技术+核心装备、系统集成、解决方案”的商业模式，致力于依托自有核心技术，通过专业化、系统性的集成设计，结合客户需求为其提供定制化的解决方案。该项业务的营业收入从 2015 年的 18.62 亿元持续增长到 2018 年的 31.77 亿元，占公司整体收入的 1/5。购入后各年的营业利润率均超过了 20%，也属于表现不错的新业务内容。

总体来看，从 2011 年起，公司积极开展相关多元化战略，在产业链中进行业务布局，通过资产重组，不断注入新的优质资产，优化公司的业务结构。同时，公司不断对现有的业务进行内部管理优化，对一些占比较小的业务内容进行整合。从 2018 年的业务结构看，5 项主要的业务内容中，核心业务为能源化工，其收入占比为 36%，当年的收入增长率达到了 54.9%，处于快速成长的阶段；煤炭业务与能源工程业务各自都占到了总营业收入的 23%，收入增长率分别为 39.8%和 17.8%，营业利润率分别为 31.3%和 23.6%，都处于良好的经营状态；另外两项较小的业务中，生物制药业务的营业收入虽然仅占 13.7%，但其收入增长率也达到了 24.2%，毛利率水平也有 22.9%，液化天然气业务的营业收入增长率为 21.1%，营业利润率也达到了 23.1%。也就是说，这 5 项业务虽然各有不同的规模，但各自都处于较为健康的发展进程中，各业务之间也互相关联，具有良好的产业链互补关系，形成一种分布均衡的产业链结构。

经过 2011~2018 年的多次资产重组和战略调整，公司的核心业务从生物制造领域转移到了能源化工领域，成功实现了产业转型，并在新的领域成功实现了产业链中的多元化布局。公司的营业收入从 2009 年的 6.61 亿元扩张到 2018 年的 136.32 亿元，增长了 20 倍，总资产从 11.04 亿元扩张到 235.14 亿元，也增长了 20 倍。公司的资产收益率从-3.5%~0.5%，不断得到改善，2012~2014 年，资产收益率均超过了 8%，即便在 2015 年和 2016 年有所回落，最低也保持了 2.8%的水平，并在 2018 年回升到 5.6%。可以说，在这 10 年期间，公司的产业结构转型战略和产业链相关多元化战略取得了巨大的成功。

资料来源：笔者根据威远实业（证券代码 600803）2009~2019 年公开披露的年报、公告等相关信息整理。

案例 3-2：海尔的人单合一模式

由于海尔的成功，海尔发展过程中的实践所形成的管理经验受到了学术界的广泛认可。哈佛、斯坦福、沃顿等众多商学院都研究海尔，并将其作为教学案例。许多知名学者和企业家都与海尔进行过密切的交流。

海尔在 20 世纪 90 年代开始多元化战略以来，组织结构逐渐采用了事业部制。到了 90 年代后期，由于面临外部市场的压力，以及逐渐筹备国际化战略，集团又引入了市场链的概念，对现有的事业部进行重组和业务流程改造。到 2005 年，集团明确提出人单合一的管理模式，在组织内部建立起大量的自主经营体，并且不断完善这种实践模式。这一系列的改变和完善，使得海尔模式越来越成熟，帮助海尔逐渐变成一个生态型的平台企业。

张瑞敏指出，海尔在全球市场上取胜的根本保证就是“人单合一”的发展模式，这也是一种市场竞争模式[1]。“人单合一”模式主要包括三部分核心内容：

“人单合一”是参与市场竞争的模式，人就是企业的员工，单就是市场，人单合一就是每个人都有自己的订单，都要对订单负责，即每个人都要和市场结合在一起，然后每个人都成为创造市场的“SBU”（战略事业单位），每个人都面向市场进行经营。

“直销直发”是实现“人单合一”的基础条件，直接营销到位、直接发运、服务到位。海尔认为，营销和促销最大的不同就是，营销是使产品永远有人需要，而促销就是永远在卖库存。营销一开始研究的就是市场需求，配合客户双赢的订单，设计的时候，就要依据用户的需求和客户共同研究。这个产品肯定有人愿意经销，直接面对市场用户的需求来创造出产品。也因此，直接营销就不单单是销售人员的事，而是设计人员、制造人员、销售人员等全系统中的每个人都有责任。

“正现金流”是“人单合一”至少在目前最重要而且必须保证的结果。现金流对企业来讲相当于企业的空气，利润相当于企业的血液，如果没有空气人就会窒息。也就是说，前提是要创造客户需要的产品，同时还要找到优质的客户。

在人单合一的模式中，海尔将组织从原来的大事业部制的组织转变为以自主经营体为基本经营单元的组织。

自主经营体具有三个典型特征：自创新、自驱动、自运转，拥有独立的用人权、决策权和分配权[2]。例如，采购人员要对采购的成果自负盈亏，不只是付款买货；制造部让每条生产线都变成像一个公司一样经营，这条线要自己核算成本；同样，销售人员也组成了以市场为中心的经营公司。

2005 年，海尔将集团内部的 8 万多人变成了 2000 多个自主经营体[3]。这些经营体形成了一种倒三角的组织结构，从上到下依次是数量最多的一级的一线经营体、数量居中的二级的平台经营体、数量较少的三级的战略经营体。

一级的一线自主经营体直接面对市场，为所负责的用户群创造价值，也拥有承担此职责的相应权力。集团对一线经营体的管理方式是：缴足企业利润、挣够自己的经营费用，剩余超利分成。同时，一线经营体还对二级经营体提供的服务进行评价。一线经营体又划分为三类经营体，包括市场经营体、型号经营体和线体经营体。市场经营体提供差异化的用户解决方案，创造用户需求；型号经营体创造差异化的产品和服务，满足用户需求；线体经营体提供即需即供的供应链服务，将差异化、零缺陷的产品快速送达用户。

二级的平台经营体为一线经营体提供资源和专业的服务支持，及时消除一级经营体的差距并对三级经营体提供的服务进行评价。

三级的战略经营体，即原来的领导者，主要负责制定战略方向和发现新的市场机会，同时为经营体配置资源，帮助一级和二级经营体达成目标，负责各类自主经营体的升级换代。及时消除二级经营体的差距等。

在强调自主经营体的同时，海尔集团内部还强调利益共同体。利益共同体是由多个自主经营体组成的项目经营体或者创业型组织。围绕用户需求，利益共同体容纳了所有价值链环节的利益相关者，保证产品设计、销售渠道、物流送货、售后服务等全流程的用户体验。由此，避免了面对用户需求时各个业务环节之间的脱节、推诿等状况发生。例如，“最后一公里”利益共同体就是一个虚拟团队，成员来自海尔的营销、销售、服务、供应链等多个业务部门，他们“因单聚散”，独立核算，共同面对市场风险，同时也享有很大的自主权和分享权[4]。

为了让自主经营体能够有效运作，海尔改变了传统的财务核算体系（如资产负债表、现金流量表、收入利润表三张表）和薪酬管理体系，专门设计了适合自主经营体的三张表，即损益表、日清表、人单酬表[2]。

经营体的损益表，始终以用户为中心、以经营表外资产实现表内资产的增值，并分享价值。例如，其收益项中，必须是为用户创造价值而获得的收入；有些收入如果不能与用户需求挂钩，不能持续创造用户资源，尽管产生了收入也不能计算在收入项。但对于二、三级经营体而言，他们不仅仅体现在为用户创造的价值上，还要看其在为一级经营体提供资源和服务的有效性，以及在战略、机制、团队建设方面的贡献。美国管理会计师协会（IMA）认为，海尔的经营体损益表和传统损益表最大的不同是关注了表外资产，主要是人力资本和无形资产。可以说，利润是不是能够更多关键取决于人。

日清表的任务是消除业务执行中的差距，把消除差距的工作形成每天的工作预算，每天进行创新。这些工作可以借助信息化平台，一方面提供便利性的帮助，另一方面也可对差距的原因分析与消除差距的建议提供服务与支持。

人单酬表则是员工和自主经营体自我经营的最终结果，直接决定了自主经营体和员工的薪酬。人单酬表体现了“合一”的理念和员工自主运营、自负盈亏的原则。根据业绩完成情况及与集团整体目标的达成效果确定经营体的总体薪酬，这张表把员工的报酬和他为用户创造的价值紧密结合起来，是员工自我经营的最终结果。对自主经营体的要求是：缴足利润，挣够费用，超利分成，自负盈亏。

对海尔进行长期跟踪观察的曹仰锋还将人单合一的模式归纳为三个基本的层次[5]。第一个层次为运营体系，其主要要素对应于前述的三张表。第二个层次是支持平台和运营环境，主要包括四个核心要素：全员式管理会计（如将每个人作为自负盈亏的创新单元，人人都有一张战略损益表）；交互与协同平台（如流程再造并通过信息化的技术手段来实现流程高效运转）；管理无领导（如把原来集中在领导者手中的资源、权力下放到一线自主经营体中）；创业和创新（如通过机制最大化地释放每一个人的工作活力，每个人都在创业，也在创业过程中为实现目标而创新）。第三个层次则是经营哲学，经营人。其核心思想是建立开放式的全球人才生态链，让每个人成为自己的CEO，让每个员工和市场的脉搏一起跳动，在与顾客的互动中产生创新。这也是人单合一管理模式的灵魂。

人单合一模式的运用，除了在海尔集团的内部产生了显著的效果外，在全球的兼并购方面也取得了良好的成绩。海尔兼并了很多企业，包括日本三洋白色家电、新西兰斐雪派克以及GE家电等，所有兼并中，都没有派人去到被兼并的企业，只让他们接受“人单合一”模式，也都获得了成功[6]。例如，GE家电原来设有数百人的专门研发机构，海尔对其兼并后便要求根据研发领域进行拆分，即从事冰箱研发的归口冰箱生产、从事洗衣机研发的则归口洗衣机生产。也即研发、制造、营销一体化，形成一个利益共同体，产生了价值后大家利益共享，产生不了价值大家责任同担。兼并前，GE家电产值大约有10年时间没有增长，但现在却有两位数的增长[7]。

海尔在人单合一的模式下取得了快速的发展。2017年时，集团的整个平台拥有上千个小微创业团队，至少有200多个已经有风投进入[8]。截至2021年末，海尔集团网站显示，海尔已经拥有七大全球化高端品牌，一个全球场景品牌，构建了全球的工业互联网平台品牌和物联网生态品牌，在全球设立了10+N创新生态体系、旗下海创汇创业加速平台孵化了5家独角兽企业、90家瞪羚企业、38家专精特新“小巨人”。

资料来源：笔者根据青岛海尔（证券代码 600690）和海尔电器（股份代号 01169）2001~2020 公开披露的年报、公告及企业网站等信息整理。

参考文献

［1］张瑞敏．张瑞敏的全球竞争新思维——揭秘“人单合一”战略——海尔模式就是“人单合一”！［J］．中外管理，2005（11）：118.

［2］海尔集团公司．以自主经营体为基础的人单合一管理［J］．企业管理，2012，370（6）：17.

［3］许庆瑞，李杨，吴画斌．企业创新能力提升的路径——基于海尔集团 1984—2017 年的纵向案例研究［J］．科学学与科学技术管理，2018，39（10）：68.

［4］赵剑波．管理意象引领战略变革：海尔“人单合一”双赢模式案例研究［J］．南京大学学报（哲学人文科学社会科学版），2014，51（4）：9.

［5］曹仰锋．海尔转型：人人都是 CEO［M］．北京：中信出版社，2014.

［6］张瑞敏．海尔：人单合一对接物联网［J］．企业管理，2017，436（12）：11-13.

［7］张金隆．从“人单合一”模式到“海尔制”——访谈海尔集团张瑞敏先生内容观点摘编［J］．管理学报，2018，15（10）：949-952.

［8］张瑞敏．中国企业如何从模仿学习到引领创新？［J］．企业管理，2017，430（6）：10.

第四篇　生态化经营

"天地所以能长且久者，以其不自生，故能长生。"

——《道德经》

第十三章

重新聚焦与战略组合

第一节　重新聚焦和转型

一、产业中的重新聚焦

在美国，从20世纪60年代末开始，伴随着企业非相关多元化经营的兴起，企业资产剥离也持续增加。1965年资产剥离的企业个案195起，与企业并购的比例大约为1∶11；1974~1977年，企业资产剥离与企业并购的个案数量比例猛增至1∶2[1]。80年代以来，美国企业出现了回归核心业务的趋势，是业务重组的年代。1981~1987年，实施多元化的企业只占8.5%，实施归核化战略的企业占20.4%，维持现状的占71.1%。多元化经营的企业比例明显下降。而在50年代和60年代，归核化企业只有1.3%和1.1%[2,3]。这期间，美国大约50%的《财富》500强公司又返回到了主业上。到1990年，《财富》500强公司的多元化经营平均指数从1980年的1.0下降到0.67。无利可图的非核心业务被日益剥离[4]。

英日等发达国家在进入20世纪90年代后，也出现了大量企业积极推行回归主业和同业兼并的新潮[1]。

中国企业在20世纪80年代末90年代初的多元化热潮以后，从90年代中期开始也出现了强化主业、削减副业的业务重组[3]。1997年中国证券市场的“资产重组年”中，实行资产重组的95家企业中，有14家企业实施了资产剥离，约占14%；1998年实施资产重组的200余家企业中有50余家企业实施了资产剥离[1]，约占25%。在中国，2002~2010年，实施归核化战略的公司占21.3%，继续加大多元化的公司占25.4%[5]。2004年11月到2007年6月，国资委明确要求153家中央企业集中力量办好主业，将主业外资产通过拍卖、改制和无偿划转三种方式剥离[6]。

要更好地理解这种普遍存在的重新聚焦的现象，我们仍然要回到企业经营的目标上来解读。对于专业化经营的企业而言，其目标是活得了、活得好和活得久。对于多元化经营的企业来说，企业的整体目标以及每个经营单元的目标也都应该是活得了、活得好和活得久。朝着这一目标努力时，企业要为每个经营单元投入各方面的资源，以让每个经营单元都能够在市场环境中保持足够的竞争力。

每个经营单元都需要必要的启动成本，而一个行业的最低进入成本与它的规模无关，因为对于 50 万英镑和 1000 万英镑的行业来说，进入该行业都不得不花费同样最低限度的学习成本[7]。每一个新的业务都需要投入相当数量的资源，因此，持续的多元化扩张可能会导致沉重的进入成本负担。此外，新业务单元启动以后，还需要持续提升这些业务单元的能力，如营销能力、研发能力、生产能力、管理能力等。

由于资源总是有限的，把这些有限的资源分摊到不同的经营单元，必然导致每个经营单元所分配到的资源都是有限的。为了保证各单元的资源种类的完整性，有些资源还不可避免地通过共享的方式来实现，包括人力资源的共享、物资资源的共享、管理资源的共享等，这也同时导致集团化的管理越来越复杂。例如，总部与经营单元之间的管控和协同关系、多个经营单元之间的横向协同关系、多个经营单元之间的矩阵关系、经营单元与总部参谋部门之间的协同关系等，又不可避免地导致企业总体的管理难度变大、协调成本增加。

为了提升竞争力，每个经营单元都需要越来越多的资源，这种资源需求具有无限性的特征，而企业的总体资源又具有有限性的特征，这一矛盾使得每个经营单元最终实际获得的资源是有限的，并且很可能导致这些业务单元难以形成有效的竞争优势。这又违背了企业整体层面的利益最大化以及企业整体活得了、活得好和活得久的目标。

正是出于这样的原因，企业开展多元化战略便存在最优的边界。当超出最优边界以后，继续实施多元化战略可能会损害企业的整体绩效。这时，便应该实施重新聚焦的战略。

另外，主动实施重新聚焦战略，也有可能为企业带来价值。由于各单元可能存在产业环境背景、生命周期阶段、经营规模、经营效率等情境的差异，同样的资源投入到不同的业务单元之中，它们所能获得的经营回报也可能不同。为了让有限的资源获得更好的利用，企业可能会挑选所有业务单元之中最有价值的那些业务，把更多的资源放在这些获利能力更强、获利潜力更大的业务内容上，从而获得业务组合的总体业绩的综合收益最大化。因此，重新聚焦战略也是能够创造价值的，就像多元化战略创造价值一样。

二、重新聚焦的时机

在多元化的实践中，为了在多元化战略和重新聚焦战略之间进行合理的战略调整，就有必要识别多元化经营的最优边界，对企业的多元化是否过度进行恰当的判断。当多元化战略未达到最优边界时，实施多元化战略有机会为企业带来更多的收益，而当发现多元化已经出现过度的迹象时，就有必要采取纠偏的行为，实施重新聚焦战略，降低多元化的水平。实际上，即便是多元化程度并没有明显的过度的情况下，如果聚焦战略在某些情境下能为企业获得更好的综合回报，企业也可以优先选择重新聚焦的战略。因此，识别多元化是否过度，就是识别重新聚焦战略的时机。这可以考虑如下几种典型方法进行：

1. 价值评估标准

祁顺生认为，可以采用企业外部的市场标准和企业内部的标准两大类标准来对多元化是否过度进行判断[1]。

企业外部的市场标准主要通过顾客价值创造和价值最大化来判定，因为企业所提供的产品和服务是否可以为顾客带来价值，是判断企业业务战略是否合理的标准，相应地，也就可以作为判断多元化企业是否过度的市场标准。这是因为，按照社会交易降低交易成本的观点来看，企业应为客户提供最大化的价值和最低的交易成本。如果在多元化的开展过程中，为了满足特定客户的需求，企业为多元化业务投入的资源过多，为客户创造的价值却是有限的，对顾客而言，其并没有获得最大化的价值，或者需要付出过高的成本，这时，可认为多元化业务是过度的。

企业内部标准主要通过企业价值创造和价值最大化来判定。企业所实行的职能创新、资源和要素配备以及组织学习的状况是否能够增加企业价值，如果这些都不能提高企业价值，则内部必然存在过度的问题。例如，企业在多元化的业务中投入的资源，并不能为企业带来相应的经济收益，无论是过去、现在的收益，或是未来的预期收益，都无法弥补所需要的投入，通俗地说，就是一项业务无法盈利时，就可以认为这项业务是不必要的，是一种过度的多元化业务。

采用外部或内部的价值评估方法时，企业还需要克服一些实践方面的困难，需要在各种投入要素和产出价值方面收集必要的各类数据并加以分析，建立起相应的数据模型、评估方法等。

2. 组织管控能力瓶颈

多元化过度时，组织也可能会出现内部的管理和控制方面的瓶颈，例如，一些直观的特征在于经营管理者可能无法有效地对整个企业进行管控。这些特征也有助于判断多元化业务是否处于过度的水平。

无论企业采用怎样的集团化的组织结构、怎样的管控方式，企业都需要对不同的业务单元进行或多或少的管理和相应的控制。当管理者、决策者们面临过多的业务单元的时候，他们已经无暇顾及每个业务单元的具体需求，无法管理到各个业务单元的发展规划、发展局势，或流程中的那些重要的具体决策等，这时候，也可以初步判定企业的多元化可能处于过度的局面。

例如，在运营管控型的企业或集团中，由于运营级的决策任务和负担都停留在总部，当总部面对越来越多的业务的时候，即便再增加总部的人员，他们也会发现难以负担这么多不同的业务单元的业务决策，因为每一个业务单元所处的行业、所采用的商业模式、所面对的业务内容可能都会存在明显的差异，而这些差异都会直接影响经营层面的业务决策。

实际上，即便是在高度分权的财务管控型模式中，也会存在同样的管控能力边界。虽然在将更多的经营决策权下放给业务单元时，总部只是负责资本的融资、资金的利用、资金的分配等财务的管控手段，但仍然要对各个业务单元进行诸如资本管理、会计服务、财务监控、权力管理、制度规则、价值观、人力资源等方面的中央调控。这些工作内容也会存在调控能力的容量的边界，以及相应的边际效应。超出这种边界之后，面对越来越多的工作负担和协调困难，总部的决策者、管理者都会感到力不从心，因而明显影响到现有业务活动的有序开展。这就说明，企业很可能已经进入多元化过度的局面。

这种思路还可以进一步扩展至整个组织的综合的复杂度的管理。也就是说，多元化的业务数量、业务的相关程度、组织内部的管控模式、组织人员的复杂性、组织的战略、企业文化等，都可能增加企业总的复杂程度，当这种综合的复杂性使得组织的成员难以面对，在实际上降低了整体的经营效率，并且通过各种努力都难以实现有效的管控时，说明企业可能进入了一种过度多元化经营的局面。

3. 核心业务生命周期的指标

可采用如图 3-5 所示的核心业务生命周期情境多元化战略模型对指标进行评估。核心业务的收益水平存在门槛效应，核心业务在不同生命周期下的扩张与收缩的绩效有显著差别。因此，核心业务的收益水平和生命周期阶段这两个指标，除了可用于评估多元化时机外，也可用于评估重新聚焦的时机。

第一个指标是核心业务的收益水平。当核心业务的收益率足够高的时候，企业应充分利用好这一段时期的收益水平，可追加在核心业务上的投资水平，扩大其经营规模。在这个时期，即便企业只有很少的多元化业务单元数量，其整体的多元化程度也可能是过高的。因为在同样总量的资源背景下，如果把这些资源聚焦投入到高获利水平的核心业务之上，则能够带来明显高于其他业务的投资回报，可以获得最优的综合投资回报水平。

这一结论也可以看作 SCP 的结构—行为—绩效范式观点的一种经验证据。由于外部的行业环境，包括行业盈利、竞争状况以及整体经济发展等，对企业的行为和绩效都有重要影响。当企业所处的行业利润率很高或企业自身的盈利能力很强时，企业倾向于维持当前战略；当面临盈利能力差或竞争性压力大时，企业为了追求利润率和成长性常通过多元化或归核化来进行战略转化[5]。

第二个指标是核心业务本身所处的生命周期阶段。从生命周期看，核心业务逐渐走向成熟或者衰退的时候，需要通过重新聚焦战略来收缩副业，提升主业的效率，延缓主业生命周期。当核心业务的增长已经变得非常缓慢，企业的获利水平很难再有爆发性的快速增长，也意味着公司的收入状况不再像成长期那样乐观，也更难容忍那些资金和资源的不必要的浪费。所以，核心业务是否处于成熟期和衰退期，也可以作为评估是否实施重新聚焦战略的参考指标。

值得说明的是，重新聚焦并不一定是聚焦在原有的业务单元上，也可能是聚焦在某个新的单元，聚焦于一些有潜力的、有望成为下一轮的主营业务的经营单元。将资源投入这样的业务单元，加快这些业务单元的成长，提升其竞争力，则有机会帮助这些新的单元更早、更有效地进入快速成长通道，代替原有的核心业务，于是企业便从一个领域转型到了另一个领域。

关于重新聚焦的实践，读者也可参考扩展案例 4-1、扩展案例 4-2。

三、聚焦的困难

1. 重新聚焦中的损失厌恶

正如企业在多元化战略中面临心理的转变一样，在实施重新聚焦战略时，企业也同样面临心理的挑战。真正的决策困难并不在于理性分析本身，而在于基于分析观点做出实际的选择、决策，并付诸于行动。特别是“停止”或“退出”某项业务，意味着已投入的成本将成为沉没成本，是一种损失，很难让人真正下定决心。

从理性角度看，面对投资的决策困境时，应尽可能地基于企业的愿景和目标来分析和判断。企业经营的核心目标之一是获利，无论是短期的获利，还是长期的获利，都表明了一种对投资的收益的期待。因此，面对业务单元的经营成果，可以借助前述的期望理论的观点，运用理性的算法模型估算其期望的回报率水平。例如，企业所需要的投入的水平是多少，投入获得成功的概率是怎样，成功后企业的收益水平会如何。同样，投入失败的概率又如何？如果失败了，这种失败导致的损失水平是怎样的？在不同的时间点上的失败的概率分别是怎样的，相对应的沉没成本损失又是怎样的？如果在关键的里程碑时点上做出了放弃的决策，其未来的重置成本又是怎样的？等等。

把一项业务中的各种可能实现的概率事件都统一放入期望的概率模型，就有机会得到对这项业务的更为理性的判断。也可以把所有的业务机会，所有那些可能让企业犹豫不决的机会，都放到这个模型中，这样便可同时对所有的业务机会进行一种综合的优先级排序。还可以借助专家决策、集体决策等不同的方式，寻求更为综合的尽可能理性的选择。

例如，某项投资的风险收益是50%概率获得101元，50%的概率损失100元。按照概率论的观点，重复进行n次这样的选择，最终的收益为（101×50%-100×50%）×n=n/2元，收益为正。也就是说，就期望的投资收益而言，收益是大于投入的，是值得投资的。如果对投资的理性分析已经综合考虑了时间、通胀、杠杆等因素，使得最终期望的内部收益率为正，回收期、回报率、折现回报率等各项指标都能够达到投资的要求，那么，这种新的业务机会就是值得投资的。所以，在实践上，应该不断完善有助于识别投资机会的评估条件。

但是，需要说明的是，期望中的收益和期望中的损失，对不同的决策者是存在不同的影响力的。丹尼尔·卡内曼（Daniel Kahneman）和阿莫斯·特沃斯基（Amos Tversky）提出的前景理论（Prospect Theory）[8] 认为，大多数人是风险规避的，人们在面临获利时，往往不愿意冒风险，对确定收益的偏好更胜于那些仅仅是可能的更大收益。例如，一项固定收益3000元的选项，和另一项仅仅是80%概率获得4000元收益的选项相比，大多数人会选择前者。大多数人对损失比对收益更敏感，例如，获得1000元的利润，感觉会很少，但损失1000元的利润，感觉却会更多，人们对损失更容易产生厌恶情绪，产生心理的抗拒。

由于期望中的概率也是某种估计的概率，可能存在精确程度不够的问题。决策者厌恶风险的偏好也可能会促使其寻求更多的影响因素，重新评估更为合理的概率水平。于是，整个决策的形成过程可能会构成一种循环的递进结构：通过采用各种理性方法和工具，来评估业务上的收益水平和损失水平，而评估的结论又会导致心理上的厌恶和风险偏好。为了应对情绪上的厌恶和风险偏好，又需要重新采用更多的理性方法来寻求合适的风险偏好水平。这种理性与感性的循环递进总会存在极限，这个极限就是有限理性的边界。也就是说，在有限理性之外的决策仍然依赖于那些非理性因素的影响，如前面曾讨论过的对市场的敏锐的洞察力、对创立新业务的执着的企业家精神、勇往直前的坚定信念和毅力、果断的决策和勇气、勇于承担风险和损失的冒险精神等。

2. 干系人抵触

企业的利益相关者也可能会对实施重新聚焦战略形成阻碍。首先，就是那些直接负责业务单元的领导人和经营决策者。有些企业的治理结构较为复杂，不同的股东不同程度地对不同的经营单元负责。有些负责小业务单元的股东成员甚至可能宁愿保留更多的业务单元也不愿意选择关闭，因为这些事务常常成为他们在整个企业中争取更多益处的重要筹码。

其次，业务单元的负责人也可能是一些未持有股份的职业经理人，当初他们能参与到这项业务的经营管理中，至少表明他们在经营方面有相应的企业家才能，公司对他们也非常重视，希望他们能够与企业长期配合。他们为了自身的工作能够有所保障，也会设法四处游说，声称他们可以采用更多的业务变革措施，调整业务战略和执行水平，或许再假以时日，便能够改善经营状况。特别是在那些业务还没有糟糕到必须被动缩减的业务领域，这些声音对重新聚焦战略的决策形成较大的干扰。

即便真的要考虑到业务的重新缩减，如何安置这些人员也是一个问题，如果对这些人员没能很好地安置，对企业中其他的部门或成员也会形成一种负面效应，进而破坏企业的组织文化，使得人人自危，降低总体的生产率水平。

同样，其他的一些重要的利益相关方也会对业务缩减形成一定的阻碍。例如，企业在某个地方设立了一项颇具规模的业务时，当企业想要将这项业务撤出时，有可能会面临地方政府的游说挽留，他们或许会提出更有吸引力的减免政策或优惠措施。特别是与减免或补贴有关的措施很容易让企业形成一种主观印象，即在这种背景下，这项业务将很快渡过难关。

不同的利益相关者都会从自身角度出发，不同程度地对企业的重新聚焦战略施加影响，但是，从企业层面看，是否实施重新聚焦战略的核心，仍然应该是企业的业务本身是否健康，多样化的业务本身是否存在过度，组织是否无法应对过于广泛的业务范围。企业及其中的每项业务，都应该围绕着客户的价值创造和价值交换。当多元化存在过度而无法使得客户价值最大化和企业价值最大化时，重新聚焦就应该作为一个坚定的战略选择。

第二节　典型的战略组合

一般来看，重新聚焦战略常常包含了典型的收缩行为，这主要是对非焦点单元或不良业务的收缩。但是，重新聚焦战略并不是简单地进行收缩，而是在收缩的同时也有扩张的行为，将不良业务中收缩的资源投入到将要聚焦的业务上。因此，这些工作通常涉及对现有的资金资源、实物资产或资源、无形的资产资源、人力资源、客户关系资源等分门别类地进行盘点，逐项分析这些资源项目各自的内在价值，以做出更加妥善的处置。

一、聚焦的战略组合

从形式上看，既可能是将已有的资源从不良业务转移至聚焦业务，也可能只是对不良业务进行局部的剥离并调整其业务结构[9]，还可能是将不良业务出售给其他企业。将这些可能的收缩、重组或者扩张的行动组合起来，则可以形成几种典型的聚焦战略类型，如表 13-1 所示。

表 13-1 多种聚焦战略类型

聚焦战略	收缩部分	扩张部分
聚焦强化	现有非主业	现有主业
集群强化	收缩与主业不相关或弱相关的单元	与主业强相关的单元
转移/重组	现有主业进入衰退	在现有非主业中择优发展
观望	减少各单元浪费和不必要投入	在非主业中观察观望
深耕	与核心竞争力低关联的收缩	以核心竞争力为目标长期投入资源

资料来源：笔者根据重新聚焦战略应用时的不同聚焦程度和聚焦范围的多种组合整理。

1. 聚焦强化

强化策略是典型的聚焦的优先选项。通常是将资源聚焦到某一个特定的业务单元。通常应优先将核心业务作为强化对象。这个业务单元也许是原有的核心业务，也可能是具有重要潜力的将作为未来核心的业务单元。特别是核心业务处在快速成长通道的时候，核心业务单元有非常好的盈利能力，应重点考虑增加投资。

为聚焦的业务单元追加的资源可能是那些投资方新追加的资源，也有可能是通过对非焦点业务的收缩而调配出来的资源，包括资金资源、人力资源、市场或者客户资源、供应商资源等，还可能是通过外部的并购、重组新引入的投资等。

通过这些资源的聚焦安排，企业得以提升这个业务单元总体的市场开拓能力、客户服务能力、产品开发能力、产品的生产能力等，从而把这个业务单元逐渐打造为一个综合实力强大的业务单元，具备很强的竞争优势，能够在市场上获得先机，获得更高的市场份额。这种强大的水平使得业务单元能够在市场上获得更高的收益水平。而缩减其他暂时不盈利的业务单元，或者是收益水平较低的业务单元，把这些投入到核心业务中，则会获得更好的综合的经济回报。

重新聚焦有时候也包含不同的战略意图。例如，对于外部的市场来说，聚焦的目的是追求市场销量规模的增长，或者追求市场份额的扩大，击败竞争对手。因此，也可以说，对业务单元的聚焦，其实就是在这个业务单元上追求规模经济。对于处于领导地位的企业来说，这种聚焦的投入也常常是为了开拓更多的增量市场。如果是聚焦在一个新的业务单元，也可能意味着企业想通过核心业务的转移实现企业的转型。

2. 集群强化

对于一些从事相关多元化的企业来说，某些业务单元可能存在市场相关性、技术相关性、人才的技能相关性或者网络资源相关性等，因此，它们之间可以通过资源共享形成不错的协同价值，各自的进步也能够促进对方获得进步。因此，也可以把这些相关的业务单元看成一个业务群组。

实施重新聚焦战略时，可以把前述的各种资源聚焦在这个业务群组，形成一种集群的强化策略。这种集群型的强化与单元的强化有些类似，但是，由于同时面向多个单元，还需遵循某些原则，将综合的资源在多个单元中进行适当的分配。例如，有的原则是考虑平均分配的；有些原则可能是考虑投入回报效率最大化的；有些原则要考虑不同的业务单元之间的内部公平；有些原则需要考虑企业未来的发展潜力，公司需要做出一定的业务扶持，特别是当有些单元短期内还无法形成有效的经济利润时，这种扶持非常重要。

在单元之间的资源分配还应与企业内部的价值理念、价值评价、绩效制度等规则之间形成一定的联动关系。否则，那些倾斜性的或扶持的资源，在执行的过程中将很容易受到质疑，或受到那些业务良好的单元的争抢。最常见的理由就是他们拿到这些资源可以获得更多的即期回报，这往往是投资方常常难以抵挡的理由之一。

3. 转移和重组

在实践中，并非总是能够清晰明了地获得对单一业务单元的强化聚焦或对一组具有明显协同价值的多个业务单元的集群强化的结论，而是要考虑新老业务的交替、多个业务之间重新组合资源配置，妥善处置其中的局部不良资产等。

当企业出现新老业务交替时，企业通常需要妥善处理涉及的一系列的资源转移，特别是核心业务的交替，更是一种重要的战略行为。对一项老的业务是否进入真正的衰退的确存在准确判断的困难，并且，承认衰退也面临诸多的心理阻碍，因此，需要努力寻找那些支撑生命周期判断的特征信息或者指标。同样，企业在寻找和评估新的业务单元的时候，也需要先设定更加充分的识别方法和评估依据，在吸引力和竞争力方面，都做出尽可能充分的理性评估。

为了转移到新的业务，就需要在新业务领域开展方方面面的工作。组织需要掌握新的业务需要的行业知识，新的工作程序，新的内部的运营模式，也面临新的外部的行业规则和竞争态势。现有转移过来的人员团队，也面临新的知识和技能的学习和训练。此外，新老业务之间的交替并非总是无缝衔接的，许多资源如设备、设施等都需要时间进行重新改造或调试，因此，交替过程甚至会面临一段不短的收入空窗期。这个间隔时间越长，面临的经营压力就会越大，因此，企业要有完整的、全面的统筹规划，对交替过程进行有序的过程管理。只有这样，才能尽可能地确保新老业务的成功交替，成功实现企业的主营业务转型。

有时候，企业的调整不是为了转移，而是局部的、结构性的调整。例如，有些客户并非总是能够带来好的收益，这时，重新明确客户的类别，聚焦更适合企业的客户群体会获得更好的客户结构；有些类别的产品并非总是能够带来竞争优势，减少这些产品的开发和维护，有利于集中资源于那些有价值的产品，形成更好的产品结构；价值链中的有些部门无法带来有效的协同，转为外包甚至更为有利，这时便需要对价值链部门进行重新设计，形成更好的组织分工；有些有形资产或者无形资产不能直接带来价值增值，反而需要持续投入资源进行维护，这时，出售给第三方反而能够缓解企业过度多元化所带来的沉重包袱。

综合来看，由于不同的企业处于不同的聚焦背景下，转移或重组战略中的资源调整的范围、数量、程度等都有所不同。有的重组涉及各种资源的调整是非常彻底的，甚至包括与不同的企业之间并购交易或者是股权置换、资源置换等，从而实现一些新的资源强化。另一些较为轻微的重组则可能仅仅是调整一些固定资产的归属，或调整一些执行层面的员工关系等。越是激烈的变革，其变革的难度就越高，新的模式就更难快速建立起来。因此，组织应将变革本身作为一件专门的事项或项目，进行有意识的管理。

4. 观望

观望战略严格来讲不属于聚焦战略的选项。但是，对于那些有迹象但局面又尚不明朗的模糊状态来说，观望也是一种可以考虑的过渡性的缓冲方案。

在观望过程中，企业需要确认经营中的多元化是否过度，现有的核心业务是否存在衰退迹象，新寻找的业务单元是否代表了未来的发展方向等。准确判定这些情境需要持续搜索更多的信息来进行澄清。

对于那些还没有形成稳定状态的新兴业务单元，例如有些尝试的业务单元还处在导入期，又或者已经进入衰退期却又找不到买家的原有的业务单元，采用观望战略可能是先适当地采取阶段性的行动，并定期审视和及时调整。例如，收缩的单元可以先保留一个核心的骨干团队，包括一些销售骨干、研发骨干或者经营管理的骨干等。也可以从组织上先把他们并入一些经营状况良好的单元，让他们先进入一个矩阵的组织结构，通过资源的共享降低这些业务单元的运营成本，同时寻找那种可能的行业性的机会，这样便不至于因为彻底的缩减而完全错过潜在的机会。

观望战略最大的问题在于，企业在行动上可能过于保守或碌碌无为，可能因为缺乏实际的执行时间和明确的判断条件而白白耽误宝贵的时间。所以，采用观望战略时，企业应设置一些明确的门槛条件或者截止时间，避免企业持续过久的犹豫，避免迟迟不愿做出正式的行动决策。

5. 深耕

深耕战略是在强化战略基础上的进一步加强。这种加强通常表明企业想在某些方面塑造出行业领先的优势，建立起全面的、系统的核心竞争能力。

采用深耕战略，既需要有宽广的战略视野和长期的战略准备，也需要有长足的耐心和持续投入的毅力。在这个漫长的过程中，当企业的核心能力尚未完全形成、尚未完全能够产生充分的经济效益的时候，那些持续的投入和漫长的等待常常容易消磨人的意志，让人怀疑坚持的方向是否正确。置身于长期的投入过程中，人们常常处于一种充满希望却又彷徨不安，带着期望又有些害怕失败的心理状态，通常只有事后回头看时，人们才能真正地评价整个过程中的各种选择和决策是否合理。这本身就是一种心理上的煎熬，只有那些强大的具有卓越眼光的战略家、企业家，才能坚持这种长期的战略并付诸于实际行动。

二、聚焦战略的路线

正如开展多元化可能会存在业务驱动型的被动多元化和组织内部驱动型的主动多元化的情形一样，重新聚焦战略也可能会存在被动的聚焦和主动的聚焦。所谓的被动聚焦，大多是在某些新业务发展的状况极其不理想，无论企业通过什么努力都难以改变其营收的局面，甚至给企业不断造成亏损，最后企业不得不在这项业务上进行缩减，甚至退出。被动的方式往往拖延太久而给企业造成实际的损失，因此不是一种好的选择。企业更应该有意识地不断审视各项业务，关注企业的多元化水平是否处于合适的水平。在恰当的时机背景下，主动实施重新聚焦战略。

重新聚焦的战略并不一定是一次性聚焦到位的，而往往是分阶段进行的。有些业务原本发展得不够好的原因，有可能主要是资源缺乏而导致的。当企业采用集群聚焦的方式，经过内部资源的重新配置，那些业务很有可能便能够获得良好的发展。考虑到新业务的发展有较高的进入成本，如果因为某种错误的判断而轻易地完全退出某个新的业务领域，那么，当未来想再重新进入时，重置成本会非常高。此外，重新聚焦的过程必然会涉及现有的业务结构、组织结构、人员安排、管理规则等各方面的调整，这些调整也需要相应的时间，没有办法一次到位。

因此，在重新聚焦战略下，企业需要一边在重新聚焦的过程中观察各个业务的实际表现，以便判断重新聚焦的战略是否在发生作用，也需要一边不断调整相关的配套措施，使得战略规划与战略执行得以一致。当发现重新聚焦的程度足够时，便保持在这个程度上的多元化经营。

在重新聚焦的业务选择上，根据企业所开展的规模经济和范围经济的不同，重新聚焦的策略性思考也会略有区别。总体来看，如果企业开展的是弱相关多元化、不相关多元化等泛多元化经营，那么这些业务领域可以优先纳入缩减的范围。而且，即便企业都是在强相关多元化领域进行经营时，纵向的多元化对企业的经营管理要求、行业成功要素、专业人才经验等各方面也会存在差异。因此，纵向方向上的那些业务单元也可以优先考虑作为缩减的业务领域。

进一步来看，即便企业是在开展规模经济的时候，在纵向的方向上发展了一些辅助型的业务单元或部门，如果先不考虑协同效应，那些辅助的业务单元或部门，因为涉及不同的行业经验、不同的专业领域，也可以考虑适当的精简。例如，将原本的供应环节的某个领域重新选择与外部供应商合作；面向客户的渠道安排也可以选择第三方的销售平台或者渠道型企业。

从重新聚焦的目标看，重新聚焦并非一定要回归到专业化经营。只要在降低多元化程度的情况下，能让各项业务单元都获得良好的经营水平，那么这种重新聚焦的战略安排就是恰当的。然而，也有一些企业在从专业化经营向多元化经营的转变过程中，一直未能实现多元化的同一性，无法真正有序地开展多元化经营。无论是企业的高层决策者的心理变化过程，还是组织中实际的经营人才欠缺，或其他的原因，都使得企业的多元化战略没有成功。在这种背景下，少量的多元化对企业来说也是过度的，因此，重新聚焦就真的是重新回到专业化经营。但这种情况下，企业仍然要考虑中长期的企业是否存在转型的需求，是否要开展强化的聚焦战略，构建长期的核心竞争力。同时，企业还有一个需要关注的重点，就是关于企业经营团队的接班人问题。

参考文献

［1］祁顺生．归核化战略［M］．上海：复旦大学出版社，2002.

［2］周三多，邹统钎．战略管理思想史［M］．上海：复旦大学出版社，2002.

［3］李敬．多元化战略［M］．上海：复旦大学出版社，2002.

［4］罗伯特·M. 格兰特．现代战略分析［M］．北京：中国人民大学出版社，2016.

［5］孙戈兵，胡培．多元化与归核化战略转换及其价值效应［J］．财经问题研究，2013（5）：16-23.

［6］崔世娟，孙利，蓝海林．中国企业归核化战略绩效研究［J］．科学学与科学技术管理，2009（7）：164-172.

［7］安索夫．新公司战略［M］．成都：西南财经大学出版社，2009.

［8］Kahneman D，Tversky A. Prospect Theory：An Analysis of Decision Under Risk［M］. Handbook of the Fundamentals of Financial Decision Making：Part Ⅰ. World Scientific，2013.

［9］科勒，戈德哈特，威赛尔斯．价值评估：公司价值的衡量与管理（第4版）［M］．北京：电子工业出版社，2007.

第十四章

构建企业生态系统

第一节　多业务单元组合管理

一、变化中的业务组合

在经济社会的持续发展中，新技术的发展推动着社会生产力的发展，经济整体的运行也会出现阶段性的周期波动；国际政治、国内政策相关各方面也会不断地对各种产业产生影响；人们的生活方式、收入水平、社会文化各方面都会不断改变人们的需求；宏观环境的各种变化就像历史车轮一样滚滚向前。每个时代都可能有其特有的时代特征，不同时代下有不同的产业机会，产业机会也伴随着产业中的风险。对微观的企业来说，宏观环境的变化不断催生出一些新的行业、新的商机。因此，那些积极拥抱变化的企业，在保持对市场行业充分的关注和分析的情况下，渐渐识别到那些新的商业机会，借助其结构化的商业机会分析，以及企业家们的市场洞察力，逐渐开展一些新的业务，渐渐地发展出一些多元化的业务单位。

然而宏观机会的发展也并非总是带来机遇，对于当前的许多企业而言，环境变化也会使得一些产业不可避免地走向落幕，逐渐衰退或消失。对于那些迟疑的企业家或者那些因循守旧的企业来说，他们长时间紧守着已有的业务单元，没有及时地对环境变化做出积极的响应和应对，很有可能导致企业不但会错过一些新一轮的发展机会，还有可能在原有的业务领域上止步不前，甚至逐渐走向衰退。那些积极的、果断的决策者，那些勇敢的、敏锐的企业家们，他们善于在这些危机中果断决策，急流勇退，对那些逐渐走向夕阳的产业、那些逐渐经营不善的业务内容及早地采用聚焦战略，重新调整不同的经营单元的定位，发挥那些具有竞争优势的经营单元的更多潜力，减少那些经营状况不佳的经营单元所耗费的资源，或退出该业务领域，于是企业又不断减少他们的经营单元。

越是剧烈的环境变化，面临的机会或威胁就可能越发明显，对企业业务的影响也就越大。在开拓新业务以及重新聚焦的循环的过程中，企业总是经营着多种不同的业务内容。即便企业采用专业化经营战略，也可能存在多样化的产品、客户群体、细分市场等，因此，可以说，多样化的经营在企业中会变成一种常态现象。以业务单元为例，这些多样化的业务会构成企业的一定程度的业务组合或投资组合，并且这个业务组合不断处于动态的变化中，扩张业务或收缩业务都会带来核心业务内容的变化和业务组合的变化。因此，从企业经营的角度看，这种业务组合的结构的合理性、盈利的合理性，便构成了企业在经营层面重要的组合管理课题。

最典型的问题就是，业务组合可能存在业务单元数量不合理的问题。由于多样化可能会存在过度的问题，过多的业务单元、业务种类会超出组织现有的资源和能力，导致企业无法形成实际的竞争优势。过少的业务单元数量又可能会导致缺乏风险应对能力，降低企业内部的产业升级和调整的可能性。

同样，从业务的结构内容看，也可能存在盈利结构不合理的现象。机会是无限的，而资源却是有限的，不同的业务单元又存在不同的收益水平，因此，将资源投入不同的业务单元，可能会构成不同的综合业务收益水平。应该将更多的资源投入高获利水平的经营单元，从而为企业获得更多的综合收益。

也就是说，在管理业务组合时，除了在数量上进行管理以外，还需要在业务内容、资源配置、业务的经营战略等方面进行有效的管理，而且还应考虑更为系统的常态的管理机制。也可以说，业务组合管理就是整个公司的经营范围的全面管理。实际上，本书的多元化经营的大部分章节内容都可以认为是从组合管理的视角解读的，都可看作企业多元化经营中的组合管理的体现。企业或集团需要考虑如何在更大的、更宽广的范围内，对不同的业务进行资源的配置、协调、排序、联动等相关的组合管理，获得整个集团更高的总体经营效率，获得更高的投资回报率。

二、组合评价方法探索

为了获得更为适当的业务组合，除了在选择多元化时机和重新聚焦时对业务进行分析外，还应系统性地扫描和评估所有的业务组合，包括对业务单元的特征分析、业绩表现评价、未来潜力评估、选择业务的决策标准、业务收缩和退出的执行措施等。例如，如何识别哪些业务单元是真正具备长久的生命力的单元？哪些业务单元是应该被纳入观察列表的？哪些业务单元是应该被考虑优先剔除的？通过这些增加与减少的调整，企业期望获得怎样的业务组合？

正如安索夫指出的那样，这些选择业务的问题表面看来似乎相当简单：能为实现企业的目标贡献最好业绩的组合就应该是选择的对象。然而事实上这是一个艰难的过程，每一个组合至少受到四种标准的测量：近期、远期、弹性和协同目标等标准。每一种都对企业业绩的不同方面做贡献，每一种评估都按照不同的标准来衡量，而且一种的增加通常导致其他几种的减少[1]。没有明显的方法可以将这四种评估结合在一起，从而为每个组合范围形成一个单一的指标。因此，可以尝试几种加权方案，并进一步做一致性测试。

进一步看，要很好地评价业务组合的最优水平和合理性，就需要把所有业务单元的业绩，包括市场表现或财务表现等放在同一个比较的框架之中。这个框架应该能够反映出对企业而言的那些重要的指标。例如，财务上的收益、市场发展的空间、未来获利的战略价值等。这样便可以对这些要素进行一种综合的比较、择优选择。对现在、未来都有好的经济价值的那些单元，其总体的投资价值就越高，现在价值不高且未来投资价值和潜力都不大的那些单元，则考虑进行缩减。

按照这种基本思路，可以结合已经讨论过的波士顿矩阵 BCG，通用电气矩阵 GE 等，通过对业务单元的外部和内部的不同的指标评价，对业务的竞争力和吸引力进行评估，也可以构建出基于现状和未来长期的战略潜力的因素结构，还可以通过核心业务的收益水平和多元化的生命周期指标进行判定。因此，这些工具也可以作为业务组合管理的基础工具。

然而，考虑到多元化的业务组合是企业中长期的非常重要的管理事项，基于传统的会计的评价思路，或者是基于客户的、市场的粗略的信息评估，可能仍不足以对这些业务单元进行充分全面的合理评价。因此，我们试着在这些方法的基础上进一步讨论一些辅助的思路。

1. 考虑资本成本的经济增加值

传统的会计利润主要考虑了债务资本的成本，它们作为利息的支出会体现在管理的会计报表中。但是，会计利润没有对权益的资本成本（也就是股东的资本成本）进行确认和计量。它实际上是假设了股东投入的资本是免费的。

为了弥补传统的会计报表没有全面体现资本成本的这种缺陷，美国思腾思特管理顾问公司创设了一项财务类绩效的考评指标，将企业的税后净利润减去企业所占用资本的成本，之后的剩余收益才是企业真正的价值。这个增加值就叫作经济增加值（Economic Value Added，EVA）[2]。如果 EVA 为负，即使当期会计利润为正，企业也仍然没有创造价值反而是在吞噬股东的价值。企业所使用的任何资本都是有代价的，在运用这些资本的同时必须为资本付费，所以，EVA 反映了一个公司在经济意义上的盈利，而非会计意义上的盈利。按照 EVA 的概念，其基本计算公式如式（14-1）所示。

EVA=税后营业净利润-资本总成本=税后营业净利润-资本×资本成本率 （14-1）

其中，资本成本率可以是企业所运用的各种成本的一种加权平均成本（Weighted Average Cost of Capital，WACC）。

EVA 的概念经过几十年的发展，已在西方国家获得了广泛的认可。德鲁克曾在《哈佛商业评论》中指出："作为一种度量全要素生产效率的关键指标，EVA 反映了管理价值的所有方面。"《财富》杂志曾将 EVA 称为当今最炙手可热的财务理念[2]。

我国也有很多大型企业相继引入 EVA 评测体系。国务院国有资产监督管理委员会（以下简称国资委）从 2003 年开始就宣传、启动和测试中央企业的 EVA 指标，2010 年已全面导入 EVA，对中央企业进行经营业绩考核[3]。

国资委提出的 EVA 的计算公式为[4]：EVA＝税后净营业利润－资本成本＝税后净营业利润－调整后资本×平均资本成本率。其中：税后净营业利润＝净利润＋（利息支出＋研究开发费用调整项－非经常性收益调整项×50%）×（1－25%）；调整后资本＝平均所有者权益＋平均负债合计－平均无息流动负债－平均在建工程。国资委对中央企业的资本成本率的规定如下：中央企业资本成本率原则上定为 5.5%；承担国家政策性任务较重且资产通用性较差的企业，资本成本率定为 4.1%；资产负债率在 75%以上的工业企业和 80%以上的非工业企业，资本成本率上浮 0.5 个百分点。

EVA 的引入有助于企业更加客观真实地认识利润，因为资本的成本是广泛存在的。例如，库存也会占用资金因而产生库存的资金成本，所以，管理上应该力图控制最小的库存水平；应收账款也会占用资金，所以，应该通过各种业务活动把应收账款转化为实收账款；低的资本运用效率也相当于会产生额外的资本代价，所以，需要尽可能提高资本的周转率。所有的这些资源占用的成本，都应该通过某种方式进行评估，这样有利于企业更好地管理真实的业务活动，并将资金投向那些真正能够超过资本成本的回报率的项目。

但是，EVA 在实际操作中有许多困难。这些困难主要体现在实际的计算操作方面可能会存在不同的算法，没有一种绝对的标准。例如，计算长期利益的成本项（如研发重组成本、租金）都视为资产并摊销，而不是作为当期营业成本。调整的目标是更好地代表带来收益的经济资产，尤其是无形资产，具体的调整应该视企业的具体情况进行[5]。

此外，EVA 内部资本的计量操作过于复杂。要把涉及实物资本、固定资产资本、人力资本、时间成本等所有的各种能考察到的资本项都考虑进来，不但涉及数据采集的困难，还涉及数据处理的困难、数据处理过程中的参数设定等困难。这些都对组织的财务能力、管理能力提出了更高的要求。

2. 考虑业务单元协同贡献

在实际的工作中，业务单元之间除了明显的内部交易的关系外，还常常具有一些协同的关系，也会产生额外的协同价。这些协同有一些是直接通过各单元之间的互动而形成的，有一些则是由于业务关系上的潜在影响而形成的。忽略协同价值也可能会导致对经营单元价值的错误判断。

在辅助型多元化中，那些扮演辅助者角色的业务单元存在的最主要的目的是为那些核心业务单元形成辅助作用，帮助他们取得更高的业绩水平，但也许自身并不能获得充足的利润水平。单独来看，或许辅助型单元是亏损的，但如果通过这种辅助型的战略调整，使得集团的业绩总和是提升的，那么，这种辅助型单元仍然发挥出了相应的辅助贡献，产生了协同的价值。

如果忽略了这种情况的合理性，仍然对两个业务单元分别采用传统的独立的财务指标来衡量，就会产生一些潜在的误判。

例如，有些企业原本采用以贸易为主的商业模式。当企业新投资了一个工厂之后，虽然工厂没有实现足够规模的生产产出，可是企业的贸易额反而比原来更大了。这是因为，更多的贸易客户基于企业拥有一个工厂实体而产生了更多的信任，从而在进行贸易合作的时候有更大的信心，进而帮助企业达成了更多的整体营业额。那么，我们这个时候是否可以判断这个工厂部门是一个亏损的部门呢？如果我们把这个工厂定义为是一种亏损的部门，那么，把这个部门裁剪掉以后，可能带来的结果就是别的业务单元也会产生损失。也就是说，工厂实际上对贸易部门的业绩也间接产生了贡献。随之带来的问题就是，这个协同作用到底在多大程度上体现到了别的业务单元的业绩中？

所以，为了更加客观全面地评价不同的业务单元的价值，则需要基于市场绩效和财务绩效分析这些不同业务单元之间的协同关系，以及它们的责任与贡献之间的关联的相关作用，测算这种作用的经济影响，作为一种调整因素，重新修订各个业务单元之间的经济价值。

虽然这种价值评估和价值分析等工作具有非常大的个性化特征，难度很高，因为每个具体的业务单元都具有非常多的个体随机因素，我们仍可从投资回报的角度寻找一些可尝试的方法。

例如，在多个协同部门中，首先，需要回答它们是否存在协同效应，从逻辑上先确认辅助部门的贡献价值是否存在。其次，还可以参考资本的投资回报率要求来进行间接的测算：如果一个业务单元部门的投资回报率是过低的，在现在或未来都不会有收益，那么，决策者将会考虑关闭它；如果这个业务单元自身是亏损的，但是它间接地帮助其他单元获得了更多的收益，这种增量超出了这个亏损单元的投入，那么，维持这个亏损单元的投入就是值得的，这个单元的亏损实际上只是名义上的亏损，其事实上也是在创造价值的。

从投资视角看，亏损业务和盈利业务都可以统计出实际投入的总资本，两个业务部门的盈利之和，即亏损部分和盈利部分的和，就是总投资带来的总回报。

如果以此计算的总投资回报率仍然是过低的，那么，决策者仍然会认为，亏损部门的投入侵蚀了过多的利润。换言之，决策者愿意在名义上亏损的部门进行持续的投入，是因为它们能够使得综合回报率达到一个期望中的门槛水平，这就是这个亏损部门存在的最基本的贡献价值。因此，可以说，这个亏损部门的投资回报率至少等同于这个门槛水平上的综合回报率。于是，通过投资数量和投资回报率便可测算出这个名义亏损部门实际的贡献价值。

运用这样的思路，我们便可将协同中的价值进行估算，并将其作为修正再叠加到各个业务单元的财务指标中，这样我们就能得到另一种相对合理的、更加符合我们的贡献原则和贡献关系的业务单元的业绩和价值的评估。基于这种价值原则来进行多元化企业的业务单元的价值评估和调整，这样就能够取得一种更加好的决策水平，从而更加科学有效地对业务单元进行组合管理。

3. 考虑内部交易定价影响

在企业集团的内部不同的经营单元之间，可能会存在内部交易。同样，各单元之间的协同管理中，有时也会通过内部交易的方式来进行价值转移。因此，内部交易本身的合理性，也可能导致对经营单元价值的错误判断。

例如，如果结算的价格是过低的，那么，在内部交易中卖方的财务绩效则可能受到较大的折损，而买方则表现出更为优异的财务表现。反之，也有类似的不平衡现象。而且，这种不合理的定价还会伤害内部交易双方的交易积极性，进一步影响企业的总体绩效。

在实践中，内部结算可能会用到不同的内部定价的原则，包括基于市场水平的定价、基于内部成本水平的定价和基于协商的定价等[5]。

基于市场水平定价的方式大多用于某个经营单元提供产品或服务给其他的经营单元时，卖方的定价参照了市场上提供同样产品或服务的其他企业的价值而定。这种定价方式下，可以在名义上认为价格包含了卖方的合理的利润空间，企业必须自行控制自己的成本，自负盈亏。但实际上，许多企业的内部的经营单元在一定的时期内都达不到行业中的成本控制水平，特别是那些辅助型的经营单元，如供应链公司、研发公司等，其内部的部门构成并不是按照市场上的其他单独的企业那样配置的，如果直接放到市场上竞争，它们的确还缺乏实际的竞争能力，除非对它们重新进行内部的结构性改造。

基于内部成本水平定价，则常常在缺乏市场参照的时候被采用，例如，卖方提供的产品或服务的计价单位过于个性化，难以找到提供同样产品或服务的竞争对手的价格信息。也有些时候，多个经营单元之间共同参与完成某些任务时，双方为了分摊相应的成本，也会采用内部成本水平的方式进行结算。然而，这种方法可能也存在成本科目估计不准确、统计不全面、单位成本水平有偏差等问题，也可能会导致成本分摊的合理性不足。

还有些时候，经营单元则会采用友好协商的方式，通过双方结合实际情况进行充分的讨论，考虑各种情景化的因素，获得双方都可接受的定价水平。

无论采用哪种方式定价，内部的多个业务单元之间都会存在相应的交易成本。这种交易成本也许体现于它们搜寻外部的参照价格的搜寻成本之上，也可能体现在双方或多方之间进行合作洽谈、费用归属、价值呈现等相关的沟通成本上。此外，各种方式都可能存在定价不合理的情形，这也可能影响各单元之间的积极性，成为企业集团内部实际的交易成本，降低整个集团的内部效率。

所以，为了改善内部交易产生的价值评估的影响，以及由此产生的交易成本，企业可以优先考虑设定集团内部的多个事业单元之间的内部交易的结算规则。这些规则一方面应考虑各单元之间的定位、角色、发展阶段、能力构成等多种因素，也应反映出各类产品或服务的成本和利润的基本计算依据、计算规则等，使得企业在尽可能少的内部交易成本下，尽可能准确地评估各单元之间经济关系，从而也就帮助更为准确地评估各单元的经济价值。

4. 综合评估

通过对所有的业务单元统一考察，考察它们存在的价值，包括历史的经济方面、协同价值、未来的战略价值等因素，则可以进一步地设计一定的加权算法，对所有业务单元给出统一的综合评价，从而可以对所有的业务单元进行排序和比较。越靠前的单元意味着其综合价值优势越发明显，可以优先考虑作为聚焦的对象，对它们增加资源投入，以获得更高的回报。那些排名靠后的业务单元，说明其综合价值非常有限，应该优先考虑缩减或退出。于是，这便形成了企业所需要的效益最大化的业务组合。

无论企业采用哪些评价方法，这种评价和排序的结论也会存在一定的模糊性。按照有限理性存在边界的观点来看，总会有一些评价手段或者评价指标是难以全面评估的，可能会让企业的决策者，或不同的利益相关者难以接受。例如，有些业务单元综合评分低，可能是一些客观原因所导致的，或者是它们的存活时间太短还不足以形成有效的经营水平，或者它们也可能会声称虽然是自己的一些错误导致了经营不善，但是有信心在未来通过改良某些工作方法和策略来改善业务的经营水平。

因此，无论是出于对投资管理的慎重考虑，还是出于对不同经营单元的管控水平的公平性考虑，管理者都应该认真评估他们提出的这些疑问，修正和改良他们在评估过程中所采用的评估依据和形成的评估结论，以确保不会因为评价的指标和评价的维度的选择性偏差而导致明显的错误的判断，使企业得以保持经营中的业务组合的合理性。

第二节 生态化的业务系统

一、构建生态化的多元化业务

借助各种方法来对业务组合进行管理，企业的业务组合结构应该更为合理和均衡，既能满足短期的盈利需求，又能满足长期的发展潜力，使企业能够活得好、活得久。

巴格海等借用了约翰·加德纳（John W. Gardner）描述的一个生态系统的场景来表明其将企业看成一个“生态系统”的观点[6]：

我们对于增长和衰落的思想往往受植物的单一生命景象所左右：种子发芽，鲜花盛开，然后凋谢，死亡。“花开一时红，花谢永无踪。”然而，就一个永远在更新之中的社会而言，其特有的景象是整个一座花园、一所布局合理的水族馆或者一个别的生态系统。一些事物正在生长，另一些正在盛年，还有一些则在衰亡——而整个生态系统永生。

巴格海指出，企业在其生态的变化过程中，应在合适的时机开始建立新的业务，然后又在面临业务衰退的时候，不失时机地停止老的业务，源源不断地进行这种交替变更，以建立和管理好这种新老业务交替的生态系统，管理好这种企业获得持续增长的难题。这个生态系统包含三个层面的业务内容[6]，如图 14-1 所示。

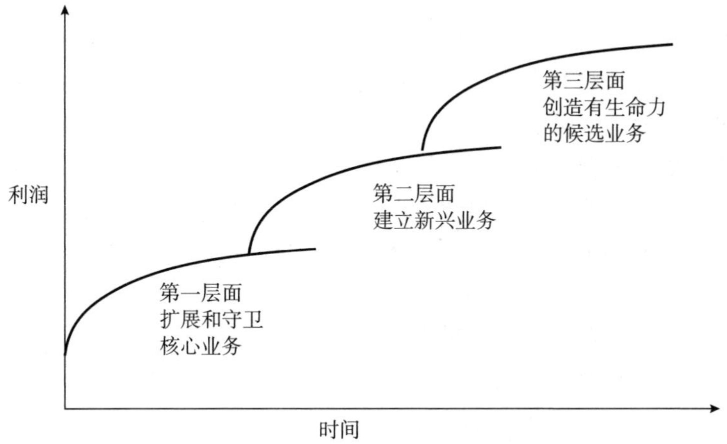

图 14-1 企业的三个层面的业务

资料来源：梅尔达德·巴格海，斯蒂芬·科利，戴维·怀特．增长炼金术：企业启动和持续增长之秘诀［M］．北京：经济科学出版社，1999.

其中，第一层面的业务就是企业当前获得主要经济收益的来源的业务，这一层面的业务可以理解成是企业现阶段的核心业务或者是以核心业务为主的业务集群、业务群组。这些业务是保证企业生存的基本保障，因此，需要企业投入足够的资源和精力进行扩展和守卫。这一部分业务通常应该占据较高的比重，例如70%~80%，这样才能保证企业在生存的基础上能有足够多的收入和利润来支撑其他各方面的业务投入。

为了企业未来的持续发展，企业的业务结构不能仅仅停留在当前盈利的业务，新的业务培育需要较长的周期，因此，第二层面的业务通常代表了未来一定时间内将要发展成为重要业务、正在崛起的那些业务。这些业务带有快速发展和创业中的特征，经营概念已基本发展完全，有了基本可行的商业模式，在趋势判断、商业模式判断、行业的技术应用、潜在的市场需求方面，都已经得到了一些基本的确认，因此，具有高的成长性。按照期望，企业只要在这个领域持续进行耕耘和投入，持续塑造企业自身的竞争优势，不断扩大企业的竞争份额，最多不用几年，例如3~5年内，第二层面的项目就会补充和替代公司现有的核心业务，变成新的核心业务，成为企业重要的获利来源。它们可以代表现有业务的拓展方向或者公司业务发展的新方向，所以这一部分业务内容及相关资源也应该保持一定的数量比例，例如占10%~20%。

第三层面的业务则包含了未来更长远的业务，是未来业务的种子，虽然处于胚胎的状态，但这些项目比单纯的想法仍然更进了一步，不管它们的规模多么微小，却是真正进行中的开发项目和投资项目。它们可能是研究课题、市场的试点、联盟的项目、少量投资的尝试，或是为加深对行业了解所做的努力。这些业务大多只能从趋势上进行判断，但是在商业模式、行业、市场需求形成、技术发展潜力等各方面都还没有形成明确的观点和结论。这些领域所需要的培育时间较为漫长，可能需要5~10年甚至更长的培育时间，而且也未必能够培育成功，但这些业务的发展可能对企业未来的竞争优势会有重要的影响。虽然不紧急，但也是重要的业务内容，所以企业也应该保留一定的资源投入，例如5%~10%。

企业三个层面的业务就形成了三种典型的接替关系，现有的第一层面的业务，通过获利能够产生丰厚的利润，因而可以支持企业培育中期的业务机会，并适当保持对长期业务机会的早期投入。随着时间的推移，有一些现有的业务逐渐退出市场，那些原有第二层面的业务慢慢发展为新的第一层面的业务，渐渐成为新的收入中坚力量，而那些长期的第三层面的业务也逐渐变得更加清晰，逐渐积累发展为第二层面的业务。

这三个层面的业务能够很好地解释一元化企业逐步发展到多元化，并在多元化扩张与重新聚焦之间进行循环交替的动态经营。一般都认为，应在现有核心业务衰退以前就确定和培育接替的产业[7]。因此，多元化经营，开展第二个层面和第三个层面的业务梯队，才能在更大的范围内找到未来新的核心业务。而找到以后，则通过重新聚焦的战略，围绕彼时的核心业务来获取收入和利润，如此循环交替。

在整个交替的过程中，考虑到不同业务的性质差异，企业对不同的业务的治理模式、绩效目标也有相应的区别。并且，考虑到企业资源的总体有限性，无论怎么组合这些业务，企业能够经营的业务数量也是有限的，因此，需要在几个层面之间进行合理的分配。巴格海还引入了管道的概念来描述企业经营业务数量的能力，就像水管的大小会影响水流过的流量大小一样，管道的最大水平就是企业可管理的业务数量的上限。管道管理的核心就是，既要拓展和守卫在第一层面的当前的核心业务，又要建立将要成为中期经济增长点的第二层面的业务，同时要在第三层面中物色、经年累月地坚持投入和孵化能确保公司长远发展的新兴业务。

通过对三种层面的业务组合的有序管理，逐渐实现三种层面的业务都能保持在一种合理的结构水平上动态地滚动发展时，企业整体上就形成一种一代收获、一代成长、一代培育的层次关系。这就像是一个花园，某一批植物在春季开花、秋季结果，而另一批植物可能是在秋季开花、春季结果，如此循环。整个企业就变成像花园一样的业务生态环境。

关于组织生态化发展的企业实践，读者可参考扩展案例 4-3。

二、建立新型的产业组织

1. 创新的新组合

安索夫相信，大部分理论都在特定的条件下是正确的，没有放之四海而皆准的理论，他将环境变化的剧烈程度划分为不同的等级，并建议应根据变化等级采用不同的竞争对策，只有环境、反应、文化和能力相互匹配时，组织才可能取得成功[1]。这样便将一个特定的战略管理概念与一个特定的环境联系了起来。

同样，情境战略观也认为，企业应结合实际情况进行权宜的处理。按照人们的经验看，过去的特定情境形成了基于情境的特定的经验，但是，这些过去的经验未必能够适应未来新的情境，特别是新的情境与过去情境不一样时，过去的经验便不再能够解决新的问题，因此，新的情境对应的战略解决方案，就必须通过创新才能获得。人类的社会进步也正是通过不断的创新而发展的。

熊彼特提出，为了提升产出，可以把所有可以支配的原材料和各种力量进行不同的组合，不断发现或尝试新的组合（New Combinations），提出了五种典型的新组合情况，即五种典型的创新类型[8]：①是否提供了新产品或者新服务；②是否采用了新方法或者新技术；③是否定位和开拓了一个新市场；④是否使用了新的原料或资源供应源；⑤是否创立了一种新型产业组织。

熊彼特的视角是宏观的，他对整个经济社会的提升产出进行解读的思路有助于我们更好地理解创新的内涵。按照他的观点，创新的范畴可以包含所有影响生产的因素创新，包括政治、经济、技术、环境等。只要是那些有助于提升经济整体的新的探索和改变，都可以认为是创新的新组合。

2. 创新的新型产业组织

从企业的视角看，由于不同的企业都处在产业链的分工中，每个企业都是以社会分工为基础而建立起来的经济系统。不同的企业之间互相衔接，互相配合，互相形成供应关系，构成整个社会的产业链条。虽然，几乎没有企业能够承担从基础材料的研究开发到最终消费端的应用创新的全链条的创新，但是，处于每个价值链环节的企业，在其经营的范围内，也仍然面临不同类型的创新需求，特别是不断应用新的技术或材料，不断进行产品和服务的创新，不断满足客户更为独特的需求。

交付给客户的产品和服务方面的创新常常被人谈论，然而，在企业的经营管理方面也存在大量的创新活动，但这些却很容易被人忽略，或得不到必要的重视。这些创新活动也可对应到熊彼特定义的不同的新组合中。可以说，本书提到的大部分章节都包含了对这种类型的创新的理解。

在营销领域，面向单一客户建立联系的方法创新，把握客户决策因素并促成客户合作的创新，采用不同的客户分析方法、捕捉客户的独特需求、总结销售过程中的经验并形成独特的客户关系管理模式的创新，面向客户群体的市场分类的创新，面向不同细分市场、策划不同的市场营销方案的创新，考虑不同的客户结构并进行收入和产出的平衡结构的创新等，都能不同程度地增加营销领域的产出水平。

同样，在研发领域，面向市场的研发管理和面向单一客户的研发管理的创新、面向核心竞争力的技术创新和管理创新、面向跨部门协同的过程创新和组织创新、面向研发过程的管理和控制的创新、面向研发中的知识储备和知识管理的创新、考虑研发公用技术和平台化应用的规划和管理的创新等，在现代的研发型组织中都具有重要的价值。

而在供应链领域，我们也讨论过关于计划的集成管理、关于外部的物流设计和内部的工艺过程等。面对不同的产品、不同的组织特征，寻找那些能让自己的实物快速流通、能让自己的工作快速高效的管理创新。为此，我们可以通过对信息的收集、数据的挖掘分析、管理方法和管理工具的改良，甚至建立相应的本土化的模型算法来提升在供应链管理上的综合效率，提升供应链的响应速度和资产的周转率，提升人员的劳动效率，提升人力资本和资金资本的周转率和利用率等方法创新。这些创新同样能帮助企业提升内部的产出水平。

职能领域中也是如此，在人力资源管理领域，开发企业的人力资源、发掘人的潜力，也需要进行创新。为了构建有效的高绩效工作系统，寻找对企业有益的成功因素，分析这些成功因素之间的影响机制，并且结合社会科学的对人的心理研究的成果，把这些社会科学的知识和经验应用于实际的人力资源管理当中，使得企业的人力资本存量越来越高，让人力资本的产出水平越来越高，人力资本投入回报率越来越高。这些都需要人力资源管理方面的持续创新。

财务管理领域也有自己的创新机会。在传统的会计数据和会计报表分析的基础之上，现代企业对于管理会计的要求也越来越强烈，企业需要在财务的帮助下，对不同的业务单元进行价值评估，帮助不同业务单元之间进行内部交易和定价等，都需要财务管理的理念和方法创新，同样，在资金的整个运动过程中，财务的管理和方法也都应持续创新，从而帮助提升总体的资金运动的效率。

在企业或集团的整体管理方面也需要创新。例如，多元化的业务对各个业务的商业模式的探索和创新；对于多元化的业务组合的有效管理，在资源调配、资产配置、人力资源配置、资本资源的配置和最终的绩效度量、组合管理的创新；根据企业所处的生命发展周期的阶段，分别在治理结构调整、管控模式设计方面的创新；为企业的投资组合的优化而进行的创新，孵化新的组织单元、革新现有组织、建立更加先进更加完善的企业集团组织等。

除了企业内部的各种专业领域的创新外，企业的顶层也有创新需求。例如，当涉及企业的治理结构、公司的利润分配、公司长远的战略规划、组织发展、价值观理念和企业文化等主题的变革时，就需要在企业的高层甚至顶层进行相应的创新。也正因如此，作为企业的顶层决策者，企业家们必须亲自担任变革和创新的牵头人和主导者。由于顶层的企业家自己是组织中最高的管理者，除了外部的监管机构之外，较难有其他的人能对他们产生重要的影响，只有他们自己亲自进行变革和创新，才有可能改变他们自己、改变企业、改变企业的创新氛围，从而为组织建立起真正的创新文化。

按照熊彼特的观点，在经济社会中，产业组织的变化乃至现代意义上的企业的出现，也是属于新型的提高生产力的一种产业组织的创新。企业通过上述的各个方面的不同程度的创新，大体构成了一种新产业经济中的系统性的创新框架。新型的产业组织的创新，便覆盖了企业经营的方方面面。既包括在组织整体上的创新，也包括组织的部门中的创新[9]。除了包括商业模式的创新、竞争战略的创新、职能战略的创新等，还可包括管理的方法更新、知识更迭、动态能力建设等。

整个企业的动态发展的过程，其实就是我们在各个环节、各个层次、各个领域，不断地进行各种创新的一种动态的交互过程。在整个组织中，所有的人共同努力、共同创新。

从多元化经营的视角看，在全方位的创新发展背景下，每个业务单元自身不断进化和发展，不同领域通过各自的创新与协作，使得各个业务单元都能够具备良好的竞争力，获得更好的生存和发展。当原有的业务单元逐渐走向成熟，步入衰退，组织通过在新业务发展方面的创新，又能够孵化出新的业务单元，这些新的业务单元更加适合当前所处的环境，从而为企业发展出新的发展空间。组织的多种业务单元共同存在、交替发展，组织又通过总体的治理结构、组合管理等方面的创新，使得企业总是能够保持合理的业务结构，在适应新的环境变化和时代变化的背景中，获得良好的整体生存能力、获利水平、发展潜力。这样，企业就创造了一种能够在动态变化的环境中，不断通过自我革新获得持续发展的新型的产业组织。这种新型的产业组织既能保持自身的动态发展，又是社会的建设者和改造者，不断地参与推动经济社会的进步。

参考文献

［1］安索夫．新公司战略［M］．成都：西南财经大学出版社，2009.

［2］中国就业培训技术指导中心组织．企业人力资源管理师（一级）［M］．北京：中国劳动社会保障出版社，2014.

［3］卢闯，杜菲，佟岩，等．导入 EVA 考核中央企业的公平性及其改进［J］．中国工业经济，2010（6）：96-105.

［4］汤谷良，戴天婧．中央企业 EVA 评价制度实施效果的理论解释［J］．会计研究，2015（9）：35-43.

［5］查尔斯·T. 亨格瑞，斯里坎特·M. 达塔尔，乔治·福斯特，等．成本与管理会计［M］．北京：中国人民大学出版社，2010.

［6］梅尔达德·巴格海，斯蒂芬·科利，戴维·怀特．增长炼金术：企业启动和持续增长之秘诀［M］．北京：经济科学出版社，1999.

［7］刘戒骄．产业生命周期与企业竞争力［J］．经济管理，2003（8）：19-23.

［8］约瑟夫·熊彼特．经济发展理论——对于利润、资本、信贷、利息和经济周期的考察［M］．北京：商务印书馆，1991.

［9］詹姆斯·马奇，赫伯特·西蒙，哈罗德·格兹考．组织［M］．北京：机械工业出版社，2008.

扩展案例

案例 4-1：恒顺醋业多元化探索后的回归聚焦

恒顺醋业始创于 1840 年清道光年间，是一家“中华老字号”企业，也是

"四大名醋"之一镇江香醋的代表。公司于 2001 年在上海证券交易所挂牌交易，是全国同行业中首家上市公司。从公司公开披露的信息可见，公司的主营业务涉及食醋、酱油、酱菜、复合调味料、调味剂、副食品、粮油制品、饮料、色酒等以调味品为主的生产和销售。截至 2001 年底，公司的总资产为 4.73 亿元，主营业务收入 1.74 亿元。

自上市以来，在"巩固发展主业、探索新兴行业、依靠技术创新、促进产业升级"的发展方向指引下，公司积极开展多元化战略，先后于 2002 年涉足了光电产品、汽车贸易，2004 年进入房地产业，2008 年开展建筑安装工程业务。

在多元化战略的探索中，各项业务如光电产品、汽车贸易等都没有健康地发展，只有房地产业务取得了一定的成效。2004~2009 年，多个年份中的房地产收入都较为接近传统的业务酱醋调味品。到 2009 年时，公司的经营业绩达到了阶段性的高点，实现了 11.74 亿元的营业收入，其中，业务酱醋调味品 5.03 亿元、房地产业务 5.37 亿元。然而，受金融危机的影响和国家宏观调控、企业融资成本大幅攀升等影响，公司的房地产业务开始面临严峻的挑战。2010 年，房地产业务收入下降 30.3%，仅为 3.75 亿元，2011 年，房地产营业收入继续下滑至 1.75 亿元，如表 1 所示。

表 1 江苏恒顺醋业股份的归核化战略

业务	项目	2009 年	2010 年	2011 年	2012 年	2013 年	2014 年	2015 年	2016 年	2017 年	2018 年
酱醋调味品	营业收入（亿元）	5.03	5.77	6.99	8.30	9.46	10.37	11.38	13.00	13.84	15.28
	收入增长率（%）	1.0	14.8	21.1	18.8	14.1	9.5	9.8	14.2	6.5	7.0
	营业收入占比（%）	42.8	50.2	68.6	72.4	85.2	85.8	87.2	89.8	89.8	90.2
	营业利润率（%）	35.6	36.1	37.3	39.7	40.5	42.4	41.2	42.6	41.5	43.3
房地产	营业收入（亿元）	5.37	3.75	1.75	2.07	0.79	0.36	0.11			
	收入增长率（%）	281.8	-30.3	-53.4	18.6	-61.9	-54.1	-70.0			
	营业收入占比（%）	45.8	32.6	17.2	18.1	7.1	3.0	0.8			
	营业利润率（%）	21.4	31.4	21.9	10.5	24.4	23.7	19.9			
建筑安装工程	营业收入（亿元）	0.32	0.31								
	收入增长率（%）	426.5	-1.8								
	营业收入占比（%）	2.7	2.7								
	营业利润率（%）	5.23	5.79								

续表

业务	项目	2009年	2010年	2011年	2012年	2013年	2014年	2015年	2016年	2017年	2018年
其他	营业收入（亿元）	0.97	1.54	1.25	0.82	0.66	1.17	1.30	1.22		
	收入增长率（%）	84.3	58.3	-18.4	-34.8	-19.2	77.4	11.1	-13.8		
	营业收入占比（%）	8.3	13.4	12.3	7.1	6.0	9.7	10.0	8.4		
	营业利润率（%）	20.0	15.8	17.5	18.3	16.5	16.1	19.8	19.1		
汇总	营业收入（亿元）	11.74	11.49	10.18	11.47	11.11	12.08	13.05	14.47	15.42	16.94
	总资产（亿元）	29.93	30.14	32.86	27.30	24.58	22.32	22.62	22.64	25.69	28.50
	归母净利润（亿元）	0.31	0.32	0.10	-0.37	0.39	0.75	2.40	1.70	2.81	3.05
	ROA（%）	1.0	1.1	0.3	-1.4	1.6	3.4	10.6	7.5	10.9	10.7
	归母净利润率（%）	2.6	2.8	1.0	-3.2	3.5	6.2	18.4	11.8	18.2	18.0

虽然多元化战略达不到期望的成效，公司也在不断吸取多元化发展的经验和教训，并重新调整发展思路。2011年，公司提出“同心多元”的战略思路：在科学发展观的引领下，通过全方位的改革和创新，全面推动“百年恒顺”发展方式根本转变，努力探索国有老字号企业跨越发展新路。同时，确立了公司主营调味品业务规模和效益增长超行业平均水平、力争达到行业20%增长先进水平的总体奋斗目标。也就是说，公司开始逐渐将重心放在主营业务上。到了2014年，这种反思变得更加深刻而系统，公司明确提出，加快推进由多元化发展向聚焦主业发展的产业转型升级。

在这种战略思路下，公司开始逐步调整业务结构，对非主营业务进行整合与剥离。2011年起，公司先是退出了建筑安装工程业务，又逐渐剥离了房地产业务，通过存续分立方式，将原有房地产业务调整为投资性物业。

而在主业方面，公司则不断加大投入，多年来在多个方面开展了许多具体的措施。例如：

营销方面，推进营销体制改革，优化营销策略，采用“分品牌、分品类”的营销方式，完善品类细分、理顺价格体系、实施信息化管理、推广应用移动终端等，打造产品全渠道、全区域、全覆盖，对各区域市场加大开发投入、强化市场宣传和开拓措施、调动经销商积极性等，不断提高营销工作的整体水平。

研发方面，强化新品研发，推进研发机制创新，加强全过程质量控制；建设国家级研发中心，加快产学研合作以及科研成果转化，建设知识产权管理体系；打造食醋产业链，推进由传统调味品向绿色营养健康品延伸的产品转型升级；等等。

技术方面，加大设备改造和技术改进的力度，努力实现集约化经营，突出创新驱动，加快推进由传统劳动密集型企业向现代化食品生产企业的技术转型升级。

人力资源方面，创新人才引进机制，加快人力资源开发，加强干部队伍建设，全面提高劳动效率；建设内部商学院，帮助组织加强能力建设。

管理方面，着力完善制度化建设，推行流程化管理，实施管理系统化再造工程；实施分配制度改革，理顺公司薪酬体系，探索建立中长期激励机制；建立上市公司内控体系建设；加快推进由传统国有经营机制向现代企业制度的机制转型升级。

资本管理方面，加快存量资产的处置，实施上市公司再融资，争取多渠道投融资方式，规范对外投资管理；优化资产结构，降低公司资产负债率水平，提高公司抗风险能力及盈利水平。

品牌建设方面，全面推行品牌扩张战略。广告登录中央电视台，赞助中央电视台王牌栏目“我要上春晚”；建设醋文化博物馆，成功举办“镇江香醋文化旅游节”，举办“国际食醋论坛”；以终端品牌建设的标准和产品终端生动化陈列为核心，打造农贸市场、乡镇市场、农村市场的统一形象；努力实现由生产经营型企业向品牌和资本经营型企业的经营模式升级。

经过多年的一系列的战略调整，公司的经营业绩不断得到改善。核心业务酱醋调味品的营业收入逐年上升，到 2018 年，其营业务收入为 15.28 亿元，比 2010 年的 5.17 亿元增长了两倍，营业利润率也从 2010 年的 36.1%提升到 43.3%。由于非核心业务的逐渐剥离，核心业务的比重越来越高，到 2018 年时达到了 90.2%，这种业务结构使得公司越来越少受到不良业务的拖累，从而大大改善了公司的总体盈利水平。公司的资产收益率从 2010 年的 1.1%逐年上升到 10.7%，净利润率从 2010 年的 2.8%上升到 10%。公司的营业收入和利润结构都得到了明显的改善，回归主业的聚焦战略取得了阶段性的成功。

资料来源：笔者根据恒顺醋业（证券代码 600305）2009~2019 年公开披露的年报、公告等相关信息整理。

案例 4-2：顺鑫农业从多元化到双主业的归核化战略

北京顺鑫农业是经北京市人民政府批准，于 1998 年以募集方式设立、在深圳证券交易所挂牌交易的股份有限公司。公司公开披露的年报信息显示，2008 年金融危机以来，公司的发展战略是：坚持资本经营和产业经营协调促进的发展方式，围绕大农业概念，以农产品加工为主体，物流、配送为平台，做强做大主业，打造集生产、加工、物流、销售为一体的现代大农业产业链；通过积极把握经济复苏的发展机遇，做强做大主导产业，发展辅助产业，确保公司“持续、和谐、快速”的发展。

在这种战略背景下，2009~2013年，公司积极发展多种不同的业务内容，如表2所示。其中，肉类的屠宰业务是这一时期占比最大的核心业务，其营业收入占比处于32.8%~46.7%。然而，这一业务的营业利润率很低，处于2.6%~7.3%。

表2 北京顺鑫农业股份的双业务聚焦的归核化战略

业务	项目	2009年	2010年	2011年	2012年	2013年	2014年	2015年	2016年	2017年	2018年
白酒行业	营业收入（亿元）	13.40	16.99	25.04	32.38	37.44	41.20	46.48	52.04	64.51	92.78
	收入增长率（%）	24.8	26.8	47.4	29.4	15.6	10.1	12.8	12.0	24.0	43.8
	营业收入占比（%）	22.0	27.1	33.0	38.8	41.3	43.5	48.2	46.5	55.0	76.8
	营业利润率（%）	52.0	54.9	56.8	51.5	60.4	57.3	62.1	62.6	54.9	49.6
屠宰行业	营业收入（亿元）	28.43	27.30	35.06	32.00	29.76	26.11	27.25	34.74	29.69	23.68
	收入增长率（%）	-6.4	-4.0	28.5	-8.7	-7.0	-12.3	4.4	25.0	-14.5	-20.2
	营业收入占比（%）	46.7	43.5	46.3	38.4	32.8	27.5	28.3	31.0	25.3	19.6
	营业利润率（%）	2.6	4.9	3.2	4.8	7.3	8.5	7.4	3.0	4.5	7.2
建筑业	营业收入（亿元）	6.75	7.83	7.04	8.00	12.61	9.75	12.27	16.53	17.36	0
	收入增长率（%）	66.2	15.9	-10.0	13.6	57.7	-22.7	25.9	34.7	5.0	—
	营业收入占比（%）	11.1	12.5	9.3	9.6	13.9	10.3	12.7	14.8	14.8	0
	营业利润率（%）	12.2	12.6	12.9	13.1	9.5	13.9	11.0	8.5	6.7	—
种畜养殖	营业收入（亿元）	1.20	1.08	1.93	3.00	2.74	2.76	1.85	2.84	2.45	1.03
	收入增长率（%）	30.4	-9.9	78.6	13.6	-8.8	0.8	-32.9	53.5	-13.7	-58.2
	营业收入占比（%）	2.0	1.7	2.5	3.6	3.0	2.9	1.9	2.5	2.1	0.8
	营业利润率（%）	44.4	36.1	34.9	24.5	-4.1	-11.8	0.7	30.3	18.8	-99.9
其他	营业收入（亿元）	11.09	9.49	6.73	8.04	8.18	14.99	8.52	5.81	3.33	3.26
	其他收入占比（%）	18.21	15.13	8.88	9.64	9.02	15.81	8.84	5.19	2.84	2.70
汇总	营业收入（亿元）	60.87	62.68	75.80	83.42	90.72	94.81	96.37	111.97	117.34	120.74
	总资产（亿元）	80.26	99.29	103.33	124.80	137.89	155.43	161.75	178.35	184.12	198.51
	归母净利润（亿元）	1.61	2.65	3.07	1.26	1.98	3.59	3.76	4.13	4.38	7.44
	ROA（%）	2.0	2.7	3.0	1.0	1.4	2.3	2.3	2.3	2.4	3.7
	净利润率（%）	14.5	28.0	45.6	15.7	24.2	24.0	44.1	71.0	131.8	228.5

注：表中的其他业务包括蔬菜种植业、种子行业、市场管理行业、房地产业、广告业、苗木行业、纸业、食品加工业、商业9项业务。

另一项重要的业务是发展势头良好的白酒业务。2009 年，这一业务的营业收入为 13.4 亿元，营业收入占比为 22%。在随后的发展中，这项业务各年的收入增长率都较高，处于 22%~38.8%。到了 2012 年，营业收入增长了 1.5 倍，达到了 32.38 亿元，收入占比达到了 38.4%，与原有的最大业务屠宰业务占比相当。2013 年，白酒业务继续增长，收入占比高至 41.1%，超过了屠宰业务，成为公司最大的业务板块。由此可见，白酒业务一直以来的营业利润率都较高，各年的营业利润率均超过了 50%，是典型的优质业务。

在公司连续多年的公开披露信息中，单独列出的重要业务还包括建筑业、种畜养殖业。前者在 2009~2013 年各年的营业收入平均规模达到了公司收入的 1/10，也是一项不小的业务内容，各年的营业利润率水平为 9.5%~13.1%，处于一种获利不高但能自我保持生存的水平。后者的业务规模则较小，各年的营收规模为 1 亿~3 亿元，营业收入占比不到 4%。这项业务虽然有不错的营业利润率水平，但不够稳定，2013~2015 年反而进入了亏损的状态。

除了单独列出的主要业务之外，公司的年报还断断续续披露了一些其他的业务，表明公司在多元化经营中有不少的尝试。例如，2012 年和 2013 年，公司还列出了蔬菜种植业、种子行业、市场管理行业、房地产业、广告业、苗木行业、纸业、食品加工业、商业 9 项其他业务的收入情况，除了房地产业务和市场管理业务的收入较高外，其他大部分业务的年营业收入都在几百万元到几千万元。这些业务的收入规模不大，发展也不确定，没有形成稳定的业务格局，但却不可避免地会分散公司的经营资源。

由于公司的经营业务数量众多，各项业务的发展都需要公司投入资源。公司也不断地寻找改善空间，不断地调整经营思路和策略。例如，积极布局北京的熟食业务市场拓展销售网络，加大形象店的建设力度，启用“跳跳乐”“新鹏程”品牌来主攻不同的产品市场；围绕打造“都市生鲜第一品牌”的发展定位，加快市场开发力度，与多家连锁企业建立销售网络；搭建优质农产品购物网站“我鲜吃”；组建创新品牌推广部，与各大食品电商京东商城、顺丰优选、我买网等对接；积极对接市场需求，在社区选址，建立辐射半径 10 公里的生鲜冷链；积极参与新农村建设，加大保障房、回迁房的建设力度，按照“新农村建设的城镇化运营商”“绿色生态地产发展商”的定位，不断调整销售策略；等等。然而这些分散的资源并未全部取得良好的发展成效，公司总体的业务格局仍然是以白酒行业、屠宰行业、建筑业和种畜养殖业等为主，也主要是这些业务保持着较为稳定的经营局面，属于公司较为成熟的业务板块。

在这种背景下，2014 年，公司提出要对房地产业务进行收缩性调整。

2015年，公司明确提出要坚持战略聚焦，按照“做强做大主业、收缩非主营业务”的发展思路，择机开展产业并购整合，实现“主业突出、业务清晰、同业整合、价值实现”的发展目标。公司以努力提高企业运营效率为核心，以围绕打造企业核心竞争力、实现企业可持续健康发展为目标，通过在创新发展模式、调整产业布局、推进项目建设、培育人才队伍、改善盈利能力等方面的推进，确保公司在不利的经济环境下能持续平稳发展。2016年，公司进一步强调，公司将通过逐步调整产业布局来优化资源配置，进而强化内部核心能力，最终提升市场拓展能力。公司还将在未来，结合“一带一路”“京津冀一体化”等国家战略发展机遇，坚持以产业经营为基础、资本运营为手段，实施归核化发展战略，聚焦酒业、肉食两大主业，逐步剥离其他业务。公司将通过整合内外部资源，推动产业规模扩大、资产价值提升，进而实现企业价值与股东利益的最大化。

例如，在白酒产业方面，以牛栏山酒厂为核心，坚持“营销为龙头，科技为核心，管理为基础，文化为底蕴”的发展方针，通过战略合作、产业并购，整合资产优良、规模适中、具有发展前景的白酒企业，完善全国白酒产业布局，释放白酒产能，壮大白酒产业规模，在成为中国二锅头第一品牌的基础上，进一步将业务板块打造成为中国最大的民酒产业集团。在肉食产业方面，坚持“自上而下，重点把控”的原则，加快推动从种猪繁育、生猪养殖、屠宰加工、肉制品深加工到物流配送的产业链整合提升。其中，养殖繁育环节，发挥小店品牌技术优势，由数量规模型向质量科技型转变；肉制品加工环节，在保障安全肉食品供应的基础上，立足北京市场，扩展区域市场，发展社区市场。以市场为导向，重点研发中低温产品，丰富产品群，扩大品牌知名度，提升猪肉板块整体实力，最终将业务板块打造成为独立运营的肉食品产业集团。

在这样的双业主聚焦的归核化战略下，白酒业务不断获得增长，2015~2018年，白酒的营业收入从46.48亿元增长到92.78亿元，收入翻了一番，营业收入占比达到了76.8%，是公司的第一大业务内容，该业务4年间平均的营业利润率达到57%，为公司带来了丰厚的业绩回报。屠宰行业的收入占比虽然逐年下降，但其收入规模依然保持在23亿~34亿元，收入平稳，期间各年的营业利润率的平均水平也在5%以上，较前些年也有一定的改善。到了2018年，这两项业务的合计占比达到了96.4%，而种畜养殖以及其他的各项业务的累计占比仅有3.6%，公司的业务结构形成了明显的双业务聚焦经营的局面。

整体来看，自2014年开展归核化战略以来，公司的核心业务逐渐从原来的屠宰业转移到了白酒业，完成了重新聚焦的战略转变。也就是说，核心业务的营业利润率从2009年的2.6%的低水平提升到2018年的49.6%的高水平，快速成长的核心业务伴随着高水平的营业利润率，为公司带来了丰厚的收入和利润，公司的总营业收入从2014年的94.81亿元增长到2018年的120.74亿元，净利润率在2014年24%的基础上获得了显著的提升，2017年和2018年的净利润率高达131.8%和228.5%。公司的归核化战略取得了骄人的成果。

资料来源：笔者根据顺鑫农业（证券代码000860）2009~2019年公开披露的年报、公告等相关信息整理。

案例4-3：海尔集团的生态化演变

1. 专业化

海尔公司成立于1984年。为了提升工人的质量观念，张瑞敏砸掉76台冰箱的故事常常被人们津津乐道。结合海尔集团网站和相关资料记载看，在1991年以前，海尔公司采用的是名牌战略。这一时期，海尔主要是关注如何做好质量和内部管理，并且逐渐取得了卓有成效的成绩，为打造名牌奠定了重要的基础。例如：在1987年世界卫生组织进行的招标中，海尔冰箱战胜十多个国家的冰箱产品，第一次在国际招标中中标；1990年，海尔先后获得国家颁发的企业管理"金马奖""国家质量管理奖"。

2. 多元化

1991年，经青岛市政府批准，将青岛空调器厂和青岛电冰柜总厂整体划入海尔，成立了海尔集团，开始进入了多元化发展战略阶段，进入了更广阔的发展空间。

1995年，原红星电器有限公司整体划归海尔集团，海尔以"吃休克鱼"的方式，通过输入海尔文化，盘活被兼并企业，使企业规模不断扩展。1997年，以进入彩电业为标志，海尔进入黑色家电、信息家电生产领域。与此同时，海尔继续采用"吃休克鱼"的方式，通过低成本的扩张，先后兼并了广东顺德洗衣机厂、莱阳电熨斗厂、贵州风华电冰箱厂、合肥黄山电视机厂等十几个亏损中的企业。当时，这些企业共亏损约5.5亿元。兼并过来之后，通过注入海尔文化，很快就扭亏为盈。相当于花了7000多万元资金盘活了15亿元的资金[1]。

到了1998年，海尔还明确提出了国际化战略，指导思想是以创国际名牌为导向，"走出去，走进入，走上去"，向世界500强进军。当时，海尔比较大的区域性合作组织一共10个，包括欧洲2个、非洲1个、亚洲2个、北美洲2个、南美洲2个、中美洲1个。海尔准备在这10个区域组织建立海尔工厂。1999年，海尔在美国的南卡州建立了生产厂。随后，欧洲海尔、中东海尔、美国海尔等先后揭牌，有更多海外经销商加入海尔的营销网络[2]。到2000年时，海尔在海外设厂5个，在建厂有8个。海尔产品已出口106个国家和地区，其中欧美占60%以上，产品进入了15家世界级的连锁集团[2]。海尔的国际化战略也取得了显著的成绩。

由于业务的持续扩张需要很多资金，海尔很早就开始了资本运营。1992年，海尔工业园的建设总共需要16亿元，当时海尔没有钱，只有近800亩的一块地。向银行贷款2.4亿元时，银行担心还款存在困难没有放款。1993年，海尔将家用电冰箱业务在上海上市，一下子就筹集到了3.69亿元资金，使得工业园的建设很快就有序地开展起来[1]。2004年，海尔集团通过借壳上市的方式，将洗衣机业务以及持有的飞马通讯（青岛）有限公司的股权注入香港的上市公司中建数码，成功实现海外上市，极大地提高了海尔的融资能力，进一步促进了海尔的国际化进程。

在不断的业务扩张的过程中，海尔集团的地域分布越来越广，旗下的公司越来越多，股东关系和治理问题也越来越复杂。集团逐渐形成了基于事业部制的复杂的组织结构。海尔集团网站显示，到2009年，在进行ISO 14001环境管理体系审核时，就有25个事业部通过审核。

为了防止出现“大企业病”的情况，激发每一位员工的斗志和激情，海尔提出了“模拟市场”这一新的概念，在内部进行市场链和信息化的流程再造，组织结构调整。1998~2003年，海尔的组织结构就调整了42次[3]。这期间，海尔通过把外部市场的压力转化为内部员工的压力，原来内部之间管理与被管理的关系、上下级的关系、横向部门之间的关系，都变成了一种市场的关系。每一个员工都从管理的客体变为主体，都从用户那里得到订单并满足用户的需求，成为了经营者。此时，每一个人都成为SBU（战略业务单元）。这种理念不断发展，2005年，公司明确提出“人单合一”的管理模式，将经营单元进一步细化，建立了大量的自主经营体。集团内部的8万多人变成了2000多个自主经营体，每个经营体都有独立的用人权、分配权和决策权。

组织的不断调整，也对业务的扩展形成了有效的支撑，集团的收入不断攀升。海尔重视品牌的战略也使得其品牌价值不断提升。2002年，海尔品牌价值489亿元，跃升“中国最有价值品牌”第一位，到2011年，海尔集团以907.62亿元的品牌价值连续十年位居榜首。

3. 生态化

通过不断的演变，海尔自主经营体的管理模式越来越成熟。海尔逐渐变成了一个创业的平台。海尔内部只有三种人[4]：平台主、小微主和创客。平台主就是你在某一领域里能够创造一个什么样的平台，比如说冰箱平台主是搭建一个全球的冰箱的平台，平台上有创业团队，基本上类似于承担为创业团队服务的任务。小微主就是独立经营的自主经营体。小微主也可以自创业，即创客，其基本特征是“三自”：自创业、自组织、自驱动。对于创客，所有资本和人力都应该社会化。

从企业的业务组合管理看，巴格海描述的业务的生态系统，在海尔集团中已经形成。在访谈中，张瑞敏表示，海尔不强调增长，也不希望成为企业帝国，而是注重进化，即进化成一个热带雨林、一个生态系统。在这个生态系统里，每天都会发生生和死的现象，但总体上，整个系统本身则一定生生不息[5]。

资料来源：笔者根据青岛海尔（证券代码 600690）和海尔电器（股份代号 01169）2001~2020 年公开披露的年报、公告及企业网站等信息整理。

参考文献

［1］张瑞敏．海尔集团向世界 500 强进军［J］．中外管理，1998（2）：14-19.

［2］张瑞敏．海尔如何实现国际化［J］．中外管理，2000（10）：29-31.

［3］许庆瑞，李杨，吴画斌．企业创新能力提升的路径——基于海尔集团 1984—2017 年的纵向案例研究［J］．科学学与科学技术管理，2018（10）：68-81.

［4］张瑞敏．海尔：人单合一对接物联网［J］．企业管理，2017（12）：11-13.

［5］张金隆．从“人单合一”模式到“海尔制”——访谈海尔集团张瑞敏先生内容观点摘编［J］．管理学报，2018（10）：949-952.